（2009年卷）

知识产权法政策学论丛

Zhishi Chanquanfa Zhengcexue Luncong

● 李扬　主编

中国社会科学出版社

图书在版编目（CIP）数据

知识产权法政策学论丛（2009 年卷）. 第 1 卷 / 李扬主编 . —北京：
中国社会科学出版社，2009.6
ISBN 978 - 7 - 5004 - 7956 - 7

Ⅰ. 知…　Ⅱ. 李…　Ⅲ. 知识产权法 - 文集　Ⅳ. D913.04 - 53

中国版本图书馆 CIP 数据核字（2009）第 106139 号

责任编辑　王半牧
责任校对　王兰馨
封面设计　弓禾碧
技术编辑　王炳图

出版发行　中国社会科学出版社
社　　址　北京鼓楼西大街甲 158 号　　邮　编　100720
电　　话　010 - 84029450（邮购）
网　　址　http：//www.csspw.cn
经　　销　新华书店
印　　刷　北京奥隆印刷厂　　　　　　装　订　广增装订厂
版　　次　2009 年 6 月第 1 版　　　　印　次　2009 年 6 月第 1 次印刷
开　　本　710×980　1/16
印　　张　19.25
字　　数　345 千字
定　　价　38.00 元

编　委　会

目　　录

专利法的政策杠杆

[美] 丹·伯克[*]　马克·A. 莱姆利^{**}　著

汤俊芳^{***}　王莉莉^{****}　何小华^{*****}　译

导　　论

专利法是促进创新，鼓励新技术的发展，增加人类知识储备的主要政策工具。为了达至该目标，专利立法创建了一套一般的法律规则以规制各种各样的技术。[1]除了少数情况以外，[2]在制定和运用法律的标准上，专利立法并未区分不同技术。相反，美国最高法院认为，由于包含了"在阳光下人类所创造的任何事物"，因此美国的专利标准设计得可以灵活地适应新旧技术。[3]由此，在理论上，就有了为所有创新种类的活动提供技术上不偏不倚保护的统一专利制度。

然而，技术并不是统一的，在不同领域表现出高度多样化的特点。丰富

---

　　*　感谢奥本海默，美国明尼苏达大学沃尔夫与多纳利法学教授对本文的帮助。

　　**　感谢博尔特·霍尔，加州大学伯克利分校的法学教授；Keker & Van Nest LLP 律师事务所的法律顾问对本文的帮助。在编写本文过程中，感谢多伦多大学法学院杰出的访问学者计划和创新法律和政策中心的热心支持。感谢克里斯汀·达尔令，罗拉·奇而特，科林·希恩，与巴奴·萨达斯万提供的研究资助。以及约翰·艾力森，罗谢尔·德莱弗斯，丽贝卡·艾森伯格，理查德·爱波斯坦，丹·法贝尔，布雷特·弗里希曼，南希·格林尼，温迪·戈登，露丝·哈根，布鲁斯·海登，大卫·海曼，布莱恩·卡因，丹尼斯·卡扎拉，克拉里萨·隆，大卫·麦哥文，罗伯特·梅格斯，克雷格·纳德，亚缇·赖，帕梅拉·萨缪尔森，赫伯·施瓦茨，波尔克·瓦格纳等与会者在电信政策研究会议、华盛顿大学人类基因组的会议、多伦多大学关于竞争和创新的会议以及在明尼苏达大学法学院研讨会上对这篇文章的初稿及相关文章做出了评论。任何遗留的错误完全是他们的错，并坦率地说，我们很惊讶他们并没有理解这些文章。

　　***　华中科技大学法学院讲师。

　　****　华中科技大学法学院 2007 级法律硕士。

　　*****　华中科技大学法学院 2007 级法律硕士。

的实证证据表明，在行业如何创新方面存在着深度结构性的差异。不同行业在发展速度及研究和开发成本上，在发明可被模仿的难易程度上，在累积或相互配合的创新而非独自发展的必要性上，以及在专利覆盖整个产品或者只是产品组件的程度上，不同行业都存在差异。本文第一部分将检讨这些分歧，并表明没有任何理由假定，一个单一的专利制度将在其所期待覆盖广泛的不同行业范围内能够最大地优化鼓励创新。

这似乎是一个悖论——一成不变的法律激励要适用于风马牛不相及的行业，这个悖论却可以通过实现这样的专利法得到解决：它虽然表面上具备一致性，实际却与其旨在促进的不同行业一样丰富多彩。

仔细考察专利法可以看出，它实际上仅在概念上统一。在实践中，那些实际上适用于不同行业的规则越来越大相径庭。这种分歧最好的例子可见于生物技术和计算机软件的案件中，在这些案件中，关于显而易见性、可行性和书面说明，法院适用了普通法标准，以从根本上达到不同的结果。作为一个实际问题，它似乎表示虽然在理论上专利法是科技中立的，在实际运用中却具有技术特定性。本文将在第一部分概述这些技术特定的分歧，在其他地方也详细进行了探讨。[4] 不幸的是，没有理由相信这些分歧在法律上对行业的差异作出了理性的回应。美国联邦巡回上诉法院一般不承认它正在设计具有行业特殊性的专利政策，[5] 因而将其专利案件解读为仅仅遵循了不同行业的符合其逻辑结论的法律先例是可能的。然而至少在生物科技和软件行业中，联邦巡回法院已有的政策正在倒退，原因可能是因为它并未特意制定具有行业特殊性的专利政策。[6]

对不同的行业适用不同的专利标准与专利法中在相当程度上理论的混乱相关。虽然许多理论家同意专利法的总的功利主义框架——也就是说，他们同意专利法力求实现的目标——他们已从根本上提出了不同的想法来解释专利法，以实现这些目标。在第二部分，本文将研究有关专利法各种不同的理论方法。我们提出所有这些理论没有任何一个是完全正确的，亦非完全错误的。相反，像盲人摸象式的谚语所昭示的那样，理论家们从内心曾接近过满足特定行业需要和特点的专利法，并已发展为建立在理解特定行业创新基础上的专利法的一般理论，因此，必定是不完整的。第二部分将展示各种不同的专利法理论如何成功地解释了专利法对特定行业的适用，却未能解释适用于这些行业的狭义领域之外的情形。

经济证据、专利学说和法学理论各不相同的事实使我们不得不质疑，专利法是否应当明确力图设计适合特定行业需要的保护，正如许多人所建议的那样。我们指出了适用于特定行业的方法的许多固有风险，特别是当这些方法已被立法机关加以应用时。这些风险表明，用统一的专利制度换取特定行业的专利制度时，政策制定者应当小心谨慎。特别是，对寻租和特定行业法规在应对不断变化的情形时却无所作为的关注，将使我们得出本文第二部分所示的结论，即我们不应该为了有利于保护特定行业的特定法规而放弃在名义上统一专利制度。

尽管如此，考虑到不同行业的需要，法律也有其他途径可循。在第三部分中，我们将讨论，在适用一般专利规则于具体的案件时，考虑经济政策和具体行业的变化是明智的。由最高法院确立的具有里程碑意义的案件，即钻石公司诉查克拉巴蒂一案，确立法院有责任采用适应不断变化的技术的专利法规。[7]借此灵活多样的法律标准，专利法赋予法院适用法律的实质性自由，这种灵活多样的法律标准，我们称之为"政策杠杆"。第三部分将确定已经在专利法中存在的10套政策杠杆，以及这些杠杆暗示或明确允许法院考虑不同行业的不同类型的创新方式。一些杠杆在全行业或"宏观"层面上操作，对待不同的行业作为一个整体时有所差异。其他杠杆在"微观"层面上针对个案发挥作用，处理某些种类的发明创造不同于别的非明确关联的行业，但在某种意义上说，对某些行业有不相称的影响。我们也会考证其他赋予法院实质性自由裁量权的各种立法，并建议采用一些办法使这些自由裁量标准能够作为政策杠杆使用。

不幸的是，虽然专利立法留给法院足够的空间供其考虑特定行业的需要，但联邦巡回法院已证明其在制定专利政策方面有些不情愿。这不仅证明了其不愿过多关注有关创新的经验证据，同时也证明其对消除专利法的柔性标准而主张明线规则（bright-line rules）采取了多项措施。在第三部分我们将提出，消除政策杠杆无须抛弃优化专利法的宝贵机会。此外，无论有意或无意的，美国联邦巡回法院适用特定行业的法律规则已有时日——且得到规则是错误的结论。我们提出，法院有意识地、正确地制定政策的意义要远远好于其任意地、偶然地制定政策。

最后，在第四部分，我们会从政策杠杆普遍意义上的讨论转向其在各种特定情况下应用的具体性讨论。在确定了某些政策杠杆和其使用方法后，我们将讨论5个不同行业的创新方面的经济特征，这5个行业是最适合应用特定行业政策的，这5个行业分别是：化学，制药，生物科技，半导体和软件。利用前面几个章节的框架，我们将对法院如何能够适用特定政策杠杆提出具体建议，法院适用特定政策杠杆的目的是鼓励这些特定行业的创新。

一、创新和专利法之异质性

专利制度的目的是通过授予鼓励发明创造的专有权来促进创新，对此实际上已达成共识。专利制度的标准说明了这种独占权如何解决生产成本高昂但容易复制的公共产品的特性。主流观点一直认为，如果专利发明为社会提供净利润，并且以受限制的专利产品的负效用和较高的价格换取了发明的更高的社会效用，那么不采用专利制度，这种发明是不会产生的，因此对专利发明施加这样的法律约束是合理的。但是，对于此类专利制度在实践中是否成功并没有达成一致意见。

在法律和经济学家中，专利制度有着坚定的捍卫者，[8] 猛烈的抨击者，[9] 和那些无法判断该制度好坏的和事老。[10] 该制度的捍卫者和批评者，似乎已采纳了此种立场，即专利制度的利弊应作为信条信奉而不是作为从确凿证据中得出的结论对待。

这种情况已经慢慢开始改变。在过去二十年，法律和经济学术研究已经提供了有关复杂的创新过程和专利制度如何影响创新的宝贵证据。然而，与其解决专利制度如何运行得好的争论，不如说这方面的证据已经描绘了一个更为复杂的图景。[11] 不同行业在如何实现创新、创新成本、创新对持续发展的重要性方面差别很大。对创新而言，一种规格明显地不会适合于所有的行业。这项观察是来自多个行业的实例所绘成的图景，我们在这里概括了其特点，并将在本文第四部分进一步展开。

（一）创新的行业特殊性

特定行业的创新成分可分为几类。第一，由于不同行业、同行业中不同的创新，研发成本大相径庭。有些发明创新是偶然的或是瞬间灵感的结果，基本上不要求研究预算。[12] 另一些则要求大型科学家团队数年如一日的工作，他们对同一个问题有条不紊地尝试不同的办法，虽然在许多行业有兼具两种类型的发明创造的实例，[13] 但是有些行业显然要花费比别人更多的研发费用。例如，在制药业，在研发、新药设计及测试一种新的药物性能上要花费十年或更多的成本，平均而论，数以亿元计。[14] 如此高成本部分是因为出售给人类消费的药物要求反复调试的过程和详细的研究结果。此外，这种成本的一个主要的额外成本来自于不确定性的研发努力。制药公司可能尝试数以百计的化合物，然后找出一个可能的药物，且它们可能多年来都不知道，它们是否选择了一个正确的进行测试。

另一个例子是半导体工业。因为微处理器形体越来越小，其设计、设备和程序，需要成倍增长且更加复杂。设计一个新的微处理器，不仅需要电路设计的艰苦细致工作——成本数以千万美元计的工作，而且还要在一个新的设备中设计和建造一个全新的制作程序。二者需要高度熟练的劳动力以及一个专用的物理厂生产使微处理器开发资源高度密集。最终，设计新一代微处理器需数十年的规划和建设，耗资超过40亿美元。[15]

相比之下，其他行业显然要求较少的研发投资，例如在计算机行业，一直以来，可能有两个程序员一起工作开发一个商业软件程序。[16]虽然编码成本近几年已经上升了，尤其是操作系统，[17]它仍然有可能聘请一个程序员团体编写新的应用程序，在许多情况下成本少于100万美元。而调试一个新的程序，虽然是一个复杂的工作，但是编写这样的程序则比开发一个新的药物或生产计算机芯片需要少得多的时间。

在软件及许多其他行业，尤其是生物技术、设备制造和消费产品行业，在过去十五年中大部分的技术创新过程已自动化。虽然计算机辅助设计和制造工具（下称"CAD/CAM"）并不能取代人类而自动产生创新思路，但它们使原型设计过程和测试这些创新思路的过程更容易更快捷。

类似的，强大的生物信息学数据库，及大批量生产技术的开发如多聚酶链反应（简称"聚合酶链反应"）已给生物技术行业带来了革命，使基因序列的鉴定以及相关的疗法的发展比几十年前更便宜，速度更快。自动化工具的使用实际上是产生路段代码，以帮助设计简单的程式，如网站使计算机编程更简单。[18]

这种日益简单化带来的结果是，今天在那些创新主要是一种优化原型的互动进程的行业中，所需的研发支出少于那些创新需要现场测试或一项新的制造工艺的行业。由于行业的不同而造成研发费用的不同，自然影响到专利保护，那些需花费更多的时间和金钱在研发上的行业一般来说更需要专利保护。

经济证据也已表明，特定行业随着企业创新的特质而发生变化。专利法所期待的原型创新是由个体的发明人在他的车库经过数小时的工作完成。亚历山大·格雷厄姆·贝尔，在许多方面都是专利制度的偶像。[19]相比之下，今天大多数的行业创新一般是协作，且许多需要大实验室。个体发明者在一些行业的作用（如机械和电子软件）比其他行业（如生物科技及半导体等）要大得多，[20]不足为奇的是，企业的技术创新花费往往比个人创新要多。

然而，专利保护的重要性不单是一个研发成本的线性影响。相反，它依据发明人的能力通过非专利法的其他手段获得其发明的回报。专属权本身就是一个复杂的变数的混合物，其中有许多本身就是特定行业。此类变数之一是仿制的成本和速度。有些产品显而易见泄露了其技术秘诀；这种产品的卖家必然给它的竞争对手提供了关于如何模仿产品的信息。[21]

其他的发明，可能会更有效地隐蔽在一个产品中。即使这种产品显然包含了这种发明——如果结果是显而易见的，但为了弄清这项发明如何运作，竞争对手可能面临一项艰巨的和不确定的逆向工程的过程。例如一些软件的发明有这种特征。这类发明的标准例子就是可口可乐的配方，一直未曾被竞争对手们成功地逆向破译，尽管它们经历了反复的努力。与产品发明相比，方法发明更易采用非专利法保护，因为竞争对手没有法定机会观察其流程，即使在其使用中。商业秘密法可提供这种情况下的足够保护。事实上，来自不同行业的研发管理者的调查证据表明，一些行业更多地大量依赖商业秘密保护而非专利来保护它们的创新，特别是强调方法创新的化学工业。[22]

那么，更精确的衡量可能是研发成本与仿制成本的比率。[23]如果即使在缺乏专利保护的前提下仿制仍是不可能的，那么几乎没有必要提供专利保护。[24]即使假设仿制是有可能的，如果仿制成本十分昂贵时，发明人可以赚足够的钱来弥补研发成本，那么也是没有必要提供专利保护的。这是否会真正取决于仿制的时间和成本，这些因素有可能因发明和行业不同而不同，以及依一个行业先行者优势的重要性而异。[25]

在一些行业，抢先进入市场是至关重要的，要么是因为率先进入有利于建立强有力的品牌认知度，要么因为首先建立客户基础网络从而影响企业的回报。[26]在这些行业，由他人模仿所节约的研制周期这一优势可以提供足够的创新激励。影响一个行业中专利保护重要性的另一个重要因素是激励创造的有效性。知识产权承诺为创造力给予市场为基础的奖励，但它并不是唯一可能的事后奖励制度。[27]发明人可能为取得同行中的这种声望前景所激励，通过基于发明活动的奖项（如诺贝尔奖），或基于由晋升和终身教职的学术奖励。他们也可能是出于做好的愿望所激励，尤其是在像医药这样的领域，或由于对科学的热爱也未可知。[28]的确，它似乎很清楚，至少有一些创新是在没有任何专利激励下产生的。[29]

除成功创新的事后奖励之外，一些事前补贴也会用来支持研发。如美国国家科学基金会和美国国家卫生研究院之类的政府机构，花费数十亿美元的资金用于研发；大学的花费甚至更多。[30]即使没有专利保护，这些奖励和补贴仍能鼓励研发。有充分的理由相信，影响这些可供选择的激励因不同的行业有所不同。例如政府花费更多资金在与健康相关的研究上而非半导体或软件研发。[31]因此，非专利鼓励创新的数额因不同的行业而有所区别。

有关创新激励是积极的外部条件或"溢出效应"。在一些行业，一个公司的创新可能会泄露给他人，如果没有政府的直接干预，自然会资助其他公司的生产力。即创新的社会回报超越对私人的回报。[32] 在某种程度上，这是因为创新的利益以不能完全内部化的方式"溢出"到其他公司。哈曼的重要新作已证明，这些外溢效应的水平，因不同行业各有不同。[33]

此外，他还表明，具体部门的生产力，是直接与外溢水平呈正比的。[34] 换句话说，知识产权法固有的"泄露"对一些但并非所有相关行业的创新具有积极的效果。阿什·阿罗拉和其他人则认为"专利溢价"——对一家申请一项发明专利的私营公司的额外回报——对不同行业的研发有不同的影响。他们发现，越来越多的专利保护对药物和生物技术的研发提供了大量的刺激作用，但是在其他领域却缺少额外创新，如电子和半导体。[35]

最后，在后续创新的重要性方面不同行业存在差异。一般来说，创新是有社会价值的。在许多行业，尤其是朝阳行业，创新对于福利是至关重要的。但创新也可能施加成本。它可能抑制标准化，因而延缓产品在网络市场的采用。[36] 在诸如计算机软件这类相互关联的领域中，创新可能会影响产品的稳定性，因为每一个新的组件可以以无法预测的方式与现有的组件相互影响。在生物医学领域的创新，对人类健康是至关重要的，同时也带来了健康和安全的隐患，直到新药物的长期影响得以确认。所有这些隐患都具有特定行业性。

总之，不同的行业创新各不相同。每一个独特的技术研究，开发和投资回报以及经济决定因素都展示了特定的面貌。鉴于此，没有先验的理由相信，一个单一类型的法律激励制度将对各个行业都能带来最好的激励。事实上，我们有充分的理由相信，在不同行业实现最优创新将需要或大或小的法律激励措施，且在某些情况下甚至全然不需法律的激励。协调这些不同需要的专利制度的能力是下一节的主题。

(二) 专利制度的行业特殊性

专利和创新之间的关系至少与技术概况和决定创新的经济因素一样复杂。在专利提供和鼓励创新方面没有简单的或普遍的关系。部分原因是在创新进程中专利制度与不同行业在不同的几个点相互作用的事实。最近的证据表明，在专利进程的每个阶段，这个复杂的关系也是具有行业特定性的：决定寻求保护，获得一项专利，设置专利成果的范围，决定强制执行专利，并确定诉讼结果。

不同行业的公司在获得专利的重要性以及获得专利的成本和付出的努力

上差别很大。由理查德·莱文和卫斯理·科恩主持的跨部门研究表明，一些行业比其他行业更多地依赖于来自创新的专利的适当回报。[37]这种回报的数据得到证据支持，这些证据显示在某些行业的新建公司，最显著的就是生物技术行业，所作的专利的预算远远超过其他行业的公司。[38]

当公司选择申请专利时，行业特定性的变化继续着。约翰·阿利森和马克·莱姆利研究专利起诉的过程，发现不同的行业显著不同。[39]他们的结论是：

美国专利起诉制度是不统一的。更确切地说，不同主体经历种类迥异的专利起诉。例如，化学，制药和生物技术专利比其他类型的专利更长时间经行起诉。化学，医学，生物技术专利比其他专利更多地引用先前技术，且先前技术被遗弃和再补充也更为频繁。

这些差异表明，当设置专利政策时，把起诉作为一个整体看待是不明智的。为一个行业的需求量身定做的异议和改革建议，可能不完全适合另一行业。[40]在进一步的研究中，阿利森和莱姆利发现，专利起诉过程中的这种异质性（非均匀性）是近期发展的。他们发现，该专利起诉制度，在20世纪70年代主要是单一的，但到了90年代，不同行业以根本不同的方式丰富了专利制度。[41]在一些行业获得专利比在其他行业更快、更便宜且更简易。

所赋予的专利的有效范围也因行业不同而有极大的不同。这个差异起源于一项专利和一种产品之间的关系。在一些行业，例如化学与制药，一个单一的专利通常包括一个单一的产品。在专利制度中的很多传统的智慧，是建立在这种一一对应基础上的未知假设。举例来说，我们讲的专利涵盖了产品和在侵权产品销售中对所损失的利润的赔偿措施。这样的吻合是个例外而非常规。然而，即使是中度复杂的机器亦由许多不同的部件组成，而其中每一个组件本身是一个或多个专利的主体。例如，没有发明者可为一部现代车申请专利。相反，他们将被要求为某一特定的发明申请专利——也就是说，间歇性挡风玻璃雨刮[42]——那仅仅是一个大得多的产品中的一小块。如半导体行业中，新产品是如此复杂，他们可以把数百，甚至数千种不同的发明合并——这些发明的专利通常由不同的公司取得。包含成百上千的元件一个专利将不能有效地保护产品；专利仅作为一个许可工具的话，它是有用的。一些专利提出了相反的问题。如果产品的更新足够快，一个单一的从提交专利申请起历时二十年的专利，可能涉及不只是一个产品，而是几个不同代的产品。原因很明显，在现实世界中，专利其鼓励研发的价值，将既取决于获得专利的难易，又取决于专利对产品销售收入所起到的多大保护。[43]

谁拥有专利，不同的行业亦有差异。阿利森和勒蒙雷发现，较之一些

"科技含量较高"的行业，如生物技术或半导体，在某些行业——尤其是力学和医疗器械——个体发明者和小公司更有可能拥有自己的专利。[44]且金巴利穆尔已发现，较药品专利，外国专利所有权人更倾向于拥有化学、电子和机械专利。[45]这些差异是重要的，不仅是因为他们在跨行业企业创新结构上显示的变化，而且还因为最近的研究表明，个人发明者和小公司更容易实施其专利，[46]而外国业主不太可能这样做。[47]

在专利实施方面异质性也是明显的。专利法的基本理论认为，专利的价值在于专利权人排除竞争者的独占实施权，或至少迫使其支付许可费，最近的研究非常清楚地表明，大部分专利从来没有实施，并[48]提供各种可供选择的使其专利所有人获得价值的方式。[49]决定实施的专利——从而打算利用专利——在一些行业比在其他行业是远远更有可能出现的。举例来说，一项研究发现，在医疗设备和软件行业的专利权人是远远比在其他行业专利权人，如化学或半导体行业的，更有可能提起诉讼。[50]

假定这些其他行业的专利对其所有人有一些价值（至少是潜在的事前价值），但价值似乎就在于警告或防御使用而不是排除竞争者或授予许可。同样的，阿什·阿罗拉发现专利许可市场在一些行业结构下比其他的行业结构更有可能发展。[51]迈克尔·缪瑞也认为，由非制造业反复追求获得版税的投机取巧的专利诉讼在一些行业比其他行业更为常见。[52]

最后，在专利诉讼到判决的少数案件中，法律越来越不同地对待来自不同行业的专利。[53]最突出的例子出现在生物技术和计算机软件中。在生物技术案件中，联邦巡回法院花了大量时间寻找生物技术发明的非显而易见性，即使先前技术为产生发明提供了一个明确的计划。同时，在生物技术专利案件中法院施加了严格的授权和书面说明的要求，这是在其他技术的判例中并未出现的。在计算机软件案件中，情况正好相反。联邦巡回法院实质上免除了软件发明要符合授权和最佳模式的要求，但是采取了一种方式，这种方式在如何严格理解非显著性的要求方面带来了严重的问题。[54]

在专利的法律处理上的这些绝对的分歧不仅仅简单地影响了特定行业专利的有效性。专利的范围必然与其显著性与可实行性相关联。[55]专利保护的是发明较先前的技术所拥有的不同功能；降低显著性的门槛并给予许多不同的专利，实际上可能限制专利权人实施的自由。[56]此外，如果没有通过专利说明书进行充分的描述和使得其有效，专利索赔是无效的，所以专利许可的广度将取决于法院认定为使普通技术人员能够制造和使用专利，专利人所必须披露的专利信息量的多少。等值索赔范围也是显著性与可执行性的一项功能，等值学说认为专利权人不得获得索赔的范围是依据起诉时其不会被允许获得。[57]

联邦巡回法院对软件的有效性问题的处理暗示着，虽然法院将找到相对较少软件的非显著性专利，那些它所核准的专利将有权得到广泛的保护。联邦巡回法院的决定明确表明，只有当其是执行某一特定功能的首要程序时，专利才是非显著性的。[58]

当然，大部分专利将不能满足这项要求。不过，那些能满足要求的专利将不会受到先前技术的限制，仅有权要求特别实施其功能。他们能对功能本身要求权利。他们给予很少或根本没有说明如何实现这一功能的事实将不会禁止大量的索赔，因为联邦巡回法院已明确表明不愿要求软件专利权人透露细节。因此，"我们应期望第一个程序员实施一项新的包含整个软件类别的软件构思，不论第二人实际如何实施了相同的概念。"[59]

对高分子序列描绘的显而易见性和可实施性与各自先前技术或专利公开的概念上的联系，同样决定了生物技术专利的可用性和范围的可预见结果。在软件案中结果是相反的：DNA 的专利为数众多但极为狭窄。根据联邦巡回法院的判例，根据严格的书面说明规则只有序列被泄露时，研究员才可索赔——实际序列却在手。如同老练的法官很久前就观察到的那样，只涵盖所发明事项的索赔的确是无力的。[60]同时，保护发明人使其免受在先前的技术中由于缺乏明确和详细的披露而具有显而易见性的伤害。这种有效的先前技术的缺乏似乎支配了任何孤立且赋予一种新型的 DNA 分子特点的人一定要仅在这种所描述的特定分子中接受一种专利，正如联邦巡回法院似乎看待其他相关的分子作为未充分描述的直至其序列被披露。[61]

我们已经表明，发生于不同行业的创新各不相同，法律对待不同行业的创新也各有差异。不过，重要的是，专利保护的分歧似乎没有产生国会、法院、专利和商标局（PTO）有意识选择政策的结果。因此，没有理由相信创新和专利学说的分歧是一致的。事实上，第四部分，将说明他们普遍并非如此。承认创新差异对设置最优的专利政策是很重要的；我们在第三部分详细探讨这一主题。现在，第一部分是对创新或专利作了意义不大的泛泛之谈。实质上在创新与专利过程中的每一个阶段，压倒性的证据证明不同行业有不同的需要并且经历不同的专利制度。我们在第二部分的任务是探讨有关这种异质性与目前专利法中存在的理论困惑之间的关系。

二、专利理论的异质性

不管表面上承认的基本规范性原则，不同的专利法理论对于专利的作用提供迥异的解释，并对其最佳分工和范围作出非常不同的预测。在这部分，我们将回顾专利保护的主要理论，且说明他们的结论从根本上存在不同。我们认为，要调和这些理论为一个统一的整体的唯一方法是，承认每个不同的理论家头脑中有不同的行业，而且每个行业都需要一个特定的专利保护形式。

（一）专利理论之困惑

十多年前，约翰·威立作出著名论断"专利法学说中庸而版权法学说则不然"[62]他的基本前提是经济：专利法是一致的，因为它开始于一个广泛共享的功利基线。相比之下，对于著作权法的目标并没有统一的结论，正如杰米·波义耳指出的"就著作权法而言——比许多其他法律学说领域更宽泛——假设常识和公认此说的简化站不住脚，使世俗问题迫使律师、法官、和决策者返回到第一原则"。[63]事实上，最近最高法院的判例表明，即使通过美国国会的权力设立专利制度，此专利源自于与设立著作权的权力相同的宪法条文，根据宪法，版权和专利权也会不同对待[64]。

因此，威立的前提是正确的。对于一个比知识产权的任何其他领域更广泛的领域，法院和评论家们普遍同意，专利法基本目的是功利的：我们授予专利以鼓励发明。[65]虽然有一些专利法理论基于道德权利、奖励或分配正义，[66]他们难以认真解释专利法的实际范围。专利保护期限较短，[67]防止一个想法独立发展的广泛权利，[68]和控制专利法可以放弃从来不曾由专利所有人创立或构思的产品使其符合专利所有人应该享有法律赋予权利的理念都是困难的。[69]我们授予专利以促进创新，因此，我们应只在必要的范围内给予专利以鼓励这种创新。[70]

然而，基于基本功利目标的协议，被转化为如何贯彻落实的协议。根本分歧仍然存在于专利的适当范围、实用性、甚至专利对优化创新的必要。越来越多的专利理论的经济文献至少发展有五个不同的办法应对专利权适当的范围和分配。[71]这些方法存在着相当大的扩张。一方面，该办法的范围从"唯一的和专制的"对新发明实行控制；另一方面，到最小的或非财产权的发明。在这些极端之间有几个理论，认为专利既作为创新的促进者又是其潜在的障碍。这些理论对专利给行业的影响作出了不同的和相互冲突的预测，并为专利法的参数开出了不同的且相互冲突的处方。在本节中，我们简要地考察每一个主要的办法。[72]

1. 前景理论

1977 年，艾德蒙·柯克提出了专利制度的新理论，他写道："将重新整合专利制度与产权的一般理论"。[73]这个知识产权的前景理论如同经典的激励理论一样植根于诸多同样的经济传统——发明理论，但其重点不是对创造事先激励。相反，它强调智慧财产所有权的能力，一旦许可就迫使对发明创造进行有效的管理。[74] 此方法的根本经济基础是"公地悲剧"和没有交易费用的科斯假设世界。公地悲剧是一个典型的经济故事，在这个故事中人们过度使用获得的共同财产，因为每个个体得到其个人使用的所有好处，但只需分担一小部分的费用。[75] 举例来说，向公众开放的湖泊有可能被过度捕捞，在未来的岁月中将给公众以消极后果，因为市民无鱼可捕。同样的，共同关注的领域将因过度开发而导致类似的不幸后果。任何其他枯竭的公共资源可能同样过度使用。对"公地悲剧"传统经济的解决方案是分配资源作为私有财产。如果人人都拥有一小块土地（或湖）并可以排除他人（与真正的或法律的"篱笆墙"），那么，私人和公共诱因是均衡的。人们将不会过度使用自己的土地，因为如果他们那样做，他们将承受其行为的全部后果。[76] 进一步说，在理想状态下，如果邻居之间的交易行为是无成本的，正如科斯所假设的那样，但是科斯并不相信会出现这种情况，[77] 交易将允许拥有大量牛群的邻居购买较小牛群的邻居的放牧权。这种交易应该发生直到每一块土地利用到极致。[78]

在智慧财产的语境中，柯克的文章仍然是把知识产权与产权理论融合在一起的最重要的努力之一。[79] 柯克认为专利制度没有实行（如同传统思想），而是作为奖励激励制度，给予成功的发明家独家经营权，以鼓励未来的发明，但作为一个"前景"制度类似于开采权。在此观点中，专利制度的基本点是通过授予仍未实现的想法专利以鼓励其进一步的商业化和高效利用，正如土地私有化将鼓励业主有效地利用它。[80] 作为一个整体的社会应受益于这种私人与社会利益的均衡。

这个结论根本是三个假设。首先，柯克假设：专利"展望"提高效率，借此创新投资可被管理……技术信息是将不会有效利用的缺乏独家拥有的一种资源。

专利所有人有动力使其投资利益最大化为专利，而不用担心未申请专利的信息被其他竞争者使用。[81] 这是类似的公地悲剧的例证，唯有用私有权使得私有激励与社会激励配合。在公地悲剧中，在一个领域对"投资"的私有激励——例如，让地闲置，或限制放牧，以允许它成长——这种投资是低于社会价值的。在专利方面，柯克给了一个类似的说法（论点）：私有激励以改善和给予发明所有者市场将低于这种努力的社会价值，除非该专利所有者对所有这些改进和营销成果被授予独家控制。[82]

其次，柯克假设：没有人有可能作出重大的投资寻求增加专利商业价值的办法，除非他已与专利所有人取得了先前的安排。这使专利拥有者处于协调寻求专利价值的技术和市场强化的位置，以便不作重复投资，并使信息在搜索者之间交换。[83]在这里科斯定理是在做柯克的工作。根据这一定理，赋予一群体以控制和协调所有随后的使用和涉及专利技术研究的权利，其结果是有效率的许可，无论是对最终用户还是对潜在的改进者——假设信息是十全十美的，所有各方都是具有理性的，那么许可是无成本的。[84]

最后，为了实现最大限度的社会福利，财产所有人必须使发明（及随后的改善）以一个合理的价格向公众提供——理想的情况是，一个到达其边际成本的方法。[85]但是，财产所有人将不会有任何激励，以减少其对价格的边际成本，除非他面对来自他人的竞争。如果财产所有者，仅是在市场上，他可能会被预期为其商品确立了更高的损害消费者和社会福利的垄断价格。柯克注意到了这个问题，但没有解决这个问题。他只是指出，并不是所有的专利都是垄断性权利，在某些情况下，智慧财产权的创作者将面对来自其他可替换商品的竞争，因此其个别公司的需求曲线将是横向的，而非向下倾斜的。[86]如果假设这样的竞争，知识产权所有人可预期的竞争价格，正如同小麦的生产者所做的。[87]

柯克的前景理论极力强调单一的专利权人在协调一项发明的发展、实施和改进方面的作用。这个开采比喻是有启发性：柯克推论说，如果我们巩固一个单一的实体所有权，该实体将有适当的激励投资于一项发明的商品化和改进。[88]事实上，柯克的理论之一，可能认为其适合于给公司分配了发明的前景权利，甚至在它们发明了任何东西之前，正如我们为探矿权的所有者所做的那样，因为这样做会给予他们垄断的诱因以协调搜寻矿藏。[89]

柯克的前景理论借鉴了熊彼特传统的经济文献，认为在一个竞争激烈的市场中的公司没有足够的激励用来创新。按照这种观点，只有排除竞争的强大权利才能有力地鼓励创新。[90]前景理论因此表明，专利应早在发明的过程中被授予，并应具有广泛的范围和少数例外。

2. 竞争创新

熊彼特的创新垄断模式并非没有受到质疑。在一篇有影响力的文章中，肯·阿罗认为，竞争而非垄断能最好地刺激创新，因为要大大简化，在一个竞争激烈的市场中的公司为避免失去市场将创新，而垄断者可以承受得起懒惰。[91]

此外，不同于有形财产，信息是一种公共产品，其中消费是非竞争性的（nonrivalrous consumption：一个人对公共产品的消费并不减少可供其他消费者的消费）；——也就是，一个人的信息使用不剥夺他人使用信息的能力。

因此，不可能是一场公共地悲剧。[92]一个想法不会被过度使用，因为使用它不会过度消耗。按照这种观点，前景理论是错误的，因为我们需要智慧财产权的唯一的理由是建立事前奖励，而不是事后的控制权。阿罗认为智慧财产权应发挥更为有限的作用。按照阿罗的理论，如果专利是完全合理的，它们应该被狭义地限制于一项发明的特定的实施，且一般不应给予专利权人在一个经济市场中控制竞争的权利。[93]

实证对阿罗的论文提供了一些支持。作为一个事实，很明确绝大多数的专利并没有赋予其在一个经济市场的强大的权利。相反，它们保护的是市场竞争的特别方式。[94]创新仍然在这些市场出现。的确，许多人认为，在一些行业，来自专利的自由比专利所提供的激励对创新更重要。[95]一些经验证据表明，竞争是一个比垄断电信业较好的对创新的鞭策。[96]威廉·鲍莫尔认为，寡头垄断较完全竞争或完全垄断，能最好地激励创新。[97]竞争的主张认为，至少，专利的权利应是狭窄的，应给予比完全的垄断控制少的权利。

3. 累积创新

熊彼特的垄断激励理论与艾睿电子公司的竞争理论二者都涉及有点程式化的有关单一发明的创新模式。越来越多的经济学家和法律学者们侧重于累积创新，在累积创新中，一个最终产品的结果不仅来自最初的发明，而且来自于对这一发明的一个或多个改善。在创新是累积性的场合（地方），专利法必须决定如何在最初的发明者和改进者之间分配权利。[98]

分配这些权利的一个方式，是为最初的发明者提供所有权利，如同前景理论所做的那样。但正如莱姆利所认为的，如果有充分理由相信，在改良者之间的竞争将优于集中控制创新，或者专利所有者和潜在的改进者将不会妥协，那么以这样一种方式巩固权利是不明智的。[99]

罗伯特·梅格斯和理查德·尼尔森提供了一种可选择的模式，尝试在最初的发明家和随后的改进者之间分配权利。[100]他们"针对奖励"的理论，持反对前景理论的立场。梅格斯和尼尔森不赞成前景理论家的关于创新中的竞争是浪费资源的推定。他们相信，竞争不是铁板一块的所有权，能最有效地促进发明。他们建议："当谈到发明与创新，更快亦是更好，"[101]并说："我们拥有更多的发明竞争时的情况要好得多"。[102]他们提供不同行业的实践证据以支持其立场。[103]梅格斯在其封锁专利的讨论和其均衡的反向学说中已进一步阐述了这一结构。[104]

梅格斯和尼尔森的做法与传统经济的故事是一致的，在其中知识产权是一种政府为特定目的所作的有限权利的创造物。[105]甚至威廉·兰德斯和理查德·波斯纳指出，在其他情况下主张产权，对待知识产权主要作为有关的平衡激励而非财产利益的最初分配。[106]而前景理论分配广泛的初始权利，且置当事人于讨价还价境地，以达成一个有效率的结果，有针对性的激励办法密切注意特别的权利分配。梅格斯和尼尔森的做法，如果有效，至少在他们所研究的行业，在这些行业中发明创造毫无疑问是累积活动，这种做法会渐渐破坏财产权利到智慧财产权的基本原理。[107]

累积创新的文献认为，专利权是重要的，但他们不应该赋予其无限的排他权。[108]尽管最初的发明家包括对后来改进的专利请求权有时会被授权，但后来的改进者也需要创新激励。这个文献认为，给双方当事人授予专利——所谓阻塞专利（blocking patents）——通常会正确地平衡激励的，但在某些情况下，依据等同学说，改进者应被排除承担赔偿责任。[109]如何平衡必须依赖于最初的发明和改进的相对重要性。[110]讨论累积创新的学者们也暗示了未完成的产品、早期版本以及改善的一个子集产品，都应该是可专利的。[111]因此，累积创新理论关注规模较小的发明专利，但依据此种理论对发明赋予的权利要比依据前景理论赋予的权利少。

4. 反共有物

虽然有关累积创新的经济文献已普遍认为通过给予最初的发明者和改进者双方分开的权利作为一种鼓励创新手段，最新的学术团体却指出给予分开的权利在某些昂贵交易成本的局限性。依赖迈克尔·海勒所谓的"反公共物"的说明，[112]许多专利学者认为，给予太多不同的专利权利会阻碍新产品的发展和市场化，因为制造这些新产品需要使用来自许多不同的发明权利。[113]在这个论点中潜在的是关于交易成本和战略行为，这些学者的争论有时会防止必要的权利聚集。

"反共有物"体现产权权利破碎的特征，权利聚集对有效地使用该财产是必要的。[114]虽然这些支离破碎的权利可能代表的是累积创新的一个实例，在这里，最初的发明者和一系列的改进者必须整合它们的贡献，一个纯粹的"反共有物"涉及的不是改善而是不同的贡献必须聚集在一起。聚集这种支离破碎的财产权将承受昂贵的搜寻和谈判成本，以便找到并与许多权利主体协商，因为这些权利主体的许可使用对于完成更大的技术改进是必需的。这种类型的许可环境可能很快通过"抵制"拒绝授权其组成部分（除非付费）而成为主导。[115]因为某一项目没有它们的合作会失败、受到抵制、甚至可能要求贿赂接近整个项目的价值。[116]每一个财产持有人所需要的项目是受同样激励的，如果人人都抵制，该项目的费用将大幅度攀升，并可能使人望而却步。

反共有物问题在经济学上是一个更一般问题的特例——产品互补性的问

题。互补性存在于两个或两个以上组件必须合并为一个综合系统。经济学家指出，双重（或三倍或四倍）边缘化的问题可能会发生当不同的公司拥有互补品的自主权利时。[117]问题是这样的：如果一个产品必须包括组件 A 和 B，A 和 B 是每个被给予不同公司对其组成部分的垄断控制权的专利涵盖，每家公司将为它的组成部分收取垄断价格。因此，综合产品的价格将低效率地高——和产出效率低——因为它反映了一个尝试收取两个不同的垄断价格。该反共有物理论建立在这一经济问题上，因此有额外的理由相信，公司间根本不可能相互妥协。[118]

补充或反共有物可能纵向或横向地出现在一个行业中，横向问题出现于两个不同的公司拥有同一水平分配的权利时——也就是说，投入成品。纵向问题产生于，如果一个产品必须通过独立公司的连锁（如一个垄断制造商必须通过一个独立垄断分销商销售）或如果专利的研究工具或上游元件必须结合下游的创新以便制造成品。

反共有物理论认为，许多公司拥有产品组件的专利。[119]问题不一定是这些专利的范围，而是属于不同的所有者的若干权利必须加以汇总。因此，本文讨论的是专利权利中的一个层面，在上面所提到任何理论中均被考虑到。一般来说，这与累积创新理论的分权的建议不一致。有两种解决此问题的方法：在较少的公司中巩固所有权或给予较少的专利。从事反公共文化研究的大多数法律学者假定该解决方案是给予较少的专利，特别是上游产品的开发商，如研究工具或 DNA 序列。[120]相反，经济学家倾向于假定垂直互补问题的解决是垂直整合——即是，在一个单一的公司巩固权利。[121]很明显，这两个解决方案对专利政策影响有非常大的不同。因此，反共有理论不一定会带来特别的政策效果。

5. 专利丛林

与互补性问题密切相关的是专利间的横向重叠问题。[122]专利往往是比发明者实际制造的产品更宽泛。多项专利常涵盖相同领域，有时是有目的的专利制度的结果，[123]有时是因为专利赋予的过于宽泛或过度依赖于先前技术。[124]各方当事人就可以以相同的技术或相同的技术的某些方面主张权利。卡尔·夏皮罗称这种重叠的专利请求权为"专利丛林"[125]。

如同反共有问题，专利丛林有潜力防止有关包含了多个发明的终极产品的制造。而反共有分析聚焦于整合零碎的知识产权的需要，以及把这些片段组装成一个连贯的产品的困难，专利丛林分析的重点是现有权利的重叠。特别是在像半导体业这样的领域，公司需要一些方法"厘清"专利丛林，如交叉许可复杂的产品所需的一切权利。因此，专利丛林的一个含义便是，专利法必须允许对这些重叠的权利快速、简单的清理。更一般地说，专利丛林问题——不同于反共有物问题——表明专利范围应予收窄，使范围重叠问题不会首先出现。即便如此，专利丛林创立了一个对不能申报其专利的新加入者的私人专利税。[126]

（二）特定行业之专利理论

在最后一节所描述的专利理论似乎与另一种是根本对立的。其处方运行于所有可能的政策选择领域。根据不同理论家的观点，专利应是广泛的、或狭窄的、或全然不应该存在的。它们应被给予原始的创新者，而不是改进者，给予下游，而不是上游的开发商，给予二者或二者都不给予。孰是孰非？

不可思议的答案是每一个都对。理解为什么会出现优化专利规则的多种理论的关键是要理解专利存在的不同行业背景。专利理论的范围与专利制度影响不同行业公司方法的范围相平行。如谚语中的盲人与大象，每一个理论家已将视角集中在专利制度的某一方面，对一个行业适当，但与其他行业无关。[127]在本节中，通过把它们与适当的行业相结合，我们来整合这些不同的理论。

1. 前景理论

前景理论是基于这样一个前提，强有力的权利应该给予单一关联的企业家。因此，前景理论必然设想发明是由一个单一的公司而不是集体做出的；是高昂研究开支的成果，而不是偶然发现的或廉价的研究结果；且是一个漫长和昂贵的创新过程的第一步，而不是作为一项接近最终产品的行为。[128]因此，前景理论表明专利应是广泛的，独立的，并对该产品的后续使用授予几乎完全的控制权。[129]

专利蓝图的远景最密切地反映在制药业的发明。药品创新的高成本和昂贵是众所周知的。制药业的报告说，它为每一个新的药品生产花费高达8亿美元的研发。[130]这一数字无疑肯定是夸大了，[131]但是毋庸置疑制药业的研发是极其昂贵的。[132]此外，发明了一个新的药物，只是这一过程的开始而不是结束。美国食品与药物管理局（FDA）要求公司在投放药物到市场之前进行漫长而严格的一套测试。[133]而仿制一种药物成本绝对是合理的，一个可以证明生物等效性的通用的制造商完全可避免研发花费，并可以比原来的制造商更快捷地得到FDA的批准。所以，在缺乏有效的专利保护时，发明者成本相较于模仿者成本的比率是相当大的。因此，在缺乏有效的专利保护时，制药业的创新将大幅度减少是有可能的。[134]

作为一般规则，制药业的专利范围往往是与产品的实际销售共同扩张的。专利并不仅仅包括那些能市场化产品中的组成部分。[135] 如果专利不包括一组相关产品的话，模仿者通过使用与专利药物密切的化学模拟就可以轻而易举地围绕专利进行设计。

所有这些因素都表明，制药业的专利应该看起来像那些前景理论处方。在制药行业，无论是累积还是互补性创新都不构成一个严重的问题。强专利权利是必要的，以鼓励制药公司在该产品可以被投放到市场之前的数年，花费大量金钱做研究。因为大部分的工作发生在药品被首次鉴定之后，所以给予专利权人协调药物下游变化的权利是很重要的。前景理论最适合于制药业。

2. 竞争的创新

竞争的创新理论（或至少是不完全的竞争）侧重于激励公司必须创新，即使它们没有占据一个垄断地位和不大可能获得一个完全的创新。这种做法强调了一个事实，许多发明并不需要大量的和持续的研发支出；它们可能是相对简单的想法或极偶然的发现。竞争的创新也以在改善产品中竞争的作用和存在其他创新激励为前提，例如研制周期或政府的研究经费。

竞争创新理论极好地印证了在没有专利保护情形下经历了大量的创新的多种行业。一个明显的例子是商业方法。根据长期未决的先例，商业方法被排除在专利保护之外。[136] 在 1998 年这一规则发生了显著变化，联邦巡回法院得出结论认为，商业方法是可专利的，事实上，一向如此。[137] 不过，如同许多评论家指出的那样，即使没有专利保护，公司也有足够的激励去革新商业方法，因为在竞争激烈的市场中，使用更有效率的商业方法的公司获得的回报更多。[138] 即使竞争对手复制这些方法，先入者处于优势及品牌可以给革新者提供奖励。[139] 因为新的商业方法通常并不需要大量研发投资，甚至一个适度超前竞争报酬的前景将提供足够的创新鼓励。

在其他没有专利保护的行业，创新已蓬勃发展。软件业的早期历史是一个创新者在没有专利保护前提下以非常低的成本开发令人印象深刻的新产品的历史。[140] 有人认为，即使到了今天，软件也不应获得专利，[141] 虽然这个论点忽略了一些行业的经济转变，[142] 而且在任何事件中似乎都是不可能实现的。最近，互联网在没有专利保护其基本协议的情况下发展了，部分是因为它是基于政府资助的工作，部分是因为学术发展者根本没有寻求专利保护。一些学者认为，互联网开放的、非专有的性质直接有助于 20 世纪 90 年代产生大量创新。他们指出，对电话形成垄断并因此根据前景理论在此领域权利激励创新的 AT&T 并未从事类似的创新。[143]

开放协议允许竞争，竞争驱使创新。竞争创新理论表明，所有权不是一个必要的创新前提，而事实上，它有时不利于创新。专利保护并不总是适当的，特别是在预期研发成本较小的领域，或者在那些创新成本较模仿成本小的领域，或者在首次提出的优势可以提供足够奖励的领域。在这种情况下，专利应是稀少的，且有非常适度的范围，为了让市场释放其充分的维度的力量。竞争的创新理论适合于商业方法，无可争辩地说适应于互联网，以及——至少在 20 世纪 70 年代——适合于软件。

3. 累积创新理论

累积创新的理论以拒绝发明是一项由一个单一的发明人从事的活动或公司单独的行为这一命题开始。相反，累积创新是一项持续进行的，需要许多发明家的贡献，每个人的贡献均建立在他人的工作之上。[144]累积创新的理论质疑任何一个发明家能够确定和协调所有其他改进者，因为这些改进者会随着时间的推移优化产品。相反，那些强调累积创新的人认为，法律必须区分财产权益，以给在这个过程中的每个改良者提供激励。

累积创新在现代软件业得到极好的印证。计算机行业的特点是大量快速、迭代的改进现有产品。[145]计算机程式通常是建立在原有的想法上，而且其本身往往建立在事先代码上。[146]出于各种原因，这一递增的改善是可取的。首先，它响应了基于硬件的软件业结构的限制。数据的存储容量、处理速度和传输速率随着时间的推移都稳步增加。[147]因此，在一个旧时期的书面程序面对随着时间的推移能力的制约因素消失。因为限制程序功能消失的制约因素，逐步改善这些产品是有道理的。第二，逐步改进现有的计划和创意往往会使程序更加稳定。这是在业界为多数人所接受的看法（古训），即顾客应避免任何软件产品的 1.0 版本，因为它的制造商不可能把所有的漏洞解决。建立在一个单一的基础上的迭代程序是往往要解决随着时间推移的这些问题。实际的计算机代码被重复使用，这是最明显的事实。[148]但是，测算法或结构代码在新程序中被复制，这也是事实。第三，迭代的改善有利于维护互操作性（互用性），无论是同一程序的各代间还是整个程序中。[149]

软件业也有相对较低的固定成本及短期内投放市场的时间。原型软件的发明，是一个可由两个人在一个车库就可完成的工作。[150]而编写软件的成本随着时间的推移已大幅度增加，如同程序已变得更加复杂一样，编程和制造计算机程式的成本仍然相对较低于许多行业发展的固定成本。更严重的是，从创新政策的角度来看，创新成本与后续竞争成本的比率不是特别高。而克隆别人的程序比自己从零开始设计成本较低，但区别不是太大。[151]

此外，计算机程序的生命周期很短。不像诸如钢铁或飞机行业，新生代产品是罕见的而且这些产品会持续几十年，而计算机程序往往每隔几年就被同一程序的新版本取代。

这些经济特点对专利法的影响是三重的。第一，采取强有力的专利保护的必要性对软件发明比对其他工业相对少些。软件专利是重要的，但是与软件开发相关的固定成本相对较低，再加上与知识产权保护相重叠的其他保护形式，[152]意味着软件创新，并不十分依赖于强大的专利保护。第二，对软件行业关键的快速、增加的创新会被拥有自己软件专利的基于前代产品的较老的公司阻碍。

危险的是，一个单一的专利涵盖的不只是一个单一的产品，而是反映了由若干不同的公司渐进改善的几代产品。科恩和莱姆利提供多种原因，担心等值学说可在软件行业被应用过于笼统，允许旧的软件专利的所有人阻止发展新一代的技术。[153]

然而，值得注意的是，联邦巡回法院在这一点上的决定是十分的不确定。[154]最后，速射（rapidfire）文化逐步改善的文化导致了大量低层次的创新。版权不能够对这种创新提供有效的保护，因为它并没有保护的功能。[155]这种创新保护的某种形式是可取的。在缺乏其他形式的保护时，大量范围狭窄的软件专利是保护这些低层次创新的最好方式。[156]

这些特点正是累积创新理论所建议的。因为创新是相对较低成本的，但快速，需要的专利保护是普遍适度的。对此类增量软件的发明的专利保护应该比较容易获得，但应缩小范围。特别是，软件专利一般不应延长跨越多代产品。[157]累积创新理论对软件是有道理的。

4. 反共有物理论

反共有物理论强调互补物之间的分权问题。这些问题可能发生在或者横向或者纵向——如果专利涵盖了必须融入一个产品不同的部件，为横向；如果专利涵盖累积创新过程中的不同的步骤，则为纵向。反共有物理论家指出了每当产品的开发需要两个或两个以上权利主体的许可时，会存在无法协商的风险。反共有物理论不同的观点认为，要解决这个问题要么巩固单一的所有者的所有权——一个让人想起前景理论的结果——要么对某些类型的投入一并排除专利保护，特别是上游的研究工具。

反共有物理论在生物技术行业得到很好的印证。生物技术行业具有制药业的一些特点，二者是共享某些产品的。[158]特别是，药品长期开发和测试研制周期的特点，在 DNA 相关的创新中也是明显的。这些延误部分原因是由于对新药物的安全，食品和生物制品及新的有机体对环境的释放施以严格的管理监督。在 DNA 和药品之间的另一相似性是希望模仿创新者药物的非专利药品生产商面临成本和不确定性都要比业界创新者大幅度降低。虽然 FDA 甚至对第二顺序革新者施加监管障碍，但这一进程比起对革新者是大大精简的。事实上，一般公司所面临的主要监管障碍是要表明，其药物与创新者的药物是生物等效性的。[159]假定生物等效性，美国食品药品管理局允许一般公司依赖于创新者的努力成果。对普通的竞争对手而言，与开发和测试一个新的药物相关的不确定性也是完全不存在的，他们只需要复制创新者已确定和测试的药物即可。同样的，涉及为人类蛋白质生产 cDNA 序列编码的辛勤工作在于鉴别和隔离正确序列；一旦序列是众所周知的，一个跟进的竞争者就可以很容易地复制它。对某一特定的 DNA 序列存在众多功能的相等物意味着专利保护必须足够广泛，以有效地排除简单的泛设计，正如制药专利必须广泛足以涵盖化学类似物。

尽管如此，对某一特定基因排序的总成本显然低于更多的传统药物设计成本，特别是自计算机使大部分的进程自动化成为可能以来。[160]此外，DNA 序列与药品不同，涉及纵向和横向的互补品的使用。专利权人已获得数千项 DNA 序列专利，包括特定的基因，或有时是基因片段。[161]而且，生物技术公司已获得探针、测序方法和其他研究工具的专利。任何特定的基因治疗需要同时使用许多这些专利，导致反共有问题。这个问题因"达到通过"许可而加剧，在其中，上游研究工具的所有人对工具的下游使用寻求控制的特许权使用费。[162]

学者们提出了若干不同方式来解决这些聚集问题。首先，公司的纵向合并可能会使这个问题大部分得到解决。如果制药公司拥有生物技术公司，或与其结盟，由此产生的公司可能拥有研究工具、基因序列和实施方法足够的权利，从而实现从研究到药物设计和制造都能自主运作。[163]其次，如果测序 DNA 的绝对成本足够低，或者如果现行的非专利激励不够大，反共有问题可以通过拒绝保护某些类型的发明得到解决——如明确的序列标签（"无害环境技术"）——全然的。[164]最后，如果谈判足够容易，这个问题可能得到解决。事实上，一个实证调查显示，该反共有问题往往可以在实践中克服。[165]

总之，生物技术行业的结构有可能有高反共有物风险。从研制到市场产品开发周期漫长而昂贵，但有关 DNA 专利很多，而且范围狭窄。[166]任何特定的产品生产可能需要与多个专利持有人协商。分散的专利权防止其有效融入产品的潜力特别高。[167]反共有物理论最适用于 DNA 行业，似乎在此行业运行最有效。

5. 专利丛林理论

与反共有物理论密切相关的是专利丛林理论概念——集聚了涵盖相同的

产品和使一个行业窒息的重叠专利。谈论专利丛林理论的那些人，既强调互补问题——这样一个事实，即产品必须包括许多不同的组件，每一个组件可能是可专利的——又强调包括相同技术的专利权之间的重叠，这起因于无远见地授予的专利或者等同学说的效应。尽管如此，我们认为，当反共有物和专利丛林关联时，经分析是截然不同的。反共有存在于由几种不同的投入必须加以聚合在一起制造一个集成产品的地方。相比之下，专利丛林发生于多重智慧财产权涵盖相同的技术并因此重叠的情形。专利丛林理论强调限制此种重叠专利的发行及范围的重要，以及允许专利权有效清除的讨价还价机制的必要。

专利丛林的问题在半导体行业有极佳的验证。[168]如同药品的情况一样，开发一个新的微处理器涉及大量时间和谋求不同活动中的资源投资——设计电路布局、改善材料、改变包装，重新设计制造过程。在过去十年中，开发新一代微处理器意味着建立一个全新的使用不同的制造过程的制造工厂，耗资数十亿美元。[169]不过不像药品，半导体芯片不受涵盖了整个产品的专利保护。相反，半导体公司取得对可能只占整个芯片一小部分的组件的专利。电路设计、材料、封装和制造过程都是不同专利的主体。此外，由于许多不同的公司正在试图做同样的事情——也就是，使芯片更小和更快——在大约同一时间，它们往往会取得类似的具有重叠请求权的发明专利。

结果是，一个新的微处理器可能侵犯了由数十个不同的公司拥有的数百种不同的专利。[170]因此，半导体公司存在于"专利军备竞赛"的高级阶段，其中，许多成立的公司有权拥有排除所有其他人进入市场。不过，它们很少行使这项权利，代之以广泛的交叉许可协议，允许每个人制造它们的产品而无须害怕被此行业其他已成立公司起诉。[171]这并不意味着半导体的专利没有任何价值；远非如此。相反，它们的价值主要是对称，使专利往往被用在防御上，以防止该公司被其他专利拥有人起诉。利害关系不对称的地方要么是因为专利权人没有进入该行业或因被告没有自身稳定的专利——诉讼是绝对有可能的。[172]

这些都是专利丛林典型的特点。与其说专利促进创新，不如说威胁并阻碍创新，或充其量用来阻碍竞争对手的专利权。涵盖由许多不同当事人所拥有的互补品重叠的专利请求权会威胁直至使行业瘫痪。公司可以制造集成产品，如果它们能找到一种清理专利丛林的方法。在寻找这样的解决方案时谈判机制和专利的范围是关键因素。专利丛林理论适应半导体工业。[173]

那么，现行专利理论并非如不完整一样有诸多错误。每一个理论讲述一个在某一特定行业专利如何工作或应该如何工作的貌似合理的情况。然而，在那个行业以外，它们的效用是有限的。前景理论制药业很适用，但其处方对软件或互联网就全然错了。专利丛林的概念很好地捕捉到了半导体行业的智慧财产的状况，但它并未充分说明软件或制药行业的状况。正如专利使用因不同行业而有异，[174]专利理论亦如此。匹配正确的模式给适当的行业允许我们不仅要对一个行业利用专利作出预测，而且要为那个行业规定最优的专利政策。[175]那么这个问题便成为在一个单一的专利制度下我们是否可以这样做，抑或我们是否需要多样制度的问题。

三、设计专利法与专利政策

第一部分和第二部分强有力地抨击了一个单一的专利制度。如果不同行业取得、评价和使用专利不同，如果专利权的最优数目、范围和分工因行业而不同，那么似乎很容易得出这样的结论，我们需要为各行业量身打造不同的专利法规。不过，我们不赞同这部分第（一）节的结论。在第（二）节中，我们认为，单一的专利法规已经给予法院大量的裁判权使其建立行业敏感的政策分析乃至裁决，并且法院已有自主权用来创建其他这样的机会。这些"政策杠杆"[176]承认专利法要顾及没有诱人的寻租的专利制度的科技的特质，和产生巴尔干化的专门法规。不幸的是，正如我们在第（三）节所描述的，联邦巡回法院似乎倾向于抵制其在制定专利政策方面应有的作用。事实上，这是在拆除许多可以使专利法正常工作的政策杠杆的过程中。我们认为，当使单一的专利制度服务与大相径庭的各行各业时，法院必须接受其作用。

（一）行业特定的专利立法

基于上文所述，明显的解决办法是针对不同的行业采用不同的专利标准立法。同时，专利法历史上一直是与单一的一套法律标准统一的，这套标准被设计为适用于"在阳光下人类所创造的任何事物"[177]，国会已对适应特定行业需要来设计专利法越来越感兴趣。在过去的二十年里，国会已延长许多制药专利的期限，[178]通过了免除一般供应商的法律责任保护某些药品的实验性使用，[179]禁止针对医生的强制执行医疗程序的专利[180]放宽生物技术流程的显而易见标准，[181]并创造了一种针对商业方法专利的辩护。[182]它已补充对已有一个自己特殊的法规的半导体的专利保护，[183]和制定非专利法规给予在特定工业中某类专利的专属权利。[184]它甚至通过了一项"私人"专利条例草案，延长一个狭隘专利群的专利期限。[185]在每种情况下，国会对关于适用一般法律标准于某一特定行业，而产生的显而易见的不公平的特别起诉作出了回应。还有其他最近推出的在国会介绍的法案将改变显而易见的商业方法的专利标准，或延长抗过敏药物的专利。[186]

一些学者建议，专利法需要加以修订以顾及软件行业的特殊需要。有人建议说，软件专利是完全不适当的，[187]而其他人认为，只有互联网商业方法专利如此。[188]有人认为对软件而言，一种像专利一样的独特保护形式是适当的。[189]仍然有其他赞同总体框架的人认为，法院应采用不同于其他行业但在软件行业适用的专利法。[190]同样，一些学者探讨生物技术是否应有自己的特殊保护形式，[191]而另一些人认为，生物技术专利的标准应该偏离一般专利法的规则。[192]有人认为，某些类型的生物技术创新应是完全不可专利的。[193]其他人则认为披露规定应为生物技术专利松绑，[194]即是说，显而易见的标准应该被降低，[195]或DNA序列专利的范围应该受到限制。[196]另有学者有不同的看法，联邦巡回法院应听从专利商标局[197]或反过来说，专利商标局应尊重联邦巡回法院。[198]

呼吁修改专利法是专利法对不同行业有不同的影响的一种自然反应。专利的经济影响在软件和生物技术有很大的不同，在要求采取具体的立法呼声的行业中这两个行业是最响的。[199]因此，在完美的情况下，专利制度可以极好地被修正以给予每个不同的行业最大的激励。[200]

然而，在现实世界中，多项因素表明专利制度明确不适应以满足特定工业的需要。[201]最明显的障碍是法律——与贸易有关的知识产权协定方面的权利（简称"知识产权协议"）禁止会员国基于技术类型的问题对授予专利给予歧视。不过，[202]正如我们在其他地方已注意到的，美国并没有忠实地遵守这一条约。[203]欧盟也没有履行这一义务，其对药品的强制许可和软件的可专利性及商业方法有着行业特定的规则。[204]

即使行业特定的专利立法是合法的，出于几点理由我们并不认为这是一个好主意。首先，虽然经济学对专利如何在不同的行业起作用可以提出有益的政策建议，我们还是对一项法规有权具体地赋予为各个行业制定的专利规则的能力持怀疑态度。[205]许多经济理论的预言是事实特定的——它们建议不同的因素应承担特别个案的结果，但对规约中不容易被涉及的要求逐案申请。[206]经济理论在对有关专利制度如何可以适应特别真实的情境比作为一整个系列新的法规基础作出一般性的建议上更管用。

第二，为每个行业重新制定专利法将涉及大量的行政费用和不确定性。国会将不得不制定新的法规，不仅是为生物技术和软件，还要为众多具有不同特征的行业重新制定。半导体、制药、化品、纳米技术[207]以及其他行业，如电信，都将需要不同的法规。那些在受理的相对较少的专利案件中，对学习难懂的专利法规则已经觉得够麻烦的地方法院的法官们，将不得不学习一系列新的法规。这些法律相配套的法规将缓慢的发展，因为只有较少案件将会涉及每个法规。[208] 所产生的不确定性，也许会有助于律师，但它肯定将不利于鼓励创新。也将有大量的界定工作要去做，因为行业之间的界限是模糊的且众所周知是易变的。半导体制造商的专利和使用软件一直如此。药物传递系统可能会被认作医疗器械、药品、或生物技术；假设一种不同的法律将适用于依赖发明如何具有特色。即使是那些似乎根本不同技术，如生物技术和软件，可能会意外地衔接，正如最近在生物信息学和蛋白质组学上的事态发展研究已清楚表明的那样。[209] 此外，相当比例的发明跨越两个以上的行业。[210] 且新领域定期出现；想象一下试图将所有现代发明归类于 50 年或 100 年前所创建的分类。因此，将创新划分为静态领域将是不可能的。[211]

最后一点引起了一个关联点。行业特定法规的历史表明，许多的失败是因为它们是以目前的技术起草的，并不具有一般适应性来适应技术的必然改变。[212] 最臭名昭著的例子是半导体芯片保护法（scpa）。[213] 经过六年的辩论后通过，scpa 创造了一整套详细的规则，旨在保护半导体光掩膜。显然，该规约几乎从未被使用。[214] 最可能的原因是 scpa 特定的焦点——光掩膜工程的复制——是过时的，因为半导体芯片被制造的方式变化。行业特定的专利法规冒同样命运的风险。[215]

最后，也是最令人不安的，无论是公共选择理论[216]还是实践经验警示，每次专利法规的修订都会为一个反生产的特殊利益团体提供游说的机会。[217] 技术特殊化的专利立法会鼓励那些坚持受益于有利法规的人寻租。今天，专利法有一些平衡，部分是因为不同行业有不同利益，为一个利益集团推动通过改变该法规的制定是困难的。行业特定的立法对工业捕获是更为脆弱的。专利法的行业特定性处于最复杂和混乱的部分中并不是偶然的，[218]它们有一些有害的后果也不是偶然的。[219] 版权模式——在其中，行业特定的规则和例外情况导致了臃肿的，读起来就像税法的晦涩难懂的法规，[220]——几乎不是专利法要效仿的。[221]

（二） 专利法中的政策杠杆

但是，行业特定立法的困难，并不意味着我们必须放弃为特殊技术的需要量身定做专利法的想法。法规与其支配司法判决的规则有不同的特性。它们存在于税法一类法律和反托拉斯法一类法律之间，税法一方面能机械地适用；而另一方面，像反托拉斯法之类的规则则授予法官以作出正确裁决的较大的自由裁量权。[222]就这个连续性上，专利法较税法是更接近反托拉斯法的。而为可专利性和侵权建立了基本参数的法规，并不详细规定如何实现这些基本原则的适用。此外，在许多情况下，如等价说或无法执行说的适用，司法创造的学说在界定专利保护范围上发挥了重要作用。[223]

这样的裁量活动一定授予司法机构相当程度的裁量权，以适应一般的法律于特别的情形。专利裁量讨论于是在一定程度上承担了长时间进行的关于规则较标准优点的辩论。[224]

在这次辩论中，"规则"已被定性为明线和明确的决策准则。对管理者而言，规则是廉价的，因为它们是简单明了，但由于其僵化，如果它们不能很好地适应特定情况则可能会导致巨大的后果。相比之下，标准的特点是灵活的逐案决策准则，可以采取情境的差异考虑在内。但标准通常故意地被不确定地说明。它们几乎不对预期的行为提供指导，所以可能施加与此相关的不确定成本。标准通常灌输法院或决策者以比僵化的决策规则更大的酌情权，所以标准在需要更大的酌情权的地方是受欢迎的。

赋予法院在一般专利法的框架内灵活调节各种不同的技术需要影响了一种基于标准的专利法规。不过，规则和标准的辩论只是专利特定性的一部分。专利法对特定行业的适用要求授予司法裁量权，但适用过程不必基于标准。同一个行业的共同点可以被发现的地方，裁量有时可能经由司法应用明线（bright-line rules）以最好实现。在其他时候，也许对个案通过应用一个灵活的标准能得到最好的解决。此外，在规则和标准之间的分野线并非总是原来的，区别在很大程度上取决于决策的酌情权被审视的抽象水平。标准实施逐案的裁决，但只有通过放下广泛的决策标准方可行。选择裁定在一个标准制度下某些类型的案件本身就是一个建立指令的先例，其引导未来法院的酌情权行业特定的法规剪裁的需要牵涉更广泛的法律泛化对特殊化的问题，其中以规则为基础或基于标准的作决策问题或许是矛盾的一个特定实例。[225]法律一定包含行政行为的一般规定，其适合特定实例或优或劣。在不适合的地方赋予决策者以酌情权经行对一般规定的度身订造可能是明智的。[226]专利法通过了一系列的理论政策杠杆给法院配备的正是这样的酌情权。

1. 现行的政策杠杆

专利法的极大的灵活性给法院提供了一个顾及不同行业的需要和特点的机会。法院可以而且应当将具有敏感性的专利法的一般规则适用于具有行业特定性的工业。在本节中，我们确定了已经存在于专利法理学中的若干政策杠杆，并解释它们是如何对单一的专利制度进行度身订造，以适应更复杂的现实世界，同时避免特定行业立法的问题。我们确定的杠杆无论如何不是专利法上司法裁量权的唯一来源。事实上，我们不讨论两个最大的司法缔造的专利法学说——中庸等值说和不公平行为说。[227] 相反，我们专注于政策杠杆，这在我们看来，要求或至少允许专利规则依行业而论的系统的变化。这些政策杠杆的一些运作于"宏观调控"的水平——即是，它们明确对待不同行业而不同。[228] 因此，它们可能需要法院去分辨其中工业以适用某一特定规则。例如，为生物技术创造的特殊规则要求法院为"生物技术"确定某些发明。其他政策杠杆运作于一个"微观"层面：它们对待不同的发明不同，没有明确涉及工业，但对不同的行业在方式上有不成比例的影响。虽然它们不是明显的特殊技术，但是对特定行业的裁量，微观的政策杠杆与宏观政策杠杆一样重要，因为它们允许法律通过逐案适用建立特定行业的处理。[229]

以下各段叙述目前已经在专利法中存在的 9 个行业特定的政策杠杆。这些理论是已形成专利法理学的大量的酌情权的证据。虽然法院有时意外地或含蓄地这样做，但其并没有使用所有这些学说来明确地实现政策目标。不过，这些学说都具有行业特定化的专利法的潜力，它们都能被用来使专利法符合最优的专利政策。

（1）抽象理念。专利法第 101 章界定了潜在的可专利主要事项的范围。[230] 可获得专利的主要事项已被相当广泛地确定了，涵盖"在阳光下由人类所创造的任何事物"。[231] 但是，有少数司法缔造的豁免不属于专利保护的范围。[232] 其中，最重要的例外是反专利抽象理念的规则。此规则起源于奥莱利诉莫尔斯案，此案涉及塞缪尔莫尔斯电码的电报专利。[233] 莫尔斯电码，享有"莫尔斯电码"的美誉，被允许享有广泛的为利用电磁产生的对电报线分辨信号的过程的专利。[234] 法院在奥莱利案中否认了莫尔斯电码的第八项索赔，莫尔斯认为"电磁，但发展为制造或印刷在任何距离的可理解字符、标志或字母"。[235]

反专利抽象理念规则，就可获得专利的主题事项条款的措辞而言，确实是一个司法的努力，从而限制专利许可范围和开辟对成品专利保护的渠道。给一个抽象的理念或概念而非对用于实施这一概念的特定设备或过程授予专利，将允许专利权人"全神贯注于广阔的，未知的，或许是不可知领域。"[236] 抽象意念的规则是一个微政策杠杆：它适用于所有行业的发明，但在某些行业已具有特别重要的意义。这项政策杠杆有两个潜在的影响。首先，它可以防止专利涵盖整个概念，限制它们而非特定的实施。这给随后的革新者提供了空间，使其能对抽象的观念设计出新的实施方案而无须担心可能违反专利法而承担法律责任。[237]借由版权的语境，抽象意念的规则限制一个原创发明者对其衍生作品的控制。在软件和电信业有特别重要的意义，让想到一个想法的第一人拥有所有其想法实现技术的独家控制权将是不明智的。第二，抽象理念学说，防止那些谁发现抽象的想法或自然的规则——$E = mc2$ 是最常见的被引用的例子，主张对整个构思的控制而不是具体的实现这一想法。因此，它迫使专利下游化，远离未完成的研究，且朝向完成的产品或更适合市场的工序。在熊彼特的分类中，它给专利开通了通向创新的渠道而非仅仅是通向发明的渠道。[238]这个结果在生物技术方面可能有特别的重要性，在此行业，对上游研究的思路和工具的授予专利会对扼杀下游的创新构成威胁。[239]

（2）实用性。申请专利保护通常要求提供发明具有实用性的证明。[240]然而，在过去几十年来，实用性的规定已失去其大部分的分量。法院几乎已放弃了一项发明在道义上是有益的规定，[241]允许甚至似乎刻意对欺骗性的发明授予专利。[242]专利商标局已批准各式各样的看似无聊的发明专利。[243]唯一的例外是生物学和化学，始于布任纳诉曼森案。[244]

法院已要求证明一个新的化学分子或化学过程须显示一些具体和终端的应用，方可申请专利。[245]在药品案中，专利商标局随后坚决要求在一项专利可能签署之前要证明治疗效果。[246]联邦巡回法院已稍微削弱了这条规则，认为治疗效果的指标，如动物造型，或体外数据，能满足实用要求。[247]而联邦巡回法院尚未系统地运用实用性于无机化学，其要求仍然也有一些力量在起作用。[248]

根据这些情况，在生命科学的实用性标准是不同的——且大大高于——任何其他行业的标准，在一个相关的关于 DNA 分子专利的布雷遗传的生命科学的显示中，特别是短期或部分基因序列，如无害环境技术，这种更高的标准同样是明显的。[249]专利商标局对此类专利的实用性的指导方针需要显示"具体"、"大量"和"可信"的且没有在其他技术的测试中被发现的应用。[250]由于专利商标局没有独立的法律影响力，[251]这些规则必须依赖于要么是代理人对布雷案的解读，要么依赖于一些未来标准的司法批准。在这两种情况下，这个来自其他领域的分歧并没有反映在法规上，但归根结底源于司法解释。

因此，实用性学说构建了一个宏观政策杠杆的例子：为一组案件缔造了不同于其他规则的地毯规则。[252]这条规则明确地通过政策条款来架构。在布雷案中法院担心，如果一专利权人可在发现其功能前获得产品专利，"广阔的、未知的、或许是不可知领域"可能属于专利权人的控制范围。[253]给予专利保护还为时过早——在该产品实际使用已被确定前——专利法可能会阻止别人对该产品使用的研究。[254]如同我们在第二部分注意到的，在生物技术的背景中关注上游专利尤其有意义。虽然药品的应用和其他化学物质的案件可能会更成问题，法院的确在生物技术领域的案件比其他领域更严格地适用了实用性学说。[255]

（3）实验使用。专利法有两种不同的实验使用学说，一个完全是非法定的，另一种是部分法定。实验使用首次以这样一个规则的例外出现：即如果在提交一份专利申请之前，一个发明在出售或公共使用多于一年，则不能授予专利。[256]而法规似乎不包含为一些法定目的而提供公众使用的例外，自伊丽莎白市诉路面有限公司案后的一长串的案子[257]认为，如果专利申请人使用或出售是一个真实实验的一部分则不会触发一年的法定禁令。[258]法院已研究了各种因素，以确定是否专利权人的使用是实验性的，这些因素包括货物是否被出售，专利权人是否不断对其进行控制，专利权人是否寻求反馈意见，以及是否最终产品是否因此改变。[259]不过，基本调查的重点是专利权人投放产品的目的。

实验使用的第二个学说是作为一种侵权索赔的抗辩产生的。在早期的意见中，正义的故事写道："惩治一个这样的人可能永远都不是立法的意图，他建造这样一个（专利）机器只是为哲学实验，或者是为了确定生产其所描述的效果的机器能量的目的。"[260]联邦巡回法院已构建这一侵权抗辩相当狭隘，认为任何制造产生的产品的商业用途的意图不得抗辩。[261]不过，防御并不总是过于狭窄的，有评论者认为，在允许合法的努力改善或围绕专利设计方面，它可以发挥更大的作用。[262]

两种司法缔造的实验使用的理论是微观的政策杠杆。[263]它们都没有明确的因行业不同而不同，但出于明显的原因，它们更有可能被应用在产品的再生和测试是产品开发过程的必要部分的行业中。在那些没有再现产品本身就很难或不可能评估一个产品或作专利设计的领域，实验使用作为一种侵权抗辩很可能是特别重要的。科恩和莱蒙雷已辩称在计算机软件确实是真的，而在大多数其他行业则不然。[264]同样的，实验使用的例外见第102条。

法律禁令使那些其设计要求大部分公众测试的发明或使那些长时间耐用性是个问题的发明受益软件是前者的一个很好的例子。软件公司往往会在与消费者进行其产品广泛的"Beta测试"之前——事实上，即使是在之后——颁布第一个商业版本。在伊丽莎白市的争论的路面问题是一个很好的耐久性例子。[265]相比之下，药品和化学过程的发明，可能在实验室进行多年测试而无须发布给公众。实验使用学说调和专利法的一般规则于迭代行业的需要，在其中，原型复制或公开使用是一个现实的必要性。

（4）技术中的技能标准。专利法中许多事实问题要从拥有一般技能的人（PHOSITA）的角度来回答。大多数有关 PHOSITA 的判例法产生于专利法第 103 节的显著标准的考虑。尽管最先发展为普通法理论，非显而易见标准被编撰入 1952 年的专利法案作为一个条件，此条件即是从总体上观察主张权利的发明在发明被创造时对一个普通的技术是否显而易见。[266] PHOS-ITA 同样是校正专利披露法律标准的核心。作为对发明享有一定期限的排他权利的回报，发明者必须完全将发明向公众公开。第 112 条第一段要求这种公开要使任何在此技术中有技能的人都能制造和使用这项声称的发明。[267]

同样的标准也支配着几个相关的公示学说。首先，授权的定义影响具体实用性的可专利要求，因为如果发明要让任何一个普通技术人员能够使用的话，发明必须依照详细说明书所描述的那样来操作。[268]

另外，是否符合恰当的书面描述的独立要求，是否契合参照此技术中技师的理解来衡量的最佳展示模式。最后，专利申请必须采用书面形式以便告知公众专利涵盖的范围权，专利申请明确性传统上用关于技术中具有一般技能的人的知识来评估。如果申请的表述不为这样一个人所理解，那么就不符合第 112 条的规定。[269]

具有一般技能的人在其他未预测的领域也显示为便利的衡量标准，包括司法缔造的专利理论。权利的主张构建要求参照 PHOSITA 如何理解专利请求权中的术语。[270] PHOSITA 再现于等价物学说之侵权标准的形成。在等价物理论的萌芽观念中，雕刻容器制造公司诉琳达航空产品公司一案，最高法院指出对进行被控的侵权设备应与涉案的专利进行同一性鉴定，以确定被控的侵权设备是否是涉案专利的同等代替。[271]

联邦巡回法院通过制定要素的"众所周知的可交换性"强化了 PHOS-ITA 的使用——从一件产品的普通技艺的角度审判——一个基本的等价测试。[272]

许多专利理论因此依赖于一些针对技能和 PHOSITA 的知识的法律参数的衡量。在许多这类案例中，PHOSITA 的角色是一个司法的，而不是立法的创造。

如同其名称所表现的一样，以 PHOSITA 为基础的分析对发明被创造的特殊技术是明确的。法院评测大多数有意义的专利法律学说以反对由工业改变的基准。如果法院认定一种技术是不确定的，以及它的从业者不是训练有素的，那么它就有倾向于找到即使是对 PHOSITA 来说不甚明显的相对适度的改进。与此同时，法庭将倾向于要求更多的公示以满足第112条的要求，以及相应的缩小来自任何制定的披露的可行的权利主张。如果技术是可预测的，PHOSITA也是高技能的，那么相反的就是真实的。[273]结果是使得PHOSITA成为一个潜在的巨大的宏观政策杠杆。

有力的证据表明PHOSITA标准的应用因工业而异，比如说导致了更少但更广的软件专利，及更多的但更窄的生物技术专利。[274]法院在是否事实上明确地使用PHOSITA作为政策杠杆来处理特定行业性而不是仅仅试图预测技术中的那些技能这一点上是较不明确的。[275]但是正如我们在其他地方观察到的一样，如果法院试图中立地应用PHOSITA标准，它就不是在出色地工作。[276]在任何一个事件中，由于PHOSITA标准的应用在名义上会导致单一的专利规则十分不同地适用于不同的工业领域——实际上是以完全矛盾的方式，我们已经将其包括在专利法协调特定工业特征的方式之内。

（5）非显而易见性的次要考虑。专利法第103条规定非显而易见性应参考发明和先前技术的区别予以测试。[277]在格雷厄姆诉约翰·迪尔公司案中，[278]法院引进了一系列非法定的因素，称之为非显而易见性的次要考量，法庭称其也许有着相关性。[279]联邦巡回法院已经将这些次要考量提升为分析任何显著性要求的因素。[280]法庭支持的考量包括发明的商业成功，其他人制造发明的失败，对此发明的长期需求的存在，未预料到的结果，其他人复制发明的努力，申请许可证或市场默许将专利权人视为发明人，以及其他人同时（在一些却不是所有情形之下）的发明。[281]当同时发明的例外存在时，所有这些因素都支持一项发现可被授予专利，而缺少它们不能作为发明具有显而易见性的证据。[282]这些次要考量是以政策为基础的，它们源于法院相信市场的反应将会确定哪些发明比其他更值得专利法保护。

非显而易见性的次要考量标准是微观的政策杠杆，它们名义上应用于工业领域的任何案件。然而事实上，次要考量实际上针对的是隐藏在真实产品中的发明，其专利包含整个产品，及重大飞跃的而不是对产品的部件或者新增的发明专利。商业成功、长期需求、许可证申请和极好地复制所有出售的实际产品，而不是为了上游研究工具或中间产品。商业成功取决于公开市场上专利和产品之间的联系，[283]所以在诸如药品这样的产品，比有许多组件的半导体晶片类产品更有可能获得显著的商业成功。像商业成功、长期需要、默许这样的因素，往往青睐发明到来之前的重大进展，而不是递增性的改善。因此，这些因素更有可能适用于制药或生物技术的案例，而非软件的案例。而次要的考虑因素在名义上是中立的，而实际上却偏向于某些领域的发明。[284]

（6）书面说明。专利法第 112 条的披露要求之一是专利权人为发明提供适当的书面说明。[285]第 112 条另行规定，专利说明书必须教 PHOSITA 如何制造和使用该发明；[286]这与书面说明要求有关，但是也有区别。[287]这一学说起源于缺少为发明人提供赔偿规定的专利法老版本。因此，书面说明曾经实现现在由请求权实现的目的：界定在专利保护之下的技术，告知公众界定侵权的边界。

因为这些目的现在已经表现为请求权，书面说明标准已经演变成一种新的目的。设计现代书面说明的规定是为了保证在专利权人提出专利申请文件时，它实际上已经有了他所声称的发明的概念占有。在现代的体现中，书面说明已经演变成一种以化学技术为中心的高技术特定学说。在沉寂了多年以后，[288]新近这一学说又被应用于禁止专利权人在起诉期改变其请求权去追踪他们自己没有构思的竞争对手的产品，即使他们的书面说明有可能使其中技术中的技能被使用制造它。[289]然而，在生物技术方面，这一学说作为一种"超级允许"被应用，迫使生物技术专利权人列出特定基因序列，以获得包括这些序列的专利。[290]

目前适用的书面说明学说是一个宏观的政策杠杆。联邦巡回法院以一种方式运用其学说于生物技术案件中，而这种方式对其他行业，比如软件则是不可想象的。[291]其影响是缩小了生物技术专利的范围，或者至少是 DNA 专利[292]——相当戏剧性的。相同的情形可能据说是通过 PHOSITA 的中介对资历要求的应用。在某些领域，比如软件，资历要求容易满足，因此实际上没有起到限制请求权范围的作用。在其他领域，比如生物技术，这一学说一直被运用得生机勃勃。[293]

（7）合理的互换性。专利法的等价理论允许法院发现某些环境下的侵权，即使被控产品不属于文义上的专利请求权范畴。为了应用等价理论，具体请求权限制和被控产品之间的差别必须是"非实质性的"。[294]法院已相继制定了各种测试，以确定正在考虑中的差异是否是实质性的。一个主要测试被最高法院在格拉弗·钽克一案中采用，法院问被控因素是否在实质上履行了同样的功能，通过同样的方式以实质上达到了同样的结果。[295]这种三重测试一直受到抨击，理由是它不适用于所有的环境，尤其是对事项请求权的构成。[296]最有意义的可选方法就是"已知的互换性"测试，它会问在技术中一项通常技能是否将考虑被控因素与专利中描述的限制合理地互换。[297]

我们并不清楚，两种测试如何相互影响，或者当法院一旦发现一种测试是可行的，而另一种不行时法院将会怎样做。我们相信更好的观点是功能——方法——结果是在其被应用的案件中占主导地位的测试，合理的可交换性只是揭示三种测试应用的证据。换言之，如果两种因素起作用以实质上不同的方式，[298]法院将可能发现它们并非等同，即使技术中的一些技能将发现它们可以为大多数目的而合理地互换。尽管如此，合理的互换性仍是关乎三方测试重要的证据，且在许多三方测试是行不通的情况下。

合理的互换性在两个不同的意义上是一个微观的政策杠杆。首先，在某些领域中发明的三重测试应用得很好，比如机械以及有争议的软件行业——在这些行业中专利倾向于涵盖一些设备或程序。而对一些行业应用要差些——比如有机化学、医药学和生物技术——这些行业中专利倾向于涵盖的产品组成部分。因此，合理的互换性这一测试在某些领域可能比其他领域更重要。其次，因为合理的互换性依赖于 PHOSITA，PHOSITAs 的显而易见性和实用性是技术特定的，因此根据同样的原因 PHOSITA 也具有技术特定性。[299]

在等同学说下，法院越是不能明确地确定一个领域，专利将被赋予的范围就越小。这两个原则是相辅相成的。法院得出结论认为，化学、药物研究以及生物技术在本质上是不明朗的学科，[300]意味着在这些学科中——正是在其中合理互换性的测试是最重要的——这种测试很可能导致对等同学说的狭隘解释。最后，评论家认为，合理的互换性应作为生物技术的明确规则予以接受，[301]建议它也可以作为一项宏观的政策杠杆。

（8）首创专利。专利法中有一个严肃的原则，即首创专利——开拓一个新领域的重要专利——应授予比普通发明或对既存领域的改进专利更宽的保护范围。[302]在某种程度上，扩大请求权范围自然产生于首创专利的情形：在一个新开拓的领域中几乎没有先前技术将阻止发明人广泛地要求权利。广泛文义上的请求权可能无法预料稍后发明中可能被请求权中的因素替代的技术；但是，在平等原则下，这种替代可能反而被俘获，如果平等原则应用得广泛的话。首创专利规则在最近几年内尚未被联邦巡回法院援引，导致一些人认为它已经奄奄一息，[303]但它至少为如何广泛适用等同原则提供了一个考虑因素。[304]

首创专利规则是一个微观政策杠杆。规则的基本原理显然是以政策为基础的：如果我们没有给新领域的首创专利以广泛的平等保护，他们将无法从他们的发明中获得足够的回报，因为后来的改进者想出了怎样规避专利文献的文义范围而实现新创意的商业应用。[305]此学说的动力与特定领域的创新特征密切相连。在某些领域，比如制药，创新可能采取许多情况下开放整个调查领域的离散的新发明的形式。[306]相比之下，像软件和大多数半导体领域的发明更具有逐渐改善的特征。这些逐渐的改进将不能享有首创专利规则下的更广泛的平等。因此，规则的适用，虽然名义上是中立的，可能导致平等原则下在某些领域比其他领域更具广泛的保护。

（9）反平等原则。反平等原则在某种意义上就是首创专利规则的逆转。反平等原则允许被控侵权人免予文义上的侵权，只要其证明虽然该装置在文义上属于请求权的范围内，但原则上较专利发明实现了很大的改变，以致要侵权人承担责任是不公平的。[307] 这一原则很少被应用，最近联邦巡回法院的一项判决使人对其未来值得怀疑。[308] 然而，从理论上来说，它作为一项至关重要的杀手锏，可防止专利持有人扼杀根本的改进。[309]

反平等原则是一个微型政策杠杆。这一原则可以适用于任何技术领域的激进改革，它也确实被用于涵盖一个行业领域内的技术范式转换。[310] 激进改革在某些领域比其他领域更有可能。比如软件，比另一些领域更倾向于通过反复的步骤而进步，软件发明因而就不可能有资格成为平等理论下的那种激进改革。

2. 潜在的政策杠杆

在所有我们刚刚讨论过的例子中，法院不仅享有对专利法授予它们的自由裁量权（或假定为普通法程序的一部分），而且它们还已使用了这种自由裁量权（有意或无意地）来裁量专利法以适用于个案情形。然而，这种授予法院的专利法的自由裁量权并不止于此。其他各种不同的理论在法律授予的自由裁量权范围内也可以用作政策杠杆。以下几部分将讨论这些潜在的政策杠杆。

（1）有效性推定。专利法推定涉诉的专利是有效的。[311] 联邦巡回法院将这一规定解释为被控侵权人有责任通过清晰而可靠的证据证明专利是无效的。[312] 莱姆利和其他人认为这种强有力的有效推定是未经授权的，它假定商标局只需要花费很短的时间来检查专利和混入进系统的坏专利的数量。[313] 反对如此强有力的有效性推定论据被一个惊人的事实复杂化了，即：专利权人绝不承担向专利局证明其有权享有专利的义务，反倒是专利局承担着证明某项申请不值得授予专利的责任。[314] 完全取消有效性的假定将需要立法上的改变，联邦巡回法院对假定的力度及其在案例中的适用有实质性的控制。如果它愿意的话，它能使推定被多数证据克服，而不是通过清晰可信的证据证明。或者，联邦巡回法院可以改变其规则，使该推定不应用于 PTO 先前技术。的确，在联邦巡回法院设立之前，大部分法院都精确地适用这一规则。[315] 联邦巡回法院扩展有效性推定至包括考核者并未考虑的先前技术，[316] 这一规则没什么意义。然而，另一个方法将是推定该专利有效的，只要专利权人在申请期间穷尽了先前专利的搜寻。[317]

联邦巡回法院可以将有效性推定作为一项政策杠杆。而将有效性推定想象为一项宏观政策杠杆是有可能的，对某些行业比其他或基于专利历史经验或政策偏爱的或强或弱的专利保护的行业施以更强的推定，[318]一个更合理的路径将是使用有效性推定作为一项微观政策杠杆。如果联邦巡回法院只是应用这一推定来引证先前技术，比如，其结果将是给予引证更多先前技术的专利更强的保护。因为经验的证据已经很明确了，即在某些领域，尤其是医药、生物和化学领域的专利，诸如电子类领域征引了更多在先专利，[319]这一一般规则的效果就是在那些领域加强专利保护。

（2）新的次要考量。主要由罗伯特·梅杰斯开创的经典经济框架视显而易见为不确定的功能。[320]在不确定性较高的地方，理论得以发展，法院应该降低专利标准来弥补失败的风险，从而弥补参与者的每美元投资的较低预期收益。尽管法院在传统上关注不确定性，因此显而易见性被看做是项发明的一功能，只有当在市场上包含专利的成功商业产品能以高于边际成本价格售出时，发明才能得到回报。一项发明要成为成功的产品需要许多步骤：开发产品、测试产品、生产产品、推销产品，许多情况下还需要开发互补产品甚至开创以最有效的方式发挥发明优势的全新行业。整个研究、开发及将理念转换为完整产品的过程被描述为创新。发明于是成为创新的一个子集。[321]

根据梅杰斯技术发展的理论，不确定的、高成本的创新——不仅仅是发明——应该更可能有资格决定非显而易见性。[322]知识产权法推定却是如果缺少法律保护，创新的成本和风险比仿制的成本从系统上来看要高出很多。因此，如果研发的成本由创新人独自承担，这种研发的收益却可以为所有人自由享用，那么将没人进行研发投资。在研发成本相对于模仿成本特别高的情况下，降低专利标准可以通过增加金钱奖励的可能性刺激投资创新。高成本与高风险相伴，因为高投资在任何成功的可能中增加了失败的机会。在结果上的巨大偏差可能用来阻止理性企业家投资于如此高成本项目，除非其期待收益相应的更高。对这一方法，联邦巡回法院会考虑到发明后发展的成本和不确定性，如同它考虑到发明重要性的其他经济标记：通过创造一种新的非显而易见性的次要考量衡量创新成本。

我们已经表明次要考量是典型的微观政策杠杆。然而，创新的成本和不确定性，融合成一种新的二次考量，既可以视为宏观杠杆，也可以视为微观杠杆。法院有权调查每一项给定创新的成本和不确定性，这些规则在具体案件中应当是中立的，尽管其在医药领域应用得比其他收益途径更明确的领域要广泛。还有一个更有效的方法即笼统地调查一个行业领域内总体创新的成本和不确定性，且为某一特定领域设定规则。不确定性不容易衡量一项具体发明。[323]它是跨领域的不确定性——发明的数量并未成功，因此也并未导致专利申请——测试被设计用来评估而已。这种测量只能从总体上来算，而不能单个地算。在更广义的路径上，作为非显而易见因素的创新的不确定性将是一项宏观的政策杠杆。

（3）专利滥用。根据长期存在的普通法理论，专利如果被其权利人滥用就是不可实施的。[324]专利滥用呈现为两种基本形式之一。第一，也是最常见的，如果专利被用于违反反托拉斯法，则构成滥用。[325]因为该专利法律本身允许某些限制竞争类型的行为，否则这些行为可能是非法的，[326]测试通常表述为专利权人扩大专利范围的行为是否具有限制竞争的效果。[327]第二，即使没有限制竞争效果，专利权人可能会通过以某些表面被视为非法的方式扩大专利超出其合法的范围方式而误用专利。其中最明显的例子其目的是延长专利超出期限的授权协议。[328]

而滥用索赔在专利法中已衰落，他们在版权语境中已经历了一些复兴。这种滥用可能对专利法有启发性，因为在版权中，这种理论主要应用于与电脑软件有关的版权持有人以某种方式企图压制竞争的案件中。最显著的，滥用已被法院用来维护通过竞争对手设法创造可互操作产品的逆向工程获取权。[329]正如我们上文所指出的，逆向工程对软件行业的发展是至关重要，但专利法没有任何明确的逆向工程的规定。如果在软件版权案中专利滥用以一个平行滥用的方式发展，它可能提供一个专利软件的逆向工程基础。

在各种不同的情境中，专利滥用同样有潜力充当强大的微观政策的杠杆。[330]滥用的概念必然包含内隐的对一项发明允许的控制范围，只有超出合法范围才会构成滥用。[331]因此，在某种意义上说，滥用的内容必然因专利不同会有所不同。更普遍的是，行为是否会引起滥用可能视行业不同而有异，视乎多项因素而定。第一，在一个行业中市场力量的集中将决定某些许可是否可行，如独家交易有反竞争效果。高度集中的行业或那些为单一公司主导的行业，是更应对专利滥用权负责的。第二，不同的产品之间互联的重要性和不同专利交叉许可的需要将决定潜在的反竞争做法，像捆绑、专利汇集、及交叉许可的流行。有着重叠和冲突的专利的行业，像软件和半导体行业，更有可能实现利用专利获得相邻的产品市场控制成果。第三，一个行业的变动率将决定专利权人设法超出专利的范围延长时间是否能够获利获益颇丰。制药公司有强烈的诱因延长其专利的寿命，在发明历时数年后，这是最可宝贵的。[332]相比之下，软件公司没有类似的激励。更普遍的，当面对在不同行业的专利权人努力地改变专利范围时，法院可以利用专利滥用强制执行的概念使一个特定行业中一项专利的适当范围得以实施。

当专利滥用有可能充当政策杠杆时，其由联邦巡回法院的使用迄今为止已极少，且似乎随着时间的推移一直减少。法院一直似乎更关注于严格隐藏专利滥用和在严格的限制范围内的反托拉斯，对比其关注从事详细的事实裁定和给定行业的特点。[333]对竞争作用的反托拉斯/滥用调查一定是行业特定的，但是其作为一项政策杠杆，旨在确保被授予的专利不会超过其适当的范围。[334]

（4）禁制令。专利权是符合"财产法"的古典公式的专有权利[335]，的确，专利排除权已被视为接近绝对财产规则，且假定专利侵权的发现伴随禁制令几乎是普遍的。[336]但事实上，专利法规仅规定法院可给予禁令救济，而非必须下禁令。[337]初步禁令救济的法律标准长期以来一直游移不定。初步禁制令，在联邦巡回法院创设前几乎不可能获得。[338]在20世纪80年代，联邦巡回法院大幅度开放标准给予这样的禁令，[339]但在90年代大大收紧标准，直到今天初步禁制令仍是相当稀少。[340]它可以做一些类似于永久禁令救济的事情。的确，对与专利案件形成对照的版权，最高法院曾在最近几个场合鼓励下级法院不要给予禁令救济作为一个理所当然的事。[341]

在罕见的情况下，在专利案件法院已拒绝给予永久性禁令救济。最显著的例子是福斯特诉美国机器与铸造有限公司案，[342]在此案中，法院受到专利权人没有实践其发明的事实的影响，[343]并且在维生素科技公司诉威斯康星校友研究基金会案中，[344]法院十分顾虑与健康有关的发明的性质，在后续获得的发明中找到一个强大的公共政策利益。[345]最近，波斯纳法官被指定在区域法院坐镇史克·比彻姆诉阿坡特克斯案，发现史克对帕罗西汀的专利并未受侵犯，并认为，即使受到侵害，禁令救济会是不适当的。[346]撇开这些情况，大多数在涉及专利的强制许可时拒绝给予禁令救济作为一项为反托拉斯侵权的补救措施。[347]

禁令救济可以作为政策杠杆，或者是在宏观或者是在微观层面。这并不意味着它必须作为政策杠杆。一般情况下，法院是正确对待专利作为财产法治制度的。估价这项在专利案件中常见的独特资产的困难，以及在被授予的许可中的可能变化，使得强制许可在一般情形下是不明智的。[348]然而，禁令救济可能不适合于某些情况。首先，如果专利正被用于违反反托拉斯法，这些专利的强制许可往往是一个合法的反托拉斯旨在开放市场竞争的补救措施。原因如上所述，这些反托拉斯问题可能在一些行业比其他行业出现更频繁，[349]所以，实际上就反托拉斯理由的否定性禁令救济同样应是行业特定的。其次，如果那些专利权主要被认定为持枪抢劫而不是保护合法发明的努力的一部分，禁令救济可能是不恰当。一些评论家认为，当专利权人不实践其发明时，禁令救济是不恰当的，[350]正如在这种情况下损失利润的赔偿是得不到的。[351]也许，在那些其特点由反公共问题决定的行业中，禁令救济可能会有问题，因为个体的专利权人可能有坚持要高得不成比例的专利税的动机，使得无法明确必要的权利以销售下游产品。[352]这样的一种行业可能受益于强制许可。最后，有人认为，涵盖对社会重要产品的专利，如药品和也许有些食品，应可以比专利权人索要更低价格得到——实际上是一个补贴的强制许可。[353]所有这些潜在规则所代表的是法院应慎重考虑的可能的行业特定的政策杠杆，无论是由特定行业为不同的待遇挑出来，或是通过将不成比例地影响某些领域的专利的应用的标准而设定。

（三）使用的政策杠杆

（1）政策杠杆的理论异议

那么，法院有大量的自由对专利法的一般法律标准度身订造以满足特定工业的需要。他们应该使用这种自由裁量。我们知道，立法机关传统上被认为在详细的实情调查中有体制优势，诉讼不是成本免费的，而且特别是上诉法院，不完全免受公共选择问题干扰。[354]但是，所有的优势都是相对的，问题不在于是否法院是完美的政策裁判者，而是对于我们所描述的法规的特定行业性的既定弊端，法院是否能比立法机关更好地摆正位置进行裁量。法院有相当的能力描述一个行业的概况和根据此概况在一段合理时间内并以合理的成本适用创新的政策。[355]社会通常期待法院在诸如反托拉斯领域填补这一职能。我们相信法院在专利法上可以履行类似的作用，并且它们确实一直都在这样做而不承认罢了。

我们也知道，我们的做法至少与目前学术时尚主张的司法保守主义有点背道而驰。[356]保守主义者的立场叫法官无论何时都应避免可能设置广泛的政策或先例的决定，而代之采用只决定解决某一特定纠纷所需的逐案的做法。[357]在保守主义者看来，接近、逼近"不完全推理的"决定要比阐明全面的理论框架的决定更好。[358]为了避免未来法院承受自由裁量的负担，保守主义者的意见遗留了尽可能多的未定问题。

我们对这样的一般主张有一些同情，即法院在宣布意义深远的决策规则时应保持克制，以免这些决策规则最终被证明是错误的。当考虑到创新政策时，似乎我们清楚地意识到，当法院误解创新过程的性质及将此种错误观念纳入其决策规则时，可能造成相当大的损害。我们已在其他地方特别批评了联邦巡回法院采用反作用决策规则于软件和生物技术的专利，且我们已提出了为什么法院可能会容易得到这样错误的裁定的理由。

不过，我们认为解决的办法是由法庭来得到它们的决定权，而不是让它们摆脱参与校准政策。未能阐明就某个问题的政策本身就是一个关于这一问题的政策的决定。创新政策问题不会只是因为法官忽略它们就消失。无意识的决策仍然是决策——它只是更可能会导致不良的政策。事实上，漫不经心作出的"政策决定"实际上可能比尝试制定政策和失误对创新更糟。至少在后一种情况下，正在考虑的政策将是一致的。我们先前对生物技术和软件的专利政策的目前现状的批判同样多的源于法院的不作为，如同其源于一些肯定的司法错误。

创新受关注的地方实践是薄弱的。甚至简约主义的首要的学术提倡者承认，"（当）规划是必要时，极简主义可能是一个大错误"。[359]创新政策，在我们看来，正是这样一个环境，那里规划对投资者和新发明的开发者使其技术推向市场是至关重要的。虽然我们认清了对其他领域最低限度的上诉和不完善的司法理念，诸如宪法的深奥推测，我们不相信创新政策能负担得起正在进行的司法不确定性的奢华。[360]

政策杠杆的司法使用至少在一个方面与极简主义是一致的：法院在处置案件中已有的政策杠杆是针对具体情况的标准，而不是那类立法机关更可能颁布的硬性且必须遵守的法律规则。法律和经济学文献充斥着对明线规则相对更灵活的标准的智慧的争论。[361]我们认为法院在那些创新的效果可能不确定的领域设置明线规则是不明智的。相反，政策杠杆被适当理解为标准：可以灵活适用于行业与提交法院的案件的事实背景的法律原则。

（2）联邦巡回法院对政策杠杆的处理

联邦巡回法院已经证明在其做决定时对考虑专利政策特别有抵抗力。阿丁·清莱已观察到联邦巡回法院回避它在制定专利政策标准方面的作用，而支持一种上诉的实况调查，它会导致比在其他路径中典型的还要多的侵扰上诉复审。[362]紧紧围绕每宗个案事实的倾向在一个一般拥有比它所复审的地方法院更多的技术专长的法院是可以理解的。[363]不过，如清莱指出，法院重于事实问题而排除其作为一种政策制定人的自然作用。[364]该法院不愿接受政策领导的衣钵的一些证据可在克雷格·纳德最近的研究中发现，这项研究表明联邦巡回法院远不及其他巡回法庭关注法律和经济学问。[365]

法院抵制使用政策杠杆与其不愿承担政策的责任是一致的。杰伊·托马斯注意到联邦巡回"滑向简单的规则"及远离复杂的特定行业的分析。[366]最近几次的意见要么是完全消除政策杠杆，要么表达这样做的愿望。[367]联邦巡回废除了长期坚持的1998年的反授予商业方法专利的规则，[368]及相关的"印刷品"学说也是处于不确定的地位。[369]法院在 2002 年有效驳回了等同逆转学说。[370]法院拒绝理解实验使用的例外扩大化,声称政策证明理论的正当是国会处理的问题,[371]并且雷德法官在赞同艾蒙布瑞克斯公司诉服务工程公司一案后建议完全远离实验使用的例外。[372]

在每个案件中,法院指出,不会改变那些渲染法规过时的政策,但对专利法长期坚持的司法规则没有任何具体的授权。[373]法院已寻求限制其他政策杠杆,如专利滥用[374]和在等值学说中的检控历史的禁反言规则,[375]通过对其施加狭隘和具体的规则,实际上是禁锢了其自己的酌情权。还有其他政策杠杆,如首创专利学说,至今仍未被彻底根除,如同其不容忽视。[376]杰伊·托马斯检讨这些事态发展并得出结论认为,联邦巡回法院在过去十年的法学理论的统一的主题是转向简单的规则和法律形式主义。[377]

在某种程度上,建立专利政策的阻力可能发源于一个值得称赞的(虽然这里误导的)实例印证了保守主义评论者的哲学的司法限制意识。[378]任何法院的法官妥善抵制篡改或歪曲国会订下的规则以努力促进他们自己的政策偏好。不过,这一原则在这里已不大适用。我们已经确定的政策杠杆不是规避或违反法规的方法。相反,它们是有意增加法规中广泛的司法裁量权的例子。这种自由裁量权是专利制度的一个固有部分。它植根于如此的基本理论中,如显而易见、等值原则、不公平行为、专利滥用、可专利的主体,所有这一切都是司法建构的。专利法从根本上是一个包含比规则更多的标准法规。即使它想,联邦巡回法院无法消除由此产生的酌情权,没有从根本上重写专利法的规则,其本身就是行动主义的一种形式。

专利法自由裁量权的固有性质提供了一个明智地使用这种自由裁量权令人信服的理由。联邦巡回法院在其作出的决定中无法避免作出政策的裁决。我们所担心的已经在一些事例中发生的事情是,它已无意作出了这些政策裁决,制定了影响专利拥有人和指控的侵权人的规则,而没考虑这些规则将有的政策后果。[379]重要的不只是明智地制定了专利政策,而且使其为特定行业度身订造。正如我们在第一部分和第二部分详细讨论的,创新因行业而不同,以及专利制度以不同的方式影响不同的行业。这些区别是如此鲜明,以致在专利法的某一特定领域谈及"权利规则"而不论该行业的特点或正在考虑中的创新甚至有可能不会有意义。无视这种差异是起反作用。

举例来说,有意或无意,在软件和生物技术行业,联邦巡回法院对显而易见性和第 112 节的披露标准有不同的解释。[380]我们在其他地方提出,联邦巡回法院实际上为这些行业建立的规则确实是政策立场的倒退。[381]设置一个统一的规则将不能解决这个问题;行业有不同的特点,并且名义上统一的规则将对它们有不同影响。如果法院要作出明智的政策，它必须考虑这些行业的需要。[382]在本节中我们已确定的政策杠杆为法院提供了一种方式去完成这种细致入微的决策。在如下部分中，我们提出的关于如何确定这些政策杠杆一些想法应被用于有着特殊需要的某些行业。

四、行业特定之适当的杠杆

在最后部分，我们详细讨论了政策杠杆在提供了需要专利裁量的令人信服的例子的行业中的使用。我们选定的这些行业的每一个作为上述例子来说明创新模式。这些行业也有不同等级，一直是专利裁量的主题，所以我们上面也选用它们来说明某些政策杠杆。我们在这里建议如何剪裁可能会更好地适合这些行业，主要侧重于法院已在使用的杠杆。举例来说，我们讨论调节专利的范围和频率的显而易见和披露学说的使用，如同在可能必要的情况下反公共或专利丛林理论是适用的。这些杠杆也可能用于构建专利权的暂时的测序，如在行业中可能出现累积或后续的创新呈现时，我们也建议在有些情况下使用不太熟悉的可能是适宜的杠杆。

（一）生物技术

我们开始于生物技术，一个我们已论及多次的行业，并且我们已显示它一直是在专利法中一些技术剪裁的主题。生物技术部分是关于药品的（且因此涉及前景理论）以及部分地关于 DNA 研究，因此又涉及反共有物理论。

如果任何技术符合高成本、高风险的创新标准，这必定是生物技术。生物技术产品的开发，特别是在制药行业，其特点是极其漫长的开发期和高开发成本。这种延误部分原因是由于对新药、食品、生物制品的安全以及新有机体的环境释放行使严格的管理监督。[383]

然而，生物技术要服从的复杂的监管要求可能掩盖更根本证明这种监督的不确定性。生物技术产品出现于活生生的系统，且通常要与其他人类或非人类的生态系统互动。这种相互作用，无论是生理或生态的都非常复杂，且所涉的系统具有不佳特点。结果是，生物技术产品的功能始终是不可预见和总是涉及高度的不确定性和风险。[384]因此，虽然我们认为，联邦巡回法院建议识别和制造生物技术产品一直是错误的，发明总是困难和不确定的，谈到把这些研究工具转变为可在市场出售的药品——创新——是耗费时间、复杂和危险的也是事实。

同时，模仿者，诸如想模仿创新者药物的一般制造商们，面临比业界创新者大幅度降低的成本和更小的不确定性。尽管 FDA 对后来者施加监管障碍，但这一进程相较创新者是极为简单的。事实上，一般公司所面临的主要的监管障碍是要表明，其药物与创新者的药物是具有生物等效性的。[385] 如果具有生物等效性，美国食品药品管理局允许一般公司依赖于创新者的监管努力。与开发和测试一个新的药物相关的不确定性，对通用的竞争对手是完全不存在的，它们只需要复制创新者已确定和测试的药物。同样的，所涉及的为人类蛋白质生产 cDNA 序列编码的辛勤工作在于确定和孤立正确的序列；一旦序列是众所周知的，一个跟进的竞争者就可以轻易地复制它。

为符合这些特点和合并的标准经济模式，目前的联邦巡回法院判例降低了生物技术显而易见性的标准。[386] 这个降低的标准似乎不符合现代生物技术科学。研究工具的可用性提出了分离和鉴定生物大分子的范式。因此，有相当多的批评已直接针对联邦巡回法院关于生物技术显而易见性的案例。[387]

假如有的工具，对某一特定核苷酸或蛋白质的搜索结果似乎相对确定，因此是显而易见的。然而，如果专利推动生物技术的创新而不仅仅是发明，法院必须考虑到成本和后发明的测试和发展的不确定性。[388] 一项专利的有效性或无效性预计对进行初步研究的诱因影响不大，例如，利用现有的工具以获得大分子的利益。[389] 但是，为寻找新的生物技术产品的工具的现有可用性并未改变高成本和使用高分子开发适销对路的产品带来的不确定性。因此，根据合并的框架，降低显而易见标准可能似乎从政策的立场有意义，它不会那么多地鼓励发明如同鼓励发展销路好的产品。[390]

然而，在其目前的判例中，联邦巡回法院一只手给予生物技术东西，又用另一只手剥夺。虽然在目前显而易见的标准下生物技术专利比较容易获得，但是附随的授权和书面说明标准大幅度收窄所赋予的专利范围。通过要求披露特定结构或序列，以便声称对生物大分子的权利，联邦巡回法院有效限定了对这些分子的专利的范围以使其结构或序列被披露。[391] 这个标准规定发明者有分子"在手"（可以这样说），然后才可以申请其权利。换言之，只有在发明者已经对分离和区别任何特定分子进行了大量投资后，才可以拥有该分子的专利保护。结果是投资于发现一种新的分子的每个人将得到的专利，但是它是避免侵权的小事，至少在字面上。根据这个标准，没有一个人是有可能获得一项足够广泛的专利以支持进一步的发展成本。[392] 的确，一些有前景的调查线图表明，如定制适合个人的 DNA 药物的开发，可能会完全排除在外，如果生物技术专利是没有足够广泛涵盖存在于自订的药物中的小结构变化。

不幸的是，在显而易见性与目前的 PHOSITA 专利学说的授权的相互结构下这种狭隘的生物技术专利的扩散可能几乎是不可避免的。[393] 为了让发明避免显而易见，它必须被视为超越 PHOSITA 的技巧以建构给予的在先技术的披露程度。然而，这意味着在披露发明时，发明人必须告诉那些具有普通技能的人许多的关于如何制作和使用它，有效地提高授权和书面说明标准。联邦巡回坚持生物技术研究的结果是不可预见的或不可预测的避免显而易见问题，但结果以一个非常严格的标准披露和说明。再次，从经济政策角度看，结果不是最优的。我们在其他地方曾提出过一个解决这个特殊问题的理论，即在 PHOSITA 的显而易见性和披露的标准上以单独的政策为基础，而不是使用一个共同标准理论。[394]

不过，即使给定这样的理论工具，法院必须面对在生物技术行业的专利的适当范围的政策问题。生物技术专利政策的适当的焦点是一些争端的问题。梅格斯的经典经济框架建议非显而易见的标准应是低的以补偿业界创新的高成本。[395] 有效保护的需要和反公共文献两者都表明，披露要求应比它目前要求不那么严格，以免产权是太过于解体而不能允许有效的许可。[396] 但是如果非显而易见和披露要求双方都被减少，结果将是更多地拥有更广泛范围的专利。反过来，这种增加将产生大量的专利封锁，可能产生专利丛林。[397] 阻断专利不一定是坏事，尤其是当它们与像在极端情况下的谈判压力的等值扭转学说这样机制相结合时。[398] 它们一定会给予生物技术公司的创新激励，至少在初期如此。但封锁专利产生了相互重叠第一代专利，其抑制创新，尤其是在那些第一代专利上游的研究工具被授予专利的领域。[399]

我们转而建议，法院应修改梅格斯的经典理论。降低显而易见门槛是鼓励在不确定的技术投资的唯一出路。另一种选择就是，通过减少披露的要求或强化对某一特定行业的等同学说来扩大签发的专利范围。这样做将鼓励在不确定的行业的创新不是通过增加获得一项专利的机会，而是通过专利一旦被授予后的增值。事实上，我们相信，虽然梅格斯正确地建议，可专利的标准应响应创新的成本和不确定性，显而易见是在生物技术中利用的错误杠杆。[400]

降低显而易见的门槛，使小发明有获得专利的可能，但无论如何并没有鼓励满足（已相当适度）显而易见的标准的发明。如果从发明到市场获得是昂贵的和不确定的努力部分，我们需要担心这些更重要发明的所得。[401]

这个二选一的办法——一个相当高的显而易见的门槛，再加上相当低的披露要求——在不明朗的行业将产生一些非常强大的专利。它将因此解决往往用生物技术确定的反共有问题，而同时促进创新激励。[402]因为会有相对较少的专利，专利丛林问题应该不会发生。专利的频率和范围的标定似乎是对在大部分的生物科技文献中发现的反共有关注的适当反应。我们担心的替代解决方案——有利于政府对不受约束的智慧财产权的公共基金支持的发明的更大控制[403]——可能会令人难以接受地减少生物技术公司超越发明的创新和产品开发的激励。

通过披露重新校准专利范围似乎需要一个更为根本的对联邦巡回第112个判例的重新思考。法院目前要求在不确定技术中的专利权作更多的披露，我们的建议则要求减少。理解这种面上难题的关键，是事前发明的不确定性和事后创新的不确定性（使得产品推向市场）之间的差异。法院多次重申的格言是生物技术是"不确定的技术"。[404]但是，我们认为，在生物技术行业，也并不是那么多的发明作为产品开发、生产和行业监管认可是不确定的。从政策角度看，结果是相同的：生物技术发明比其他类型的发明需要更多的激励，如果他们实际上是要达到市场目的。然而从披露的角度来看，相当显著的不同是：没有理由要求提高一项发明的披露——并相应地缩小它的范围——如果发明本身在技术中并不确定。

那么，生物技术，部分地是由反共有物理论（太多狭隘的专利必须加以整合以生产一个可行的产品）和部分地由前景理论（一个漫长和不确定的后期发明的发展过程验证了对发明的强有力的控制）正确地描述。一个理性的对DNA的专利政策会设法尽量减少反共有问题，并给予发明者足够的控制诱使他们走向商业发展的不确定的小径。各种政策杠杆可能以此为目的。在少数情况下通过阻止威胁到进行下游创新的不必要的上游专利（例如对无害环境技术的），公用事业和抽象的思想理论可以限制反共有问题。书面说明与授权理论必须重新被校准以允许更广泛的发明请求权。等值学说也许依靠复兴先驱专利理论，或应用众所周知的着眼于功能而不是结构的互换性概念，可以扮演类似的角色。实验使用也可能发挥作用，通过确保在生物技术行业长期发展所需时间，不干预发明者获取最终产品专利的能力。[405]

（二）化学/制药

法院已应用在生物技术上的不确定性的原则可能对其他行业也有有害影响。举例来说，小分子化学长期以来有其自身的一套离散的专利[406]性的理论，在那些企图在特别技术中调节技术水平的长线案件中得到了发展。这些规则在这类个案中阐述了所代表的在可预见的分子家族特点的相似性和在预测其在三维空间的结构影响的困难之间的某种妥协的东西。作为第一个近似，在在先技术中被披露的分子之间的结构关联和产生了显而易见的证据确凿的案件的一个专利所声称的一种新型的分子。[407]

然而，二维空间以书面形式所描述的化学结构未必准确地反映存在于三维空间的物理结构的性能中。分子在三维空间相互反应，且这三维空间配置决定分子的化学特性。

因此，即使在小分子中，在纸面上看来很小的三位复杂性的改变，可能使与其明显相关的分子具有根本不同的特性。甚至与三维模型一起，这种复杂性的影响一直是难以预测的。如此出乎预料的特点如足够频繁地发生，一个发展的规则允许在小分子中显而易见的证据确凿的案件被反驳，通过在所声称的分子中的不可预知的或意外的性能的证据。[408]建构在这样一条规则上的技术的假设似乎是在小分子化学中的 PHOSITA 大致上可以预测一种化学品或一组化学品的性能或可能偶尔会对其属性感到意外，但无论是哪种情况，结果是基于分子结构的描述。

在这些小分子个案中的规则似乎与联邦巡回法院的生物技术案件中所宣布规则密切相关。联邦巡回法院已宣布 DNA "是一种化学化合物，虽然是一个复杂的化合物"[409]它已阐明的愿望是，以同样的方式对待大分子的专利如同较传统的有机分子专利。在侧重于结构描述作为显而易见和披露二者的支柱，生物技术案件依赖于并似乎对以上归纳的化学案件系列的扩张。正如我们质疑这些规则对大分子应用，我们同样不确定这些在小分子化学案件中显而易见的特别规则会非常适合于以调和目前的化学研究的实践，特别是鉴于该规则由联邦巡回法院为大分子所阐述。

特别是，理性药物设计和组合化学的现代技术，似乎以许多与常规的 DNA 探索推动生物技术案件中的专利规则相同方式，推压这种传统的化学的显而易见性的结构。举例来说，小分子化学家现在搜寻有用的化合物，首先是通过指定他们希望找到的职能。[410]可取的分子特点被精确地代表以在功能描绘上等同于化学群和侧链的方程式。[411]基于这样的数学模型预测，然后，化学家可以通过大型的相关分子搜索，选择那些与预测功能最接近的匹配功能。[412]

这种方法接近于在大部分联邦巡回法院高分子案件中考虑到的分子"搜索"的类型平行，在那些案件中，DNA 分子的大型图书馆被搜索，以找出那些对应于预期的功能特征。例如，倾向以某一特定核苷酸配置的探针附随的特定基因产品的细胞生产代码的能力相杂交。[413]组合化学，很像 DNA 的探索，往往把重点放在端终产品的功能，从为一个理想的分子的搜索结果中，但不一定是从预测最终发现的分子的确切结构中，它消除了许多不确定性。事实上，化学结构的作用在一定程度上是被边缘化的，作为具备类似的功能的异种结构可能被视为相当于在缩小搜寻。正如在生物技术方面，重点是结构而非功能可能导致化学品的专利保护不力，因为现代的开发工具使结构比发明就不那么重要。

因此，为小分子化学的行业特定的专利处方越来越类似于那些我们为生物技术提建议。就此项研究在严格规制的背景下所做的程度来说，尤其是制药应用，它面临着许多与生物技术相同的创新概要。其他严格的管理监督，如美国环保局根据有毒物质管制法的管制，[414] 可能同样会影响到创新的人生观。化学和药品，如生物技术，似乎非常适合前景理论。较少和更广泛的专利，仰仗放宽披露说和加强等值说而受到鼓励，是最有可能提供适当的创新激励。一个相对稳健的实用说可以防止在化学上的反共有问题，通过防止授予给由不知道化学品可以做什么的"发明家"发明一个成功的化学品的众多的类似物专利。[415]

一个在制药业比在生物技术行业可能会承担更大的重要性的政策杠杆是专利滥用。制药公司通过与通用公司共谋解决争端一直很努力扩大合法专利范围，[416] 战略拖延专利起诉，并获得包括同一发明多项专利。[417] 在威慑反竞争的努力扩大超越一个理性的药品专利政策会给予的范围的专利权利，专利滥用学说可以发挥强大的作用。[418]

（三）软件

虽然大多数生物技术和化学发明需要广泛的专利保护，因为它们的高成本和不确定的发展过程，在软件开发的案件中正好相反。软件发明往往有一个快速、廉价和相当直接的后发明的开发周期。在软件开发的大部分工作出现在最初的编码，而不是在开发或生产。在软件行业研制至上市的周期往往是短的。软件开发的资本投资的规定是相对低的——主要由组成雇用人员，而不是建设实验室或制造基础设施。调试和测试营销是烦琐的和潜在费时的，但这比不上在生物技术和制药工业严格的安全测试和必要的机构监督所需的成本。[419]

因为在软件业比在那些如生物技术之类的行业创新具有更强的不确定性，梅格斯的经济框架认为非显而易见的限制应该相当高。[420] 有些广泛的软件专利确实是目前的联邦巡回法院判例将可能产生的事情。通过放宽实用性的要求，并允许软件发明者以广义加以界定，通过几乎很少的详细披露的方式得到支持，联邦巡回鼓励软件专利扩大范围并适用于涉嫌侵权的设备，这已远离了原来获得专利的发明。[421]

言下之意，联邦巡回法院的标准也似乎表明，对低层次的逐步改善的许多保护范围较窄的软件专利将鉴于以前更普遍的披露对显而易见性无效。它们也可能是无效的，因为最高法院的看法即软件的发明是"为专利准备的"[422]，当它是一个商业要约的主体时，且当发明人已描述其广泛的功能时，即使对代码如何将被写入或为其目的工作不是清楚的[423]，意味着任何等到代码被写提出专利申请的专利权人在冒受到没有较早申请的时间限制的风险。

不幸的是，联邦巡回法院的现行标准似乎正在倒退。软件行业的行业特点，较小程度上由竞争理论[424]，较大程度上由累积创新理论赋予。累积创新理论表明，为了奖励逐步改善，增量软件发明的专利应该比较容易获得，这意味着应降低一些显而易见性的标准。它也表明，由此产生的专利应该是狭隘的，并且，尤其是它们一般不应延长跨多代产品，因为担心扼杀随后的逐步改善。这反过来又意味着软件专利应圈于一定范围。[425]

实施理性的软件政策显然需要对现有的判例法一些重大的改变。若干政策杠杆可能用来对这个问题产生影响。首先，显而易见的理论需要改革，最好是透过一个更明智的在技术中的技能水平的应用方法[426]，或者作为选择通过应用非显而易见的新的次要的考虑。[427]其次，对等同原则的更高披露要求和限制将有助于减少专利的范围。[428]

此外，我们认为，软件专利是一个新的政策杠杆的理想选择：逆向工程。许多评论家已说明了允许竞争对手为了看其如何工作以及发现围绕它设计的方法进行逆向工程的重要性。[429]在版权案件中，法院已采用合理使用的原则，有时连同版权滥用，以便让竞争对手进行计算机软件的逆向工程。[430]，专利法未包括允许逆向工程的明文规定，也没有任何司法发展的类似于可能允许它的版权的合理使用原则的例外。事实上，专利法普遍缺乏类似于公平使用或其他可能随时被压入逆向工程服务的例外规定，虽然有论者认为专利法可能正因此原因需要这样的例外。[431]

这并不意味着根据专利法，逆向工程一项专利产品一定是非法的。一些发明，如回形针，一旦体现在一个产品是迅速的显而易见的。[432]改进者不需要对回形针进行逆向工程并确定它如何工作以改善它；他们只需要看看它。此外，在许多情况下，专利权人已做了所有的为逆向工程专利发明所必需的工作，通过在专利说明书中公开如何制造和使用所申请的发明。在理论上，明文授权逆向工程的规定将是多余的，如果为确保专利被要求的赋能披露是足够强的——想了解获得专利的装置如何工作的人只需要阅读专利说明书即可。[433]

然而，软件的专利发明一般不具有这些特点。[434] 软件装置通常不能为临时检查容易理解，不进入人类可读的源代码或其他文件尤其不能理解。审查专利本身是不可能产生相当于一个逆向工程的检查的资料，因为联邦巡回法院不要求专利权人披露软件其发明执行的源代码，或就那点而论十分关注于其发明。[435] 因此，软件专利对完善专利法的、传统的、与公众的披露权益的谈判，造成了独特的障碍。

反之，在软件中普遍使用的具体逆向工程技术，可能会提出一些对软件独特的侵权问题。在专利法中侵权的定义是极为广泛的，包括"制造、使用、提供销售……出售……或进口"一项专利产品的任何人。[436] 通过反编译对获得专利的计算机程式进行逆向工程技术[437]，它可能适合在这一广泛被禁止的行为范畴，至少是在程序本身被声称为一个装置的地方如此。逆向工程显然构成了专利软件的"使用"，虽然程序的某一特定的副本的所有人的确有权使用它。[438] 更重要的是，通过在随机存取存储器记忆中产生一个临时具有功能的副本，解编也可能构成"制造"专利的程序[439]，并且，在某些实例中，更长远的（虽然仍是"中间"）复制在更多的永久记忆中。[440] 这些复制可能构成专利侵权，除非受一些抗辩保护。[441] 所有这一切的结果是因为名义上是中立的专利法的规则——没有为逆向工程防御——影响软件比其他行业更甚。

在专利法中逆向工程例外的需要，影响支持适应现有的权利穷竭理论或实验性使用寿终正寝。[442] 专利滥用也可能适合于，如同它已在版权领域那样，防止专利持有人阻止或禁止与他们的发明相关的逆向工程。这种例外甚至可能被创造通过重新解释第 271（a）节的侵权规定。由此产生的专利学说将构成一个宏观的政策杠杆。正如科恩和莱蒙雷所观察到的，在大多数的行业中，或者没有必要逆向工程一项发明或逆向工程可以做而不侵犯专利。[443] 只有在软件中有必要为某一特定学说以保护逆向工程的权利——并因此改进者创新的能力。因此，司法创造的逆向工程的防御，将全面地在软件的案件而不是在其他专利案件有意义。[444]

（四）半导体

正如我们上文所述，半导体行业也显示出行业特殊性，需要与其行业相适应的特定激励。微处理器的设计和制造已变得越来越复杂和昂贵，由于越来越多的小型化。微处理器的创新需要大量的技术工程师团队协调和扩展的努力，以及生产过程及设施的开发和建设，一项耗资数十亿美元。[445] 然而，这个高研发成本是与一个相对较高的仿制成本相匹配的。一个模仿者可以通过复制在蚀刻芯片过程被使用的"光掩膜"复制一个芯片设计，并在海外廉价制造相同的芯片的日子早已远去。[446]模仿者必须建立自己的制造设施，以及行业中大部分的创新就在于很难确定和复制程序。

这些特征表明，专利在鼓励半导体器件的创新方面可以发挥重要的作用。开发成本是极端高的，并且专利激励可能服务于吸引所需的资金。[447]同时，为了防止在无用的专利"种族"上的昂贵的重复努力，专利的披露功能可能是重要的。[448]这些具体标准影响主张放宽获得专利的标准；如在生物技术的案件中，高开发成本可能抵消了提高的回报。

扩大专利范围可能满足在半导体行业增加的专利性的需要，如同它在制药行业所为的，不是在这一背景下专利的扩散可能会迅速发展成为一个阻挠创新的专利丛林，不愿由一个单一的专利所涵盖，半导体芯片是复合设备，由多个发明组成，其中每一项可能涵盖一个单独的专利。不同的公司可能持有专利的电路设计，材料，进入制造单一芯片的过程。在该行业竞争的公司，沿着平行的研究线工作产生更快和更小的芯片，往往会取得具有重叠请求权的类似的发明专利。因此，一个新的微处理器可能需要整合涵盖由数十种不同的公司控制的数百种不同的专利技术。[449]

因此，尽管开成本高，半导体行业所需要的不是广泛的权利。置广泛的权利于一个开发者手中实际上可能阻碍创立一个融入许多发明的设计。那么，最佳的，半导体专利应进行校准或者避免，无论怎样可能的范围内建立一个专利丛林，或者通过重叠的权利快速、简单交叉授权以便利丛林的"结算"。不同于生物技术需要广泛的专利，我们相信，经典的梅格斯的赞同降低显而易见的禁令的分析[450]，在此设计中会很好奏效。但是，它能这样做，只有再加以旨在减少签署的专利范围措施。半导体行业中的专利应是狭窄的，以便重叠的有效范围最小化和潜在的妨碍可以在周边发明或避免。书面说明和在技术中的技术标准的政策杠杆可能会针对这个目的被裁量。在此外，等同原则对半导体的应用必须紧紧地遵守规则。因为降低的显而易见的标准将广泛的等值领域留下较少的在先技术的障碍，如此规则将需要来自严格的解读"功能—方式—结果"和在等同学说下"已知的可互换性"的测试，或来自先驱专利规则逻辑的逆反。

另外，可能通过更激烈的手段来清理专利丛林。举例来说，我们已确定作为一种政策杠杆的强制权，法院偶尔用来建立在迫不得已的情况下的一种强制许可。[451]拒绝为半导体专利侵权给予禁制令可能使专利的资料更易获得，甚至在面对广泛的专利重叠、抵制行为、谈判破裂。这不是一个必要的我们一定会建议的过程，因为我们认为，这种强制许可的类型是一项应保守地使用的政策杠杆。从历史上看，法院有理由一直不愿意使用这个杠杆。尽管如此，我们提及这种可能性，作为可能完成所需的裁量的一个可选择杠杆的例证，它将"清理"通过私人手段证明行不通的丛林。在最低限度，法院应鼓励私人构建有序机制，如标准制定组织和试图以清除干涉权利的专利池。[452]

结论

查克拉巴蒂指出，专利法涵盖了："在阳光下的任何事情"[453]，美国最高法院承认专利法对所有技术的普遍适用性。然而，并非所有的创新以同样的方式运行。在共和国的历史上，日益复杂的创新和专利制度本身给专利政策带来了最大挑战。专利法有足够的灵活性以满足所有新的和现有技术的需求，但只有当其富有敏感性地适用于创新的行业特殊性特质时，才能做到这一点。我们已找出各种现有和未来可能的政策杠杆，可用于法院以满足这种需求。我们也整合了专利制度的这些先前已出现矛盾或互相排斥的杠杆理论的讨论。在这样做时，我们希望为不断增长的创新文献和专利法增添一些连贯性，并有助于使为 21 世纪建立的专利政策站稳脚跟。

开创这样一个专利和创新的"统一理论"是一个雄心勃勃的事业，且这篇文章只是万里长征走完了第一步。我们仅仅是开始厘清了法院可能为特定行业的需要度身订造的专利法的方法之纲要。举个例子说，关于机构的职能和权力仍有很多有待探讨。在此，我们几乎完全集中在讨论法院在裁量专利法方面的作用；我们已确定政策杠杆的运作主要是作为一个法律问题，且我们考虑到法院最优选用这些杠杆。行政机关在塑造法定的政策杠杆的适用上也可能有作用。在专利案件中，专利商标局是一个要考虑的角色，其在形成专利法的适用方面可能起扩大化的作用。[454]这些问题留待以后讨论。我们只是希望，站在前人的肩膀上已建构了一个坚实的和协调一致的专利法的框架。

注释

[1]（2000 年）美国法典第 35 篇，第 100—376 条。

[2] 参见例子，同上注，（2000 年）第 103 条（b）项。（特殊的非显而易见的关于生物技术的规定）。

[3] 参见 Diamond v. Chakrabarty 案，《美国案例汇编》（1980 年）第 447 卷第 303、309 页，（转引自 1952 年法案，美参议院报告书第 82—1979 号，第 5 页；1952 年美众议

院报告书第 82—1923 号，第 6 页。与之判决不同的案例参见 Harvard Coll. v. Comm'r，[2002] D. L. R. 577（认为加拿大的专利法与美国专利法不同，不会自动涵盖新技术，特别是不包括转基因高等生物）。

[4] 参见丹·伯克和马克·莱姆利《专利法是科技特定化的吗?》，载《伯克利科技法律期刊》2002 年第 17 期，第 1155 页。（下文中简称伯克和莱姆利：《技术特定化》）

[5] 法官伦德尔·瑞德开始认识到所发生的变化，参见《联邦汇编》第三辑第 325 卷第 1306 页，联邦巡回法院 2003 年对莫巴·B. V. 与戴尔蒙自动化公司一案的判决，（瑞德法官，附加意见）（注意到行业特定的性质的书面说明学说）

[6] 参见伯克和莱姆利《科技特定化》，注［4］，第 1190—1196 页（提出这一解释）。

[7] 参见《美国案例汇编》第 447 卷，第 303 页（扩展专利法，以包括活的生物体和任何其他由人类所制造的标的）。

[8] 例子参见杰瑞德·毛新哈夫和维维安·郭《公元 20××年的世界专利体系》，载《意林期刊》1998 年第 38 期，第 529 页（讨论全球专利保护的重要性）。

[9] 例子参见约翰·巴顿《重塑专利体系》，载《科学周刊》2000 年第 287 期，第 5460 页；达里尔·林德西《艾滋病药勇士》，载 http://archive.salon.com/news/feature/2001/06/18/love/，（讨论吉米·拉弗的观点）（2001 年 6 月 1 日访问）（存档于弗吉尼亚法律评论协会）。

[10] 例子参见美国第 85 次国会参议院司法委员会专利，商标和版权小组委员《专利体系的经济评论：第 15 号研究论文》，委员会出版社 1958 年版，第 76—80 页（弗里茨·马克卢普收集整理）（得出结论认为，如果我们没有一个专利制度，创建一个就是不负责任的，但既然我们有一个，消除它就是不负责任的）；请参见乔治 L. 普利斯特《经济学家能够告诉律师关于知识产权：关于张的评论》，载《经济与法研究期刊》1986 年第 8 期，第 19、24 页（得出结论认为，经济学家不能告诉律师任何关于知识产权本质上的东西）。

[11] 综合评论参见布雷特·弗里希曼《制度与创新：美国科学与科技政策的重新思考》，载《佛蒙特州法律评论》2000 年第 24 期，第 347、351 页（认为，创新比传统上为政策决策者所理解的复杂得多）。

[12] 然而，即使在这种情况下，发明要求研究者必须站在一个既关注又欣赏发明的立场。通常这样的科学家是一个较大研发项目的组成部分。

[13] 例如，在化学领域，许多专利从程序研究中产生，而其他（像便笺贴专利，即美国 1992 年授予的第 5153041 号专利）是偶然发现的。

[14] 确切的统计数字是有争议的。参见注［15］第 130—133 页及第 383 页。部分争议集中在哪些组成要件的成本应包括在内。制药业倾向于将营销费用计算在成本之内，这可能使得大量的、而且确实不能算作与创新有关的支出被包括在内。

[15] 参见凯瑟琳·德贝郡《建造一个晶片铸造厂——都与权衡有关》，载《半导体杂志》2002 年 6 月号，第 3 页，网址 http://www.semi.org/web/wmagazine·nsf/

4f55b97743c2d02e882565bf006-c2459/e0137dd2c4442ff 988256bce007eecca! OpenDocument（存档于弗吉尼亚法律评论协会）（时间）；马克·莱普德斯《新式晶片铸造厂的成本飙升至 40 亿美元》，网址 http：//www. siliconstrategies. com/story/OEG20030310S0067（访问时间：2003 年 3 月 10 日）（存档于弗吉尼亚法律评论协会）（成本）；另参见史蒂夫·洛尔《一流的芯片，脆弱的行业》，载《纽约时代杂志》2003 年 8 月号，第 4 页第 1 章（注意到建造一个晶片铸造厂的成本达 20 亿—30 亿美金之多）。

[16] 的确，史蒂夫·乔布斯和史蒂夫·沃兹尼亚克因在一个车库开始研制苹果电脑而成名，比尔·惠普和戴维·帕卡德也是因在一个车库开始创办惠普公司而成名。而迈克尔·戴尔则是因在他的大学宿舍房间开始研制戴尔电脑而著名。参见迈克尔·戴尔和帕特丽夏·奥尔森《执行者的生活：老板；比校园生活更有趣》，载《纽约时代杂志》2003 年 3 月号，第 9 页 B12。

[17] 操作系统比应用程序复杂得多，因为它们必须被注明以便在各种计算机程序上运行和控制各种硬件设备。

[18] 请参见马克·莱姆利和戴维·奥布里恩《鼓励软件重复使用》，载《斯坦福法律评论》1997 年 49 期，第 255 页（认为情况并非总是如此）。

[19] 专利法的痕迹重点集中于个体发明的专利只能以个人的名字，而不是公司的名称签署，（2000 年）美国法典第 35 篇第 118 条，也可以从对个人和公司拖延减少一项发明实践的理由的不同反应方面发现。参见 Griffith v. Kanamaru 案，《联邦汇编》第二辑第 816 卷，第 624 页（联邦巡回法院，1987 年）。

[20] 例子参见约翰·艾力森、马克·莱姆利 *Who's Patenting What? An Empirical Exploration of Patent Prosecution*，载《范德比尔特法律评论》2000 年第 53 期，第 2099、2117、2128—2130 页。发现由个人和小实体所拥有的专利的数量，以及每个专利的发明家数量，因行业不同有明显变化（下文简称艾力森、莱姆利：*Who's Patenting What? An Empirical Exploration of Patent Prosecution*）。

[21] 例如，参见帕米拉·萨缪尔森等《一个关于电脑程序法律保护的声明》，载《哥伦比亚法律评论》1994 年第 94 期，第 2308 页（讨论某些类型的软件创新如何从产品外观披露，因此容易被模仿，并认为新的法律制度需要保护这种创新）。

[22] 理查德·莱文等：《提取工业研究与发展的利润》，载《布鲁金斯经济活动论文集》1987 年第 783 期，第 794—795 页。

[23] 另参见迈克尔·卡罗尔《重温疑难案例：一个知识产权的行业减排法》，2003 年版，第 29 页（研究论文，存档于弗吉尼亚法律协会）（采纳了一个类似的措施）。

[24] 即使在这种情况下，专利法有时会提供比商业秘密法更多的保护，因为专利甚至禁止一个竞争对手的独立发现。但这并不意味着专利在这种情况下将对社会最有利。防止独立发现是专利制度的一个附带作用，而不是它的目标。

[25] 首先进入市场的革新者往往享有比后来的模仿者更多的优势，甚至该进入并未受到物理的、电子的或在法律上限制。这种先行者优势在于不允许对专有信息做任何直接的限制准入；它起因于准入实践的限制以及与不完整的知识相联系的延迟。实证数据显示这样的先行者优势可起到创新和激励的功能。例如，一项关于各行业大公司的研

究结论表明，先行者的优势，包括建立生产和分布设施的优势，比使用专利更有效地使企业获得创新回报。莱文等著，注［22］，第815—816页。（得出结论认为，专利制度和相关机构"提高了创新回报的独占性"，但"那些制度和机构不是唯一，也不一定是防止一般准入的首要障碍，否则会有什么是纯公共物品的争论"）。另参见爱德温·曼斯菲尔德《专利与创新：一个经验研究》，载《管理科学学报》1986年第32期，第173、176—177页。（研究各种企业和产业在何种程度上依赖专利制度来保护它们的创新）。事实上，南希·多夫曼辩称，先行者优势一直是在计算机硬件和半导体行业创新的首要原因。参见南希·多夫曼《创新和市场结构：来自计算机和半导体行业的教训》，1987年版，第235—239页。

［26］关于网络效应的著作参见约瑟夫·法尔雷、加思·萨隆那《标准化，兼容性及创新》，载《兰德经济学杂志》1985年第16期，第70页（讨论"是否……标准化的好处'禁锢'一个行业于一个过时的或劣质的标准"中）；迈克尔·卡特兹、卡尔·夏皮罗《网络外部性，竞争及兼容》，载《美国法律与经济学评论》1985年第75期，第424页（使用寡头垄断的模式以了解具有网络外部性市场）。迈克尔·卡特兹、卡尔·夏皮罗《制度竞争和网络效应》，载《经济展望杂志》1994年第8期，第93页（审议在公共的制度市场和私营机构的行为和表现）；马克·莱姆利、大卫·麦哥文《网络经济效应的法律意蕴》，载《加利福尼亚法律评论》1998年第86期，第479页（研究在"反托拉斯法，知识产权法，电信法，互联网法，公司法，合同法"语境中的网络理论）（以下简称莱姆利、麦哥文：《网络》）；S. J. 莱博伊特兹和斯蒂芬·E. 马格里斯《网络外部性：一个非同寻常的灾难》，载《经济展望杂志》1994年第8期，第133页（辩称作为市场失灵的网络外部性的概念是值得商榷的）。

［27］事实上，有大量的关于奖励而非智慧财产权的经济价值文献。例子参见迈克尔·阿布拉莫维茨《完善专利奖励制度》，载《范德比尔特法律评论》2003年第56期，第115页（提倡奖励制度以补充现有的知识产权保护）；斯蒂文·夏威尔和坦盖·范·雅浦塞尔《奖励对抗知识产权》，载《法和经济学杂志》2001年第44期，第525页（得出结论认为，一个最优的奖励制度比智慧财产权更有效）。丽贝卡·艾森伯格和其他人详细探讨了科研团体信誉奖励制度和智慧财产权制度之间的紧张关系。参见丽贝卡·艾森伯格《所有权和生物研究科学的标准》，载《耶鲁法律杂志》1987年第97期，第177页。

［28］例如，参见罗伯特·梅格斯等《新科技时代的知识产权》，2003年第3版，第10—18页（讨论此类激励制度）。

［29］在19世纪由瑞士和荷兰所做的消除专利保护的实验证实，即使没有专利，创新也会出现，虽然证据被混合在这些成功的实验中。参见艾瑞克·席夫《没有国家专利的工业化：荷兰1869—1912，瑞士1850—1907》，1971年版，第40—41页；弗里兹·马克卢普＆艾迪斯·潘罗斯《19世纪的专利论争》，载《经济史杂志》1950年第10期，第1—6页。关于历史上废除专利的辩论，参见马克·詹尼斯《废除专利》，载《伯克利科技法律期刊》2002年第17期，第899页。

［30］在2002财政年度，美国国家卫生研究院花费大约216亿美元支持研究（据估

计预算总额约 93％ 的 232 亿美元被用于此研究）。参见美国国立卫生研究院，2004 财年总统预算简介，访问时间 2003 年 2 月 3 日，网址 http：//www. nih. gov/news/budget-fy2004/fy2004presidentsbudget. pdf（存档于弗吉尼亚法律评论协会）。93％ 的统计数据来自国立卫生研究院，设定国立卫生研究院的研究优先权，插图 1，网址 http：//www. nih. gov/about/researchpriorities. htm，（访问时间 2003 年 6 月 18 日）（存档于弗吉尼亚法律评论协会）。大学大约花费 300 亿美元用于直接研究支持，参见《2002 年科学和工程指数》，app. 图表 4—4，http：//www. nsf. gov/sbe/srs/seind02/append/c4/at04—01xls（访问时间 2002 年 4 月）（存档于弗吉尼亚法律评论协会），以及其他形式的非直接研究支持。

［31］事实上，与生物医学研究的政府拨款不同的是，政府尝试研究补贴的技术，如半导体已明显失败。像成立于 20 世纪 80 年代的国际半导体研发联盟，以帮助美国半导体产业在国际环境中保持竞争力，都没有产生大量新的创新，同时，美国半导体产业却在自己的领域干得不错。参见伊莱亚斯·G. 卡拉扬尼斯和杰弗瑞·亚历山大《重温美国半导体制造技术战略联盟：剖析公共部门及私营部门的合作》，载《工程管理杂志》2000 年第 12 期，第 3342 页（讨论美国半导体产业的死灰复燃，并注意到"但这仍然难以确定任何方法能够使国际半导体研发联盟有可能支持美国半导体产业的复兴"）。

［32］参见莫顿·卡曼和南希·施瓦茨《市场结构与创新》，1982 年版。

［33］迪特马尔·哈霍夫：《研发外溢，科技饱和及生产力增长——德国面板数据的证据显现的迹象》，载《舒马兰巴赫商业评论》2000 年第 52 期，第 238 页（存档于弗吉尼亚法律评论协会）；另参见鲁斯兰·卢卡契和约瑟夫·普拉斯曼斯《用专利引用测量知识外溢：比利时公司数据的证据》。

［34］同上书，第 238 页。

［35］亚瑟希·艾罗拉等：《研发及专利额外奖赏 1》，2002 年，33 页图表 4（2002 年）（研究论文，存档于弗吉尼亚法律评论协会）。

［36］参见例子戴维·德兰诺夫，尼尔·甘达尔《DVD 对 DIVX 标准战：网络效应和预告效应的实践证据》，载《经济与管理战略杂志》2003 年秋季第 12 期，网址：http：//papers. ssrn. com/sol3/papers. cfm? abstract_ id = 361041（提供证据证明消费者因为一个标准的竞争而延迟购买数字视频播放器）。

［37］参见卫斯理·科恩等《保护知识财产：可专用性条件和为什么美国制造公司申请（或不申请）专利》，美国经济研究局研究论文 2000 年第 W7552 号；莱文等，前注［22］，第 784—786 页。这两项研究调查的对象是不同的行业公司的技术经理，寻求他们为何创新的证据。这两项研究发现，只有少数几个行业专利在支持创新方面发挥了重要作用，最显著的表现在化学和药品方面。另参见迈克尔·凯利《揭示专利反托拉斯的自相矛盾》，载《宾夕法尼亚大学法律评论》2002 年第 150 期，第 826—827 页。（讨论专利的弱化是否会损害某些特定产业，而非其他所有的产业）。

［38］我们与之交谈过的创投资本家估计他的生物技术公司花了总预算的 5％—10％用于专利保护。另参见诺顿·黄等《生物技术专利和 Startups para. 》，2003 年，（未发表的手稿，存档于维吉尼亚州法律评论协会）（"专利对传统生物技术初创公司的成功是至

关重要")

［39］艾力森、莱姆利：*Who's Patenting What?*，前注［22］，第2124—2132页。

［40］同上书，第2146—2147页。

［41］参见约翰·艾力森、马克·莱姆利《美国专利制度持续增加的复杂性》，载《波士顿大学法律评论》2002年第82期，第77、78—81页（以下简称艾力森、莱姆利：《复杂性》）。

［42］参见 Kearns v. Gen. Motors Corp. 案，《联邦汇编》第三辑第152卷，第945页（联邦巡回法院1998）（未出版的判决）。

［43］例子参见迪帕克·森马亚、大卫·蒂斯《多种发明产品中的混合发明：企业的选择、专利和公共政策》，2002年，（研究论文，存档于弗吉尼亚法律评论协会）（讨论作为一个影响专利价值因素的创新组成的性质）。我们第二部分更详细地讨论这些分歧的经济意义。

［44］艾力森、莱姆利 *Who's Patenting What?*，前注［20］，第2128页。

［45］金伯利·摩尔：《美国法庭的仇外情绪：专利诉讼的经验研究》，载《西北大学法律评论》2003年夏季第97期，第1497页。

［46］例子参见约翰·艾力森等《有价值的专利》，载《乔治敦法律杂志》2004年1月号，第92页，（存档于弗吉尼亚法律评论协会）（发现大公司占有所有专利的71%，但在专利侵权诉讼方面它们只占了37%）。

［47］参见约翰·艾力森、马克·莱姆利《被诉讼专利合法性的试验性证据》，载《美国知识产权季刊》1998年第26期，第185、224—225页。（以下简称艾力森、莱姆利：《实验性证据》）；摩尔，前注［45］。

［48］马克·莱姆利：《专利局合理的忽视》，载《西北大学法律评论》2001年第95期，第1495、1501页。（引用的数据显示，只有所有专利的2%是曾经被提起诉讼的，并小于0.2%被提交法庭审判）（以下简称莱姆利：《漠不关心的合理性》）。

［49］同上书，第1503—1506页（讨论奖杯的价值和防御性用途）；马克·莱姆利《重新考虑风险资本时代的专利》，载《中小企业法律期刊》2000年第4期，第137页。（讨论获得风险资本的专利价值）；克拉里萨·隆《专利信令》，载《芝加哥大学法律评论》2002年第69期，第625页（审查专利的信令机制）。

［50］参见艾力森等，前注［46］（比较已签发专利的可诉讼，和在专利将涉诉的可能性中寻找产业中的系统变异，变化如此巨大以至于在其他行业的专利权人可能是作为半导体专利权人诉讼的三倍）；另参见简·奥尔森·兰由和马克·斯堪科尔曼《专利诉讼的特征：竞争之窗》，载《兰德经济学杂志》2000年第32期，第1页（发现，药品专利比其他类型的专利更有可能被诉讼，但使用低等的措施，发现在特定行业中却有与艾里逊等人不同的结果，见前注［46］）。不过，值得注意的是，即使是在诉讼最密集的产业之中，也只有很小一部分专利是被起诉过的。

［51］亚瑟希·艾罗拉等：《科技市场》，2001年版。

［52］迈克尔·莫伊雷尔：*Controlling Opportunistic and Anti - Competitive Intellectual Property Litigation*，载《波士顿学院法律评论》2003年第44期，第509、542页。

［53］伯克、莱姆利：《技术特定化》，前注［4］，我们用详尽的细节论证了这一观点。

［54］同上书，第1160—1173页。

［55］参见当奴·齐桑《预期、可实施性和明显性：一条永恒的金带》，载《美国知识产权季刊》1987年第15期，第57、58页。因为专利权人能够控制在等同学说下后开发的技术，但不能控制在先技术的发明，一项专利的功能范围与显而易见性比被允许使用更密切相关。

［56］参见约翰·托马斯《联邦巡回法院的形式主义》，载《美国大学法律评论》2003年第52期，第771、773页（"非显而易见的一个宽松的看法通常被视为善良发明者和在先专利，但这种趋势允许边缘发明专利，增加了最初的发明家将不得不与后续改善发明家分享其首创发明回报的可能性"）（以下简称托马斯：《形式主义》）。

［57］参见 Wilson Sporting Goods Co. v. David Geoffrey & Assoc. 案，《联邦汇编》第二辑第904卷第677、684页（联邦巡回法院，1990年）。

［58］伯克、莱姆利：《技术特定化》，前注［4］，第1170—1171页。

［59］同上。

［60］Philip A. Hunt Co. v. Mallinckrodt Chem. Works 案，177《联邦汇编》第二辑第117卷，第583、585—586页（第二巡回法院，1949年）（注意到不使用功能的语言写出适当的索赔范围是不可能的）。

［61］伯克、莱姆利：《技术特定化》，前注［4］，第1176—1177页。

［62］小约翰·威利：《学校专利的版权》，载《芝加哥大学法律评论》1991年第58期，第110页。

［63］詹姆斯·博伊尔：《巫师、软件与愤怒：法与信息社会的建构》，1996年版，第19页。

［64］参见 Eldred v. Ashcroft 案，《最高法院案例汇编》第123卷，第769、784—785页（2003年）。（不同的是1966年 Graham v. John Deere Co. 案，《美国案例汇编》第383卷，第1页。该案与法庭对 Eldred 案的主张不一致，基于这个理由，Graham 案是一个专利案而不是版权案）。诚然，在 Eldred 一案中法庭对公共利益的驳回与之前大数量的凸显了公有领域重要性的版权案的事实背道而驰。例子参见 Mazer v. Stein 案，《美国案例汇编》第347卷，第201、209页（1954年）。（"授权国会授予专利和版权的条款背后的经济哲学是这种信念，即通过个人获利鼓励个人努力是最好的推动公共利益的方式……"）；另参见 Fogerty v. Fantasy, Inc. 案，《美国案例汇编》第510卷，第517、524页（1994年）。（"版权法的主要目的是鼓励为公众利益的原创文学、艺术、音乐作品的生产"）；Feist Publ'ns v. Rural Tel. Serv. Co. 案，《美国案例汇编》第499卷，第340、349页（1991年）。（说明"版权的主要目的"是"促进科技和有益艺术的进步"）；Stewart v. Abend 案，《美国案例汇编》第495卷，第207、228页（1990年）（注意到著作权法"要在艺术家控制作品的权利……和公众的获得需要这两者之间取得平衡"）；Bonito Boats v. Thunder Craft Boats 案，《美国案例汇编》第489卷，第141、167页（1989年）（注意到"审慎地平衡公共权利和以促进某些创造性活动的私人垄断"）；Sony

Corp. v. Universal City Studios 案，《美国案例汇编》第 464 卷，第 417、429 页（1984 年）（指出，版权法所赋予的有限的垄断"旨在激发作者和发明者的创造性活动……以及在有限的专属控制已过期后让公众获得他们的才智产品"）；1975 年 Twentieth Century Music Corp. v. Aiken 案，《美国案例汇编》第 422 卷，第 151、156 页（注意到"私人动机最终必须服务于促进广大公众文学，音乐，和其他艺术的可用性的目标"）；1973 年 Goldstein v. California 案，《美国案例汇编》第 412 卷，第 546、559 页（讨论国会如有国家利益之需要，提供"免费和无限制的书面发行"的能力）；1932 年 Fox Film Corp. v. Doyal 案，《美国案例汇编》第 286 卷，第 123、127 页（"在赋予垄断方面美国唯一的利益和主要目的在于来自作者这样的公众劳动所派生的一般利益。"）。

［65］例子参见小韦德·鲍曼《专利和反托拉斯法》，1973 年版，第 2—3 页。（"专利法通过鼓励新的和创造更好产品的发明追求［效率］。"）；F. M. 谢勒尔《工业市场结构和经济绩效》，爱德华·杰夫等主编，1980 年第二版，第 440 页（描述了促进发明是给予专利权的三个原因之一）；丽贝卡·艾森伯格《专利和科学进步：排他权和试验使用》，载《芝加哥法律评论》1989 年第 56 期，第 1017、1024—1028 页（描述这个理论）；约翰·麦吉《专利开发：一些经济及法律问题》，载《法和经济学杂志》1966 年第 9 期，第 135—136 页（注意到专利鼓励创新的理论）。而有第二功利的理由是鼓励发明披露，否则可能予以保密——这很明显服从于主要诱因的目标。参见艾森伯格，本注前，第 1028—1030 页（讨论公开理论）；谢勒尔，本注前，第 440 页。

［66］关于自然法滋生的科学创造回报理论的讨论，参见 A. 萨缪尔森·欧迪《不统一的专利经济学理论——并非神圣的圣杯》，载《巴黎圣母院法律评论》1996 年第 71 期，第 267、275—277 页；凯文·罗德斯，《联邦巡回法庭非显而易见的专利标准：新近学说变化的理论前景》，载《西北大学法律评论》1991 年第 85 期，第 1051、1077—1084 页；请参见罗伦斯·贝克《应该拥有知识产权》，载《芝加哥肯特法学院评论》1993 年第 68 期，第 609 页（称为专利法构建在沙地上的论点直观地存在吸引力，但并不一定证明现行的专利学说的范围是合理的）。

［67］在大多数案例里，专利期的延长不超过 20 年，美国专利法第 154 条（a）项，然而作者的版权持续时间为作者一生加上死后 70 年，美国法典第 17 篇第 302 条（a）项，商标只要该标志用于商业，那么将永久保护。参见詹姆斯·霍伊斯《商标注册实践》，2003 年第 2 版，§ 25.17（"商标的生命是潜在无限的"）。

［68］专利法授予专利持有人广泛的权利，阻止他人制造、使用、销售、提供或进口该发明，（2000 年）美国专利法第 271 条（a）项。不像版权法或商业秘密法，专利法并没有把独立发明作为抗辩事由。参见米歇尔·埃蒙德《独立创新保护到专利侵权诉讼中的临时禁令的介绍》，载《加利福尼亚法律评论》2003 年第 91 期，第 117 页。关于赞成如此做法的提议，例子参见斯蒂芬·毛瑞尔和苏珊·斯考彻摩《知识产权的独立创新保护》，载《经济学杂志》2002 年第 69 期，第 535 页。埃蒙德，上注，第 117 页；约翰·莱柏维兹《创造一个非排他的专利制度》，载《耶鲁法律评论》2002 年第 111 期，第 2251 页。

［69］分为四个基本方面，参见马克·莱姆利《知识产权法的进步经济学》，载

《得克萨斯法律评论》1997 年第 75 期，第 989、1003—1005 页（以下简称莱姆利：《进步经济学》）。

第一，专利的范围由它的请求权而界定，事实上专利权人可以在不对某个属内所有的种类进行建立或测试，而只对某个种类或者某个属进行测试就可以拥有权利。在那里大量的材料或设备是可替代的，因为它们有类似的特点，专利权人可以对通用类的材料要求享有专利权，只要他形容这种通用类的材料特点足够精确使其他人不可能"有不正当竞争"，那么就可以识别和使用它们。本注前，第 1003 页［引用 In re Wands 案，《联邦汇编》第二辑第 858 卷，第 731、737 页（联邦巡回法院，1988 年）作为一个例子］。结果，在 Atlas Powder Co. v. E. I. Du Pont De Nemours & Co. 案中，《联邦汇编》第二辑第 750 卷，第 1569 页（联邦巡回法院，1984 年），法院准许了用各种盐类、燃料和乳化剂制成的爆炸性化合物专利，专利权人已列出了可能被使用的成分，但并没有给予任何化合物所起的作用的指示。尽管杜邦还没有尝试所有可能的化合物（有上千种），并在实践中 40% 的组合物被试是惰性的，法院认为，杜邦有权要求对通用炸药群的专利权。莱姆利：《进步经济学》，本注前，第 1003 页，以及注［60］—［62］（引用 Atlas Powder 案，《联邦汇编》第二辑第 750 卷，第 1576—1577 页）。

第二，等值学说提供了关于扩大专利超出了文字说明而要求索赔的一个手段（因此超越了由专利拥有者提出的原发明）。参见莱姆利《进步经济学》，本注前，第 1003 页。等值学说今天是每一个专利侵权分析的不可分割的一部分，虽然该学说的范围和适用仍然是一个存在争端的问题。就目前的构思而论，等值学说规定，被指控的产品或程序不属于专利索赔的字面的范围，尽管其侵犯了专利权，如果它们只是与专利索赔有"非实质性地不同"。其效果是围绕索赔的字面范围创造一个"半影区"，并因此加大了对于专利持有人的保护。同上，第 1003—1004 页及注［65］　　［引用 Warner-Jenkinson Co. v. Hilton Davis Chem. Co. 案，《美国案例汇编》第 520 卷，第 17、39—40 页（1997 年）］。

第三，"专利索赔可能会涉及在专利签署后新的和意料之外的发明，但这或者属于索赔的字面语言或属于等同原则。本注前，第 1005 页。前者的一个例子是 In re Hogan 案，《联邦汇编》第二辑第 559 卷，第 595 页（美国关税与专利上诉法院，1977 年），此案中法院解释索赔"结晶聚丙烯"涵盖了在提交申请没考虑到的结晶聚丙烯的形式。后一个例子是休斯飞机公司诉美国。Hughes Aircraft Co. v. United States 案，《联邦汇编》第二辑第 717 卷，第 1351 页（联邦巡回法院，1983 年）。在这个案件中，休斯举出了一项在 20 世纪 70 年代发展的专利技术，即通过传送从地面控制计算机到卫星的控制信号来控制一颗通信卫星的前进方向。当计算机技术的进步允许必要的处理把动力安装在卫星本身时，政府开始控制其卫星上使用的星载计算机。在休斯针对政府的专利诉讼中，联邦巡回法院坚持认为政府对星载计算机控制的方法侵犯了休斯的专利，即使专利是基于所需的从地面通信的旧技术。莱姆利：《进步经济学》，本注前，第 1005 页及注［68］—［69］（引用 Hughes 案，《联邦汇编》第二辑第 717 卷，第 1351 页）。在休斯案件中，很明显政府的技术与最初的专利权人所构思的技术相比有重大进展。但是，专利权人有权获得这些后来的改进技术的利益。最后，专利法允许发明家取得完全基于书面说明的发明的专利，无须实际建造或销售体现了发明的产品。参见茱莉·特纳《非制造专利的拥有者：通向一个有效的侵权理论》，载《加利福尼亚法律评论》1998年第86期，第179页。

[70] 例子参见，罗伦斯·雷席格《知识产权及法典》，载《圣约翰法律注释杂志》1996年第11期，第635、638页（"当我们保护真正的财产以保护所有者免受损失，我们保护智慧财产以给所有者提供足够的激励机制用以制造财富"。但是，"足够的激励"是无法与"完美的控制"相媲美的）。讨论无数的法院判决、法定条文、评论家讨论的这个命题。参见马克·莱姆利 *Romantic Authorship and the Rhetoric of Property*，载《得克萨斯法律评论》1997年第75期，第873、888—890页。

[71] 雨声·高在1992年提出了类似的分类，但没有利用近期的一些专利制度的理论，如反公共理论和专利丛林的基础著作。雨声·高，注释，《关于生物技术专利保护的一个经济学分析》，载《耶鲁法律评论》1992年第102期，第777页。像我们一样，高的著作试图通过分析不同的专利保护理论来获得生物技术产业特定的经济原则。本注前，第791—804页。在我们看来，她最终是失败的，因为当其中的一些根本不适合那个产业的概况时，她试图运用各种不同的专利保护理论至一个单一的产业。

[72] 有其他的不会引起专利制度完成的理论水平的方法。例子参见伊恩·艾尔斯和保尔·克来帕尔《在不减少创新激励的情况下限制专利权人的市场能力：不确定性和非命令式治疗的不当奖励》，载《密歇根法律评论》1999年第97期，第985页。（分析不确定性的作用的和拖延专利激励的评估）。

[73] 埃德蒙得·凯奇：《专利体系的本质及功能》，载《法和经济学杂志》1977年第20期，第265页。

[74] 同上书，第276—278页；温迪·戈登：《损害和收益：侵权，赔偿及知识产权》，载《法律学习杂志》1992年第21期，第449、473—474页；罗伯特·梅格斯：《产权规则，科斯及知识产权》，载《哥伦比亚法律评论》1994年第94期，第2655、2660—2661页。

[75] 加勒特·哈丁：《法案的悲剧》，载《科学杂志》1968年第162期，第1243页。

[76] 虽然在理论上牧场主同意限制其放牧符合公众利益是有可能的，任何此种努力的协议是可能面对无法克服的问题。不但组织和监控这样的一项协议采取的努力不会得到回报，而且个别牧农有搭便车的嫌疑，获得减少别人的放牧同时拒绝减少自己放牧所获得的好处。该问题的更多讨论，参见小曼瑟尔·奥尔森《集体行动的逻辑：公共物品和集体理论》1965年版。有一评论员把这一外在性的内在化视为专利功能的关键。哈罗德·德姆塞兹《走向产权理论》，载《美国经济评论》第57期。

参见卡罗尔·罗斯《公众的喜剧：关税，商业和天生的公共财产》，载《芝加哥大学法律评论》1986年第53期，第711页。罗斯肯定是正确的，即土地的私分并不总是有效率的。想想这个有问题的任务，即步行通过您的邻里，如果每一块人行道分别由不同的人拥有，那么每走一步你必须获得许可。请参考丹·亨特《网路空间及数码反公众的悲剧》，载《加利福尼亚法律评论》2003年第91期，第439、441—442页（目前正在网上发生的批评过度分权）；马克·莱姆利《位置和网路空间》，载《加利福尼亚法律评论》2003 年第 91 期，第 521、523 页。

[77] 参见罗纳德·哈里·科斯《社会成本的问题》，载《法和经济学杂志》1960 年第 3 期，第 1、15 页。

[78] 参见圭多·卡拉布雷西和 A. 道格拉斯·梅拉米德《产权规则，责任规则和不能让渡：一个关于大教堂的观点》，载《哈佛法律评论》1972 年第 85 期，第 1089、1094—1095 页（讨论这个科斯定理的含义）。

[79] 埃德蒙得·凯奇：《专利：垄断还是产权?》，载《法和经济学研究杂志》1986 年第 8 期，第 31 页。关于其他基于产权的知识产权观点，参见肯尼斯·丹姆《关于知识产权软件保护的一些经济学考量》，载《法律研究杂志》1995 年第 24 期，第 321 页；特罗特·哈迪《电脑空间的产权（及版权)》，载《芝加哥大学法律论坛》，1996 年，第 217 页。

[80] 凯奇，前注 [73]，第 270—271、275 页（作土地明确的比喻）。

[81] 凯奇，前注 [73] 第 276 页（作土地明确的比喻）。

[82] 同上书，第 285—286 页。

[83] 同上书，第 276 页。

[84] 参见安娜斯塔西娅·温斯洛《在旋转门上说唱：一个关于 Parody and Campbell v. Acuff-Rose Music，Inc 案的经济分析》，载《南加利福尼亚法律评论》1996 年第 69 期，第 767、780 页（争辩说科斯定理表明，在与原始创作者和改进者之间进行的初始产权转让是不相干的）。关于放松不切实际的假设后会发生什么的讨论，参见莱姆利《进步经济学》，前注 [69]，第 1048—1072 页。关于保护知识产权有效许可的重要性，参见温迪·戈登《不对称市场无效性和因犯关于知识产权的困境》，载《德顿大学法律评论》1992 年第 17 期，第 853、857—858 页。

[85] 在其边际成本上给知识产权定价且仍然将其保留在生产的新作品的商业中是不可能的，因为一旦它被开发，这些新作品的发展就需要一个固定资源的投资（时间，研究资金等），使制定和扩散复制想法的边际成本相形见绌。

[86] 凯奇，前注 [73]，第 274 页。

[87] 凯奇无疑是正确的，绝大多数的知识产权不赋予在有关经济市场中的垄断权利。参见 1 赫伯特·霍温坎普等《IP 与反托拉斯：反托拉斯原则应用于知识产权法第 4.2 条》（Supp. 2003 年）（以下简称 1 霍温坎普等：《IP 与反托拉斯》）。然而，这同样是真实的，即如果它们服务于公认的鼓励创造的主要目的，则智慧财产权必须赋予一些权利以提高高于产品边际成本的价格。事实上，凯奇采用的"激励机制管理"的论据也取决于给予专利所有者某种价格权措施；没有这种权利，不可能有任何激励。知识产权经常通过允许一些产品差异化使得价格有所增加。价格通过竞争的产品受限制，但这些产品不是完全地竞争的，所以它们不能限制价格接近边际成本。

[88] 参见凯奇，前注 [73]，第 271—280 页。

[89] 当然，专利法并不预先指定专利权利，一部分是因为我们不确定是否及何时在前景理论下的基本假设真正适用于创新。批评者指控说，早期权利的转让可能会大大

干扰后期的创新，特别是假如科斯的无成本转移模型并不适用时。交易的障碍可能会围绕凯奇所忽略的关于创造垄断问题的独家专利权利快速累积的问题。一般来说，是否协调和管理耗竭资源可以理智地适用于无形的，取之不尽，用之不竭的概念是不清楚的。我们在别的地方更详细讨论所有这些问题。参见下注［90］—［105］；莱姆利《进步经济学》，前注［69］，第1048—1072页。

［90］被引用支持垄断者协调创新的经典论据是约瑟夫·A. 熊彼特：《资本主义，社会主义和民主》，1987年第6版，第106页（"完全的竞争不仅是不可能的而且是没有优势的……"）。为专利法的适用，参见F. 斯科特·科夫《商业化发明的产权和产权规则》，载《明尼苏达法律评论》2001年第85期，第697页；请参考苏珊·斯考彻摩《保护早期创新者：第二代产品是否应该可以申请专利？》，载《兰德经济学期刊》1996年第27期，第322页（建议激励偏向于先锋者）。熊彼特的结论无论在理论上还是在实证的条款中受到质疑。参见下注［91］—［98］讨论及注解说明。

［91］参见肯尼斯·约瑟夫·阿罗《经济福利和发明资源的配置，朝着创造活动的速度和方向》，美国国家经济研究局主编，1962年版，第609、619—620页；另见莫顿·I. 卡曼和南希·施瓦茨《市场机构和创新》，1982年版（注意到垄断可能会减少研发支出）；F. M. 谢勒和大卫·罗斯《产业市场结构与经济绩效》，1990年第3版，第660页（批评熊彼特的"少谨慎"的追随者鼓吹的垄断促进创新）；马克·莱姆利和罗伦斯·雷西格《终端对终端的终结：在宽带时代保留互联网体系》，载《洛杉矶加州大学法律评论》2001年第48期，第925、960—962页。（争辩说，互联网本身就是创新的，因为它的架构所需的是竞争而非垄断的瓶颈）；霍华德·谢朗斯基《美国电讯业中新科技的竞争与调度》，载2000年《芝加哥大学法律论坛》第85、87页。（通过在电信业的10项实证研究发现，竞争是比垄断更大的一个创新推动）；迈克尔·波德因和大卫·K. 莱维恩《完全竞争的创新》，经济政策研究中心第3274号，2002年3月，网址：http：//papers. ssrn. com/sol3/papers. cfm? abstract＿ id＝308040（研究论文，存档于弗吉尼亚法律评论协会）（挑战通过著作权和专利获得的智慧是对社会有益的）。

［92］例子参见柴·本科勒 Overcoming Agoraphobia：Building the Commons of the Digitally Networked Environment，载《哈佛法律科技期刊》1998年第11期，第287、359—360页。（注意到公众的悲剧并不太适用于可再生资源）；马克·莱姆利《事前对事后知识产权辩护》，载《芝加哥大学法律评论》2004年春季刊，第71页。

［93］参见迈克尔·波德因和大卫·K. 莱维恩《反对知识产权的案例》，载《美国经济评论》2002年第92期，第209页。（纸质和 ISI Proceedings 数据库）（辩称强有力的知识产权保护，对创新而言可能是损坏而不是帮助）。

［94］例子参见赫伯特·霍温坎普《经济学与联邦反托拉斯法第8.3条》，1985年版，219页（"许多专利绝对地赋予非市场力量于它们的业主……这些为'假设'足够的市场力量的经济案件……是非常薄弱的。"）；1 霍温坎普等：《IP 和反托拉斯》，前注［87］，§4.2（建议专利赋予市场力量的罕见情况）；国家工业和知识产权机构：《专利与其他受法律保护的商业权利的价值》，载《反托拉斯法律期刊》1985年第53期，第535、547页（"统计研究表明，绝大多数的专利被授予很少的垄断权力……"）；威廉·

蒙哥玛利《在搭配销售安排关于获得专利和版权保护产品的经济力量的设想》，载《哥伦比亚法律评论》1985 年第 85 期，第 1140、1156 页（"不过，当然这个市场存在的话，更多的往往不是，专利或著作权提供太少的市场力量，"）（引述外交部 F. M. 谢勒尔的小组讨论）。

　　[95] 罗伦斯·雷西格：《新知的未来——网络世界中公有领域的命运》，2001 年（争辩说公共性将推动在互联网上的创新）；请参考莱姆利和雷西格，前注 [91]，第 933—938 页（辩称互联网的开放特质推动创新远胜由贝尔系统的集中控制）。类似的论点已针对商业方法专利提出。例子参见罗谢尔·库伯·德莱弗斯《商业方法对商业有害吗》，载《圣克拉拉计算机和高科技法律杂志》2000 年第 16 期，第 263 页。（反对对商业方法授予专利）；阿兰·杜伦《信息化时代的"实用艺术"》，载 1999 年《布里海姆大学法律评论》，第 1419 页；约翰·托马斯《自由职业的专利化》，载《波士顿学院法律评论》1999 年第 40 期，第 1139 页；迈克尔·莫瑞《商业方法专利和专利泛滥》，载《华盛顿大学法律和政治杂志》2002 年第 8 期，第 309 页（认为商业方法专利应被作狭义的解释）。参见约翰·艾力森和爱默生·迪勒《互联网商业方法专利，知识经济的专利》，卫斯理·科恩和斯蒂芬·梅里尔主编，2003 年版，第 259 页（认为商业方法专利是不成问题的）。

　　开放源码软件的存在经常被引证为缺乏智慧财产权如何可以促进创新的一个例子。不过，矛盾的是，开放源代码活动取决于是否知识产权的存在——在这里，版权——是确保开放的。参见托波特·高姆克维克兹《版权开放是如何使用专利权在开放源码软件改革中取得成功和 Article 2B 的含义》，载《休斯敦法律评论》1999 年第 36 期，第 179 页；大卫·麦哥文《开放源码的法律含义》，载《伊利诺伊法律评论》2001 年版，第 241 页。开放源码授权不直接处理专利。但奥伦·巴·吉尔和吉迪恩·帕绰莫夫斯凯曾建议，公司可能事先承诺在一个开放源码软件的模拟中不寻求广泛的专利保护。参见奥伦·巴·吉尔、吉登恩·帕巧莫斯基《放弃秘密的价值》，载《弗吉尼亚法律评论》2003 年 12 月号第 89 页（手稿第 14—15 页，存档于弗吉尼亚法律评论协会）。

　　[96] 参见谢朗斯基，前注 [91]；F. M. 谢勒尔：《FTC 证据》，http：//www.ftc.gov/opp/global/谢勒尔·htm（访问时间 1995 年 11 月 29 日）（存档于弗吉尼亚法律评论协会）；前注 [70] 及引用来源在其中。虽然克里斯托弗·柳已挑战这方面证据的强度，他这么做主要是通过相当矫饰的数据阅读，而非提供他自己实证的数据。参见克里斯托弗·柳：《新经济下的垂直整合和媒体法规》，载《耶鲁法律杂志》2002 年第 19 期，第 171、272—278 页。

　　[97] 威廉·鲍莫尔：《自由市场创新机器：分析资本主义的增长奇迹》，2002 年版；孙承佑：《选择性拒绝销售专利保护的商品：专利权和反托拉斯法的关系》，载《伊利诺伊大学法律、科技与政策评论》2002 年，第 109、142 页。

　　[98] 参见杰里·格林和苏珊·斯考彻摩《连续创新中的分工利益》，载《兰德经济学期刊》1995 年第 26 期、第 20 页，另见约翰·巴顿《专利与反托拉斯：一个关于专利宽度和连续创新的反思》，载《反托拉斯法律评论》1997 年第 65 期，第 449、453 页（辩称后续的革新者应该得到更多的保护）；霍华德·张《专利范围、反托拉斯政策和累

积创新》，载《兰德经济学期刊》1995 年第 26 期，第 34 页（调查了在初始和后续的革新者之间最理想保护的平衡）；泰德·奥多诺霍《一个序贯创新的可专利要求》，载《兰德经济学期刊》1998 年第 29 期，第 654 页（认为专利法必须对一些轻微的改善给予保护，但不允许实质性的改变）。

[99] 参见莱姆利《进步经济学》，前注 [69]，第 1048—1072 页。

[100] 罗伯特·梅格斯和理查德·尼尔森：《专利范围的复杂经济学》，载《哥伦比亚法律评论杂志》1990 年第 90 期，第 839、876—879 页。

[101] 同上书，第 878 页。

[102] 同上书，第 877 页。

[103] 同上书，第 884—908 页。梅格斯辩称，在几乎任何一个领域创新的历史都显示了改善发明的重要性。罗伯特·P. 梅格斯：《专利区的租金控制：格雷迪——亚历山大理论观察》，载《弗吉尼亚法律评论》1992 年第 78 期，第 359、373 页。以下简称梅格斯：《租金控制》，载《弗吉尼亚法律评论》1992 年第 78 期，第 359、373 页（以下简称梅格斯：《租金控制》）。

[104] 罗伯特·梅格斯：*Intellectual Property Rights and Bargaining Breakdown*：*The Case of Blocking Patents*，《田纳西法律评论》1994 年第 62 期，第 75 页（以下简称梅格斯：*Bargaining Breakdown*）。

[105] 参见小沃德褒曼《专利与反托拉斯：一个法律与经济的奖励》1973 年版，第 32—34 页。F. M. 谢尔勒《工业市场结构和经济绩效》，1980 年第 2 版，第 443—450 页；马丁·埃德曼《最高法院，市场结构及创新》，载《反托拉斯》1982 第 27 期，第 457、479 页。莱姆利《进步经济学》，前注 [69]，第 993—1000 页。奥迪，前注 [66]，第 272—281 页（讨论各种理论方法）；凯文·罗德斯《联邦巡回法庭的非显而易见的专利标准：新近学说变化的理论前景》，载《西北大学法律评论》1991 年第 85 期，第 1051、1053 页。区分在文中讨论的由卡拉布雷西和梅拉米德在其著名的文章中介绍的从"产权规则——责任规则"的损害赔偿框架内的问题是重要的。参见卡拉布雷西和梅拉米德，前注 [78]。应当明显看出，即使粗略审查的智慧财产案件，在知识产权案件中成功的原告受益于一个强大的"财产规则"——他们有权在所有但最不平凡的案件中获得禁令救济。参见梅格斯，前注 [74]，第 2655 页。然而，建立由"财产规则"控制的知识产权的救济并不代表告诉我们，在何种程度上原来的创作者都有权像对不动产一样控制在其原有的工作范围内的改善。请参考路易斯·卡普洛和、斯蒂文·沙维尔《产权规则相对责任规则：一个经济学的分析》，载《哈佛法律评论》1996 年第 109 期，第 713、175 页。（提出责任规则是适于保护个人免遭负外部性，而产权规则是适于保护个人免遭（物理）财产剥夺。如智慧财产权属于卡普咯和沙非尔的系列是有待商榷的。在任何情况下，在知识产权案件中有充分的产权规则使用的论据：法院提出智慧财产权的价值是极其困难的。采用财产规则而非责任规则允许有关各方当事人而非法院作出这样的估价决定。关于专利估价的综合讨论参见米歇尔《法与经济学入门》，亚斯本法与商务出版社，1989 年版，第 135—138 页。我们在后注 [335] — [352] 及注解说明中更详细地讨论这一问题。

[106] 举例来说，兰德斯和波斯纳争辩说：版权保护——版权拥有者的权利，以防止他人复制——以脱离限制进入一个工作的成本交易，有违对创造性工作摆在首位提供诱因的利益。在准入与激励之间做出正确平衡是著作权法的核心问题。因为著作权法要促进经济效率，其主要法律学说必须从创造额外的工作既减去限制准入的损失又减少管理版权保护的费用，使效益最大化。威廉·兰德斯和理查德·波斯纳：《版权法的一个经济学分析》，载《法律研究杂志》1989 年第 18 期，第 325、326 页。

[107] 例子参见肯尼斯·丹姆《软件及生物技术时代的知识产权》第 4 卷，1995 年芝加哥大学法律与经济第 35 号研究论文，第 4 页（存档于弗吉尼亚法律评论协会）（"在绝大多数的实例中，每个创新都是以过去的创新为基础建立的"）。

[108] 对这样的论著至少有三个线索。第一，出于各种原因，社会不能依靠先行者有效地许可给改进者与其竞争者的权利。参见艾森伯格，前注 [65]，1989 年版，第 1072—1073 页。（"当随后的研究要使用先前发明以取得进一步的进展，在同一领域中与专利持有人竞争，尤其是如果研究威胁到使专利发明在技术上已经过时，当事人将无法达成一致意见的许可条款其风险是最大的。"）莱姆利：《进步经济学》，前注 [69]，1997 年版，第 1048—1072 页。（提供各种各样给予先驱独占的控制是低效的理由）；梅格斯：《谈判破裂》，前注 [104]，第 82—89 页（提供理论原因和案例的情况下，专利所有者和改进者之间不能达成一致）；梅格斯和尼尔森，前注 [100]。第二，创新的积极的"溢出效应"实际上不利于创新者进一步改革。参见卫斯理·科恩和丹尼尔·列文托《创新与学习：研究与发展的两面》，载《经济学杂志》1989 年第 99 期，第 569 页；兹维·格里利切斯《研发溢出的探索》，载《斯堪的纳维亚经济学月刊》1992 年第 94 期，第 29 页；理查德·莱文《专用性、研发费用和科技绩效》，《美国经济评论》1988 年第 78 期，第 424、427 页；请参考苏珊·斯考彻摩《站在巨人的肩膀上：研究积累和专利法》，载《经济展望杂志》1991 年第 5 期，第 29、30 页（注意到先驱和改革者之间权力优化配置的困难）。第三，给予强有力的知识产权会鼓励寻租，其本身可能浪费财产权利的社会价值。在专利方面，对发明家给予过于强的权利，首先可以鼓励不经济的专利竞赛；参见珍妮弗·雷格曼《创新的时机：研究、发展和传播》，《工业组织手册》第 1 卷，第 850 页（理查德·施马兰西和罗伯特·威利格主编，1989 年）；梅格斯《规模报酬》，前注 [103]，第 370—371 页；请参考马克·格雷迪和杰伊·亚历山大《专利法和租值消散》，载《弗吉尼亚法律评论》1992 年第 78 期，第 305 页（认为专利理论应被作为一种避免浪费竞赛来理解）。

[109] 参见莱姆利《进步经济学》，前注 [69]，第 1010—1013 页；梅格斯《谈判破裂》，前注 [104]，第 91—99 页；梅格斯和尼尔森，前注 [100]，第 911 页。

[110] 参见莱姆利《进步经济学》，前注 [69]，第 1007—1013 页（区分较小的、重大的、根本性的改进）。

[111] 否则，将几乎不会有最初发明者和改进者都获得专利的情况出现。

[112] 参见迈克尔·海勒《反公地的悲剧：所有权从社会主义到市场的转变》，载《哈佛法律评论》1998 年第 111 期，第 621 页。

[113] 参见迈克尔·海勒和丽贝卡·艾森伯格《专利能否阻止创新·生物医学研究

的反共有问题》，载《科学杂志》1998 年第 280 期，第 698、698—699 页。查明在生物
医学研究的反公共问题；另见亚缇·K. 赖《涉及药物的信息革命：平衡创新激励，成
本和后基因组时代的使用权利》，载《伊利诺伊大学法律评论》2001 年第 2001 期，第
173、192—194 页（辩称在生物技术在先的专利可能导致谈判破裂，并阻碍创新）。

[114] 参见海勒，前注 [112]，第 670—672 页。

[115] 更多关于坚持难题的讨论参见曼瑟尔·奥尔森《集体行为的逻辑》，1961 年
版。针对其在专利法的应用参见罗谢尔·库伯·德莱弗斯《多样化基因物质专利化进
程：一个与理查德·爱波斯坦稳步前进相反的提议》第 4 页（2003 年 4 月）（研究论
文，存档于弗吉尼亚法律评论协会）。

[116] 参见劳埃德·科恩《不合作者和搭便车者》，载《法律研究杂志》1991 年第
20 期，第 351、356 页。

[117] 双边缘化定理表明，对两个不同的实体的互补性的商品授予两个独占权利是
效率低下的，因为每个实体会对其部分定价而不考虑到整个商品的有效定价，从而造成
了效率低下的高价技术检验，参见卡尔·夏皮罗《设定兼容标准：合作或勾结·扩展知
识产权范围》，罗谢尔·库伯·德莱弗斯等主编，2001 年版，第 81、97—101 页（以下
简称夏皮罗：《合作或勾结》）。关于实践中问题的描述参见肯·克雷奇默尔《通信标准
和专利权：冲突还是调和？》1997 年版，第 3 页，网址 http://www.csrstds.com/
star.html（存档于弗吉尼亚法律评论协会）（列举的这么多不同的 IP 业主按一定标准索
赔权利，这些权利许可的费用总额超出了产品的潜在利润）；另见道格拉斯·利希曼
《新兴科技平台的产权》，载《法律研究杂志》2000 年第 29 期，第 615 页（使双边缘化
的论点有利于计算机系统的纵向一体化）。

[118] 有一些证据怀疑事实上专利是否普遍具有减弱反公共性的特征，参见约翰·
沃尔什等《研究工具和生物医学创新的专利化和许可证制》，2000 年，（研究论文，存
档于弗吉尼亚法律评论协会）（调查结果证明，在生物技术中的反公共性问题已在实践
中得以克服）但是，理论问题仍然存在。

[119] 参见马修·伊拉莫斯普《人类蓝图的专利权利要求：奖赏和租金消散竞赛》，
载《洛杉矶加州大学法律评论》1996 年第 43 期，第 961、998 页。（"给基因专利制定更
严格的限制，专利制度可能会作出适当的调整，以减少基因猎人之间未来的租金损
耗"）。

[120] 例子参见飞利浦·雅各布斯和吉尔瑞·范·奥尔沃伊《基因专利：一个不同的
途径》，载 2001 年《欧洲知识产权评论》，第 505 页（认为对于 DNA 不应当授予专利，
但仅仅对在后医疗产品）；亚缇·赖《培育生物制药业的累积创新：专利和反托拉斯的
作用》，载《伯克利科技法律期刊》2001 年第 16 期，第 813、838 页（认为专利法应确
保"最先的研究仍然是超出了可授予专利的范围"，但拉伊将允许给予有限的专利）。

[121] 也许，反共有许可权可以合并成一个集体的权利组织，如美国作曲家，作者
和出版者（ASCAP）社团或一个专利池，即使权利本身仍然属于单独的所有权。关于集
体权利组织的讨论参见罗伯特·梅格斯《责任规则契约缔结：知识产权和集体权利组
织》，载《加利福尼亚》1996 年第 84 期，第 1293 页。

[122] 垂直的重叠倾向于适合积累创新的种类，具体讨论见前注 [98] — [111] 和相应文本。

[123] 这些案件出现以后，发达国家的改善较早适应索赔的范围。

[124] 因为专利评审员很少花时间在每一个专利上，参见莱姆利《合理的忽视》，前注 [48]，第 1500 页（指出评审员平均在每个专利上仅花了八个小时），定期发布的专利也不会有太多的复查。近一半的诉讼主张是无效的。艾力森和莱姆利《实验性证据》，前注 [47]，第 205 页。

[125] 卡尔·夏皮罗：《操纵专利丛林：交叉许可，专利池和标准设定》，载《一个创新政策和经济》第 1 册，第 119、121 页（亚当·扎非等编，2001 年）（以下简称夏皮罗：《灌木丛》）；詹姆斯·贝森：《专利丛林：复杂科技的战略专利授予》，2003 年（研究论文，存档于弗吉尼亚法律评论协会）（解释和讨论专利丛林）。

[126] 参见贝森，前注 [125]，第 1 页。

[127] 梅格斯和尼尔森是部分例外。他们承认，创新在不同行业起着不同作用，并考察了四种不同类型的产业特点。梅格斯和尼尔森，前注 [100]，第 880—908 页。然而，他们最终只强调每个行业的一个共同特点——它依赖于累积创新。

[128] 我们按照约瑟夫·熊彼特区分发明的行为，即创造了一个新的产品或程序，以及更广泛的创新行为，其中包括必须修改、开发、并把新的产品或程序商业化的工作。参见理查德·尼尔森和西德尼·温特《一个关于经济转变的进化理论》，1982 年版，第 263 页（将产品发明与创新，更广泛的研究进程，产品的开发，测试，商业化相区分，并且将其特征归结于熊彼特效应）。

[129] 参见前注 [73] — [90] 和相应文本。

[130] 参见加德纳·哈里斯《药物开发成本上涨》，载《华尔街日报》2001 年 12 月 3 日 B14。

[131] 除其他事项外，还包括大量的营销开支，其不应算作研发。

[132] 据估计，药物开发和测试的平均费用在 1.5 亿—500 亿美元之间，后者是工业数据。比较美国药物研究和制造商组织：《为何处方药这么贵……》（访问时间 2000 年 6 月），http：//www. phrma. org/publications/publications/brochure/questions/（2000）（存档于弗吉尼亚法律评论协会）报告显示，新药物上市的平均费用为 500 亿美元（with Pub. Citizen, Rebuttals to PhRMA Responses to Public Citizen Report Rx R&D Myths：The Case Against the Drug Industry's "Scare Card," at）http：//www. citizen. org/congress/reform/drug_ industry/corporate/articles·cfm? ID = 6514（last visited Aug. 13, 2003）（存档于弗吉尼亚法律评论协会）（批评业界的评估和提供较低的数字）。

[133] 药品研究与美国制造商估计，从研究项目的开始到药品的成功上市全部的时间花费是 12—15 年，FDA 的批准进程是一年八个月。参见美国药品研究与制造商协会：为什么处方药如此之贵（2000 年 6 月），网址：http：//www. phrma. org/publications/publications/brochure/questions/（存档于弗吉尼亚法律评论协会）。其他估计的时间花费是 7—15 年，参见理查德·芬德雷《起源药物开发》，《食品与药物法律期刊》1999 年第 54 期，第 227 页（估计 14.7 年）。

［134］例子参见詹姆斯·休斯等《"共享"制造业：路径、创新和消费者福利》（美国国家经济研究局，研究论文第 9229 期，2002 年）（表明，消除医药品中的专利保护会使消费者花费 3 美元在已失的创新利益中，又从降价的药品价格中获利 1 美元）。

［135］虽然制药公司曾试图在相同的基本发明中寻找获得多个专利的方法，努力延长它们专利的有效期限，这些努力是一个失败系统的畸变形式，而不是其正常功能。参见劳拉·格拉斯哥《扩展知识产权的限制：制药行业走得太远了吗？》，载《意林杂志》2001 年第 41 期，第 227、233—235 页（事实证明医药公司努力在相同基础的药物中获得多个专利）。"双专利"的专利学说是为了防止此种专利滥用而设计的。例子参见 Eli Lilly & Co. v. Barr Labs. 案，《联邦汇编》第三辑第 251 卷，第 955、967—968 页（联邦巡回法院，2001 年）。

［136］例子参见 Hotel Sec. Checking Co. v. Lorraine Co. 案，《联邦汇编》第 160 卷，第 467 页（第二巡回法院，1908 年）（拒绝对"现金登记和账户检查的方法和手段"主张权利）；另参见杜伦，前注［95］（讨论了来自专利性的商业性的历史排斥）；托马斯，前注［95］（同）。

［137］参见 State St. Bank & Trust v. Signature Fin. Group 案，《联邦汇编》第三辑第 149 卷，第 1368 页（联邦巡回法院，1998 年）。美国是唯一一个赋予商业方法以专利权的国家。例子参见威廉·范·卡内冈《澳大利亚的技术性要求，专利范围和可专利事项》，《澳大利亚知识产权期刊》2002 年第 13 期，第 41 页（指出其他国家不批准商业方法专利）。

［138］例子参见罗伯特·梅格斯《专利法和政策》1997 年第 2 版，第 155 页（在金融服务业相对频繁的创新领先于专利性时代之前，而这一现象要求公司有足够的手段来适应其新的金融创新的价值）；德莱弗斯，前注［95］（认为商业方法专利对创新是不必要的）。参见马克·莱姆利等《软件和互联网法律》，2000 年，第 317—321 页（据讨论，金融服务行业可能需要由专利提供的激励）。

［139］参考马克·莱姆利和大卫·W. 奥布里恩《鼓励软件的重复使用》，载《斯坦福法律评论》1997 年第 49 期，第 255、274—275 页（论述了市场先入者在取代知识产权方面的优势的作用）。例如，联邦快递公司，一夜之间保留了大量的包裹快递的市场份额，尽管是模仿其他公司的商业规模进入市场的。

［140］直到 20 世纪 80 年代专利保护才运用到软件中，参见茱莉·科恩和马克·莱姆利《专利范围和软件工业的创新》，载《加利福尼亚法律评论》2001 年第 89 期，第 1、7—16 页（讨论软件专利的历史）。版权保护可能已经适用，虽然版权的可用性直到 1980 年美国国会修改了章程后才得以解决，美国法典第 17 篇第 101 条（界定了计算机项目）。

［141］例子参见自由编程协会《软件专利：这是编程的未来吗？》，载《Dobb 博士杂志》，1990 年 11 月号，第 56 页（来自软件专利的威胁可能摧毁美国的计算机行业）。

［142］参见后注［390］—［393］及注解说明。

［143］参见莱姆利和 Lessig，前注［91］，第 933—938 页。

［144］参见斯考彻摩，前注［108］，第 29 页。

[145] 参见科恩和莱姆利，前注［140］，第40—42页；彼特·梅内尔《修改电脑软件的法律保护》，载《斯坦福法律评论》1987年第39期，第1329、1369—1370页；萨缪尔森等，前注［21］，第2376页。

[146] 欲了解在国内公司和跨国公司之间更多关于重复使用现有代码的信息，参见莱姆利和奥布里恩，前注［18］。

[147] 1965年，英特尔的创办人之一——戈登·摩尔，缔造了微处理器每年处理速度翻一番的跨历史景象。参见Webopedia，摩尔定律（访问时间1998年3月22日），网址http：//www. webopedia. come/TERM/M/Mores_ Law. html（存档于弗吉尼亚法律评论协会）。如同这种现象已被复制，摩尔定律的通用概念是每十八个月数据密度就会翻倍。数据存储能力和传输速率也表现为近似的几何级数增长。

[148] 参见莱姆利和奥布里恩，前注［18］，第265页。

[149] 出于同样的原因，反向工程作为一个创造互操作性的合法手段而备受重视，近年来几乎所有的著作权判决都赞同在某些情况下的反向工程。例子参见DSC Communications Corp. v. DGI Techs. Inc. 案，《联邦汇编》第三辑第81卷，第597、601页（第五巡回法院，1996年）（认为当竞争对手为测试下载软件到微处理存储器时，针对侵犯操作系统著作权的竞争对手的索赔要求，制造商很可能不会成功）；Bateman v. Mnemonics, Inc. 案，《联邦汇编》第三辑第79卷，第1532、1539页，注［18］（第十一巡回法院，1996年）（确认接受反向工程代码）；Lotus Dev. Corp. v. Borland Int'l, Inc. 案，《联邦汇编》第三辑第49卷，第807、817—818页（第一巡回法院，1995年）（Boudin法官，附加意见）（赞同逆向工程）；Sega Enters. Ltd. v. Accolade, Inc. 案，《联邦汇编》第二辑第977卷，第1510、1527—1528页（第九巡回法院，1992年）（认为在版权法例外的范围之内分解是公平使用）；Atari Games Corp. v. Nintendo of Am. , Inc. 案，《联邦汇编》第二辑第975卷，第832、843—844页（联邦巡回法院，1992年）（拒绝发现反向工程是著作权侵权）；Vault Corp. v. Quaid Software Ltd. 案，《联邦汇编》第二辑第847卷，第255、270页（第五巡回法院，1988年）（坚持不可执行禁止反向工程许可协议的规定）；Mitel, Inc. v. Iqtel, Inc. 案，《联邦补充案例》第896卷，第1050、1056—1057页（卡罗拉多地方法院，1995年），aff'd on other grounds，《联邦汇编》第三辑第124卷，第1366页（第十巡回法院，1997年）（赞同第九巡回法院在Sega v. Accolade案中的处理方式）。几个早期的决定拒绝作为复制的正当理由的兼容性参见，例子参见苹果电脑公司诉富兰克林电脑公司案，《联邦汇编》第二辑第714卷，第1240、1253—1254页（第三巡回法院，1983年）。联邦巡回法院最近的案例表明，软件公司可能会在开始生效的许可协议中禁止逆向工程；如果反向工程被广泛采用，会导致兼容性的调整变得毫无价值。Bowers v. Baystate Techs. 案，《联邦汇编》第三辑第320卷，第1317、1324—1326页（联邦巡回法院，2003年）；请参考DSC联合公司诉脉冲联合公司案，《联邦汇编》第三辑第170卷，第1354、1363页（联邦巡回法院，1999年）（为某些目的认可反向设计的可行，在这种情况下持有它是不公平的）。如同法院的判决一样，绝大多数评论家至少在基于某些目的上是支持反向工程著作软件的权利。例子参见乔纳森·邦德和马萨诺布·卡托《审判的接合：知识产权和全球软件业中的互用性》，1995年版，第167—226

页；科恩等，前注［37］；罗伦斯·格拉翰和小理查德·泽比《计算机软件的经济效率治疗方式：反向工程，保护和披露》，载《罗格斯大学计算机和科技法律期刊》1996年第22期，第61页；丹尼斯·卡扎拉《计算机软件版权保护，反向工程和米勒教授》，载《德顿大学法律评论》1994年第19期，第975、1016—1018页；莫林·奥罗克《划定版权和合约的界限：软件许可条款的著作权优先权》，载《杜克法律期刊》1995年第45期，第479、534页（有一种强烈的推定，公共分布式产品的授权商很可能就是事实上的"产品的用户"，"而且如果用户愿意的话，只要他们在不侵犯任何适用智力成果权利的情况下，他们可以免费的处理这些产品"）；大卫·莱丝《世嘉和超越：合理使用分析的一个信号……至少在目前来看》，载《德顿大学法律评论》第19期，第1131、1168页（反对驳回汇编）；帕梅拉·萨缪尔森《计算机软件的合理使用及其他数码可著作权化的作品：索尼，盖尔卢和世嘉案的暗示》，载《知识产权法期刊》1993年第1期，第49、86—98页；蒂莫西·泰特《合并与机器：一个关于在计算机软件著作权案中其兼容趋势的分析》，载《斯坦福法律评论》1993年第45期，第1061、1062—1063页（认为计算机程序的价值取决于互操作性）；另见科恩和莱姆利，前注［140］，第17—21页（对专利法不可保护反向工程表示关切）；帕梅拉·萨缪尔森和苏珊·斯考彻摩《反向工程法规与经济学》，载《耶鲁法律杂志》2002年第111期，第1575页（这表明，当其促进互操作性时，反向工程是合法的，但在其允许搭便车时则不然）。

相反观点参见安东尼·克莱普斯《一个法律顾问的自白：数码艺术的技术恐惧，法律和创造》，《德顿大学法律评论》1994年第19期，第903、906—907页（主张在逆向工程软件方面不享有任何权利），及亚瑟·米勒《计算机软件，数据库，计算机生成工作：自从CONTU后一切都改变了吗？》，载《哈佛法律评论》1993年第106期，第977、1013—1032页。

［150］休利特、帕卡德、乔布斯和沃兹尼亚克是个典型的例子，但这个事件花了其一生的时间。例子参见，米卡琳·哈里斯《UCITA：帮助大卫面对歌利亚》，载《约翰·马歇尔计算机与信息法杂志》1999年第18期，第365、375页。

［151］相反的观点，参见帕特里克·鲍勃科《网络资源公开和版权让渡》，载《罗格斯大学计算机和科技法律期刊》2001年第27期，第51、58—60页（认为在软件行业赝品成本发展的比率相当高）。一般易于伪造现有的软件，但在版权法下它是非法的，相关成本是在无专利制度情况下的法律赝品的成本。

［152］著作权法给软件提供了主要的保护，但是商业秘密与合同法同时也为软件提供了保护。在软件的智力成果保护上的一个重要影响因素是在网络世界中减少数据信息的复制。相对于专利保护，著作权保护更适用于预防强制复制。然而，著作权法也已经开始修订，通过允许著作权拥有者控制获得著作权保护的作品来更好的预防在计算机领域的模仿行为。参见美国数字千年版权法案，美国版权法第1201条（2003年）。

［153］科恩和莱姆利，前注［140］，第39—50页。累积的模式，连续创新和再利用普遍存在于软件业中，并带来风险，软件专利将在侵权诉讼中投下大片阴影。具体来说，我们认为由于创新是最有可能进行的在其他项目上建立现有代码，对试验者找到改善的方法的诱惑将是相对较大的。同上书，第41页。

［154］科恩和莱姆利，前注［140］，第39—50页。累积的模式，连续创新和再利用普遍存在于软件业中，并带来风险，软件专利将在侵权诉讼中投下大片阴影。具体来说，我们认为由于创新是最有可能进行的在其他项目上建立现有代码，对试验者找到改善的方法的诱惑将是相对较大的。同上书，第54—56页。

［155］关于更详细的讨论，参见萨缪尔森等，前注［21］，第2350—2356页；帕梅拉·萨缪尔森《CONTU再思考：反对计算机可读的形式著作权保护案例》，载1984年《杜克法律评论》，第663、773页。

［156］帕梅拉·萨缪尔森担忧，软件专利的范围可能是过于宽泛，已给予软件创新渐进的性质。萨缪尔森等，前注［21］，第2345—2346页；另见帕梅拉·萨缪尔森 *Benson Revisited: The Case Against Patent Protection for Algorithms and Other Computer Program-Related Inventions*，载《Emory法律期刊》1990年第39期，第1025页（反对保护软件专利）。如下文指出，我们赞同这一关切，但认为，解决办法是缩小这些专利的保护范围。

有些人可能会反对大量的软件专利的出现，因为它们增加了发明的交易成本。我们不赞同，然而，适度范围内的软件专利将适度增加交易成本远远超过软件著作权。唯一相关的专利是那些有许可或诉讼——只有不到百分之五的总人数——而不是整个专利领域。参见莱姆利《合理的忽略》，前注［48］，第1507页。如果这些专利是有限的范围，交易成本应相对较小，他们不会为他们的所有者提供机会去阻碍大部分无关的技术。

［157］通常参见理查德·尼尔森《累积系统技术的知识产权保护》，载《哥伦比亚法律评论》1994年第94期，第2674页（主张缓和的保护方案，以满足对软件产业的保护需要）。

［158］生物技术产品出现在各种各样的经济部门，从药品到食品工业的过程。参见丹·伯克《生物技术入门介绍》，载《匹兹堡大学法律评论》1994年第55期，第611、621—628页。我们大部分讨论集中在一个生物技术的子集上，这包括基因序列和基因治疗。

［159］关于这一过程的讨论，参见1990年 Eli Lilly & Co. v. Medtronic, Inc. 案，《美国案例汇编》第496卷，第661、676页。

［160］参见丹·伯克和马克·莱姆利《生物技术的不确定性原理》，载2004年春季《凯斯西瑞热福法律评论》，第54页，［以下简称伯克和莱姆利：《不确定性原理》］；罗伯特·霍奇斯《黑盒子生物技术创新：当纯粹的"愿望或计划"应该被描述为是创新的时候》，载《佐治亚州立大学法律评论》2001年第17期，第831、832页（讨论日益增加的基因序列自动化）。

［161］参见托马斯等《人类基因的所有权》，载《自然》1996年第380期，第387、387—388页。

［162］参见丽贝卡·艾森伯格《基因组的延伸》，2002年，（研究论文，存档于弗吉尼亚法律评论协会）。然而努力写专利声称"达成通过"协议，利用研究工具来保护技术发展已获得较小的成果，参见2003年 Univ. of Rochester v. G. D. Searle, Inc. 案，《联邦补充案例》第二辑第249卷，第216页，（纽约西部地方法院，2003年）（拒绝在书面说明上的此种索赔）。

［163］参见前注［120］，第833—835页。赖担心，这种形式的一体化可能导致公司持有的专利权过于宽泛，同上书，第835页。

［164］同上书，第838页；请参考丽贝卡·艾森伯格和罗伯特·梅格斯《与部分DNA序列有关的特定发明可专利性的意见书》，载《美国知识产权季刊》1995年第23期，第1页（法律意见得出结论认为，美国国立卫生研究院的专利申请无害环境技术是不能被授予专利权的）。

［165］参见沃尔什，前注［118］，第1页（发现，研究工具的专利并没有妨碍药物的发现，因为业内人士都能够通过已有专利变通使用）。值得注意的是，沃尔什并不否认生物技术问题的存在，而只是表明各方有时可以避开这个问题，例如，他认为诉讼是拥有专利的无效，可能是一种方式——在其他方式中——克服反公共性问题。

［166］这些专利的狭隘在于使得生物技术看起来像反公共性的技术，而不是一个专利丛林。尽管如此，我们应该注意到，许多评论家担心，生物技术专利将重叠，像反共有性那样形成专利丛林。参见赖，前注［120］，第842页。

［167］参见琳达·德玛纳和艾伦·韦尔·菲尔梅斯《重新创造双螺旋：一个生物科技专利的构想和非显而易见性概念重建》，载《斯坦福法律评论》2002年第55期，第303、414页（提供的原因是在先扩散的基因专利将损及在后产品创新）。

［168］因为许多不同输出的集成对于生产商业半导体产品是必要的，因此半导体产业又具有反共有难题的特征。

［169］例子参见，莱普德斯，前注［15］。

［170］参见约翰·巴顿《寡头垄断和相互限制专利组合的反托拉斯方法》，载《反托拉斯法律评论》2002年第69期，第851、854页，（将半导体行业定性为一个"高水平的相互侵权"行业，而不是"简单的垄断诉讼"）；布朗温·霍尔和露丝玛丽·汉·意尔杜尼斯《重思专利自相矛盾：一个关于1979—1995年期间美国半导体工业的实验性研究》，载《兰德经济学期刊》2001年第32期，第101、102页（主张美国专利权利的加强造成半导体公司专利的激增，这反过来又导致智慧财产权重叠专利的产生）。

［171］参见莱姆利《合理的忽略》，前注［48］，第1504—1505页；马克·莱姆利《风险投资时代重新构想专利》，载《中小企业法律期刊》2000年第4期，第143页。一项研究提供证据表明，半导体专利的实际诉讼比率小于其他类型的专利，参见艾力森等，前注［46］（原稿第50页）。

［172］这些交叉许可协议取决于是否存在对称当事人之间的关系。希望专利授权的专利使用费往往是双方不平衡的利害关系。也就是说，他们是不销售产品的独立个人、"授权方"或公司，其主要输出是专利，不再是市场的主要参与者。在上文所述的专利军备竞赛上各缔约方在这些情况下都没有必要"交易"专利。例如，独立的发明家杰罗姆·莱梅尔森因积极获得其专利权而闻名和在半导体行业德州仪器（"台独"）获得专利授权是最著名的。莱梅尔森自己没有制造任何产品，因此不需要交叉授权任何人。德州仪器，而仍然在许多市场扮演着一个角色，主要是在诉讼领域的大规模集成电路，在这方面它没有显著的销售时间的诉讼。

但最近的证据表明如果一个新加入者未经专利权人许可要进入半导体市场，参加者仅在专利许可费将不得不支付 100 万—200 万美元。韦斯顿黑德利，报告员的报告，斯坦福大学研讨会知识产权和产业竞争标准。

[173] 如果市场交易的软件组件成为现实也可以想象它适合软件产业的未来。这样的市场可能会存在潜在的抵触问题。参见莱姆利和奥布里恩，前注 [18]。

[174] 参见上述第一部分。

[175] 我们愿意强调对一个行业来说映射专利理论的特点是一个动态的进程，而不是一个静态的。产业随时间而改变。软件产业在 2003 年比 20 世纪 70 年代看起来有着很大的区别，而什么是适当的专利政策则可能不是今天这样。另参见克拉里萨·隆《专利和累积创新》，载《华盛顿大学法律期刊》2000 年第 2 期，第 229、230 页（主张并支持创新的动态模型，指出生物医学研究的不断变化）。

[176] 参见萨缪尔森和斯考彻摩，前注 [149]，第 1581 页。

[177] Diamond v. Chakrabarty 案，《美国案例汇编》第 447 卷，第 303、309 页（1980 年）；另参见《与贸易有关的知识产权协议》，1994 年 4 月 15 日签订，第 27 条第（1）款，载《I. L. M.》第 33 期，第 81、93—94 页（要求专利可以不受区别地应用于所有的专利形式）[以下简称 TRIPS 协议]。

[178] 参见 2000 年美国专利法第 155—156 条。

[179] 同上书，第 271 条（e）项（2000 年）。

[180] 同上书，第 287 条（2000 年）。

[181] 同上书，第 103 条（b）项（2000 年）。

[182] 同上书，2000 年第 273 条（a）项第（3）款。

[183] 参见"半导体芯片保护法"（2000 年）美国法典第 17 篇第 901—914 条。

[184] 参见"植物品种保护法"（2000 年）美国法典第 7 篇第 2321—2583 条；丽贝卡·艾森伯格：《以创新政策的角度重新检验药物法规》（2003 年）（研究论文，存档于弗吉尼亚法律评论协会）（审查许多林业局的法律条款，其中它们赋予了制药厂商以专有权利，以鼓励新药开发或测试）；同样见 1930 年植物专利法，美国法典第 35 篇第 161—164 条（采用行业特定专利规则）。

[185] 参见 2000 年美国法典第 35 篇第 155A 条。关于私有专利诉讼的历史，参见罗伯特·帕特里克·梅格斯和格伦·哈尔兰·雷诺尔德斯《著作权和专利法的适当范围》，载《哈佛立法杂志》2000 年第 37 期，第 45、46—50 页。

[186] 参见 2000 年商业方法专利修正案，众议院第 5364 号报告，第 106 次国会（提出商业方法专利的具体标准）；1999 年专利公平法案，众议院第 1598 号报告，第 106 次国会（建议延长 claritin 的专利）；克里斯汀·贝伦特《药品价格竞争与专利期补偿法案：平衡竞争利益或适者生存？》，载《食品和药品法律期刊》2002 年第 57 期，第 247、253 页（讨论各种 Claritin 专利期限的延长）。

[187] 参见，例，萨缪尔森，前注 [156]（质疑保护源于信息的代表性，组织，操纵及显示的软件创新的专利体系的可取性）。

[188] 例子参见马修·威尔斯《互联网商业方法专利政策》2001 年第 87 期，第 729、770—773 页（概述了赞成和反对使用互联网创新的商业方法专利的观点）。

[189] 例子参见彼特·梅内尔《修改计算机软件》，载《斯坦佛法律评论》1987 年第 39 期，第 1329 页（争取特殊保护）；萨缪尔森等，前注 [21]，第 2310—2312 页（建议增加专利和著作权法的保护形式）。不同的提议，参见莱斯特·瑟罗《需要：一个知识产权新制度》，载《哈佛商业评论》1997 年 9—10 月号，第 94 页（讨论软件和生物技术产业）。

[190] 最常见的是，学者们建议，软件行业的高速市场循环证明了对软件专利权短期保护的合法性。相关讨论参见约翰·菲利普《计算机软件的独特知识产权保护》，载《乔治华盛顿法律评论》1992 年第 69 期，第 997 页；列欧·罗斯凯《计算机软件特殊法律保护的不确定案例》，载《匹兹堡大学法律评论》1986 年第 47 期，第 1131 页；帕梅拉·萨缪尔森《修改受著作权保护的软件：修正著作权学说来适应一个技术》，载《判决法律学》1988 年第 28 期，第 179 页；理查德·斯特恩《合适新科技的权利束》，载《匹兹堡大学法律评论》1986 年第 47 期，第 1229、1262—1267 页；请参考科恩和莱姆利，前注 [140]，第 3 页（建议避免过于广泛地应用等同原则和保护反向工程的方法）；茱莉·科恩《反向工程和提高电子警惕：“锁定”技术的知识产权含义》，载《加利福尼亚法律评论》1995 年第 68 期，第 1091、1179 页（建议应用一个创新的软件专利编程标准）；理查德·斯特恩《演算法的故事：从 Benson 案到 Iwahashi 案，历史重演》，载《美国知识产权季刊》1991 年第 18 期，第 371、395 页（同）。（主张 DNA 的具体立法）。

[191] 例子参见丹·伯克《DNA 序列重组的著作权能力》，载《判决法理学杂志》1989 年第 29 期，第 469 页（认为著作权保护一样更为合适用来保护生物技术）；S. 本杰明·普朗内《指南的难题：促使美国专利商标局发展新科技》，载 2001 年《科技法律和政策期刊》，第 365 页（主张 DNA 的具体立法）。

[192] 关于改体积评论性的分析参见丹·伯克《生物科技和专利法适应创新到强求一致》，载《罗格斯大学计算机和科技法律期刊》1991 年第 17 期，第 1 页。生物技术案件中的成文规则已经偏离了它们在处理生物技术过程中的可见性标准的一般规则。（2000 年）美国法典第 35 篇第 103 条（b）项。

[193] 例子参见丹·伯克《人类胚胎转基因的专利授予：一个非使用成本看法》，载《休斯敦法律评论》1993 年第 30 期，第 1597、1600、1658—1965 页（提倡反对为人体细胞设定专利的功利观点）；马克·哈特菲尔德《从微生物到人类》，载《动物法律》1995 年第 1 期，第 5、6、9 页（争辩说某些生物科技专利含有严肃的道德寓意）；克乔·耶尔帕拉《拥有生命的秘密：重思生物科技和产权》，载《麦克乔治法律评论》2000 年第 32 期，第 111、200 页（争论说道德考量应足以成为驳回专利申请的原因“即使该创新符合可专利性的所有技术要求”）。关于反对授予 DNA 序列专利的不同争论，参见艾森伯格和梅格斯，前注 [164]。

[194] 例子参见霍奇斯，前注 [160]，第 835 页（声称生物专利权人不需要遵守书面说明要求的标准）；珍妮丝·缪勒《生物科技创新的书面说明要求的展开应用》，载《伯克利科技法律期刊》1998 年第 13 期，第 615、633—649 页（考虑到生物技术产业严格准入的影响）；哈里斯·比特里克《基因突变描述要求》，载《专利和商标局协会杂

志》1998 年第 80 期，第 209、222—225 页（批判 Regents of the University of California v. Eli Lilly & Co. 一案，《联邦汇编》第三辑第 119 卷，第 1559 页（联邦巡回法院，1997 年，以及书面说明要求）；克里夫·维斯顿《玉米的冷却技术：面对美国专利法和卡塔赫纳生物安全议定书的农业生物技术》（生物技术书面说明案件的相关论点是关于用来掩盖书面说明要求的真正目的支持和服务）；参见马克·詹尼斯《法院羊群效应：争辩"书面说明"要求（及其他难以控制的专利披露原则）》，载《华盛顿大学法律和政策期刊》2000 年第 2 期，第 55 页。

［195］参见凯伦·博伊德《非显而易见性和生物科技工业：经济非显而易见学说的体积》，载《伯克利科技法律期刊》1997 年第 12 期，第 311、311—313 页。

［196］例子参见赖，前注［120］，第 838 页。

［197］同上书，第 838—844 页。

［198］参见克雷格·迈尔斯《金发女孩的 DNA 创新专利保护：不多，不少，刚刚好》，载《现代知识产权趋势》1998 年第 2 期，第 3 页。

［199］参见前注［37］—［60］，及注解说明。

［200］参见南希·格林尼和苏珊·斯考彻摩《知识产权：什么时候会成为最佳的激励制度？》，载《一个创新政策和经济》，前注［125］，第 51、53、71 页（认为，"知识产权制度应该被设计为每一个主题都有相对同质的保护需要"）；梅格斯和尼尔森，前注［100］，第 843 页；请参考艾利森和莱姆利《复杂性》，前注［41］，第 142—144 页（注意到专利比其以往更多的针对特定行业的，这有可能导致要求特定行业的专利改革）。

［201］为讨论与特定行业的立法和具体的参考软件有关的国际问题的可能性，请参阅拉洛歇尔·库珀·德赖弗斯著《信息产品：知识产权理论的挑战》，载《纽约大学国际法和政治杂志》1988 年第 20 期，第 897、912—918 页。

［202］参见 TRIPS 协议，前注［177］，第 27 条（1）款，第 93—94 页。

［203］参见伯克和莱姆利《技术特定化》，前注［4］，第 1183—1185 页（描述美国法律赋予不同的行业的不同待遇）。

［204］例子参见埃文·巴森斯基《欧盟提出的计算机程序可专利性指令：用什么定价互用性？》，载《世界电子商务和 IP 报导》2003 年 8 月号。

［205］有些人对经济更普遍地裁量专利制度的作用持怀疑态度，虽然他们的讨论集中于法定的变化。参见路易斯·卡普洛《反托拉斯专利交集：重新评估》，载《哈佛法律评论》1984 年第 97 期，第 1813 页（拒绝为各行业确定最优的专利长度所作出不切实际的努力）。但参见弗兰克·帕特诺伊《金融和专利长度》（2001 年 11 月 29 日）（研究论文，存档于弗吉尼亚州的法律评论协会）。帕特诺伊抱怨专利的期限是跨行业标准的，而事实上，它不仅在行业内应有所不同，而且随着时间的推移应考虑利率。帕特诺伊，同上，第 1、18—22、28—33 页。这后一种说法似乎忽略了机会成本：虽然这是事实，即专利使用费流的绝对值是一个利率功能，其价值相对于其他可能的投资决策来说可能不会随利率改变。

［206］特定行业的立法是相对来说更简洁的、特定事实标准的适当性更广泛的一般法律规则辩论的组成部分。我们在后注［224］—［225］及注解说明中更为详细地讨论

了这一辩论。

[207] 为探讨有关纳米科技的法律问题，参见弗雷德里克·菲尔德和克雷·雷诺尔德斯《纳米技术的法律问题：概述》，载《南加利福尼亚跨学科法律期刊》1995 年第 3 期，第 593 页。

[208] 请参见马歇尔·克翰和迈克尔·克劳斯内《合作合约的独立路径：报酬递增，羊群行为和认知偏差》，载《华盛顿大学法律季刊》1996 年第 74 期，第 347、348 页（辩称法律条款展示了网络效应，因为随着诉讼时法体的增加）。参见莱姆利和麦哥文《网络》，前注 [26]，第 570—576 页（争论这些影响的意义）；拉里·里博斯坦和布鲁斯·高巴亚希《实质和网络外部性的选择》，载《威廉和玛丽法律评论》2001 年第 43 期，第 19、128 页。

[209] 例子参见生物信息学和知识产权研讨会《开放源码基因组学》，载《波士顿大学科学与技术法律期刊》2002 年第 8 期，第 254、254—262 页（丹伯克报告讨论分析生物信息和软件生产的共同点）。生物信息学涉及确定和预测基因结构的计算机模型的规范的使用。参见肯·哈沃德《生物信息学金矿》，载《美国科学》2000 年第 283 期，第 58 页。蛋白质组学涉及使用计算机芯片来建造和测试蛋白质。例子参见卡罗尔·埃泽尔《超越人类基因组》，载《美国科学》2000 年第 283 期，第 64、67—69 页（描述蛋白质组学）。

[210] 参见艾力森和莱姆利《谁在专利什么?》，前注 [20]，第 2114 页，注释 [45]（说明，平均而言，在 20 世纪 90 年代末专利下降到 1.49 个不同的技术领域）。这实际上是从 20 世纪 70 年代以来的平稳增长，当这个数字是 1.37 时，这种增长的大部分是由于软件和生物技术专利的增长。参见艾力森和莱姆利《复杂性》，前注 [41]，第 93 页，图表 1。

[211] 既然我们最终支持特定行业的司法解释，那么强调特定行业的立法管理费似乎奇怪。我们的立场是调和的，因为司法解释发生在某一特定的事实背景中。诉讼过程将提供法官所需要的断案信息。因此，尽管有司法的行政成本以及特定行业因素的立法决定，社会仍然需要支付大量的诉讼费用。请参考戈登·塔洛克《审判的审判：法定程序的纯理论》，1980 年版，第 28—30、199 页（讨论诉讼作为一种社会机制，以鼓励对公共信息的私人支出）。

[212] 这个立法回应的一般问题通过圭多·卡拉布雷西在二十多年前详细确定。参见圭多·卡拉布雷西；法规年龄的一个共同的法律（1982 年）（衔接已过时的法规和立法的回应问题）。

[213] （2000 年）美国法典第 17 篇第 901—914 条。

[214] 只有一个解释 scpa 的呈报的个案。参见 Brooktree Corp. v. Advanced Micro Devices 案，《联邦汇编》第二辑第 977 卷，第 1555 页（联邦巡回法院，1992 年）。

[215] 请参考（2000 年）美国法典第 35 篇第 103 条（b）项（详列特别的生物技术创新的非显而易见性标准），今天这是不相干的，主要是因为一般的专利标准达到同样的效果。参见 In re Ochiai 案，《联邦汇编》第三辑第 71 卷，第 1565 页（联邦巡回法庭，1995 年）。

〔216〕参见丹尼尔·法贝尔和菲利普·弗里克《公共选择的法学》，载《得克萨斯法律评论》1987 年第 65 期，第 873 页。

〔217〕参见约翰·艾力森和爱默生·迪勒《商业专利之谜》，载《伯克利科技法律期刊》2003 年 12 月号，第 18 页。（警告反对在设计特定行业的法规时"专利律师的定义选区划分不公"）。

〔218〕特别的，（2000 年）美国法典第 35 篇第 103 条（b）项（生物技术工序），同上，（2000 年）第 155A 条（私人专利救济），同上，（2000 年）第 156 条（制药专利的期限延长），同上，（2000 年）第 287 条（医疗过程中的专利）。

〔219〕特别是赫茨—韦克斯曼的规定已被多次用于违反反托拉斯法。同注〔218〕，（2000 年）第 156 条。药品专利所有人与推定的普通加入者勾结，以防止该公司或任何其他人参与市场。参见 In re Cardizem CD Antitrust Litig. 案，《联邦汇编》第三辑第 332 卷，第 896 页（第六巡回法院，2003 年）；Andrx Pharm. , Inc. v. Biovail Corp. 案，《联邦汇编》第三辑第 256 卷，第 799 页（哥伦比亚特区巡回法院，2001 年），cert. denied，《美国案例汇编》第 535 卷，第 931 页（2002 年）。关于共谋的合法性，比较罗格·布莱尔和托马斯·科特：《专利纠纷的和解本身是违法的吗?》，载《反托拉斯公报》2002 年第 47 期，第 491、532—538 页（争论理智规则下的处理，或者为"一瞥"理智规则）与赫伯特·霍温坎普等：《知识产权争端的反竞争和解协议》，载《明尼苏达法律评论》2003 年第 87 期，第 1719、1728—1729 页（辩称本身非法在某些情况下是适当的）（下文简称霍温坎普等：《反竞争和解协议》）。详细讨论，参见 2 霍温坎普等：《IP 与反托拉斯：反托拉斯原则应用于知识产权法第 33.9 条》，（Supp. 2003 年）（下文简称 2 霍温坎普等：《IP 和反托拉斯》）。

〔220〕关于版权法非必要的复杂性参见杰西卡·里特曼《数码版权》，2001 年版，第 25、29 页；杰西卡·里特曼《阅读的排他权》，载《卡多佐艺术与娱乐法律期刊》1994 年第 13 期，第 29、34 页；杰西卡·里特曼《信息时代的版权法修正》，载《俄勒冈法律评论》1996 年第 75 期，第 22—23 页。

〔221〕事实上，学者们已建议相反——即著作权法应汲取专利之长。参见马克·莱姆利《知识产权法的进步经济学》，载《得克萨斯法律评论》1997 年第 75 期，第 989、992 页；小威利，前注〔62〕，第 119—121、137—144 页。

〔222〕该反托拉斯法是后者的一个明显的例子。谢尔曼法第 2 款第一节的有关的几个句子，（2000 年）美国法典第 15 篇第 1—2 条，已催生了一套庞大的司法创建标准用以查明和惩治反竞争行为。

〔223〕例子参见理查德·吉尔伯特和卡尔·夏皮罗《最优专利宽度和广度》，载《兰德公司经济学杂志》1990 年第 21 期，第 106 页（强调专利范围对激励的重要性）；梅格斯和尼尔森，前注〔100〕，第 839、916 页。

〔224〕关于这一主题的文献主体是广泛的。例子参见弗雷德里克·绍尔《遵守规则：一个在法律上和生活中基于规则作出决定的哲学检验》，1991 年版；路易斯·卡普洛《规则对标准：一个经济分析》，载《杜克法律评论》1992 年第 42 期，第 557 页；当肯·肯尼迪《私法裁决的形式和实质》，载《哈佛法律评论》1975 年第 89 期，第 1685

页；罗素·克罗金《行为分析和法律形式：再度考察规则与标准的对比》，载《俄勒冈法律评论》2000 年第 79 期，第 23 页；埃里克·波斯纳《标准，规则和社会规范》，载《哈佛法律和公共政策期刊》1997 年第 21 期，第 101 页；皮埃尔·施拉格《规则和标准》，载《洛杉矶加州大学法律评论》1985 年第 33 期，第 379 页；斯·桑斯坦《规则问题》，载《加利福尼亚法律评论》1995 年第 83 期，第 953 页。

对于专利法中的规则和标准的实质问题的辩论，参见罗伯特·梅格斯和约翰·菲茨杰拉德·达菲《专利法和政策》，2002 年第 3 版，第 805—806；托马斯《形式主义》，前注 [56]；波尔克·瓦格纳《反思禁止翻供：专利管理和 FESTO 一案的失败》，载《宾夕法尼亚大学法律评论》2002 年第 151 期，第 159、234—237 页。

[225] 参见弗雷德里克·绍尔《一般性与正义》（2003 年）（存档于弗吉尼亚法律评论协会）（探讨法律上的泛化的各种例子），这个问题的另一个版本出现在关于"默认规则"的文献中，其中一些法律具有缺乏弹性和强制性的特点，其他法律的特点是适合缔约各方特定情形的私人合同是可以放弃或更改的一个许可默认。为讨论这一范式的默认规则，参见伊安·艾尔斯和罗伯特·格特纳《填补未完成契约的缺陷：一个默认规则的经济理论》，载《耶鲁法律评论》1989 年第 99 期，第 87 页。伊安·艾尔斯和罗伯特·格特纳《战略契约的无效和法律规则的最优选择》，载《耶鲁法律评论》1992 年第 101 期，第 729 页；兰迪·巴纳特《静默之音：默认规则和合同之同意》，载《弗吉尼亚法律评论》1992 年第 78 期，第 821、831—855 页；尹纳·艾尔豪格《去除优先法令默认规则》，载《哥伦比亚法律评论》2002 年第 102 期，第 2162 页；尹纳·艾尔豪格《去除优先法令默认规则》，载《哥伦比亚法律评论》2002 年第 102 期，第 2027 页。

[226] 赋予法院酌情权可能会引发一些担心。在针对国会的各种各样的寻租批评中法院也不能幸免。

参见尹纳·艾尔豪格《利益集团理论是否证明了更为侵略性的司法评论》，载《耶鲁法律评论》1991 年第 101 期，第 31、67—68 页；A. C. 普里查德和托德·茨维克：《寻找宪法：在宪法解释中传统角色的经济分析》，载《北加利福尼亚法律评论》1999 年第 77 期，第 409 页。但很有理由相信，相比立法机关或代理机构而言法院少受俘获：联邦法官有终身制，他们不基于任何诉讼当事人（当然也不是专利诉讼当事人）做或不做的行为而赔偿，他们没有监督人；他们也不太可能从事比立法机构更强的合作工作。

在专利的背景下，俘获可以通过一再出现在法庭前的当事各方采取更微妙的影响形式。但是，由于在专利案件公司往往既是原告又是被告。所以在专利法中这个问题似乎并不大。请参考罗谢尔·库伯·德莱弗斯《联邦巡回法院：一个关于专门法院的案例》，载《纽约大学法律评论》1989 年第 64 期，第 1、14—15 页（发现联邦巡回法院对创新需求做出了很好的理解和反应）。当然，专利商标局是更饱受这类影响。

[227] 在其他我们没有讨论的来源中是对合理版税的赔偿的多因素测试。

[228] 举例来说，显而易见和书面说明的规则已应用于不同的生物技术和软件。参见后注 [277] — [293] 和注解说明；另见伯克和莱姆利《技术特定化》，前注 [4]，第 1160—1183 页（详细论述支持这一要求）。

[229] 例如，在布伦纳诉曼森案中被宣布的效用规则（Brenner v. Manson 案，《美国

案例汇编》第 383 卷，第 519 页（1966 年），往往只适用于生物技术、化学案件中，并且实验使用的原则也只有在制药案件中出现。先锋专利学说对有重大新发明的产业多于发明具有累积性的行业。参见后注［244］—［255］和注解说明。

［230］美国法典第 35 篇，第 101 页（2000 年）。

［231］Diamond v. Chakrabarty 案，《美国案例汇编》第 447 卷，第 303、309 页（1980年）［引用《参议院报告》No. 82—1979，第 5 页（1952 年）和《众议院报告》No. 82—1923，第 6 页（1952 年）］。

［232］其一——反对商业方法可专利的规则——最近被联邦巡回法院废除了。进一步的讨论参见后注［368］及相应原文。

［233］《美国案例汇编》第 56 卷，第 62 页（15 How.）（1853 年）。

［234］同上书，第 112 页。

［235］同上书，虽然莫尔斯电码的应用已成为对不当企图进行抽象索赔的海报童，它可能更好地说明有必要在披露和索赔之间进行平衡：莫尔斯不能要求对所有电磁印刷数字的使用进行索赔，因为他已披露如何使用所有的这些用途。

［236］Brenner v. Manson 案，《美国案例汇编》第 383 卷，第 519、534 页（1966年）。同样，法院在奥赖利案中驳回了专利索赔，说：如果这种索赔可以被维护，其关系的不是由结果被完成的过程或机制。对于我们现在所知道的关于未来的发明家的任何事情，在科学的前进道路上，可能会发现一个依赖电或电流的远程写或印刷的模式，无须使用在原告的说明书中提出的任何程序或组合的部分。他的发明可能不太复杂——较易摆脱秩序——不贵的建设与运作费。但然而如果其被这项专利所涵盖，没有专利权人的许可发明人不能使用它，其他公民也无法从中获得利益。《美国案例汇编》第 56 卷（15 How.），第 113 页。

［237］事实上，在奥赖利案中法院是有先见之明的，建议电报的发展不证明给予任何使用电传输信息的莫尔斯电码专利具有正当性：许多现代通信依靠电的非电报使用。

［238］参见尼尔森和温特，前注［128］，第 263 页（归咎于发明与熊彼得创新之间的区别）；威廉金斯敦《创新的直接保护》，1987 年威廉·金斯敦版，第 13 页。如需了解更多关于发明创新的区别，参见后注［321］和相应原文。

［239］参见马克·詹尼斯和杰伊·克山《无杂草 I. P.：最高法院，知识产权过程接口和植入问题》，第 33 页（伊利诺伊公共法律和法规理论研究系列论文，研究论文第00—07 号，2001 年）（"在所有的知识产权法中，主题资格理论是其中最少的有效政策工具"）。

［240］这项规定的法定依据是在（2000 年）美国法典第 35 篇第 101 条中，允许授予"新型实用"发明专利，以及（2000 年）美国法典第 35 篇第 112 条，要求披露如何"制造和使用"该发明。当然，除非是该发明有用，否则没有用途功能可以予以披露。

［241］例子参见，Juicy Whip, Inc. v. Orange Bang, Inc. 案，《联邦汇编》第三辑第185 卷，第 1364、1367 页（联邦巡回法庭，1999 年）（降为遵循要求道德实用性的旧案）；Whistler Corp. v. Autotronics, Inc.，案，*U. S. P. Q.* 第二辑第 14 卷（BNA），第1885、1886 页（得克萨斯北部地方法院，1988 年）（坚持认为一个雷达探测器的专利满

足了实用性要求，尽管存在非法目的的潜在用途）；Ex parte Murphy 案，《美国专利期刊》第 200 期（BNA）第 801、802 页（Bd. Pat. App. & Inter. 1977 年）（拒绝缺乏实用性的一个不道德的赌博发明这样的命题）。对于这一论点，即道德实用性学说特别是在生物技术领域应被恢复，使其成为一个宏观政策杠杆，参见玛格·巴格利：《先专利后提问：专利法中的道德和生物技术》，载《威廉和玛丽法律评论》2004 年 2 月号，第 45 页。

［242］例子参见，Juicy Whip 案，《联邦汇编》第三辑第 185 卷，第 1365—1367 页（发现了一种巧妙设计的有实用性的饮酒分液器，即使其旨在欺骗）。

［243］例子参见，美国专利第 4998724 号，（1991 年 3 月 12 日授予专利）（"具备稳定处理性能的拇指摔跤游戏器"）；美国专利第 5031161 号（1991 年 7 月 9 日授予专利）（"生命期望时钟"）；美国专利第 5076262 号（1991 年 12 月 31 日授予专利）（"耳朵压低装置"）。

［244］《美国案例汇编》第 383 卷，第 519 页（1966 年）。

［245］同上书，第 534—535 页。

［246］《实用性检验指南评论的请求》，载《联邦公告》第 60 期，第 97、98 页（1995 年 1 月 3 日）。

［247］参见 In re Brana 案，《联邦汇编》第三辑第 51 卷，第 1560、1567 页（联邦巡回法院，1995 年）

［248］例子参见 In re Ziegler 案，《联邦汇编》第二辑第 992 卷，第 1197、1203 页（联邦巡回法院，1993 年）（拒绝聚丙烯的第一发明人的权利主张，因为专利权人尚未发现聚丙烯的实用性）。

［249］无害环境技术是本身不产生功能蛋白的基因片段，但可以被用来作为标记，以确定某一特定的染色体的 DNA 序列。无害环境技术必要的实用性的正确显示一直是重要的学术辩论主题。参见朱利安·大卫·福尔曼《一个关于申请生物科技专利实用性的时间视角》，载《阿尔巴尼科技法律期刊》2002 年第 12 期，第 647、679—681 页（认为实用性指导方针迫使专利太远离下游）梅格斯和艾森伯格，前注［164］，第 20 页（得出结论认为，无害环境技术不符合实用性要求）。

［250］《实用性检验指南》，载《联邦公报》第 66 期，第 1092、1098 页（2001 年 1 月 5 日）。

［251］该指导方针旨在仅仅解释法律，其中一些超过法院最终解释的内容。同注［250］，第 1097—1098 页（陈述说指导方针并不构成实质性的规则制定，因此不具备法的执行力和效力）同注［250］，第 1097—1098 页；Merck & Co. v. Kessler 案，《联邦汇编》第三辑第 80 卷，第 1543、1549—1550 页（联邦巡回法院，1996 年）。然而，当下案判决后，Dickinson v. Zurko 案，《美国案例汇编》第 527 卷，第 150、161—162 页（1999 年），法院应当遵从专利商标局根据行政程序法做出的事实判断，以及尊重在同一法规下可以对专利商标局根据专利法就实质性问题做出的规定。参见克雷格·艾伦·纳德《服从，反抗和实用艺术》，载《俄亥俄州法律评论》1995 年第 56 期，第 1415、1509 页，声称专利商标局有权尊重 APA 下的法律争端；另参见亚缇·赖《解决专利金

矿：PTO 专利驳回中服从的角色》，载《华盛顿大学法律和政策期刊》2000 年第 2 期，第 199、201—202 页，提倡遵从专利商标局的调查研究。

［252］例子参见 In re Kirk 案，《联邦汇编》第二辑第 376 卷，第 936、961 页（美国关税与专利上诉法院，1967 年）（Rich 法官，反对意见）（布伦纳的实用性要求将绝不是"随意用于其他的科学工具或机械或光学或电学的种类。"）尽管福尔曼相信应用于生物学的理论目前仍然十分有力，但他仍赞同实用性的使用可以作为一种特殊技术政策杠杆。福尔曼，前注［249］，第 650 页。

［253］Brenner 案，《美国案例汇编》第 383 卷，第 534 页。

［254］同上书，请参见莱姆利《进步经济学》，前注［69］，第 1048—1072 页（讨论有关对下游创新的集中控制会降低第三方的创新）。

［255］例子参见埃里克·米拉贝尔《实用是一个无用的概念》，载《美国大学法律评论》1987 年第 36 期，第 811 页（批评在化学领域"有用"的司法建设）；A. 萨米尔·欧迪《超越显而易见性：21 世纪的创新保护》，载《美国大学法律评论》1989 年第 38 期，第 1097、1127 页（认为，实用的要求对创新有不良的影响）；查尔斯·斯密斯《化工中间体专利化的要求：他们达到既定目标了吗》，载《圣路易斯大学法律评论》1984 年第 29 期，第 191、202—204 页提出替代限制性"使用"的要求。

［256］（2000 年）美国法典第 35 篇第 102 条（b）项。

［257］《美国案例汇编》第 97 卷，第 126 页（1877 年）。

［258］例子参见 Pfaff v. Wells Elecs. 案，《美国案例汇编》第 525 卷，第 55、64 页（1998 年）（认为一个追求完美的发明人只有在不丧失获取其发明专利权时才有可能进行广泛的测试，即使这一测试出现在公众的视野中）。

［259］例如参见 Lough v. Brunswick Corp. 案，《联邦汇编》第三辑第 86 卷，第 1113、1120 页（联邦巡回法院，1996 年）（列举承担实验使用的因素）。

［260］Whittemore v. Cutter 案，《联邦案例》第 29 卷，第 1120、1121 页（马萨诸塞州中部地方法院，1813 年）（第 17，600 号）。

［261］例子参见 Madey v. Duke Univ. 案，《联邦汇编》第三辑第 307 卷，第 1351 页（联邦巡回法院，2002 年）；Roche Prods. v. Bolar Pharm. Co. 案，《联邦汇编》第二辑第 733 期，第 858、862—863 页（联邦巡回法院，1984 年）。也有一个独立的法定实验使用抗辩，它限于通过专利产品的通用药物制造者在向美国食品与药品管理局申请新药物的批准过程中的使用。

美国法典第 35 篇 271 条（e）项（1）款。这一法规原则被联邦巡回法院做了狭义解释，Integra LifeSciences Inc. v. Merck KGaA 案，《联邦汇编》第三辑第 331 卷，第 860 页（联邦巡回法院，2003）。

［262］艾森伯格，前注［65］，第 1021 页（通过比较排他权利与自由访问制度分析实验使用免责的范围）；苏珊·米歇尔《联邦政府资助的创新侵权的试验使用例外》，载《高科技法律期刊》1992 年第 7 期，第 369、372 页（提倡用户化的实验使用例外）；珍妮丝·缪勒《没有'只了解皮毛的事务'：重思生物医学研究工具专利侵权的实验性使用例外》，《华盛顿法律评论》2001 年第 76 期，第 1 页（赞成类似于欧洲体系的扩大实

验使用抗辩）。世界上大多数其他国家解释实验使用比联邦巡回法院更广泛。例子参见，瑞贝卡·S. 艾森伯格：《专利的剑与盾》第 1 页（2003 年）（研究论文，存档于弗吉尼亚法律评论协会）（注意到在欧洲的更广泛的实验使用的方法）（以下简称艾森伯格：《剑》）。

［263］相反，该法定实验的使用抗辩是宏观调控的杠杆，因为它仅适用于需要美国食品药品管理局批准的产品。不过，我们并未进一步考虑此条，因为它是法定的，而不是司法创造的条款。

［264］科恩和莱姆利，前注［140］，第 16—21 页。

［265］伊利莎白城案，《美国案例汇编》第 97 卷，第 126 页。

［266］（2000 年）美国法典第 35 篇第 103 条。

［267］同上书，第 112 条 P1（2000 年）。

［268］参见 Newman v. Quigg 案，《联邦汇编》第二辑第 877 卷，第 1575、1581—1582 页（联邦巡回法院，1989 年）。

［269］联邦巡回法庭的近期裁决，Exxon Research & Engineering Co. v. United States,《联邦汇编》第三辑第 265 卷，第 1371、1376 页（联邦巡回法院，2001 年）。然而，认为不确定性是一个纯粹的法律问题。法院将如何解决对 PHOSITA 作为一个法律问题的理解并不完全清楚，尽管它名义上开展了承担类似的解释专利的要求。

参见 Cybor Corp. v. FAS Techs. 案，《联邦汇编》第三辑第 138 卷，第 1448、1454—1455 页（联邦巡回法院，1998 年）（全院联席审理）。

［270］参见克雷格·艾伦·纳德《一个关于权利请求解读的理论》，载《哈佛法律和科技期刊》2000 年第 14 期，第 1、6 页（以下简称纳德《权利请求解读》）。

［271］Graver Tank & Mfg. Co. v. Linde Air Prods. Co 案。《美国案例汇编》第 339 卷，第 605、609 页（1950 年）。

［272］参见 Hilton Davis Chem. Co. v. Warner—Jenkinson Co. 案，《联邦汇编》第三辑第 62 卷，第 1512、1519 页（联邦巡回法院，1995 年）（全院联席审理），Rev'd on other Grounds,《美国案例汇编》第 520 卷，第 17 页（1997 年）。

［273］参见伯克和莱姆利《技术特定化》，前注［4］，第 1190—1194 页。

［274］同上。

［275］同上书，第 1193—1196 页（考虑到两种选择）。

［276］同上书，第 1196 页。

［277］（2000 年）美国法典第 35 篇第 103 条（a）项。

［278］《美国案例汇编》第 383 卷，第 1 页（1966 年）。

［279］同上书，第 17—18 页。

［280］例子参见 Ruiz v. A. B. Chance Co. 案，234《联邦汇编》第三辑第 234 卷，第 654、662—663 页（联邦巡回法院，2000 年）（"为了确定显而易见作为一个法律问题，四个事实调查必须作出……"）。

［281］参见 Brown & Williamson Tobacco Co. v. Philip Morris Inc. 案，《联邦汇编》第三辑第 229 卷，第 1120、1129 页（联邦巡回法院，2000 年）（列举因素）。In Hybritech,

Inc. v. Monoclonal Antibodies，《联邦汇编》第二辑第 802 卷，1380n. 4（联邦巡回法院，1986 年），法院认为，同时发明——唯一的可以有利于被告侵权人的次要考虑——不一定非要被考虑。

［282］法院说，次要考虑只有当非显而易见性的证据被提出时是相关联的。参见 Custom Accessories v. Jeffrey—Allan Indus. 案，《联邦汇编》第二辑第 807 卷，第 955、960 页（联邦巡回法院，1986）。

［283］例子参见德莱弗斯，前注［226］，第 9—10 页（关于表彰美国联邦巡回合并限制考虑在其商业上的成功的分析）；埃德蒙得·凯奇《Graham v. John Deere Co. 案：专利的新标准》，载《1966 年联邦最高法院评论》，第 293、330—335 页（批评了商业成功在证明非显而易见性上发挥的作用；罗伯特·梅格斯《创新的经济视角：专利标准和商业成功》，载《加利福尼亚法律评论》1988 年第 76 期，第 803、823—827 页（"今天，专利申请人必须显示其产品相对于其他产品在市场的销售或市场份额，并向法院证明其比较成功"）。

［284］请参考罗伯特·亨特《可专利性，工业结构和创新》（费城联邦储备银行研究论文 No. 01—13/R，2001 年）（理由是统一的显而易见标准将鼓励在某些行业的创新，但不鼓励其他行业）。

［285］（2000 年）美国法典第 35 篇第 112 条 P1。

［286］同上书，这是"赋能"的要求。

［287］参见 Gentry Gallery v. Berkline Corp. 案，《联邦汇编》第三辑第 134 卷，第 1473、1479 页（联邦巡回法院 1998）；In re Gosteli 案，《联邦汇编》第二辑第 872 卷，第 1008、1012 页（联邦巡回法院，1989 年）（认为履行书面描述要求的说明必须允许 PHOSITA 认识到发明者发明了所声称的事物）。

［288］关于学说的历史，参见梅格斯等，前注［28］，第 208—209 页。

［289］例子参见 Gentry Gallery 案，《联邦案例汇编》第三辑第 134 卷，第 1479—1480 页，认为专利权人对靠背沙发发明的披露并没有扩展到在控制台之外的沙发控制的安置，在此专利权人考虑新的定位只会在其竞争对手也开始如此安置后；Hyatt v. Boone 案，U. S. P. Q. 2d 第 47 卷（BNA），第 1128、1131 页（联邦巡回法院，1998 年）（"作为书面说明这是不够的，为了建立发明优先权的目的，提供一个没有明确说明所有数量限制的规范。"）；In re DiLeone 案，《联邦案例汇编》第二辑第 436 卷，第 1404、1405 页（美国关税与专利上诉法院，1971 年）（"描述发明的说明书的法定要求可能无法得到满足，即使在那些说明书符合有关使任何人熟练掌握制造和使用相同的技术的法定要求之处"）（引文省略）。

［290］Regents of the Univ. of Cal. v. Eli Lilly & Co. 案，《联邦汇编》第三辑第 119 卷，第 1559 页（联邦巡回法院，1997 年）；Fiers v. Revel 案，《联邦汇编》第二辑第 984 卷，第 1164、1171 页（联邦巡回法院，1993 年）（认为 DNA 发明的概念证据要求披露实际的 DNA 序列）；请参考 Singh v. Brake 案，《联邦汇编》第三辑第 317 卷第 1334、1343—1344 页（联邦巡回法院，2003 年）（认为披露在一个足以说明此种类的 DNA 序列的种类上仅有的两个有意义的体现）。

[291] 更多细节，参见伯克和莱姆利《技术特定化》，前注［4］，第1173—1178页。

[292] 法院已证明不太愿意对其他生物技术的发明采用书面说明理论，如单克隆抗体，至少缺乏一些努力来改变起诉索赔。Enzo Biochem v. Gen—Probe, Inc. 案，《联邦案例汇编》第三辑第296卷，1316、1324—1325页（联邦巡回法庭，2002年）。

[293] 参见伯克和莱姆利《技术特定化》，前注［4］，第1183—1185页。

[294] Hilton Davis Chem. Co. v. Warner - Jenkinson Co. 案，《联邦汇编》第三辑第62卷，第1512、1519页（联邦巡回法庭，1995年）（全院联席审理），Rev'd on other Grounds，《美国案例汇编》第520卷，第17页（1997年）。

[295] Graver Tank & Mfg. Co. v. Linde Air Prods. Co. 案，《美国案例汇编》第339卷，第605、609页（1950年）。

[296] 例子参见 Warner - Jenkinson Co. v. Hilton Davis Chem. Co. 案，《美国案例汇编》第520卷，第17、39—40页（1997年）（指出，"似乎存在大量实质性的相关协议，只要三重身份测试可能适合分析机械装置，则往往会提供一个粗糙的分析其他产品或工序的框架"）。

[297] 参见 Hilton Davis 案，《联邦案例汇编》第三辑第62卷，第1519页。

[298] 一个单独的问题是如何运作、方式，及结果都将受到考验。在他们参考的一个 PHOSITA 的知识衡量的范围内，测试可能会瓦解合理互换性。

[299] 参见前注［266］—［276］和注解说明。

[300] 例子参见 Amgen, Inc. v. Chugai Pharm. Co. 案，《联邦汇编》第二辑第927卷，第1200、1208—1209页（联邦巡回法庭，1991年）发现生物技术是一个不确定的学科；伯克和莱姆利《不确定性原则》，前注［160］。

[301] Antony L. Ryan & Roger G. Brooks：《创新 VS 规避：澄清第二代基因和蛋白的专利权利》，载《伯克利科技法律期刊》2002年第17期，第1265页。

[302] 例子参见 Miller v. Eagle Mfg. Co. 案，《美国案例汇编》第151卷，第186、207页（1894年）（"如果发明在其性质上是广泛的或主要的，在法院给予这种发明的自由建构下，等同说的范围将相对广泛。"）；Perkin-Elmer Corp. v. Westinghouse Elec. Corp. 案，《联邦汇编》第二辑第822卷，第1528、1532页（联邦巡回法庭，1987年）。"先驱发明有权享受广泛的等值。"约翰·托马斯《关于专利法和开创性发明的问题》，载《高科技法律杂志》1995年第10期，第35、37页。（法院解释开创型专利的要求……在一个侵权测定期涵盖了更广范围的所谓'等同'）。美国联邦巡回法院拒绝了一个不同的说法——即开创型专利有权要求降低启动标准——in Plant Genetic Systems v. Dekalb Genetics Corp. 案，《联邦汇编》第三辑第315卷，第1335页（联邦巡回法院，2003年）。

[303] 对比 Augustine Med., Inc. v. Gayman Indus. 案，《联邦汇编》第三辑第181卷，第1291、1301页（联邦巡回法院，1999年）（依据"开创型"标准），Sun Studs Inc. v. ATA Equip. Leasing 案，《联邦汇编》第二辑第872卷，第978、987页（联邦巡回法院，1989年）（关于作为"古代法学"的开创型专利的规则）。

[304] 对于将开创型地位应用于决定非显而易见性的一个论点，参见萨姆森·佛蒙

特《一个终止显而易见性新方法：对美国法典第 35 篇 103 条 （a） 项应用先驱学说》，
载《美国知识产权季刊》2001 年第 29 卷，第 375 页。美国知识产权季刊我们认为佛蒙
特的建议没有可能明显地影响到案件的结果；开创性发明一般不是那种有可能被宣布为
显而易见的发明。

［305］参见欧迪，前注 ［255］，第 1127 页。

［306］当然，并非所有的制药发明将采取这种形式。制药公司有时从事安全创造，
"模仿" 药品。这些发明将是不太可能有资格取得开创型地位的。

［307］参见 Westinghouse v. Boyden Power Brake Co. 案，《美国案例汇编》第 170 卷，
第 537、562 页 （1898 年）。

［308］In Tate Access Floors v. Interface Architectural Resources 案，《联邦汇编》第三
辑第 279 卷，第 1357、1368 页 （联邦巡回法院，2002 年），法院认为，这种原则在 1952
年专利法的进程中没有延续意义，且（错误地）指出，美国联邦巡回法院从来没有适用
这一原则，不同的情况存在于 Contra Scripps Clinic & Research Found. v. Genentech 案，
《联邦汇编》第二辑第 927 卷，第 1565、1581 页 （联邦巡回法院，1991 年）（适用这一
原则）。参见 Amgen, Inc. v. Hoechst Marion Roussel 案，《联邦汇编》第三辑第 314 卷，
第 1313、1351 页 （联邦巡回法院，2003 年）（这意味着该原则已有持续影响力，但在此
案中它并没有适用）。

［309］参见莱姆利《进步经济学》，前注 ［69］，第 1023—1024 页 （暗示等值反向
理论在专利法中保护激进的改进者比其在著作权法中更有效）；罗伯特·梅格斯《一个
关于牵制专利和生物科技案中的等值反向理论的略论》，载《专利与商标局协会杂志》
1991 年第 73 期，第 878、883 页。

［310］例子参见 Scripps Clinic 案，《联邦汇编》第二辑第 927 卷，第 1581 页 （建议
采用等值反向理论候审通过一个全新的生物技术过程生产类似的生物材料的被告）。

［311］（2000 年）美国法典第 35 篇第 282 条。

［312］Al‐Site Corp. v. VSI Int'l 案，《联邦汇编》第三辑第 174 卷，第 1308、1323
页 （联邦巡回法院，1999 年）。

［313］参见杰伊·科山《用胡萝卜与棍子创造一个更好的专利制度》，载《伯克利
科技法律期刊》2002 年第 17 期，第 763、765—766 页；莱姆利《漠不关心的合理性》，
前注 ［48］，2001 年版，第 1527—1529 页。

［314］参见 In re Lee 案，《联邦汇编》第三辑第 277 卷，第 1338、1342 页 （联邦巡
回法院，2002 年）；In re Oetiker 案，《联邦汇编》第二辑第 977 卷，第 1443、1449 页
（联邦巡回法院，1992 年）（Plager 法官，附加意见）；约翰·托马斯《专利制度共谋和
集体行动：一个关于专利酬金的提议》，载 2001 年《伊利诺伊大学法律评论》，第 305、
325 页。

［315］例子参见 Mfg. Research Corp. v. Graybar Elec. Co. 案，《联邦汇编》第二辑第
679 卷，第 1355、1360—1361 页 （第十一巡回法院，1982 年）（采用 "视为艺术唯一"
规则）；NDM Corp. v. Hayes Prods. 案，《联邦汇编》第二辑第 641 卷，第 1274、1277 页
（第九巡回法院，1981 年）（同）；Lee Blacksmith Inc. v. Lindsey Bros. 案，《联邦汇编》

第二辑第 605 卷，第 341、342—343 页（第七巡回法院，1979 年）（同）。

［316］例子参见 Kahn v. Gen. Motors 案，《联邦汇编》第三辑第 135 卷，第 1472、1480 页（联邦巡回法院，1998 年）（"非检察官面前提交的证据不改变推定效力……"）；Applied Materials，Inc. v. Advanced Semiconductor Materials Am. 案，《联邦汇编》第三辑第 98 卷，第 1563、1569 页（联邦巡回法院，1996 年）"试图介绍不是在专利商标局面前呈现的附加证据不改变推定的有效性或证明的标准，虽然因为附加的证据负担可能会或多或少容易分担。"

［317］现在没有这样的要求；参见 FMC Corp. v. Hennessy Indus. 案，《联邦汇编》第二辑第 836 卷，第 521、526 页注［6］（联邦巡回法院，1987 年）（"作为一般规则，没有义务对先前技术进行探索。"）事实上，许多复杂的主体拒绝对现有技术的探索，对他们可能发现的事情漠不关心。

莱姆利：《合理的漠不关心》，前注［48］，第 1510 页注释 3。关于如何鼓励非专利之前案检索的讨论，参见科山，前注［313］，第 770 页；杰伊·科山和马克·邦尼克《作为未完成契约的专利：统一研发投资和揭露现有技术的激励》，载《华盛顿法律和政治期刊》2000 年第 1 期，第 23、26 页。

［318］例如，评论家们长期批评了在软件行业施行的专利质量。例子参见科恩，前注［190］，第 1178—1179 页。同意这一评估的法院可以得出结论说，软件专利是比其他类型的专利较少值得效力推定的。在另一个极端，专利商标局对商业方法专利提供了一个特殊的两步审查，结果是，该办公室拒绝更多的商业方法专利申请。艾力森和迪勒，前注［217］（争论说互联网商业方法专利似乎是没有低于平均水平的专利）。法院在加强商业方法专利的效力推定时可能会考虑到这一事实。

［319］例子参见艾力森和莱姆利《谁在专利什么》，前注［20］，第 2130—2131 页及表格 13。

［320］关于本段主张的详细阐述，参见罗伯特·梅格斯《不确定性和可专利性的标准》，载《高科技法律期刊》1992 年第 7 期，第 1 页（下文简称梅格斯：《不确定性》）。

［321］关于类型学的使用，我们赞同约瑟夫·熊彼特。参见尼尔森和温特，前注［128］，第 263 页（归于熊彼特的发明和创新之间的区别）。

［322］类似争论，参见佛蒙特，前注［304］，第 386 页。

［323］事实上，它在衡量只在子发明是成功的足以成为专利保护的主题时的不确定性，而不考虑没有产生专利发明的研发努力是没有太大意义的。

［324］关于专利误用的综合讨论参见 1 霍温坎普等《IP 和反托拉斯》，前注［87］，第 3 章。专利误用学说首先在 Motion Picture Patents Co. v. Universal Film Manufacturing Co. 案中被认识，《美国案例汇编》第 243 卷，第 502 页（1917 年），并且作为专利法理学的一部分已经有了很长的时间。Morton Salt Co. v. G. S. Suppiger 案，《美国案例汇编》第 314 卷，第 488 页（1942 年）。这是一个普通法原则；国会仅已编纂了对这一理论的限制（从而含蓄地承认其合法性），而不是理论本身。参见（2000 年）美国法典第 35 篇第 271 条（d）项；另见马克·莱姆利《专利误用学说 Doctrine 的经济非理性》，载《加利福尼亚法律评论》1990 年第 78 期，第 1599、1610 页（讨论这一消极编纂）（以下简称

莱姆利：《经济非理性》）。

[325] 霍温坎普等：《IP 与反托拉斯》，前注［87］，第§3.2b-c。

[326] 参见（2000 年）美国法典第 35 篇第 261 条（允许地域限制专利许可）。

[327] 参见 B. Braun Med. Co. v. Abbott Labs. 案，《联邦汇编》第三辑第 124 卷，第 1419、1426 页（联邦巡回法院，1997 年）。

[328] 参见 Brulotte v. Thys 案，《美国案例汇编》第 379 卷第 29、32 页（1964 年）；1 霍温坎普等《IP 和反托拉斯》，前注［87］，第 3 章。请参考 Scheiber v. Dolby Labs. 案，《联邦汇编》第三辑第 293 卷 1014、1017—1019 页（第七巡回法院，2002 年）（以下布鲁劳特，但批评其推理）。

[329] 参见 Alcatel USA v. DGI Techs. 案，《联邦汇编》第三辑第 166 卷，第 772、792—794 页（第五巡回法院，1999 年）；DSC Communications Corp. v. DGI Techs. 案，《联邦汇编》第三辑第 81 卷，第 597、601 页（第五巡回法院，1996 年）。

[330] 著作权滥用提供了一个极好的例子。滥用索赔在许多著作权产业是不明朗的。已成功提起的滥用索赔的主要是与计算机软件有关的。1 霍温坎普等：《IP 和反托拉斯》，前注 87，§3.4a。此外，数字音乐和电影案件已为著作权滥用培植了越来越肥沃的土壤。参见 In re Napster Inc. Copyright Litig. 案，《联邦补充案例》第二辑第 191 卷，第 1087 页（加州北部管区联邦地区法院，2002 年）。

[331] 因此，第五巡回法院发现数字输入的滥用和阿尔卡特的著作权拥有者认为，通过测试其产品与著作权的兼容性，被告犯有侵犯著作权罪，因为这种试验一定进行了原告在 RAM 存储器上的作品的临时复制。Alcatel 案，《联邦汇编》第三辑第 166 卷，第 792—794 页；DGI 案，《联邦汇编》第三辑第 81 卷，第 601 页。法院得出结论，原告曾试图延长著作权保护范围。在这样做时，它必然得出结论，原告的著作权索赔失败，否则它不会延长著作权超出其应有的范围。参见马克·莱姆利等《软件和互联网法》2003 年第 2 版，第 198 页。

[332] 关于讨论通过制药公司延长具有反竞争效果的专利的时间范围的努力，参见 2 霍温坎普等《IP 和反托拉斯》，前注［219］，§33.9；霍温坎普等《反竞争和解协议》，前注［219］，第 1739 页。

[333] 参见 C. R. Bard, Inc. v. M3 Sys. 案，《联邦汇编》第三辑第 157 卷，第 1340、1373 页（联邦巡回法院，1998 年）（在特定类别以外找到非一般的"不当使用"的概念）；B. Braun Med. Co. v. Abbott Labs. 案，《联邦汇编》第三辑第 124 卷，第 1419、1426 页（联邦巡回法院，1997 年）（专利滥用索赔的分类）。出于类似的涉及专利的反托拉斯案件的形式主义解读，参见 CSU v. Xerox 案，《联邦汇编》第三辑第 203 卷，第 1322、1325 页（联邦巡回法院，2000 年）；Intergraph Corp. v. Intel Corp. 案，《联邦汇编》第三辑第 195 卷，第 1346、1362 页（联邦巡回法院，1999 年）。

[334] 我们不打算建议它应该这样做。专利滥用有其他问题，包括关于不合理的地位和补救措施的规则。参见莱姆利《经济非理性》，前注［324］，第 1614—1620 页。

[335] 关于这一规则的经典描述，参见卡拉布雷西和梅拉米德，前注［78］，第 1092 页。

［336］参见梅格斯等，前注［28］，第302页。

［337］（2000年）美国法典第35篇，第283条。

［338］参见爱德华·克斯勒等《专利和商标案的临时禁令》，载《商标报导》1990年第80期，第451页（讨论历史的待遇和现行标准）。（1987年）坚持存在对不可弥补的损害可进行抗辩的推定，为达到准许在专利案件中初步禁令的目的）。

［339］例子参见 H. H. Robertson Co. v. United Steel Deck, Inc. 案，《联邦汇编》第二辑第820卷，第384、390页（联邦巡回法院，1987年）坚持存在对不可弥补的损害可进行抗辩的推定，为达到准许在专利案件中初步禁令的目的）。

［340］例子参见 Amazon. com. v. Barnesandnoble. com 案，《联邦汇编》第三辑第239卷，第1343、1350—1351页（联邦巡回法院，2001年）（拒绝了对案件的是非曲直有任何严重问题的初步禁令）。

［341］参见 N. Y. Times v. Tasini 案，《美国案例汇编》第533卷，第483、505页（2001年）；Campbell v. Acuff Rose Music, Inc. 案，《美国案例汇编》第510卷，第569、578页（1994年）；另参见 Abend v. MCA 案，《联邦汇编》第二辑第863卷，第1465页（第九巡回法院，1988年）（拒绝给予禁令救济），Aff'd on other Grounds Sub nom. Stewart v. Abend 案，《美国案例汇编》第495卷，第207页（1990年）。诚然，版权法比专利法设计了更大的程度的强制许可。参见（2000年）美国法典第17篇第111条。

［342］《联邦汇编》第二辑第492卷，第1317页（第二巡回法院，1974年）。

［343］同上书，第1324页；另见 E. I. du Pont de Nemours & Co. v. Phillips Petroleum Co. 案，《联邦汇编》第二辑第836卷，第277、278页（联邦巡回法院，1987年）（拒绝签发强制令给将退出该行业的专利权人，因为它不会遭受无法弥补的伤害）。

［344］《联邦汇编》第二辑第146卷，第941、945页（第九巡回法院，1944年）；另参见 City of Milwaukee v. Activated Sludge, Inc. 案，《联邦汇编》第二辑第69卷，第577、593页（第七巡回法院，1934年）（拒绝禁止在结果会造成公共健康问题这一领域构成侵权）。

［345］Vitamin Technologists 案，《联邦汇编》第二辑第146卷，第945页。

［346］《联邦补充案例》第二辑第247卷，第1011、1045—1046页（伊利诺伊北区地方法院，2003年）。

［347］参见1霍温坎普等《IP与反托拉斯》，前注［87］，§6.5c；F. M. 谢勒尔《强制专利许可的经济效应》，1997年版。

［348］理查德·爱波斯坦：《稳步前进：遗传物质的产权》，第37页（斯坦福大学法学院 John M·Olin 法学与经济学项目研究论文系列第152篇，2003年3月）（存档于弗吉尼亚法律评论协会）；梅格斯等，前注［28］，第299—302页。关于反对禁令救济的非传统观点，参见艾尔斯和克来帕尔，前注［72］，第1020—1023页；请参考丹·伯克《含混的网路规则》，载《卡多佐法律评论》1999年第21期，第121页（赞成不明确或含混的在线权利规则）。

［349］参见前注［330］—［334］及注解说明。

［350］参见特纳，前注［69］（开始了一场辩论）；埃蒙德，前注［68］，第122

页（作出了类似的限于剥夺初步禁令救济的观点）；另见 Foster v. Am. Mach. & Foundry Co. 案，《联邦汇编》第二辑第 492 卷，第 1317、1324 页（第二巡回法院，1974 年）（考虑到当事人是否实施焊接系统的专利技术）。

［351］例子参见 Water Techs. Corp. v. Calco, Ltd. 案，《联邦汇编》第二辑第 850 卷，第 660、671 页（联邦巡回法院 1988 年）（"只有专利权人证明其已做了产品的销售……其损失的收益判决是适当的"，但因侵权）。当然，非制造业专利权人不能满足这一结果。

［352］事实上，参照这一问题反公共性本身最初得以确定。迈克尔·海勒观察到，有价值的财产去莫斯科无用武之地，因为太多人对财产持冲突的权利，也不会对一个用户让渡它们。海勒，前注［112］，第 623 页。关于用强制 DNA 许可来解决反公地问题的讨论参见丹娜·吉特尔《美国和欧盟的人类 DNA 排序专利国际纠纷：一个强制许可的争论及公平使用主义的例外》，载《纽约大学法律评论》2001 年第 76 期，第 1623、1628 页。

［353］例子参见，安德鲁·贝克曼－罗道《专利法——调和科技利润最大化和公共获取权》，载《哥伦比亚科学与技术法律评论》2002 年第 4 期（主张强制许可方案，以纠正自由市场提供药物给发展中国家的失败）；苏珊·肖尔《知识产权协定和医学竞争的途径》，载《威斯康星州法律评论》2002 年第 20 期，第 481、504—505 页（赞成强制许可并强调通过发展中世界更多地获得医学的重要性）；埃伦·霍恩《知识产权协定，医药专利及基本药物的获取权：从西雅图到多哈的漫漫长路》，载《芝加哥大学国际法期刊》2002 年第 3 期，第 27、45—46 页。（讨论与贸易有关的知识产权协议的需要与在发展中国家解决健康问题的需要的协调），请参考艾伦·赛克斯《知识产权协定，医药品，发展中国家和多哈宣言》，载《芝加哥大学国际法期刊》2002 年第 3 期，第 47、49 页（针对多哈宣言与 Trips 协议提出质疑）。

波斯纳法官在 SmithKline Beecham v. Apotex 案的判决，《联邦补充案例》第二辑第 247 卷，第 1011 页（伊利诺伊北区地方法院，2003 年）具体到药品，但不同的原因是：他得出结论，专利权人通过主张一个新的专利正在试图扩大超出其合法期限的专有权。在任何情况下，他发现永久禁令救济是不合适的，即使该专利被侵权。

［354］参见前注［216］、［226］。

［355］苏珊娜·雪莉作出了类似的有关互联网政策的观点：《匆忙导致浪费：网络空间中的国会和普通法》，载《范德比尔特法律评论》2002 年第 55 期，第 309 页。

［356］例子参见卡斯·桑斯坦《一次一案：最高法院的司法最简方案》，1999 年版，（赞同"司法最简方案"）（以下简称桑斯坦：《司法最简方案》）；卡斯·桑斯坦《不完全理论化协议》，载《哈佛法律评论》1995 年第 108 期，第 1733、1735 页（"好的法律制度往往采取一种特殊的生产协议多元化的战略。与会者在法律上的存在争议试图制作全面的关于特别结果的理论协议。"）（以下简称桑斯坦：《不完全理论》）。

［357］例子参见桑斯坦《司法最简方案》，前注［356］。

［358］请参见桑斯坦《不完全理论》，前注［356］。

［359］卡斯·桑斯坦：《前言—最高法院，1995 年期间：遗留的未定事项》，载

《哈佛法律评论》1996 年第 110 期，第 6、29 页。

[360] 与标准形成对照的规则有其自身的问题。如果规则设置不正确，它可能会鼓励没有明文禁止的不良行为。参见托马斯《形式主义》，前注 [56]，第 774 页。

[361] 例子参见路易斯·卡普洛《法律规定最佳复杂性模型》，载《法学、经济学与组织学杂志》1995 年第 11 期，第 150 页；路易斯·卡普洛《规则与标准：一个经济学分析》，载《杜克法律杂志》1992 年第 42 期，第 557 页；爱德华·李《网络空间规则与标准》，载《圣母大学法律评论》2002 年第 77 期，第 1275 页。其他专门讨论专利法的文章参见托马斯·兰德里《专利法中的确定性和自由裁量权：销售限制，等同原则及联邦巡回法院的司法自由裁量权》，载《加利福尼亚法律评论》1994 年第 67 期，第 1151 页；威廉·麦康伯《专利案中的司法自由裁量权》，载《耶鲁法律评论》1914 年第 24 期，第 99 页；克雷格·艾伦·纳德《确定性，防护建筑和有用的艺术》，载《工业法杂志》1999 年第 74 期，第 759、762 页（认为在专利法中规则比标准是更合适的，因为在提交诉讼前需要确定性）；托马斯《形式主义》，前注 [56]，第 22 页（赞同特定行业的裁量）。理查德·爱波斯坦是著名的"明晰"规则的提议者。例子参见理查德·A. 爱波斯坦《简约法律的力量》，1995 年版（认可标准的规则）。

[362] 亚缇·赖：《事实与政策：一个跨系统的专利制度改革》，载《哥伦比亚法律评论》2003 年第 103 期，第 1035、1103—1110 页；另见威廉·洛克利吉和马修·威尔《司法活跃：联邦巡回法院其受理上述角色的不便之处》，载《伯克利科技法律期刊》2000 年第 15 期，第 725、726 页（"法院似乎不时失去在审判和上诉的角色之间的重要区别的线索……"）。索赔构成的经验证据表明，至少在特定的领域，美国联邦巡回法院一般比上诉法院更有可能扭转地区法院的裁决。参见克莉丝汀·楚《联邦巡回法院专利请求权利构建趋势的实验性分析》，载《伯克利科技法律期刊》2001 年第 16 期，第 1075、1097—1106 页；金伯利·摩尔《地区法院法官对处理专利案件做好准备了吗？》，载《哈佛法律和科技评论》2001 年第 15 期，第 1 页。参见马克·莱姆利和科林·希恩《美国专利优先权规则是否真的有必要》，载《黑斯廷斯法律杂志》2003 年 7 月号，第 54 页（存档于弗吉尼亚法律评论协会）（通过联邦巡回法院到地区法院的涉及专利优先权的判决来发现显著一致的实证研究）。

[363] 参见伯克和莱姆利《技术特定化》，前注 [4]，第 1196—1197 页（讨论相关的地区和联邦巡回法官的技术能力）。然而，我们应该注意到，当大多数联邦巡回法院的法官被任命为法官时，他们既没有技术背景，也没有专利经验。参见约翰·艾力森和马克·莱姆利《联邦巡回法院法官是如何在专利有效性案件中投票的》，载《佛罗里达州立大学法律评论》2000 年第 27 期，第 745、751—752 页。

[364] 参见前注 [216]、[226]。

[365] 克雷格·艾伦·纳德：《一条谨慎的通向服从的道路：联邦巡回法院专利法法学中学术所扮演的角色》，载《休斯敦法律评论》2002 年第 39 卷，第 667、673—674 页；罗谢尔·库伯·德莱弗斯：《联邦巡回法院：一个专门化的持续性试验》，2002 年，第 6—8 页（研究论文，存档于弗吉尼亚法律评论协会）。吉米·博伊尔更为直率："联邦巡回法院也似乎可喜地对学术见解表示漠不关心……像这样被忽略显然是良好的，否

则不存在谦逊的法律学者，但……人们不禁要问，是否对一个良好的专利法法学也是一种方式。"詹姆斯·博伊尔：《基因图谱隔断：第二次圈地运动》2002 年版，第 7 页，注 [11]（研究论文，存档于弗吉尼亚法律评论协会）。纳德的研究表明，美国联邦巡回法院比其他法院引用较少知识产权问题的重大责任的学识。纳德，本文前，第 678—683 页。虽然可以想象的是，联邦巡回法院信赖学问且只是没有引证它，人们没有理由认为它比任何其他巡回法院更有可能这样做。

这种规则值得注意的例外是保罗·纽曼法官，其意见往往表现出对专利法及其法律问题的经济文献极为熟悉。例子参见 Festo Corp. v. Shoketsu Kinzoku Kogyo Kabushiki Co. 案，《联邦汇编》第三辑第 234 卷，第 558、639—641 页（联邦巡回法院，2000 年）（全院联席审理）（纽曼法官，反对意见）（引用一个冗长的学术权威为其辩论创新和竞争政策）。

［366］托马斯：《形式主义》，前注［56］，第 2、3 页；另参见纳德《权利请求解读》前注［270］，第 4—11 页（认为，美国联邦巡回法院在请求权利构建上过于形式化）。

［367］在其他方向上一个重要的举措（司法建立一个新的自由裁量规则）是起诉历史所疏忽的新理念。参见 In re Bogese 案，《联邦汇编》第三辑第 303 卷，第 1362、1367 页（联邦巡回法院，2002 年）；Symbol Techs. v. Lemelson Med. 案，《联邦汇编》第三辑第 277 卷，第 1361、1364 页（联邦巡回法院，2002 年）。然而，由于起诉历史的疏忽不是一个特定行业的政策杠杆，我们这里不作进一步讨论。

［368］State St. Bank & Trust v. Signature Fin. Servs. 案，《联邦汇编》第三辑第 149 卷，第 1368、1375 页（联邦巡回法院，1998 年）。法院称规则从来没有判例法的实际支持，同上，第 1375—1377 页，但在 1998 年以前它肯定是举世公认的一个例外。

［369］理论参见 In re Gulack 案，《联邦汇编》第二辑第 703 卷，第 1381、1385 页（联邦巡回法院，1983 年）。法院并没有将该理论应用在计算机程序上；参见 In re Lowry 案，《联邦汇编》第三辑第 1579、1583 页（联邦巡回法院，1994 年），但应用在一个电影作品案的未出版决定中。参见 Bloomstein v. Paramount Pictures Corp. 案，《联邦汇编》第三辑第 215 卷，第 1351 页（联邦巡回法院，1999 年）。这一理论的详细讨论参见 Richard S. Gruner：《无形创新：信息时代的可专利性》，载《洛杉矶洛约纳法律评论》2002 年第 35 期，第 355 页。

［370］Tate Access Floors v. Interface Architectural Res. 案，《联邦汇编》第三辑第 279 卷第 1357、1368 页（联邦巡回法院，2002 年）。参见 Amgen, Inc. v. Hoechst Marion Roussel 案，《联邦汇编》第三辑第 314 卷，第 1313 页（联邦巡回法院，2003 年）（讨论这种理论作为专利法的一个继续组成部分即附论）。

［371］Roche Prods. v. Bolar Pharms. 案，《联邦汇编》第二辑第 733 卷第 858、864—865 页（联邦巡回法院，1984 年）。具有讽刺意味的是罗氏公司在美国联邦巡回法院改变现有的法律，但拒绝考虑政策论据支持早就存在的理论。

［372］《联邦汇编》第三辑第 216 卷，第 1343 页（联邦巡回法院，2000 年）（Rader 法官，附加意见）；请参考 Madey v. Duke Univ. 案，《联邦汇编》第三辑第 307 卷，

第 1351、1360—1361 页（联邦巡回法院，2002 年）（虽然拒绝完全消除这种理论，但如此狭隘解释以至于它可能会永远无法适用）。

[373] 参见艾森伯格《剑》，前注 [262]，第 5 页（"联邦巡回法院也一贯采取了限制性的法院判决的不成文法的观点，普通法规则没有纳入法规语言……"）。事实上，道富银行及信托公司一案因为其提议成为一个特别典型的例子，即商业方法除外事实上已被国会 46 年前否决了，只是没有人注意到。State St. 案，《联邦汇编》第三辑第 149 卷，第 1375 页。

[374] 参见前注 [324]（讨论限制专利滥用学说）。

[375] Festo Corp. v. Shoketsu Kinzoku Kogyo Kabushiki Co. 案，《联邦汇编》第三辑第 234 卷，第 558 页（联邦巡回法院，2000 年）（全院联席审理）。最高法院判决被推翻，需要更加深入的调查。Festo Corp. v. Shoketsu Kinzoku Kogyo Kabushiki Co. 案，《美国案例汇编》第 535 卷，第 722 页（2002 年）。

[376] 参见前注 [303]（讨论先驱专利规则的废弃）。

[377] 托马斯：《形式主义》，前注 [56]，第 3 页；请参考博伊尔，前注 [365]，第 7 页注 [101]（"美国联邦上诉法院从形式主义到功利主义的分析和再次重复，通过其自己的反思指导"）。相反，瓦格纳捍卫联邦巡回法院应用正式的规则，理由是它们提供更大的确定性。瓦格纳，前注 [224]，第 234—237 页。至于我们在文中解释的原因，我们不同意瓦格纳所谓的确定性将通过消除政策杠杆而获得，而这是值得花费成本来进行只需要给予极少激励机制就可完成的创新。

[378] 关于司法限制理论参见阿伯纳·米克瓦《为什么法官不应该是提议者》，载《斯坦福法律评论》1998 年第 50 期，第 1825 页；理查德·波斯纳：《反对宪法学》，载《纽约大学法律评论》1998 年第 73 期，第 1 页。

[379] 参见托马斯《形式主义》，前注 [56]，第 774 页"拘泥于形式主义也会使得专利法与创新政策分离开来。在决定通过在某一特定领域的努力而得到的发明是否应该获得专利时"，例如，美国联邦巡回法院就没有质疑该领域的革新的进度，互通性的需要，产业结构的调整。

[380] 参见伯克和莱姆利《技术特定化》，前注 [4]，第 1183—1185 页。

[381] 参见后注 [383]—[405]，[419]—[444] 及注解说明。

[382] 关于这一点美国联邦巡回法院法官的一个重要的认识，参见亚瑟·葛哈沙《发展方向》，载《马凯特知识产权法律评论》2002 年第 6 期，第 1、6—7 页；请参考肯尼斯·克鲁斯《展望和塑造未来：令人深思的著作权法变更》，载《版权学会杂志》2002 年第 49 期，第 549、564 页（批评一个一刀切的办法）；大卫·麦哥文《反托拉斯法的创新，不确定性和稳定性》，载《伯克利科技法律期刊》2001 年第 16 期，第 729、731 页（认为没有统一的专利范围将最适用于所有行业）。

[383] 美国药品研究与制造商协会估计，从一个研究项目的开始到一个成功的药物投放市场总共花费的时间是 12—15 年，其中的 1.8 年是美国食品与药物局的批准过程。参见美国药品研究和生产商协会《为什么处方药这么贵……》（访问时间 2000 年 6 月），网址 http://www.phrma.org/publications/publications/brochure/questions/（存档于弗吉尼

亚法律评论协会）。据估计，药物开发和测试的平均费用从 1.5 亿—500 亿美元不等；后者是业界的数字。另外，美国消费者倡导组织反驳了美国药品研究和生产商协会的回应，《Rx研发之谜：反驳制药业研发"逆转牌"的案例》，网址 http：//www. citizen. org/congress/reform/drug_ industry/corporate/articles. cfm？ID＝6514（访问时间 2001 年 11 月 28 日）（存档于弗吉尼亚法律评论协会）。最近的估计甚至更高——平均每个药物超过 8 亿美元。参见加德纳·哈里斯《药物开发成本上涨》，《华尔街日报》2001 年 12 月 3 日 B14。

［384］例如，Centocor 制药公司研制的败血症抗体，一个非常有前途的生物技术处理，通过多年昂贵的实验取得了成功，但未能在最后阶段得到美国食品与药物局的批准。伯克和莱姆利：《不确定性原则》，前注［160］，注［172］。

［385］（2000 年）美国法典第 21 篇第 355 条（j）项（2）款（A）（i）。

［386］参见伯克和莱姆利《技术特定化》，前注［4］，第 1178—1179 页。

［387］例子参见肯尼斯·伯奇菲尔《生物科技与联邦巡回法院第 6.2 条》，1995 年版，第 84—85 页（有许多理由反对联邦巡回法院对显而易见的要求的处理）；菲利普·杜克：《新药物发现科技与专利》，载《22 罗格斯大学计算机和科技法律期刊》1996 年第 369 期，第 371 页（呼吁显而易见标准"只不过是偶然概念的法律翻译"）；亚缇·赖：《生物技术知识产权：提倡新科技》，载《威克弗洛斯特法律评论》1999 年第 34 期，第 827 页（认为专利保护同时太强和太弱）；请参考乔纳森·巴奈特《培养基因公地：不完美的专利保护和创新的网络模型》，载《圣地亚哥法律评论》2000 年第 37 期，第 987、1028 页（认为对生物技术的保护是"不完美的"专利保护）。参见约翰·戈登《生物技术，科技政策，可专利性：自然产品和美国制度创新》，载《艾墨瑞法律期刊》2001 年第 50 期，第 101 页（认为在生物技术领域，专利法因未增加潜在的激励机制减缓了发明家创新的速度）。

［388］参见博伊德，前注［195］；罗伯特·梅格斯《一个世纪的忧虑：知识产权法 1900—2000》，载《加利福尼亚法律评论》2000 年第 88 期，第 2225—2227 页（下文简称梅格斯《忧虑》）；梅格斯：《不确定性》，前注［320］，第 4 页。

［389］例子参见罗伯特·梅格斯《专利法和政策》，1997 年第 2 版，第 519 页。

［390］参见罗伯特·梅格斯和约翰·菲茨杰拉德·达菲《专利法和政策》，2002 年第 3 版，第 727—728 页（"第 103 条实际上对关于技术开发方面比究竟哪个研究项目摆在首位的决定有更大的影响"）；参见乔吉亚·塞瑞里《专利和创新者：一个实验性研究》，载《决策研究》1987 年第 16 期，第 157、164—166 页（发现专利给予大多数发明人比发明激励动力更大的商业激励动力）。这样认为的一个方法是想象专利作为融资机制，通过提供明确的权利，专利技术使企业能够获得他们所需要的将发明转化成产品的资金。参见 Picard v. United Aircraft Corp. 案，《联邦汇编》第二辑第 128 卷，第 632、642—643 页（第二巡回法院，1942 年）（Frank 法官，附加意见）（认为专利可充当"投资者的诱饵"）；弗里兹·马克卢普《专利》，载《国际社会科学百科全书》，大卫·Sills 主编，1968 年版，第 461、467 页；戈登，前注［387］，第 167—172 页；马克·莱姆利 Reconceiving Patents in the Age of Venture capital，载《中小企业法律期刊》2000 年第

4 期，第 137 页。

[391] 例子参见 Plant Genetic Sys. v. DeKalb Genetics Corp. 案，《联邦汇编》第三辑第 315 卷，第 1335 页（联邦巡回法院，2003 年）（尽管有开拓性的发明特征，但是持有一类基因工程的植物专利申请因缺乏允许而无效，因为只有某些类型的种类植物被描述在内）；Regents of the Univ. of Cal. v. Eli Lilly & Co. 案，《联邦汇编》第三辑第 119 卷，第 1559、1567—1168 页（联邦巡回法院，1997 年）（认为大鼠胰岛素基因的描述不会证明其有权对胰岛素的 DNA 用于其他任何哺乳动物属于正当行为）。参见 Amgen, Inc. v. Hoechst Marion Roussel 案，《联邦汇编》第三辑第 314 卷，第 1313、1332 页（联邦巡回法院，2003 年）（通过广泛的声明发现书面说明要求符合细胞用于生产促进红细胞生成素，宿主细胞则与 DNA 不同，是众所周知的技术；书面说明要求"可能会匹配，如果技术知识所披露的功能是足够的且与特定的、已知的结构相关"）。虽然 Amgen 的解读书面说明的要求比 Lilly 的较为宽松，但它似乎已经限制了用其支持那些案件，其中这些技能已经在发明之前了解了在结构和功能之间的对应关系，Amgen 案，《联邦汇编》第三辑第 314 卷，第 1332 页，在 DNA 专利案件中这将不会是真实的。

[392] 参见肯尼斯·查辛 Enabling DNA and Protein Composition Claims: Why Claiming Biological Equivalents Encourages Innovation，载《美国知识产权季刊》1997 年第 25 期，第 333 页（主张更广的生物技术专利的范围，延伸到具有类似生物活性的蛋白质）。

奇怪的是，梅格斯并不认为这是一个重大的问题，提出"联邦巡回法院在将生物技术案件融合到专利法结构中是相当成功的。梅格斯：《焦虑》，前注 [388]，第 2228 页。我们认为，书面描述的案件和相应的提供给生物技术专利的狭小范围是一个比梅格斯所认为的更严重的问题。

有人可能会质疑为什么，如果书面说明的要求产生了如此狭隘的基因专利，那么为什么生物医药行业仍一如既往地引证专利保护对其是极其重要的。例子参见科恩等，前注 [37]（报告的调查结果表明，其中生物医学公司比其他任何行业的公司都额定了更重要的专利）；莱文等，前注 [22]（同页）。我们认为有两个答案：首先，视专利为极端有价值的行业往往是化学和制药，而不是生物技术本身，当然也不是那些发现和使用 DNA 序列的行业。其次，生物技术书面说明案件相对是比较新的，特定行业的研究却有些陈旧，所以它们对专利价值的理解可能并不反映当前实际情况。

[393] 例子参见马克·斯图亚特《美国法典第 35 篇第 112 条（1）款的书面描述要求：Regents of the University of California v. Eli Lilly & Co. 案后的标准》，载《工业法律评论》1999 年第 32 期，第 537、557—558 页（指明了联邦巡回法院在生物技术作为一种不确定的技术方面的观点以及所导致的专利狭窄性之间的关联）。

[394] 伯克和莱姆利：《技术特定化》，前注 [4]，第 1202—1205 页。

[395] 梅格斯：《不确定性》，前注 [320]。

[396] 参见海勒和艾森伯格，前注 [113]；亚缇·赖和丽贝卡·艾森伯格《拜杜改良和生物医学发展》，载《法律与当前问题》2002 年第 66 期，第 289 页。

[397] 例如，假设专利所有权人将人类 β-干扰素 DNA 序列分离开来，但由于降低了有权要求所有哺乳动物 β-干扰素的披露要求。如果降低的显而易见性要求使他们发现

这些特定的序列那么可能意味着未来的专利发明人可以分别取得鼠、蝙蝠、猫和β-干扰素的专利；这是众所周知的，即一个专利种类并不一定会赋予先前未公开的种类以显而易见性。参见 Corning Glass Works v. Sumitomo Elec. U. S. A. 案，《联邦汇编》第二辑第868 卷，第 1251、1262 页（联邦巡回法院，1989 年）。哺乳动物 β-干扰素中那些后来的专利对于先前的广大专利是有大帮助的，但是也会阻碍先前的专利发挥作用。

［398］详细讨论参见莱姆利《进步经济学》，前注［69］；梅格斯，前注［104］，第 75 页。有证据证明反向等同专利将在生物技术领域比别的领域发挥更大的作用。

例子参见 Scripps Clinic & Research Found. v. Genentech 案，《联邦汇编》第二辑第927 卷，第 1565、1581 页（联邦巡回法院，1991 年）援引使用单克隆抗体的净化血液凝血因子的专利侵权案例中的学说。

［399］参见艾森伯格和梅格斯，前注［164］（讨论快速序列标签的专利）；海勒和艾森伯格，前注［113］（讨论反公共性）。

［400］另见艾森伯格，前注［162］，第 26 页，（认为美国联邦巡回法院对生物技术的低显而易见标准加剧了反公共问题）。梅格斯本人注意到，扩大专利的范围是另一种降低显而易见的门槛的选择。参见梅格斯《不确定性》，前注［320］，第 47 页。然而，他没有在论文中继续讨论另一种选择。

［401］的确，亨特认为，降低非显而易见标准的门槛实际上创建了一个折中方式，增加了获得专利的概率，但减少了给定的专利的价值，从而可能削弱创新激励机制。罗伯特·M. 亨特，非显而易见性和改革激励：知识产权改革的经济分析（研究论文 No. 99–3，1999 年 3 月）。

［402］参见海勒和艾森伯格，前注［113］；赖和艾森伯格，前注［396］，第289 页。

［403］赖和艾森伯格采用了这一方法。参见赖和艾森伯格，前注［396］，第291 页。

［404］例子参见 In re Vaeck 案，《联邦汇编》第二辑第 947 卷第 488，496 页（联邦巡回法院，1991 年）（称生物技术比机械或电子设备具有较低的"可预测性"）。

［405］其他政策杠杆也可能是有关生物技术的。例如，反对禁令救济的争论可能在生物医学的案件中会强于其他因公众健康利益而作出的各种发明的案件。但是，我们在文中讨论的政策杠杆对于形成创新激励是最重要的。

［406］参见 In re Dillon 案，《联邦汇编》第二辑第 919 卷第 688、702—715 页（联邦巡回法院，1990 年）（全院联席审理）（Newman 法官，反对意见）（叙述化学领域显而易见性案件的历史）。

［407］参见哈罗德·韦格纳《生物科技，化工和制造业中的专利法》，1992 年版，第 156—157、168 页。

［408］参见 In re Papesch 案，《联邦汇编》第二辑第 315 卷，第 381—386 页（美国关税与专利上诉法院，1963 年）；另参见黑尔姆特·韦格纳《化合物表面的显而易见性》，载《美国专利法律协会季刊》1978 年第 6 期，第 271 页（"表面的显而易见的可能性的合理评估主要取决于所涉的技术领域的知识，而不是……确切的结构分化界

限……"）。

［409］ Amgen Inc. v. Chugai Pharm. Co. 案，《联邦汇编》第二辑第 927 卷，第 1200、1206 页（联邦巡回法院，1991 年）；另见 In re Deuel 案，《联邦汇编》第三辑第 51 卷，第 1552、1558 页（联邦巡回法院，1995 年）（使用了化合物的例子阐明关于 DNA 的法律）；In re Bell 案，《联邦汇编》第二辑第 991 卷，第 784 页（联邦巡回法院，1993 年）（在化学和 DNA 之间比较类似性）。参见 Rai，前注［251］，第 203 页（争论反对对待生物技术案件类似早先化学案件处理）。

［410］ 参见休戈·库宾伊《结构活性关系的量化分析》，收录于《博格的药物化学与药物发现》第 1 卷，第 497、497—571 页（曼弗雷德·沃尔夫主编，1995 年版）（描述分析化合物的方法）。

［411］ 参见理查德·斯尔弗曼 *The Organic Chemistry of Drug Design and Drug Action*，1992 年版，第 26—34 页（描述了具备候选药物的理化性质的有关生物活性的汉斯方程）。

［412］ 参见小约瑟夫·霍根《指导性组合化学》，载《自然》1996 年第 384 期，第 17 页；迪内什·帕特尔和艾瑞克·戈登《小分子组合化学的实用性到药物开发》，载《当今药物开发》1996 年第 1 期，第 134 页；简·西辛斯基《药物发现中的化学实验室》，载《生物技术前景》1995 年第 13 期，第 246 页。

［413］ 参见詹姆斯·沃森等《重组 DNA》，1992 年第 2 版，第 104—107 页（描述探测克隆基因的图书馆的技术）。

［414］ （2000 年）美国法典第 15 篇第 2601—2692 条。

［415］ 另外，丽贝卡·艾森伯格已建议，美国食品及药物管理局的法律通过给予特定行业的专属权利可以用于鼓励新药品开发同时规范它们。这种特定行业排他性的好处是，它是适用于下游产品进入市场，而不是使更易出现反公共问题的上游产品进入市场。参见艾森伯格，前注［184］，第 5—8 页。

［416］ 参见托马斯·科特《完善涉及专利争端的逆向给付和解协议的"假定违法"方法：关于霍温坎普，詹尼斯及莱姆利的评论》，载《明尼苏达法律评论》2003 年第 87 期，第 1789 页；霍温坎普等《反竞争和解协议》，前注［219］，第 1749—1763 页；莫林·奥罗克和约瑟夫·博罗德利《一个专利和解协议的激励方法：关于霍温坎普，詹尼斯及莱姆利的评论》，《明尼苏达法律评论》2003 年第 87 期，第 1767 页。

［417］ 关于这些后期策略参见格拉斯哥，前注［135］，第 248—251 页。

［418］ 也许，这个问题可以控制在某种程度上利用有关显而易见性的政策杠杆。制药公司经常参与"双专利"的做法：在相同或只是略有不同的技术上寻求多个专利，努力延长其专有权利的有效期限。加强显而易见性的标准将更难通过双专利延长专利寿命，因为"显而易见型双专利"理论排除获得两项鉴于彼此将是明显的专利，除非专利权人放弃较长的专利期。
参见 Ortho Pharm. Co. v. Smith 案，《联邦汇编》第二辑第 959 卷，第 936、940—943 页（联邦巡回法院，1992 年）。

［419］ 参见前注［145］—［157］及注解说明（使这些要点更详细）。

［420］参见梅格斯《不确定性》，前注［320］，第29—32页。

［421］参见伯克和莱姆利《技术特定化》，前注［4］，第1170—1173页。

［422］参见 Pfaff v. Wells Elecs. 案，《美国案例汇编》第525卷，第55、67—69页（1998年）。

［423］参见 Robotic Vision Sys. v. View Eng'g 案，《联邦汇编》第三辑第249卷，第1307、1311—1313页（联邦巡回法院，2001年）（根据第102条（b）项在其实际制定的一年多前找到一个软件销售发明）。

［424］开源运动的成功表明，重大创新可能发生在没有知识产权保护的软件行业，但如果我们彻底废除软件的知识产权保护的话并不意味着我们将获得一样多的或相同类型的创新。讨论开源运动，参见约柴·本科勒《科斯的企鹅或 Linux 以及企业的性质》，载《耶鲁法律评论》2002年第112期，第369页；大卫·麦哥文《开放源码软件的法律意蕴》，载《伊利诺伊大学法律评论》2001年第2001期，第241页。

［425］吉姆·贝森和罗伯特·亨特发现，软件专利往往是颁发给制造企业，而不是软件开发商，以及它们是符合战略"专利丛林"的行为。詹姆斯·贝森和罗伯特·亨特：《软件专利的一个实验性观察》，2003年5月（研究论文，存档于弗吉尼亚法律评论协会）。如果他们是正确的，它进一步的证明软件专利的范围应缩小以消除重叠的问题。

［426］关于这一建议，参见伯克和莱姆利《技术特定化》，前注［4］，第1202—1205页。

［427］例子参见伯克和莱姆利《不确定性原则》，前注［160］，建议费用和在后发明的发展不确定性应作为一种新的辅助考虑来支持非显而易见性。

［428］参见理查德·尼尔森《累积系统科技的知识产权保护》，载《哥伦比亚法律评论》1994年第94期，第2674页（讨论有必要在软件行业缩小专利的范围）。

［429］例子参见科恩和莱姆利，前注［140］（详细讨论政策问题和引用无数权威理论）。

［430］参见前注［329］及注解说明。

［431］莫林·奥罗克《走向公平使用主义的专利法》，载《哥伦比亚法律评论》2000年第100期，第1177页。

［432］例子参见美国专利第5179765号，（1993年1月19日授予）（一个"塑料回形针"）。

［433］（2000年）美国法典第35篇第112条（要求专利申请人说明其发明的详细细节以使 PHOSITAs 能制造和使用它）。

［434］萨缪尔森和她的同事们认为，计算机程序的某些特征对其竞争对手是显而易见的，因此容易复制。萨缪尔森等著，前注［21］，第2333页。但是，他们的争论不仅取决于程序创新的偶然检查的脆弱性，而且取决于进行反向工程的竞争者的能力，及分析潜在的"接近表象"的设计技术秘密。同上，第2335—2337页。如果专利法排除了反向工程，它也排除了这种知识。诚然，某些类型的计算机程序的创新，尤其是用户界面，必然是提供给甚至是休闲的用户，至少部分如此。但是，这些创新是一个新的计算

机程序的最重要部分或者最有可能获得专利的部分。此外，准确理解这些创新是最重要的（如应用程序接口），那些将不会提供给临时检查的也是如此。

[435] 参见前注 [54] 及注解说明。

[436] （2000 年）美国法典第 35 篇第 271 条（a）项。

[437] 我们应该清楚，我们主要涉及反向工程的"解析"——即从对象代码至建造一个源代码拟像的反向工程。其他形式的反向工程，如"黑盒子"反向工程，不涉及制造甚至临时程序的副本，虽然它们肯定涉及"使用"它。我们讨论的"反向工程"应被理解为是指解析，而不是黑盒子反向工程。

[438] 关于进一步讨论默示的许可和赋予这种权利的权利用尽理论，参见 Cohen & 莱姆利，前注 [140]，at30—35.

[439] 它似乎很清楚，甚至产生了为专利侵权目的而"制造"的专利产品的临时示例。这一原则在制药方面得到肯定，当专利产品通过不同药物在人体内的产生新陈代谢和化学中间体在制造最后的产品过程中临时产生可能侵犯涉及这些中间体的专利，在此法院认为专利权受到侵犯。

参见 Hoechst – Roussel Pharm. v. Lehman 案，《联邦汇编》第三辑第 109 卷，第 756、759 页（联邦巡回法院 1997 年）；Zenith Labs. v. Bristol – Myers Squibb 案，《联邦汇编》第三辑第 19 卷，第 1418、1422 页（联邦巡回法院，1994 年）；另见基思·维特克《互联网和现代计算机系统软件专利侵权——谁为损害负责？》，《圣克拉拉计算机和高科技法律杂志》1998 年第 14 期，第 303、323—24 页（认为既然专利法没有固定的要求，甚至近乎瞬时的专利软件的复制是被禁止"制造"专利产品）。

安东尼·马哈詹认为反向工程有效的社会目的（兼容性，竞争，或学习）可能是不构成专利侵权的。见安东尼·马哈詹《ProCD 一案后的知识产权，契约和反向工程：与计算机软件的和解》。然而，我们认为，马哈詹一直混淆了法律应达到的结果与法院运用法规可能达到的结果。

[440] 因此，一个制造条款要求一个特别程序"给计算机上的硬盘编码"可能被通过暂时储存在计算机硬盘上的反向工程的副本侵犯了其专利权。

[441] 关于副本是否侵权存在一个可能的争议，大多数在反向工程过程期间所作的副本是无功能的，或者说因为它们只是被转换为汇编语言或源代码形式。从理论上说，一种计算机程序的源代码的读出可以被看做一个发明的描述，而不是一个发明本身。然而，解析部分也包括专利项目生成的目标代码"副本"，至少内存是如此。

[442] 科恩和莱姆利已解释了权利用尽理论和实验使用可能进行修改是怎样建立一个有权进行反向工程的专利软件。科恩和莱姆利，前注 [140]，第 29—35 页。

[443] 同上书，第 23—25 页。

[444] 这种宏观调控的杠杆仍有可能进行调整，例如，通过采纳给予的一项为某些值得称道的目的而为的反向工程的特权。然而，这起案件特定的裁量不改变政策杠杆的性质，其仍然是行业特定的。

[445] 参见前注 [15]。

[446] （2000 年）美国法典第 17 篇第 901—914 条，《半导体芯片保护法案》被设

计用来防止半导体"遮罩工程"安装装置被复制。该法案实质上从未使用过,但可以说,因为半导体业务性质的改变使生产过程变得更加困难,因此,难以低成本地模仿。参见马克·莱姆利等《软件和互联网法》,2003 年第 2 版,第 274 页。

[447] 参见约翰·巴顿《利用专利组合限制寡头垄断的反托拉斯方案》,载《反托拉斯法律期刊》2002 年第 69 期,第 851、852 页(争论说专利可能通过限制寡头垄断进入,允许支持研发支出以超过竞争价格的资金来支持半导体产业的创新)。

[448] 参见马克·格瑞迪、杰伊·亚历山大《专利法和租金耗散》,载《弗吉尼亚法律评论》1992 年第 78 期,第 305、306—308 页;罗伯特·莫格斯《专利区的租金控制:格瑞迪·亚历山大理论观察》,载《弗吉尼亚法律评论》1992 年第 78 期,第 359、360 页。

[449] 参见霍尔和意尔杜尼斯,前注 [170],第 109—110 页(注意到在半导体行业存在可怕的交叉许可问题)。

[450] 梅格斯:《不确定性》,前注 [320],第 47—49 页。

[451] 见前注 [335] — [352],及注解说明。

[452] 欲了解更多的标准制定组织(SSOs)在厘清半导体产业权利的重要性,参见马克·莱姆利《知识产权和标准制定机构》,载《加利福尼亚法律评论》2002 年第 90 期,第 1889 页。欲了解更多的专利联营作为集体权利组织服务目标的一种形式,参见梅格斯,前注 [121],第 1293 页;请参考莱姆利,本注前,第 1951—1954 页(暗示 SSOs 是比专利联营服务功能更适合的方式)。

最近美国联邦巡回法院的裁定令人质疑服从法院将给予半导体行业私营命令的真实性。参见 Rambus,Inc. v. Infineon Tech. 案,《联邦汇编》第三辑第 318 卷,第 1081、1096—1105 页(联邦巡回法院,2003 年)(狭义解读和拒绝适用 SSO 的要求专利披露的政策)。由于这些问题涉及反垄断而不是专利政策,我们在此不进一步考虑它们。

[453] Diamond v. Chakrabarty 案,《美国案例汇编》第 447 卷第 303、309 页(1980 年)(引自 1952 年美国参议院报告 82—1979 号,第 5 页;1952 年美国众议院报告 82—1923 号,第 6 页)。

[454] 对于专利商标局在制定和解释法律规则作用方面的讨论,见前注 [251]。

智慧财产法政策学初探[*]

[日] 田村善之 著^{**} 李 扬^{***} 许 清^{****} 译

一、智慧财产权正当化的根据

（一）自然权论与激励论

关于智慧财产权正当化的根据，有自然权论和激励论两种相互对立的观点[1]。前者认为，人们对于自己创作的物品当然地享有权利；后者认为，如果过度地容许免费使用，对于后来的模仿者一方将太有利，从而可能导致有意对智慧财产创作进行投资的先行者的数量减少，为了防止这种现象，应该考虑在一定程度上禁止免费使用。

（二）两种自然权论

1. 洛克的劳动所有论

洛克的劳动所有论认为，人们应该拥有通过自己劳动所生产出来的物品。该理论作为智慧财产权的自然权论之一，经常被引用。

但是，第一点，洛克的论述有这样的前提命题，即上帝为了使人类利用"自然"，而将"自然"这种共有物给予人类，因此，在其腐烂之前，人们通过劳动在自然物的基础上生产出与之相区别的物品，为了利用该物品而得以对其主张所有权，这并不需要共有物其他相关者的同意[2]。但智慧财产的情况与此不同，它不像有体物那样可以只由一人占有，智慧财产权这种形式即使不对他人的利用主张排他权，自己也能够加以利用，而且不会发生腐烂。由此可见，在智慧财产的情况下，洛克劳动所有权理论的这种前提命题不成立。

---

　* 原文出处：《太平洋学报》2008 年第 8 期。
　** 北海道大学法学研究科教授。
　*** 华中科技大学法学院教授。
**** 华中科技大学法学院 2005 级本科生。

第二点，洛克的劳动所有权理论是以这样的推理作为前提展开的，即人们既然对于自身享有所有权，也就应当对自己身体的劳动和自己的双手所从事的工作享有所有权。这里所说的自身所有的原理，也就是说除自己以外的人对于这个"自身"不得主张权利[3]。而智慧财产权是一种直接或间接制约他人身体活动自由的权利，承认这一点的话，就和劳动所有论的理论基础——自身所有的原理相矛盾了。因此，从这个意义上也可以认为，通过劳动所有论为智慧财产权寻找理论根据是很困难的[4]。

2. 黑格尔的精神所有权论

自然权论中的另一种类型是以人格利益或人格权为基础的理论，即认为智慧财产是创作者人格的表现物，因而当然地应受到保护。

黑格尔主张的这种精神所有权论[5]，在承认作者的自由意志表现由作者所有的同时，对于有体物转让后所剩下的与作者精神相关的无体物形式的作品，也应保留其权利。黑格尔还利用该理论能促进学术、艺术发展的观点，进一步充实了这一理论；而且还考虑到了著作物利用者的利益，容许了并非完全复制他人的著作物而只是借用其内容的行为[6]。

一般来说，黑格尔在自由意志的表现上是承认财产权的。其中的理由是，在精神世界中拥有自由意志的人们生活在外部物质世界中的时候，必然会对外界做出决定，而将外界作为自己的东西这种自由意志的决定，其最初具体化的形象可以理解为财产权[7]。人作为自由意志的主体，既然在社会关系中生活，财产权就不可欠缺，否定财产权，自由意志也就不可能存在[8]。

但是，既然存在外界，自由意志就不能以在精神世界中那样的形式得到贯彻。这是因为存在着作为他人自由意志表现的财产权。在自己的财产与他人的财产相联系的情况下，不得不考虑到他人，从而对自己财产的利用行为进行一定限制。进行这种调整，是社会政策的一项任务[9]。

对于智慧财产权来说，这有着决定性的意义。具有自由意志的人格为了在物质性社会的外界中生活，拥有能够使用物质的财产权就足够了，除此以外的制约他人自由的智慧财产权并非不可缺少。相反，由于智慧财产权与他人自由意志表现的财产权的行使会产生冲突，因此仅以自由意志的表现为根据，而将智慧财产权作为绝对化的权利的观点，不得不认为其有待商榷。黑格尔为了使著作权正当化，除了自由意志的表现这一论据外，也吸收了促进学术和艺术进步的激励论的成果，并因此而考虑到了公共领域，这可以说是其精神所有权论的必然结果[10]。

（三）　智慧财产权的特征和福利

有种说法认为智慧财产权是对于无体物的权利，不管是否认同，至少作为智慧财产权对象的"智慧财产"与有体物是不同的。在这个意义上，对于信息的权利这种说法并没有错，只是这里的"信息"的含义是个问题。以智慧财产权为对象的"信息"，是人们行为的模式。智慧财产权是规制人们行为模式的一种权利，认可这种权利，人们的行为自由就会因此而受到制约。但是，从对信息拥有权利这样一个角度进行考察，而将智慧财产视为某种"物"的话，就会理所当然认为智慧财产权只不过是对于这种"物"产生的权利，但是不要忘记了智慧财产影响的是人们行为的模式。所谓智慧财产权，只不过是通过法律对自由人的行为模式从物理上进行人为制约的一种特权罢了[11]。

这样一来，将智慧财产权作为制约他人自由的权利的话，只要某人创作出了某个东西，就会广泛制约自己以外的其他人的自由。使这一推论正当化是困难的，这在之前关于洛克、黑格尔的讨论中已经说明。

智慧财产权的正当化根据，并不只是权利者自身的利益，还应加入有益于更广泛的多数人的利益的考虑。也就是说，对某种程度上的搭便车行为不加以防止的话，致力于创造智慧财产的人将大量减少，一般公众就会蒙受利益损失，我们难道不要持有这种福利或者说是效率性的观点吗[12—13]？这种情况下，某人进行了某种创作，基于福利或者说是效率性的理由而创设智慧财产权的意义，只不过在于使以积极形态表现出的制约他人行为自由的智慧财产权获得了正当化的消极根据[14]。

（四）　效率性验证的困难性和民主决定的正统化

在此必须注意的是，虽然在效率性或福利的改善上追求正当化根据，但并不是必须坚持立即实现最佳资源配置这一命题。存在信息不对称和交易费用的现实市场与完全竞争市场相去甚远，使其接近也并非易事，期待通过某种制度实现最佳资源配置，其本身也许就是一种幻想。因此，暂且不考虑最大或最佳的资源分配，通过设置特定的智慧财产权制度来改善效率性或福利，以此来寻求正当化的根据可以说更为现实[15]。

但是，如果从效率性的观点来寻求智慧财产权制度的积极根据，会产生这样一个问题，即效率性测定的困难问题。采用某种有关智慧财产权的特定制度，该制度对于社会的效率性究竟是改善了还是恶化了，对此进行判断会遇到不小的困难。不只是对于效率性的定义有争论，私人间的效用比较也是一个难题。因而，当这个问题出现在智慧财产权中时，便牺牲了在现时点上的短期的静态的效率性，而致力于将来长期的动态的效率性的改善[16]。

效率性的测定困难是指，如果采取了某个特定的制度，其正当性仅通过效率性的改善程度寻求正当化是困难的。这样一来，智慧财产权制度设置的积极正当化根据，不只是效率性的实现度，还应该寻求采用这一制度的程序上的正统性。比如，立法机关的民主决定就是一种典型例子，这时候，智慧财产权的正当性，其中有一部分就依靠立法机关的政治责任。

（五）民主决定正统化的危险性和程序的正统化

但是，并不是所有民主决定的东西都是正当化的。这是从智慧财产权制约他人自由这一特点而不可避免地产生的，并不单单是由于效率性和自由的矛盾引起的。致力于实现效率性的改善这一观点，在民主决定过程中也就有了来自其内部的限制。这样做是因为，在政治过程中，集中在少数人手中、容易被组织化的突出的利益，相对于分散在多数人手中、不易被组织化的普遍的利益来说，更容易被反映出来。

即便如此，如果有所有权的话，就会有与特定有体物的物理接触相伴随的使用，并以此焦点为中心构建权利。虽说是对于有体物的所有权，但规制的并不是人和物之间的关系，而是人和人之间的关系，因为有这样一个焦点，权利的范围就不会无限制地扩大。

但是，制约着他人行为模式（与特定有体物的物理接触无关）的智慧财产权的情况就不同了，由于没有这样的焦点，对于权利的扩大，物理上的障碍没有作用。而且，也没有场所上的限制，对于人们行为的制约，有可能扩大到国际层面[17]。随着社会经济的扩大，能够制约他人行动自由的特权的价值不只会影响国内，还会扩大到国外，考虑到这些，（多国籍）企业将以国内外智慧财产权的强化为目标，进行合理的选择。这样一来，智慧财产权就超越了社会原本需要的界限，而得到了强化。实际上，智慧财产权也正是通过 TRIPS 协议等国际条约以及大多数以美国为一方当事人的两国间条约的推动，向国际扩张、强化的趋势发展[18]。

即使将讨论限定在国内，在立法过程中，与容易组织化的少数大企业的利益得以反映不同，不容易组织化的多数中小企业、个体经营者的利益缺乏足够的保障，因此从福利的观点来看的话，由此所形成的民主决定容易产生不均衡[19]。如前所述，由于除了福利外还有确保自由的必要，因此仅仅在立法上寻求程序的正统化是不行的。从这样的观点出发，我认为围绕智慧财产的利用行为在市场、立法、行政、司法各方面的作用分担所进行的讨论，是智慧财产权制度论的关键[20—21]。

二、市场、立法、行政、司法在决定程序上的作用分担

（一）市场的活用

市场的决定具有如下优点：通过竞争的程序，一方面更好地激励财物、服务供给；另一方面有关财物、服务需求供给状况的信息主要通过价格机制向市场上的人们传播，其结果是（暂且不管是否是最佳）能够导致更有效率的资源配置[22]。市场所具有的这种革新的诱因功能以及私人信息的发现、扩散功能，想通过立法、行政、司法的权威决定[23]进行替代并不是件容易的事[24]。

于是，市场决定凭借其优于权威决定的长处，可以弘扬伴随市场规律所必然产生的自由思想[25]。市场选择发挥作用的情况下，某个特定个人并不能决定分配，这也许就意味着个人不能支配其他人，每个人都享受自由[26]。

因此，有关效率性的问题，如果市场发挥着作用的话，交给市场就足够了。

（二）法律介入（权威决定）的方法

1. 技术性判断的适格性问题

在市场没有发挥作用的情况下，虽然应该探寻权威决定介入的方法途径，但重要的是，从效率性的观点来看，通过权威决定来设计一套最佳制度是件极为困难的工作。作为定义上的问题，比如说私人间的效用难以比较，效率性的测定尺度不确定等自不必说，即使是尺度确定，某一特定的决定所带来的效率性的改善程度的测定也是很困难的[27]。因此，拥有上述优点的市场如果发挥着其功能的话，就应该运用市场。

对市场是否没发挥功能、在没充分发挥功能时所采取的权威决定是否很好地改善了其状态进行判断，以及构建尽可能有效率的制度设计，适合这样做（作出判断及构建制度设计）的机关在哪儿？在讨论市场没有发挥功能而权威决定介入的时候需要有这样的视点。作为紧跟市场的发展动向并能迅速应对的机关，相比立法、司法，专门性机关会更优秀。比如，在智慧财产权领域，承担着一部分任务的特许厅等。

2. 政治责任的问题

但是即便如此，既然测定效率性的实现程度有困难，在权威决定介入的

情况下，仅凭借其订立的规范对效率性的改善结果，也并不能使其正当化。

因此，规范的正当化不只是效率性的实现程度，还必须追求其订立程序的正统性。某项决定真的是有效率的吗，在对此不明确的时候，至少可以寄希望于该决定是经过正统程序做出的。担负这种政治责任的主体不是司法，立法会表现得更优秀。

3. 权威决定歪曲的问题

话虽如此，也不是说依靠立法一切就得到了解决这么简单。

在政策的形成过程中存在着以下问题：如前所述有两类利益，一类是虽然总体上比例很大但很难集团化的利益，比如站在智慧财产使用者立场的许多中小企业、消费者的利益；另一类是总体上比消费者的利益小但容易集团化的利益，比如站在智慧财产权利者立场的许多大企业的利益。前者和后者相比，在政策形成过程中前者的利益难以被反映出来。在这样的政治过程中，最适合维护难以被顾及的利益的机关，还应该是司法[28]。

三、智慧财产法政策学的构想

（一）序

在这种面向程序的构想下，智慧财产法律制度应当如何设计，下面将给出一个方向。

笔者以前就提倡，智慧财产法律制度应该从以下三个方面着手，进行解释论、立法论的展开[29]。

第一个方面，应具有市场和法律责任分担的视点，即什么范围内交给市场处理就够了，从哪开始应该由法律介入，对该分歧点进行探索（市场指向型智慧财产法的视点）。

第二个方面，在需要法律决定的情况下，该法律决定应由哪个机关作出判断，比如说是仅由裁判所作出就行了，还是有专门机关（特许厅等）的判断介入更好，对于这种法律判断主体的责任分担的问题，需进行设定。进一步而言，这个时候是仅仅赋予其报酬请求权（包括损害赔偿请求权），还是既赋予报酬请求权同时又赋予差止请求权，或者是通过登记制度的介入使权利转让变得便利，并给予保护？通过对这些规制方法的选择，努力使法律制度具体化（功能性智慧财产法的视点）。

第三个方面，以上工作所构筑的法律规制，是否对私人思考的自由、行动的自由进行了过度制约，需要对此进行反思（自由统御型智慧财产法的视点）。

本文还主张在从以上三方面设计智慧财产法制度的时候，也应加入面向程序的视点。其实，市场指向型·功能性·自由统御型智慧财产法的思考方法，在通过分担市场、立法、行政、司法的作用，以实现有效率的制度的同时，也有着确保自由的追求，面向程序的构想本身就包含在内[30]。可以说这两者作为阐述智慧财产制度设计方法的智慧财产法政策学的纵坐标和横坐标，共同发挥着作用。

以下将进一步明确在进行智慧财产法制度设计时，本文所提倡的面向程序的构想提供了哪些视点。

（二）市场和法律的作用分担

智慧财产法这种制度是这样的结构：一方面物理上自然出现的人类行为的特定模式通过法律被制约；另一方面产生这种行为的权源（使某一行为正当化的法律上的原因）的交易成为可能，以此形式创造出了市场。这意味着，智慧财产权虽然是利用市场决定的法律技术，但在法律没有设立权利的情况下，为了完成因觉得没必要而没有进行的交易，应该认识到法律介入的作用，并不能完全依靠市场。

1. 保护的必要性探究

此时，正如本文没有采用自然权论而立足于激励论，在此情况下，如果即使没有智慧财产权市场也能发挥好功能的话，就完全没有设置智慧财产权的必要[31]。

在出现个别智慧财产法没有明文规定的对象时，就直接认为这是在法律保护上的欠缺，因此有必要进行能保护该对象的智慧财产法立法，这样的短浅观点散见在学术界，如果能将智慧财产权的根据从自然权论转向激励论，这些理论一定会有大的飞跃。比如，市场先行利益、评判等方面，如果以相应的激励为目标的话，即使没有通过法律介入设置智慧财产权，仍会有适度的成果得到开发。这种情况下，通过人为创设的权利来规制物理上能够自由的人类行为就丧失了根据。因此，这种情况下就没有理由创设智慧财产权。

2. 市场指向型的构想与市场万能主义的区别

这里需要注意的是，虽说在这样的状态下形成了指向市场的构想，但它与"只要承认智慧财产的排他权并创设市场的话，之后的事市场能帮我们解决"这种市场万能主义并不一样[32]。这种想法过分相信有效率的交易能够简单实现，而过于轻视了赋予排他权情况下的成本[33]。毫无疑问，当事人掌握完全信息、具有完全的理性、不存在交易费用（也没有资产效果）的科斯世界（科斯定理中完美的世界），在现实中是不存在的[34]。越早赋予排他权，由于排他权的存在，所产生的成本也就越大[35]。像信息（没有被隐藏的话）这种谁都可以利用的具有公共产品性质的财产，如果对它的利用设定排他权的话，此时如果市场失灵，将制约无排他权时本可进行的利用行为，由此产生的成本必须予以注意。

3. 权利归属的决定方法

只不过，在进行是否创设智慧财产权的选择时，如果立足于激励论的话，应当授予创造者权利的不证自明的公理就不存在了[36]。

当然，从激励创作活动的观点来看，有必要给予创作者利益还流的情况也不少，比如，创作者将权利让与交易者，创作者基于与该交易者的交易行为，可以获得一部分利益。另外，考虑到也应给予创作者以外的关系人以激励，在这种情况下，整备出一套也能给这些人带来利益还流的制度框架就会更好。比如，给向关系人分配利益的组织赋予权利的策略，或许应该得到推荐[37]。再进一步，从促进智慧财产活用的观点出发，整备一个外部利用者容易获得智慧财产权利用许诺的环境将更加有利。如果重视这种观点的话，很容易就会有如下的思考：创作活动的相关者关于其各种典型权利，并不由创作者个人享有，而应由组织享有一体化权利更好。关于在多大程度上重视智慧财产活用这一视点比较好，我想也应考虑到利用者的数量。

智慧财产权的配置，应该在考虑了上述诸要素的基础上，在政策上做出决定[38—39]。

（三）法律判断主体之间的作用分担

认为设立智慧财产权比完全依靠市场更好，也就是说在市场和法律的作用分担上希望有法律的介入，在这种认识下，智慧财产权登场了。于是就出现了这样的问题：关于可否设定权利以及权利设定的范围应该由立法、司法、行政哪个机关决定？规制方法是利用排他权还是报酬请求权或者是完全不同的其他规则？

1. 从技术适格性的观点来看市场、立法、行政、司法的作用分担

从如何实现专业、稳定的判断这一技术性观点出发，来讨论立法、行政、司法的责任分担的话，在酷似性模仿规制[40]、特许发明的定义[41]、均等论[42]、当然无效的抗辩[43]、包袋禁反言[44]、审决取消诉讼的审理范围[45]、拘束力[46]、一事不再理的范围[47]、应用美术的保护[48]、智慧财产的行使和独占禁止法的关系[49]等研究课题方面，可以从立法论、解释论上进行展开。

2. 正统性契机的确保和不均衡的纠正——主要是关于立法和司法作用分担的新提议

本文中，加上笔者一直以来所持有的以技术适格性为基础的作用分担这一设想后，认为有必要反映出两个不同的视点：一方面，智慧财产权制度的设立对他人的自由进行了一定程度的制约，智慧财产权制度本来就难以检验其所寻求的作为其正当性积极根据的效率性的改善，所以不得不通过民主决定的方式来寻求制度采用在程序上的正统性。但是另一方面，在政策形成的过程中，构造上易于组织化的主体（大企业）的利益得以反映，而不易组织化的主体（中小企业、私人）的利益难以得到反映，对这种不均衡现象法律不得不努力纠正。

立足于这样的视点，下面将对有关智慧财产法立法和司法的作用分担进行讨论。

第一，对于智慧财产权进行创设或进行强化的解释，认为应该采用这样的手法：司法尊重立法的政治责任，从法条构造中领会出法律的趣旨，并依其进行解释。虽然裁判所在一定程度上不负有政治责任，但应该注意生成专业、综合的判断是有限制的这一技术适格性问题。另外，当智慧财产权人的利益在政策形成过程中容易被反映的情况下，既应该期待通过立法的路线予以纠正，裁判所的判断也应该以克制的态度进行参与。

例如，最近有这样的判例，利用有关著作权侵害主体论的所谓的卡拉OK法理[50]，认为提供诱发大量私人复制行为和非营利性使用著作物行为的手段、服务的提供者属于著作权直接侵害人，并主张对这样的服务者提出的差止请求[51]。然而，卡拉OK法理超越了智慧财产权对利用行为者进行人的支配这一主要领域，在涉及物理手段的提供行为的情况下，决定能否对著作物进行物理上的利用的主体，即使因为适用了著作权的限制规定而认为不构成著作权侵害，但也能仅通过司法的判断来创设侵害。是否规制这种行为（大量诱发非营利性使用、私人复制的系统的提供行为）、进行规制的话是仅仅赋予权利人金钱性请求权还是也承认其差止请求权，这些可以说是应该交给立法判断的课题[52]。

当然，并不是完全不允许通过司法产生创设、强化智慧财产权的解释。但是，在进行这种解释时，应该踏循着法条的构造、揣摩法制度的趣旨来进行解释。比如，既然设置了专利权利要求制度，就确立了这样的原则，即在特许权侵害诉讼中，被疑侵害物在专利权利要求范围之外的情况下，则不受特许权的保护（特许法 70 条 1 项）。但是，如果专利权利要求的趣旨在于确保当事人的预测可能性的话，即使被疑侵害物不在专利权利要求范围之内，在容易置换专利权利要求中的特定要件的情况下，也去探求肯定特许权侵害的解释（均等论）[53]，这正是立法设置的法的趣旨的具体表现方法，其作为司法的作用当然地被允许。

详细言之，现在的法律阻碍了效率性是很明显的，而且也不存在与其他相邻部门在操作上的不同，同时技术适格性的问题逐渐在消除，因此应该考虑允许司法的积极介入。比如，提到一般论的话，一些没有在单行的智慧财产法中明确被规制的成果利用行为，通过民法709条的一般不法行为进行规制，这些既然是创设智慧财产权的解释，确实应该慎重，但没必要到完全不允许有例外的地步。在明确了面向单行的智慧财产法的集合体使效率性得到改善的前提下，能够领会法律的态度——应该在非过度介入的限度下规制一定的免费使用行为，这样的话可以认为是既有民主决定，又有合理思考的情形[54]。例如有这样一些例子：在不正当防止法2条1项3号新设立之前，认为酷似性模仿是不法行为的判决（东京高判平成3.12.17知裁集23卷3号808页［木目化妆纸］）[55]；因不具有创造性而不作为著作物保护的是"网罗型"数据库，承认以不法行为进行保护的判决（东京地判平成13.5.25判时1774号132页［スーパーフロントマン］）等。本来这就应该是不必等待立法就能明白的。在以单行立法来判断而欠缺保护要件的情况下，更加要求裁判所具备创设智慧财产权的能力。最近的一部裁判例中，就有这样的判决：即使以不在著作权保护范围内的理由否定了著作权侵害，但它也并非特别表明了其为不被著作权法吸纳的特殊情况，因而做出了肯定免费使用行为的不法行为责任的判决（知财高判平成18.3.15平成17（ネ）10095［通勤大学法律课程］）[56]，但以上体现的思考方法中也存在疑问。法律上存在的问题，则是希望创设智慧财产权的人的利益在立法过程中得到反映，这点应得到纠正，但对这样的利益是否要保护所进行的判断，原则上委托给民主决定更好[57]。

第二，关于对智慧财产权进行限制的解释，则应该围绕着政策形成过程中被扭曲了的问题，依靠司法的判断打开一道考虑到利用者利益的、而与法律的趣旨无关的通风口。智慧财产的使用者的利益难以在立法上被反映的情况下，不是期待立法进行更正，而是应该依靠裁判所来确保自由。特别是，解释的根据不在于改善效率性，而是追求确保自由的情况下，因为没有技术适格性的问题，同时也不涉及政治责任的问题，这些事是非常需要司法的积极介入的。

例如，在日本是没有著作权限制一般条款的合理使用的[58]。在这种情况下，裁判例中存在着采用各种手法进行限制著作权的解释的现象[59]。即使是这种已有的法理和限制规定无法利用的情况，在难以确保利用者的自由时，应该允许裁判所生成一般性限制著作权的方法[60—61]。

3. 传统法治主义模型的重新认识——主要是导入关于行政和司法作用分担的新视点

日本的特许法，在特许要件上存在着"权利主义"，有关特许的要件方面特许厅的裁量发挥不了作用，这种理解很有说服力[62]。

"权利主义"曾经是作为国王的恩惠，与通过裁量所给予的东西不同，有着不容许恣意运用的含义，现行特许法中也进行了采用。但是，从智慧财产权整体来看，就像前文所叙述的那样，特别是像特许方面有关物质特许的授予方式变化很明显地显示的那样[63]，特许权在产业政策上是以技术创作和其利用的普及为目的而授予的权利，并非自然权利。对于怎样的技术应该授予特许进行判断，作为专门机关的特许厅比裁判所要更擅长，这点是毋庸置疑的。当然，在国民主权下特许厅的裁量受到法律的束缚是正常的，但是，在法律的语句上存在解释的空间时，基于与裁判所的关系而禁止一切的裁量（行政法学上的羁束裁量），这种想法却过头了些。这个道理（至少在一时期内）在计算机程序、生物工程等尚未在国际上形成交换市场的新技术领域应该特别适合。

比如，有关程序相关发明的特许厅的处理，经过了好几次审查基准改订的变更，每次都并不经过裁判所的考量[64]。在此期间，最新的《计算机软件相关发明的改订审查基准》于平成十二年十二月二十八日敲定，这一基准将从平成十三年一月十日起使以前的申请不再适用。这种特许厅的处理方式，与个别的裁判所在每个事件上都进行完全的考量相比，不会引起混乱担忧。恣意的、不透明的运用变更不仅有违反平等主义的可能，还可能剥夺国民实施行政管理的机会，因此不应该被允许。但以改订审查基准这种形式，用统一且透明的手续来变更运用的情况下，裁判所难道不应该尊重特许厅的裁量吗[65]？

传统的法治主义是这样一种模型：对于特定时点的法律，在承认立法的判断具有拘束力的同时，还必须服从司法的全面审查，行政可以说仅仅是执行法律来进行统治的手段。但是，像产业政策这样的领域，作为其规制对象的经济状况不断变动、相应的知识也时时刻在汇集；以及像技术政策这样的领域，作为其规制对象的计算机程序、生物工程与对其的理解也时时刻刻发生着变化。这些领域需要行政去干预，而这时仅仅贯彻执行的模型可以说是不合适的。这时候，通过设立时间这一指标，在使规制对象反馈规制内容的同时，也应承认行政和法律（司法）之间并非司法的单方处于优位，行政的见解也会对司法产生影响。在这种相互作用模型下，来分析立法、行政、司法及其他机关的作用分担是有必要的[66]。

（四）归结主义研究方法下的程序统领

完全地解析、检验效率性是困难的，最终不得不委托给政治责任。但是，政策形成过程中产生不均衡的话，只有通过强调政治责任以及期待司法所打开的空隙，来构筑合适的智慧财产法制度。怎样的制度是改善效率性的制度，怎样的制度没有这一效果，希望尽可能将其明确，从而划定不予实施的非效率性政策决定的范围。另外，对立法或司法应该维护的自由的具体范围，尽可能去释明并呈现的工作有必要进行。下面将通过这类归结主义研究方法的具体例，来介绍特许制度上政策的杠杆理论，以及与笔者的提倡相关的著作权法上的第三次浪潮的论述。

1. 特许政策的杠杆理论[67]

我们都知道特许制度有三个功能，第一是促进发明及其公开；第二是通过早期给予特许的保护防止发明的重复投资；第三是通过早期授予特许权来促进该特许的产品化。

无论哪个都与效率性相关，但是特许权的问题最终是运用裁判规则还原当事人之间的权利义务关系。因此设立了这样的基准：在个别事例上是否真正实现了效率性并不特别清楚，但以特定的规则进行裁判，整体上可以实现相应的效率性。

关于这种粗略的制度设计的方法，是几个不同的理论所主张的[68]。比如，认为在抑制相同发明的寻租行为的同时，更应该对相关发明的投资给予激励，从而主张早期特许保护的期望理论（Prospect Theory）[69]；认为与其使其安稳处于独占地位，不如将其置于竞争中推进竞争创新的竞争创新理论（Competitive Innovation Theory）[70]；认为有必要给予基础发明和改进发明双方激励，从而授予双方特许权，同时规定在利用默认规则两者相互阻止的情况下，双方当事者一定要订立契约促进交涉的累积创新理论（Cumulative Innovation Theory）[71]；存在太多像遗传因子片段那样异质的片段性特许，反而不利于推进竞争创新，指出这一弊端的反共有物理论（Anticommons Theory）[72]；对因权利的保护范围过宽而导致混乱的弊端进行说明的特许丛林理论（Patent Thickets Problem）[73]等。

粗看的话会认为这5个理论相互间没有相容的内容，但近些时候，这些理论适用于各种不同的产业领域，阐明了各个领域有必要进行特许政策调整的宗旨，很值得关注。这就是丹·伯克（Dan L. Burk）和马克·莱姆利

（Mark A. Lemley）主张的特许政策杠杆（Policy Levers）理论[74]。

伯克和莱姆利认为第一个理论，即期望理论适用于制药产业。在这个领域中特许取得所带来的利益很大，因此发生寻租的可能性非常高。有关特许取得后的产品化，在临床试验等方面需要相当的投资，药品方面也是一个特许覆盖一个产品的情况较多，即使在早期授予特许也很少有弊害。因此，在这一领域采用尽早授予特许的期望理论值得期待。

第二个理论，即竞争创新理论适用于商业模式。在美国道富银行及信托有限公司诉签记金融集团案[75]之前，美国也不认为商业模式能取得特许。即由于在没有特许的状态下各式各样商业模式得以开发，授予特许的必要性很小。

第三个理论，即累积创新理论，伯克和莱姆利认为其适用于软件产业比较合适。至少在日本也许会比较适合电机业界。在电机业界虽然发行很多特许，但由于日本国内的竞争企业具有同质性，不会产生因害怕报复而滥用特许的现象。其结果，促进了许可谈判，使交叉许可等合同得以缔结[76]。

第四个理论，即反共有物理论和第五个理论，即特许丛林理论，被各种生物工程和半导体产业所念叨而被主张，实际上也确实分别适合这两个领域。

伯克和莱姆利的理论是适应各个领域特许制度的理论，换言之，其主张各个领域所希望的特许制度形态是不同的这一点，有着巨大的功绩。确实，既然各个产业情况不同，就没有丝毫必要去描述符合全产业领域的统一的特许制度形态。本文所呈示的5个理论各自的着眼点不同，并非完全相互排斥，也并非涉及所有领域。不同领域以根据诸如非显而易见性[77]或者保护范围的不同，探求其希望的特许政策，这种方法应该大力推荐。

伯克和莱姆利的理论暗示了这样一点：作为实行与各领域相适应的特许政策杠杆的主体，到底是立法还是司法比较可取，不必设立网罗型（涉及一切）规则，顺应各个具体事例是可能的。由于具有游说活动的耐性，所以应该首推司法。这种构想在有关政治过程的讨论和法制度结构的连接方面，极具启发性。

立法上存在着这样的问题，即在政策形成过程中很容易产生不均衡的问题[78]。另外一方面，伯克和莱姆利推荐的司法，游说活动起到的作用似乎更强。但是，为政策的形成收集信息的能力并非没有界限，代替其的民主正统性起到的作用相对较弱。由此看来，至少日本的制度要选择第三个选项，即对行政（特许厅）进行政策指导予以一定的期待。现在的事实是，特许厅在各个领域设立的专门化审查官之下，运用与各个技术领域相适应的特许制度，而且将特定领域的处理方法以审查基准的形式进行明示[79]。期待特许厅发挥这样的作用的同时，难道不应该修正传统法治主义模型，即基于司法的审查基准的全面审查这种思考方法吗。这在本文的（三（三）3）中已做过叙述。

2. 著作权法的第三次浪潮[80]

关于著作权制度，有时会有认为复制禁止权是能与不朽的大法典相媲美的主张，但著作权不只是从历史看来随着技术、社会环境的变化而产生的权利，还应该会随着时代的变更不断发展下去[81]。

与现在各国的著作权法相联系的著作权制度的起源，要追溯到18世纪初的英国。历史上，随着活字印刷术的普及，出版业也逐渐兴盛，同时，由于内容相同的书籍的竞合，导致投资的回收很困难。出版者感受到了防止这种困难出现的必要性，于是与保护著作人利益的思想相结合，制定了著作权制度[82]。

就这样随着印刷术的普及而登场的著作权法，直到现在仍以复制禁止权为中心，同时设置了对公共使用行为的规制，构成了著作权法的体系[83]。这种复制中心主义在复制技术还没有普及到个人层面的私人领域的时代，主要是规制（与私领域相区别意义上的）公共领域，对私人自由的介入程度很小[84]。到了20世纪后半期，随着录音、录像、复制和复制技术逐渐渗透到私人领域，著作权法的原则对私人自由造成了过度制约，与此相反，著作权法的实效性自身也遭到了质疑。

从对著作权制度产生的意义上来看，将印刷技术的普及称作第一次浪潮的话，复制技术向私人领域的普及应该是著作权制度遭遇的第二次浪潮。作为对策，在坚持复制禁止权中心主义的同时，增设了出租权、私人录音录像补偿金请求权等弥补不足的应急措施。将复制权中心主义当做金科玉律去信奉，有时容易陷入"复制是否就等于恶"这样的议论。能够很容易地复制，其材料也与原创作品几乎没差别，这样的时代的到来，意味着人类生活被丰富的可能性将大大扩展。而仍未改变的法律制度成为脚镣，在这种技术恩惠的享受中注定是要失败的。在长期讨论立法论的时候，不受制于复制权中心主义的、更加自由的构想是必要的[85]。

但是，随着互联网时代的到来，对于著作权法的前提，带来了与（依然未解决的）第二次浪潮实质不同的第三次浪潮的变化。也就是说，通过复制技术和送受信技术的普及以及信息通信网的整合，谁都能够向公有领域送信，于是私领域与公领域浑然一体化，变得难以区分。在这里，不只是复制禁止权中心主义，甚至连"公的"使用行为这种制约，也渐渐失去其作为防止对私人自由过度介入的机制的作用。今后，对模仿保护或送受信的技术管理以及以点击方式构筑的著作权防卫体制，要予以推进。它应该作为容易实现给著作权人带来充分的利益返还的中间手段而予以采用，同时有必要对解除技术的普及和课金体制的构筑进行并行设置。不然的话，各种保护机制，就会化作保护一直以来作为普及著作物的技术型媒介的既得权益的手段，复制技术和送受信技术的普及应该带来的便利，社会或者说是私人全体可能就无法很好地享受到[86]。在此之中，著作权法所追求的可能是从复制禁止权中心主义、公的使用行为规制的并用主义所开始的理论体系转换。

　　本来，有关著作权的根据就和其他的智慧财产权一样，有着自然权论和激励论相对立的观点，于是可能会有这样的批判：前面的理论体系转换和本文一样，只不过是立足于激励论的学者才得出来的结论。但是，与本文不同，即使采用自然权论的立场，人们创作出了某个东西，但社会却朝着新技术到来前的状态倒退，这能够作为有作用的强势命题得以主张吗？我想对此还有必要进行根本性的讨论。

四、结语

　　将本文提倡的智慧财产法政策学的主张进行略述的话，就是（1）既然智慧财产权是制约人自由的规则，那么劳动所有权、人格权等自然权论存在的意义的正当化就很困难，所以不得不依靠以激励来改善效率性的理论。（2）但是另一方面，效率性的尺度上存在争议，除效率和自由的矛盾之外，效率性改善的检验也很困难，最终依赖于民主决定的具有政治责任的程序正统化。（3）但是，在政策形成过程中，易于组织化的大企业的利益容易被反映，不易组织化的私人的利益难以被反映，由于这种结构性不均衡的作用，智慧财产权往往被过度强化。（4）因此，为了尽可能消除不均衡，一边探索统领政策形成过程的构造[87]，同时为了确保自由，通过运用司法的作用，保障程序的正统性。（5）从效率性的观点来看，尽可能释明所希望的制度（或者不希望的制度），同时将应该确保自由的领域明确化，在呈示这种归结主义理论的基础上，应该减少灰色的领域，缩小由程序决定的裁量的范围。

　　最后想就本文的构想所适合的领域再说几句。

　　目前所介绍的本文的理论是以智慧财产法规制的积极根据和所希望的推进成果创造及其普及这种纲领的妥当性为前提的[88]。就像本文多次提到的那样，至少在国内法中，能够领会到单个智慧财产法的集合体的背后，是以这样的纲领为标准来实现民主决定的。

但是，智慧财产权能够对他人的利用自由进行无限定的规制，由于也没有场所上的限定，多国籍企业等的活动有着在国际上进行权利扩张的倾向。用一个适用于国内法的理论去评价智慧财产法是不允许的。于是，激励论在吸取了"竞争性繁荣"论的基础上得到了进一步发展，但这是在以达到临界值的社会为前提的，在国际上成熟度具有差别的社会中并不直接通用[89]。但是，我认为本文所提倡的面向程序的构想，即使在利害关系激烈对立的国际社会，也能够很好地适用。在对有关智慧财产的国际性政策形成过程中出现的偏差进行认识的基础上，有必要探求正统程序，并呈现出归结主义的控制理论。

比如，作为激励论无法简单处理的典型例，可以举出与传统知识和遗传资源的使用相关的国际性争论这一事例。关于其论点，就像大家所知道的，正是发达国家和拥有丰富传统知识、遗传资源的发展中国家激烈对立之处[90]。

有关传统知识，从多文化主义[91]的观点出发，应该抓住两者之间的本质差别，即动态的、工业化的、以个人主义文化为前提的发达国家的智慧财产法制，与渐进的、生态化的、以共同体主义的文化为前提的传统知识的保护两者之间的本质差别[92]。另外，与生态系统相关的传统知识、遗传资源的保护问题上，是重视产业的发展还是重视生物多样性、环境保护？对这个问题的回答如果不顾政策、价值观的不同是不应该去说的[93]。在这种文化和价值观等都不同的认识下，无法论证归结主义中哪一种正确。结果是，只能通过国际性条约的交涉，委托给程序来解决，但是确保正统性成为一个问题[94]。这时候即使不能采用应该保护传统知识、遗传资源这一自然权的结论，也可以运用发达国家的智慧财产法制的内容。而认为对这些内容的保护与智慧财产法制度无关，因持有这样的先入观念而对寻求保护的声音完全不听，这样的理由是不成立的。对于这一点有必要铭记[95]。

【附记】21 世纪 COE 计划《新世代知的财产法政策学的国际据点的形成》也于 2008 年 3 月结束了长达 5 年的研究计划，与此同时，本刊（知的财产法政策学研究）也以本号作为其中的一个段落予以迎接。本文通过俯瞰该计划的成果，对其做了个小结。借此机会，对本文写作期间以各种形式给予我帮助的各位表示感谢。

注释

[1] 参见 Wendy J. Gordon, *INTELLECTUAL PROPERTY* 田辺英幸译，载《知的财产

法政策学研究》11 号（2006 年），第 10 页。有关智慧财产权的法哲学考察，对其要领的正确把握，参照 *Robert P. Merges et al, Intellectual Property in the New Technological Age*, 2—24（4th ed. , 2006）；更具体的内容参照 *Peter Drahos, A Philosophy of Intellectual Property*（1996），李扬：《知识产权的观念：法定主义及其适用》，金熏译，载《知的财产法政策学研究》12 号（2006 年），第 44—65 页。

　　[2] *John Locke, Two Treatises of Government*, 286、288—289（Peter Laslett ed. , 1988）（1698），Drahos, supra note 1, at 43.

　　[3] Locke, supra note 2, at 287—288, Drahos, supra note 1, at 43 – 44.

　　[4] 森村进：《洛克所有权论的再生》（1997 年·有斐阁），第 121、241—261 页。

　　此外，并没有提供全面推翻基于劳动所有论的智慧财产正当化的论据，但通过活用所谓的洛克条件，（至少）在为了表现自己的世界而不得不利用他人著作的时候，阐述了版权受到限制的趣旨，见 Wendy J. Gordon *INTELLECTUAL PROPERTY*，田边英幸译，载《知的财产法政策学研究》11 号（2006 年），第 11—12 页；Wendy J. Gordon, *A Property Right in Self – Expression*：*Equality and Individualism in the Natural Law of Intellectual Property*, 102 Yale. L. J. 1533, 1538—1539, 1556—1572（1993）。参照田村善之《效率性·多样性·自由》，载《市场·自由·知的财产》（21 世纪 COE 知的财产研究丛书 1·2003 年·有斐阁），第 226 页。

　　[5] 关于精神所有权论的展开，见木村和成《德国人格权概念的形成（1）》，载《立命馆法学》295 号（2004 年），第 697—708 页；半田正夫《著作权的一元构成》，载《著作权法的研究》（1971 年·一粒社），第 9—25 页；H·弗尔普曼《著作权法的理论——为了艺术的法和哲学》（1967 年·中央大学出版会），久久凑伸一译，第 124—128 页。

　　一般而言，精神所有权论是作为与人格权有别的、对立存在的论说（饭塚半卫：《无体财产法论》（1940 年·严松堂书店），第 83—90 页；丰崎光卫：《工业所有权法》（新版增补·1980 年·有斐阁），第 100—102 页；半田/上述 25 页。）明确地表示了与黑格尔的论点所包含的人格权的区别，见木村/上述 707—708、711 页。另外，有关与黑格尔形成对比的伊曼努尔·康德的著作权的理解，见河中一学《著作者人格权——以库德的论述为中心》，载《国际化时代的行政与法》（成田赖明退官纪念·1993 年·良书普及会），第 903—918 页；木村/上述 700—702 页。对比康德和黑格尔关于作者的权利的讨论，见 Drahos, supra note 1, at 80。但是，作为最终法技术的构成，不从是否所有权化这样的观点考察，而从在哪探求保护的渊源这样的观点进行考察的话，黑格尔的论证，将人的自由意志作为出发点，就可能与探求创作活动渊源的劳动所有论形成对峙。

　　[6] G. W. F. 黑格尔：《法哲学讲义》（2000 年·作品社），长谷川宏译，第 104、127—129、145—152、154 页；黑格尔：《法的哲学》（2000 年·岩波书店），上妻精他译，第 92—93、126—130 页。

　　[7] 黑格尔（长谷川译）前注 [6]，第 102、104—105 页；DRAHOS, supranote 1, at 76—77.

　　[8] 黑格尔（长谷川译）前注 [6]，第 106—107、108—109 页；DRAHOS, supra

note 1, at 77.

[9] 黑格尔（长谷川译）前注[6]，第464—465页。

[10] 此外，关于认可权利行使的特许权，即使独立发明者也好，虽然是自己的发明，但要考虑与其他发明者（或者继任者）的申请相比，申请是否在先（特许法39条1项的先申请原则），只要在工作的准备上没有在先（特许法79条1项参照），就构成侵害他人的特许权，甚至连使用自己的发明也不行，自然权的基础性内容更是难以实现。（田村善之：《特许权的行使与独占禁止法》，载前注[4]市场，第143—144页）。因此，为了说明特许权属于自然权利，就不得不努力朝着以下方向去进行修正，即否定独立创作者的权利之行使的方向。（参照罗伯特·诺齐克《无政府、国家与乌托邦》（1992年·木铎社），嶋津格译，第305页）。但是，存在着基于洛克条件而使之得以正当化的空间，也暗示了对其进行可能性的实证性验证的必要，见Gordon/前注[1]，第11页。

[11] Wendy J. Gordon：*INTELLECTUAL PROPERTY*，田边英幸译，载《知的财产法政策学研究》11号（2006年），第1、3—4、7—8页；所谓property的标签，指出了像所有权那样的财产权意义上的智慧财产并不是人与物之间的关系，而是被忽略了的人与人之间的关系，强调了应该把握好与智慧财产权类似模式的权利。DRAHOS, supra note 1, at 17—21, 32—33，介绍了无形的东西存在的哲学上根本性疑问，并说明了智慧财产不是财产（property），只是对人们利用行为进行规范的特权（privilege）。

[12] 森村进：《财产权的理论》（1995年·弘文堂），第168—171页。

[13] 关于将这样的立场置于宪法的地位，见田村善之《竞争秩序与民法学》，载《竞争法的思考形式》（1999年·有斐阁），第50—52页；也参照了角松生史《经济的自由权》，载安藤高行编《宪法Ⅱ》（2001年·法律文化社），第234—235页。本来，将基本权保护、支援义务[参照山本敬三《现代社会中的自由主义和私的自治——私法关系中宪法原理的冲突（1）—（2）》，载《法学论丛》133卷4号·6号（1993年）]作为媒介同样说明，把以传统的间接适用说为前提的宪法学作为了批判的对象。

[14] 田村善之：《知的财产法》（第4版·2006年·有斐阁），第20页。

即使是进入到从未有人涉足的地方发现了有用的药草，仅仅这样的发现也不是"发明"或创作，与是否有给予这种探索奖励的必要无关，对此是不给予特许权保护的（特许法2条1号）。这是可以列举的自然权思想消极作用的例子。（参照田村善之《自由领域的确保》，载前注[4]市场，第128—129页）。规定自然法则的发现，不足以作为特许发明的特许法2条1项对最初现象予以修正的情况，可以追溯到立足于自然权利的约瑟夫·柯勒的见解[柯勒：《特许法原论》（1913年·严松堂书店），小西真雄译，第24—32页]。又参见田村善之《特许发明的定义》，载前注[4]市场，第128—129页。另外，有关对柯勒著作权的见解，参见木村/上述注[5]，第130—134页。

[15] 学者中有将激励论解读为以追求"富最大化原理"为根据。[小泉直树：《著作权制度的规范理论》，载《美国著作权制度》（1996年·弘文堂），第25页]。并不否定激励论的主张者中有人把这种议论呈现出来，但应该注意这并不是论理必然的结果。

[16] 关于以上内容，参照Nari Lee《有效特许制度的多元化理论试探（1）—（2）》，田村善之译，载《知的财产法政策学研究》14—15号（2007年）。

[17] 检讨智慧财产的正当化原理，第一，应该理解为智慧财产不是 property，而是对他人消极自由进行约束的 privilege，类推有体物所有权，无体物权利的装饰掩盖了对他人行为制约的性质。第二，和有体物的利用不同，智慧财产具有无约束的无限扩展的危险性，与资本主义社会的智慧财产重要性相结合，不止在国内，在国际上都有日趋严重的倾向。第三，应该设想一下，有关智慧财产构建时的框架，对于信息这种共有物，由于每个人都不所有，即使有所谓最先联系的话，也不能承认个人所有的 negative community，作为众人共有的东西，不能仅仅因为 first connection 而被个人所有，这样的 positive community 是不允许的，作为提倡这种设想的书物，参照 DRAHOS, supra note 1（关于 first connection，见 Lee Nari《特许对象的再编和财产权主义的对等——商业方法的特许适格性》，田村善之、津幡笑译，载《知的财产法政策学研究》9 号（2005 年），第 60—62 页）。

[18] 由于 TRIPS 协定的制定和两国间协定的缔结，智慧财产的强化给多国籍企业带来了巨大的收益。PETER DRAHOS & JOHN BRAITHWAITE, INFORMATION FEUDALISM：WHO OWNS KNOWLEDGE ECONOMY·（2004）；Peter Drahos：《知的财产关联产业与知的财产的国际化》，立花市子译，载《知的财产法政策学研究》3 号（2004 年）；Peter K. Yu：《国际性圈地运动的方向（1）—（4）》，青柳由香译，载《知的财产法政策学研究》16—19 号（2007—2008 年）。但是要指出，介绍了智慧财产相关的近期多元化动向，将来也许有强化的一边倒形式，见 Peter K. Yu《抵抗国际性知的财产权一致化的 5 方面的动向》，田村善之、村井麻衣子译，载《知的财产法政策学研究》15 号（2007 年），第 32—33 页。

[19] Dan L. Burk 、Mark A. Lemley：《特许法上的政策杠杆（2）》，山崎升译，载《知的财产法政策学研究》15 号（2007 年），第 63—64 页；DRAHOS, supra note 1, at 135—140. 根据美利坚合众国著作权法，Jessica Litman, DIGITAL COPYRIHT, 35—69, 144—145, 192—194（2000）指出，1999 年修改以来，基于关联企业利害关系者的议会以外的妥协，而进行修正的状况反复进行着，为了妥协成立，对于任何人来说，修改后的结果不能比现状更差，而一定要得到一点东西。因此在广泛规定权利的反面，为了满足要求得到一些适当让步的特定利害关系者们，就产生了必要限度的严格限定倾向。要指出的是，无论如何，不能很好地代表其各种利益的公众，以及由于妥协，给予的现在没有得到的新利害关系者的利益，这些就是在法律修正上难以反映构造性偏见。（有关不能指望著作权局的事项，id. at 73；有关直到 1998 年 Digital Millennium Copyright Act 的过程，id. at 122—150）。此外，由于近来日本著作法在音乐作品方面的修改，加上产业界的游说活动的影响，因而指出了审议会和文化厅的职责，见京俊介《著作权政策形成过程的分析（1）—（2）》，载《阪大法学》57 卷 2—3 号（2007 年）。

[20] 田村善之：《围绕特许制度的法和政策》，载《法理学家》1339 号（2007 年）。这样的构想，旨在说明为了回避政策形成过程中由于利益团体而产生政策歪曲的现象，每个产业领域特许制度的指导，不应是立法，而应通过强化游说活动体制来委托给司法。参见 Dan L. Burk 、Mark A. Lemley《特许法上的政策杠杆（2）》，山崎升译，载《知的财产法政策学研究》15 号（2007 年），第 63—64 页；DRAHOS, supra note 1,

at 135—140（见后文的三（四）1 部分）。但是，由于效率性的检验困难，为了创设智慧财产权，本文认为有民主决定介入的必要，这一点也是与该论文趣旨所不同之处。

[21] DRAHOS, supra note 1, at 173—193 中，每个人在不知道自己社会地位的最初状态，会选择怎样的制度？这种 John Rawls 的关于正义的论述适用于智慧财产制度，探寻着与正义的信息相适应的制度存在方式，[参阅长谷川升《〈竞争性繁荣〉与知的财产法原理——关于田村善之教授的知的财产法理论基础的法哲学的探讨》，载《知的财产法政策学研究》3 号（2004 年），第 24—27 页]。如果仅仅着眼于程序，与本稿并不是没有共通点，但其持有的程序是在纯观念的世界里被理论性地构造出来的，由此引导出归结主义的正义论这个观点是与本稿分歧之处。但是，智慧财产制度捕捉所谓的必要恶，并不是为了自己的目的而将其作为自然权利 property 进行保护，而是极力暗示了在工具主义上，并且承认具有真实、激励的效果的情况下，在这个限度上采用认可权利的这种怀疑主义方式的工具主义（DRAHOS, supra note 1, at 199—223），本稿也担负了很大的此项任务。

同样，在运用了罗尔斯的正义论的基础上，反对通过司法进行创设智慧财产或扩张智慧财产等法律创造，主张踏循着公益目的的法定主义理念才是与智慧财产相适应的要旨的，见李/前注 [1] 第 59—64 页，其基本立场也与本稿有很多相同的地方。但是田村善之：《知的财产权和不法行为——面向程序的知的财产法政策学的一种情形》，载《知的财产法政策学的创成》（21 世纪 COE 知的财产研究丛书 4·2008 年·有斐阁），汲取了日本个别智慧财产方向的竞争的繁荣观（参照长谷川/前注释，第 18—24 页中所指出的内容），并且采用了在激励政策的改善很明显的情况下，容许在司法上对智慧财产扩张的这一观点。对此（虽然有需要讨论的地方，如彼此司法制度不同的影响等）也许李/前注 [1] 一文站在反对的立场。

[22] F. A. 哈耶克：《社会中的知识利用》，载（田中真晴、田中秀夫编译）《市场·知识·自由》（1986 年·密涅瓦书房）；同《竞争的含义》载石原敬子《竞争政策的原理和现实》（1997 年·晃洋书房），第 22—24 页；保罗·米尔古洛姆、乔治·罗伯斯：《组织的经济学》（1997 年·NTT 出版），奥野正宽他译，第 29—31 页。

[23] 市场的决定与权威的决定的区别，见平井宜雄《法政策学》（第 2 版·1995 年·有斐阁），第 62—68 页。

[24] 平井/前注 [23]，第 121—125、130 页；哈耶克/前注释 [22] 社会中的知识利用；石原/前注 [22]，第 6—7 页。

[25] 平井/前注 [23]，第 123 页；石原/前注释 [22]，第 3—5 页；平野仁彦：《1994 年度日本法哲学会学术大会统一主题》，载《法哲学年报》（1994 年），第 4 页。

[26] 在本来应该由市场支出财产（ex. 智慧财产权）的决定以及市场规则受到权威决定干预的情况下，虽然因自由十分高兴，但这并不是市场的决定，而是由权威决定带来的制约。

[27] 列举特许制度的例子，Lee/前注释 [16]。

[28] 田村善之：《应对技术环境变化的著作权的受制限可能性》，载《法理学家》1255 号（2003 年）。

[29] 田村善之:《知的财产法总论——市场指向型·功能性·自由统御型知的财产法的初探》，载前注［4］市场、载前注［14］知的财产法，第7—21页。

[30] 智慧财产权积极方面的根据，无非是追求通过智慧财产制度而带来创作激励的这种民主决议，确定即使是另外的民主决议也绝对不容许侵犯的、有关自然权利、正义的领域，这是十分必要的。这些构想在田村善之的《著作权法概说》（第2版·2001年·有斐阁）7—8页［初版是（初版·1998年·有斐阁）］里得到体现。

[31] 参照田村/前注释［14］知的财产法，第8—14页。中山信弘:《多媒体与著作权》（1996年·岩波书店），第4—5页。

[32] 在智慧财产领域也好，在科斯的定理中设想的没有交易费用的市场上设立排他权的话，之后试图由市场实现最优化就可以了。法律的作用是设定排他权，然后应该尽可能使市场接近科斯世界，使权利范围明确化，该宗旨，见 Frank H. Easterbrook, The Cyberspace and the Law of the Horse, 1996 U. Chi. Legal. F. 207（1996）［作为批判性的研讨，见芹泽英明《ProCD v. Zeidenberg 的分析》，载《法学》61卷2号（1997年），第231—243页；田村/前注［14］自由领域的确保，第112页］。

一些论点上应用这一构想的具体例，阐述了早期特许的设定，在防止因寻租而造成的重复投资的同时，应该试图对发明的利用进行协调的趣旨，见 prospect theory（Edmund W. Kitch, The Nature and Function of the Patent System, 20 J. Law & Econ. 265（1977））；以及阐述了在服务商的费用利益分析下，承认服务商的严格责任，更能有效抑制网上著作权侵害行为的严格责任论（I. Trotter Hardy, The Proper Regime for Cyberspace, 55 U. Pitt. L. Rev. 993（1994））；以及当承认含有著作权法权利界限和限制（ex. 个人让渡和私人复制）的收缩许可契约的有效性的时候，权利者的价格差别就变得有可能，在只能廉价购入的需求者中也得到了普及，阐述了这一趣旨的价格差别论［ProCD, Inc. v. Zeidenberg, 86 F. 3d 1447（7th Cir. 1996）中 Easterbrook 法官的说明］；还有关于在营利企业的研究所中研究者复制学术杂志的行为，以集中处理机关进行整理，能够得到许可证为理由，否定了 fair use 成立，见 American Geophysical Union v. Texaco Inc.，60 F. 3d 913, 930—932（2d Cir. 1994）。对这些见解批判的讨论，对于第一个观点，见田村善之《抽象化的生物工程与特许制度的理想状态（2）》，载《知的财产法政策学研究》11号（2006年），第66—68、73—78页；关于后三个观点，参照《效率性·多样性·自由——网络时代的著作权制度的理想状态》，载前注［4］市场；尤其是关于最后一个，参照村井麻衣子《著作权市场的生成与免费使用》，载《知的财产法政策学研究》6—7号（2005年）。

[33] Robert P. Merges & Richard R. Nelson, On the Complex Economics of Patent Scope, 90 Colum. L. Rev. 839, 877（1990）；Mark A. Lemley, The Economics of Improvement in Intellectual Property Law, 75 Tex. L. Rev. 989, 1048—1051（1997）；Mark A. Lemley, Ex Ante versus Ex Post Justification for Intellectual Property, 71 U. Chi. L. Rev. 129, 148（2004）；Dan L. Burk = Mark A. Lemley:《特许法上的政策杠杆（1）》，山崎升译，载《知的财产法政策学研究》14号（2007年），第78页。

[34] 罗纳德·H. 科斯:《企业·市场·法》（1992年·东洋经济新报社），宫泽建

一他译，第 131 页；Lemley, supra note 33, at 1048.

［35］有关排他权保护范围的扩张，阐述了同样理由的，见 Merges & Nelson, supra note 33, at 877. 这些成本变得巨大，是反共有物的悲剧。（麦克鲁・A. 海勒、丽贝卡・S. 阿伊珍巴古：《特许妨碍了革新吗》，和久井理子译，载《知财管理》51 卷 10 号（2001 年）；Lee Nari：《标准化技术的特许与非共有物的悲剧》，田村善之、立花市子译，载《知的财产法政策学研究》11 号（2006 年），第 85—122 页；山本显治：《现代不法行为法学中的"福利"对"权利"》，载《民商法杂志》133 卷 6 号（2006 年），第 903—904、912—921 页）。

［36］现行法律上，职务作品（著作权法 15 条 1 项），并没有贯彻赋予创作者权利的原则（田村/前注释［30］，第 388—390 页），甚至如职务发明一样，使用者能够轻易地将权利作为自己的东西，这种制度（关于这个趣旨，参照田村善之、柳川范之《有关职务发明对价的基础理论研究》，载《民商法杂志》128 卷 4、5 号（2003 年），第 448—451 页；田村善之《职务发明制度的理想状态》，载田村善之、山本敬三编《职务发明》（2005 年・有斐阁），第 9—13 页）有着各种各样的形态演变（田村善之：《作者的保护与知的财产适用之间的冲突》，载《日本工业所有权法学会年报》29 号（2006 年），第 97—98 页）。

［37］参照田村善之《关于青色发光二极管案件控诉审和解劝告》，载《知的财产法政策学研究》8 号（2005 年），第 5—6 页。

［38］关于以上的详情，参照田村/前注释［36］学会年报。另外，既存的智慧财产法制度是为了以创造者个人从零到全部完成的罗曼主义式的创作者观为前提，从而轻视了创作的源泉和公共领域，知识大地的掠夺（the intellectual land grab）在国际上盛行，富裕国同不富裕国之间的差距在扩大，是跨国企业的垄断化加强的结果，反而妨碍了创作活动，这种从激励论看来无立足点之现象，正在敲响着警钟。（JAMES BOYLE, SHAMANS, SOFTWARE, AND SPLEENS：LAW AND THE CONSTRUCTION OF THE INFORMATION SOCIETY, 42, 56—59, 121—143, 155, 168—173, 177—179, 183—184 (1996)）。

［39］详细来说，关于权利的归属确定后所进行的智慧财产的交易，掺入了契约外的第三方利用行为所带来的影响的话（例如，著作权概括让渡后，由立法上新的权利认可了著作权的情况），也许最好是使让渡人的权利保留这种临时的权利分属的解释论予以回避。有反对立场，参照藤野忠《判批》，载《知的财产法政策学研究》19 号（2008 年）。

［40］田村善之：《不正竞争法概说》（第 2 版・2003 年・有斐阁），第 282—287 页。

［41］田村/前注释［14］特许发明的定义。关于产业特许，参照田村善之《抽象化的生物工程与特许制度的理想状态（1）—（3）》，载《知的财产法政策学研究》10—12 号（2006 年）；关于商务模式特许，参照 Lee/前注释［17］。

［42］田村/前注释［29］，第 104—106 页。

［43］田村善之：《特许侵害诉讼中的公知技术抗辩与当然无效的抗辩》，载《机能

的知的财产法的理论》（1996 年·信山社）。关于这个问题，也参照高部真规子《特许法 104 条之 3 的思考》，载《知的财产法政策学研究》11 号（2006 年）。

［44］田村善之：《作为判断机关分化的调整原理的包袋禁反言法理》，载《知的财产法政策学研究》创刊号（2004 年）。关于这个问题，也参照吉田广志：《近期裁判例中的禁反言的研究·新版》，载《知的财产法政策学研究》创刊号（2004 年）；爱知靖之《审查经过禁反言的理论的根据和判断结构（1）—（5）》，载《法学论丛》155 卷 6 号（2004—2005 年）、156 卷 1 号·2 号、157 卷 1 号·2 号。

［45］田村善之：《特许无效审判与审决取消诉讼之间的关系》；前注释［43］功能。关于这个问题，也参照大渕哲也《特许审决取消诉讼基本构造论》（2003 年·有斐阁）；大渕哲也《特许法的解释论·立法论上的转机》，载《知的财产法的理论与现代的课题》（中山信弘还暦·2005 年·弘文堂）；高林龙《无效判断上的审决取消诉讼与侵害诉讼的应有作用》，载《知财年报》I. P. Annual Report 2006（2006 年）。

［46］田村善之/增井和夫＝田村善之：《特许判例指导》（第 3 版·2005 年），第 281—287 页；村上裕章：《取消诉讼的审理范围与判决的拘束力》，载《知的财产法政策学研究》10 号（2006 年）。

［47］田村/前注［46］，第 289—294 页；饭岛步：《特许无效审判中的一事不再理》，载《知的财产法政策学研究》16 号（2007 年）。

［48］参照田村/前注［30］，第 31—36 页。关于这个问题，也参照刘晓倩《实用品的设计作为美术著作物的该当性（1）—（2）》，载《知的财产法政策学研究》5—6 号（2005 年）。

［49］田村/前注释［10］。关于这个问题，也参照白石忠志《技术与竞争的法律构造》（1994 年·有斐阁）；白石忠志《知的财产权的许可拒绝与独禁法》，载《21 世纪知的财产的展望》（知的财产研究所 10 周年·2000 年·雄松堂出版）；稗贯俊文《知的财产权与独占禁止法》，载《市场·知的财产·竞争法》（21 世纪 COE 知的财产研究丛书 2·2007 年·有斐阁）；和久井理子：《单独经营者的直接交易·规制许可拒绝的讨论（1）—（2）》，载《民商法杂志》121 卷 6 号、122 卷 1 号（2003 年）。

［50］最判昭和 63. 3. 15 民集 42 卷 3 号 199 页［俱乐部·猫眼石上告审］，（参照田村/前注释［30］，第 149—153 页）。该最判理解为，将歌唱者（客）物理性地歌唱著作物的歌唱行为，认为是其他歌者的歌唱，要求成立以下两个要件，即后者管理前者的行为（＝管理性）和由此获得利益（＝利益性）。作为对判旨范围以及意义的批判性探讨，参照上野达弘《所谓"卡拉 OK 法理"的再探讨》，载《知的财产权法与竞争法现代的展开》（纹谷畅男古稀·2006 年·发明协会）。

［51］东京地决平成 14. 4. 9 判时 1780 号 25 页［文件提供型著作邻接权假处分］，东京地决平成 14. 4. 11 判时 1780 号 25 页［文件提供型著作权假处分］，东京地判平成 15. 1. 29 平成 14（ワ）4249［同中间判决］，东京地判平成 15. 1. 29 判时 1810 号 29 页［同中间判决］提出。关于裁判例，参照田村善之《与检索栏有关的著作权法的诸问题（3）——寄与侵害、间接侵害、免费使用、引用等》，载《知的财产法政策学研究》18 号（2007 年）。

[52] 因此，有关物的手段提供行为，不是卡拉 OK 法理，而希望是共同不法行为的结构，即当物理上的利用行为者不构成侵害的时候，手段提供者的侵害行为也不成立。（参考最判平成 13.3.2 民集 55 卷 2 号 185 页［夜店 G7 上告审］，作为对原判决的评析，见田村善之［判批］，载《NBL》694 号（2000 年）），差止应该只有在特许法的间接侵害成立的范围上（参照田村善之《多功能型间接侵害制度中本质部分保护的适当性——与等同原则的整合》，载《知的财产法政策学研究》15 号（2007 年））才予以认可，该趣旨的阐述，见田村／前注释［51］。关于这个问题，也参照吉田克己《著作权的"间接侵害"与差止请求》，载田村编·前注［21］创成。

[53] 与其他的要件一起，见最判平成 10.2.24 民集 52 卷 1 号 113 页［滚轴轴承］。田村／前注［14］知的财产法，第 224—237 页。

[54] 田村／前注释［21］。也参照洼田充见《从不法行为法的角度看待信息公开——关于不法行为法对产生过程中的权利的保护作用的备忘录》，载《民商法杂志》133 卷 4、5 号（2006 年），第 741 页；中山信弘《著作权法》（2007 年·有斐阁），第 209 页。

此时，为了认定不法行为，把成为社会性承认的事实——认为该利益值得受到法律保护的事实——作为要件的见解也是存在的。（洼田／前注［54］，第 741、743 页）。本文领会的是这样一种法的价值判断：至少对于日本法，个别的智慧财产法的集合体的发展趋势，是一种当必要的成果开发的激励不足时，为了保护这个激励但也不放弃对免费使用行为予以规制的法律（长谷川／前注［21］，第 18—24 页指出的竞争繁荣论）。司法必须谦虚的理由是，并不是因为社会性不承认，而是技术上判断的困难，离不开政治上的责任。因此，认为不需要对像洼田／前注释所提倡前提那么充足。

[55] 田村善之：《判批》，载《特许研究》14 号（1992 年）。

[56] 山根崇邦：《判批》，载《知的财产法政策学研究》18 号（2007 年）。

[57] 关于以上内容，见田村／前注释［21］。

[58]《与检索栏有关的著作权法的诸问题（1）——寄与侵害、间接侵害、免费使用、引用等》，载《知的财产法政策学研究》16 号（2007 年），第 96—99 页。

[59] 例如，用于宣传的照明用品的商品目录内，以挂轴展现的书映入了和室内摄影照片之案例，判示指出，照片中的书，每个字有 3—9 厘米大小，墨的浓淡，污点的痕迹，笔锋的力度之类的创作的表现都不能说得到了再现，由此做出了否定著作权侵害的判决（东京地判平成 11.10.27 判时 1701 号 157 页［雪月花］、东京高判平成 14.2.18 判时 1786 号 136 页［同 2 审］）。关于市营公车的照片在画本中被表现出来之时，是否侵害了该公车的车体上所描绘图画的著作权的争论事件，通过对著作权法 46 条的活用，以原作品处于向一般公众开放的屋外和建筑物的场所，对这种被恒久设置的物进行利用不侵害著作权之趣旨，做出了否定侵害的判决（东京地判平成 13.7.25 判时 1758 号 137 页［公共汽车］）（村井麻衣子：《判批》，载《知的财产法政策学研究》10 号（2006 年））；参照饭村敏明《著作权侵害诉讼实务》，载《著作权制度概说及音乐著作权》（2006 年·明治大学法科大学院），第 211—212 页。

[60] 田村／前注释［28］。

[61] 为了应对政策形成过程的偏见，并不只是期待通过司法修正，还希望对最初的智慧财产形成过程自身进行统御，从而让使用者和发展中国家的利益能够得以反映。虽然很困难，但还是期待着例如发展中国家的特许厅联合（Peter Drahos, Trust me：Patent offices in developing countries, Am. J. L. and Med., forthcoming 2008（2008 年 1 月 18 日、从 http：//cgkd. anu. edu. au/menus/workingpapers. php 可能得到））、独创共有地（创造性·共有地·日本编《创造性·共有地——数字时代的知的财产权》（2005 年·NTT 出版））这样的 NGO 活动的策略。

[62] 否定通过国家的裁量赋予特许的"恩惠主义"，意味着可以用到"权利主义"这个概念，对于是否存在完全否定特许厅的裁量的趣旨，这还尚未成定论，见丰崎/前注释 [4]，第 79 页；中山信弘《工业所有权法（上）》（第 2 版增补版·2000 年·弘文堂）第 60—61 页。

[63] 曾经为了保护国内产业，虽说是新发现的化学物质，但并没有认可其以物质本身为对象的特许权，而是作为方法的发明，从而不得不进行权利要求。但是当可以断定日本的化学技术水平已经达到了国际水平之时，基于此，通过 1975 年修正，物质特许得到认可。

[64] 关于审查标准的变化，从竹田和彦：《特许的知识》（第 8 版·2006 年·钻石社），第 31—41 页的概括中很容易明白。

[65] 关于以上内容，见田村/前注释 [14] 特许发明的定义，第 131—132 页。

[66] 将环境政策作为例子举出，构想风险行政这种模式，也参照山本隆司《风险行政的程序法构造》，载城山英明、山本隆司《环境与生命》（融于环境 超越法律 5·2005 年·东京大学出版会）第 9—15 页。

[67] Burk = Lemley/前注释 [33]、[19]。原文是 Dan L. Burk & Mark A. Lemley, Policy Levers in Patent Law, 89 Va. L. Rev. 1575（2003）. 参照田村善之《围绕特许制度的法和政策》，载《法理学家》1339 号（2007 年）。

[68] 遵循了 Burk = Lemley/前注释 [33] 中所显示的分类。更具体的，参照田村善之《抽象化的生物工程与特许制度的理想状态（2）》，载《知的财产法政策学研究》11 号（2006 年）。另外，关于期望理论、竞争创新理论、积累竞争创新理论之间的相互关系，参照川浜升《技术革新与独占禁止法》，载《日本经济法学会年报》42 号（1999 年），第 51—57 页。

[69] Kitch, supra note 32. 作为批判的讨论，见 Lee/前注释 [35]，第 101—105 页。

[70] Kenneth J. Arrow, Economic Welfare and the Allocation of Resources for Innovation, in THE RATE AND DIRECTION OF THE RATE AND DIRECTION OF INVENTIVE ACTIVITY（Richard R. Nelson eds.，1962）. 这里比较重视与其他理论的对比，遵循了 Burk = Lemley/前注释 [33]，第 79 页的变化。更准确的介绍，参照川浜/前注释 [68]，第 51—53 页。

[71] Merges & Nelson, supra note 33.

[72] 海勒、阿伊珍巴古/前注释 [35]。此外，参照前注释 [35] 所揭示的文献。

［73］ Carl Shapiro, Navigating the Patent Thicket：Cross Licenses, Patent Pools and Standard Setting, in 1 INNOvation Policy and The Economy, 119 （Adam Jaffee, Josh Lerner, and Scott Stern eds. , 2001）. 姑且不论 Shapiro 如何严密地进行了叙述，为了使其与非共有物理论相区别而具有独自的意义，按照 Burk＝Lemley/前注释［33］，第 91—92 页的内容，权利的数量不是问题，问题在于将以下说法——由于权利的保护范围过宽且错综复杂所造成弊害的这一说法——置于理念的高度。为了解决非共有物的问题，有必要减少权利自身的数量，但为了解决理念型的特许的复杂问题，只要将权利的保护范围缩小就可以了。

［74］ Burk＝Lemley/前注释［19］，第 92—111 页。如果根据原语是"（用于齿轮的）杠杆"，但作为日语的意思来理解的话，可以翻译成"掌舵"。

［75］ 平嶋龟太：《美国特许法保护对象的变化——有关"Business Method Exception"的动向》，载《知财研论坛》41 号（2000 年）。

［76］ 田村善之：《整体性交叉许可与职务发明补偿金的计算》，载《知的财产法政策学研究》2 号（2004 年）。

［77］ 特许法 29 条 2 项的必要条件，一般来说，多被称为进步性的，但在用语上却不认为是非常恰当的，见竹田/前注释［64］，第 134—136 页。

［78］ 实际上，可以称为公共游说产物的 TRIPS 协定 27 条 1 项，有关特许权，对于技术领域各项特许发明的差别使用是予以禁止的，（关于起草过程和意旨，参照 RESOURCE BOOK ON TRIPS AND DEVELOPMENT, 368—374 （2005）；尾岛明《逐条解说 TRIPS 协定》（1999 年·日本机械输出组合），第 124—127 页），至少可以预想，国内法律明文规定的根据不同领域制定相应的特许的必要条件和保护范围，会对此产生相当的抵抗。

［79］ 比如，特许·实用新型审查标准《第Ⅶ部 特定技术领域的审查标准》的《第 1 章计算机·软件关联发明》《第 2 章生物关联发明》《第 3 章医药发明》等。

［80］ 田村/前注释［4］。

［81］ 也参照中山/前注释［54］，第 241、272 页。

［82］ 参照白田秀彰：《复制权的历史展开》（1998 年·信山社）。这样的事情，在德国也是被认可的。木村/前注释［5］，第 697—698、704—705 页。

［83］ 田村/前注释［30］，第 108—111 页。

［84］ See also Jessica Litman, Revising Copyright Law for the Information Age, 75 Or. L. Rev. 19, 36—37, 48 （1996）（著作权法并没有规制 non－commercial user（非营利利用者）、non－institutional user（非组织利用者））; Jessica Litman, supra note 19, at 18—19, 177—178.

［85］ 比如，提倡导入作为对数码利用的著作权保护要件的登记制度，见田村善之《数字化时代的知的财产法制度》，载前注释［43］机能，无论是否营利性利用，只要妨害了著作权人机会的大规模利用行为都应该是侵害行为。提倡将这个标准的具体化委托给普通法，即司法的，见 Jessica Litman, supra note 19, at 180—182 （也提到通过陪审导入社会规范的可能性。对于不能参与著作权法政策形成过程的公众，不应该要求其遵守

除了著作权法专家以外难以理解的、不明白其意义的法律 id. at 194—195）。

[86] 在网络空间里，技术调控和复制控制的结果是，出现了传统上给予著作者的保护和公众的利用之间的平衡被破坏的警告，暗示了人为设置存在于网络以外的空间的某种不完全性的法规是有必要的趣旨，见劳伦斯·雷西古《CODE VESION 2.0》（2007年·翔泳社），山形浩生译，第235—278页。在防御保护盛行的情况下，具体提出了关于担保免费使用的技术性、制度性结构，见 Dan L. Burk & Julie E. Cohen《以权利管理为目的的免费使用·基础设施》，会沢恒译，载《知的财产法政策学研究》3号（2004年）。关于以点击方式成立的契约的有效性，见普野裕夫《信息契约中的自由与公序》，载《美国法》1999—2（2000年），第192页（暗示了在大众市场购买的场合和经过个别交涉购买场合的使用方法的不同）；同《因契约和技术导致的著作权扩张的相关日本法的状况》，载《知的财产法政策学研究》3号（2004年）；Lucie Guibaul：《著作权的制限与点击方式许可：著作权交易将如何发展？》，会沢恒译，载《知的财产法政策学研究》3号（2004年）。笔者关于两个论点的立场，参照田村/前注释［14］知的财产法，第427—428、433—434页。

[87] 参照前注释［61］。

[88] 参照长谷川/前注释［21］，第17—25页的探讨。

[89] 长谷川/前注释［21］，第24、30页。

[90] Vandana Shiva：《是对生物多样性的保护还是对生命的掠夺　全球主义与知的财产权》（2005年·明石书店），奥田晓子译。有关国际上的动向，见常本照树《先住民族的文化与知的财产的国际保障》，载《知的财产法政策学研究》8号（2005年）；大泽麻衣子《传统知识的保护与有关知的财产的考察——从遗传资源及传统的知识的保全向运用的时代转变》（特许厅委托平成13年度工业所有权研究推进事业报告书·2002年·知的财产研究所）；田上麻衣子《遗传资源及传统的知识保护的讨论基础》，载《日本工业所有权法学会年报》30号（2006年）；同《遗传资源及传统知识讨论的平衡点》，载《知的财产法政策学研究》19号（2008年）；青柳由香《传统的知识·遗传资源·民间艺术作品》，载石川明编《国际经济法与地域协力》（2004年·信山社）；同《与传统知识等相关的国际机构·地域的研究探讨——法律保护的视点》，载《庆应法学》6号（2006年）；山名美加《围绕遗传资源·传统知识的国际纷争与特许制度》，载 Law & Technology 28号（2007年）。

作为理论上的研讨，见田村善之《传统知识与遗传资源的保护根据和知的财产法制度》，载《知的财产法政策学研究》19号（2008年）；同《传统知识与遗传资源的保护根据和知的财产法制度》，载《知的财产法政策学研究》13号（2006年）；黄居正《时间、劳动与生态——先住民的财产权的核心主题》，坂口一成译，载《知的财产法政策学研究》19号（2008年）；李扬《放弃民间艺术作品中共同作者的概念——乌苏里船歌案》，刘晓倩译，载《知的财产法政策学研究》14号（2006年）。

[91] 参照 Will Kymlicka《新版现代政治理论》（2005年·日本经济评论社），千叶真、冈崎晴辉译，第475—540页。

[92] 参照长谷川晃《先住民的知的财产保护上的哲学演变》，载《知的财产法政

策学研究》13 号（2006 年）。BOYLE, supra note 38, at 128—130，也阐述了为了保存可以培养生物多样性的森林，有必要归还没有陷入创作者观的原住民的利益的趣旨。与同书的作者相关 Bellagio Declaration，也同样对现有的智慧财产法是以创造者观点为前提的事实进行了批判，提倡创设旨在保护传统的知识的特别"邻接权"（id. at 192—200）。这方面的介绍也参照大塚善树《从生物多样性到知的财产权的多样性》，载《现代思想》30 卷 11 号 140 页（2002 年）。并不是直接提及相关的传统知识，而是尝试将西欧型的智慧财产的根据相对化，也参照远失浩规《国际政治学与知的财产权》，载《广岛法学》26 卷 2 号（2002 年）。

[93] Vandana Shiva/前注释［90］，指出了特许制度是以科学的竞争创新完全是个人的事这一假设为基础的（关于 UPOV 条约中也有同样的误解之处，同 122 页），但实际上知识是共同体中由于交换并积累而培育出的集团的努力结果（同 34—35、146、151—153 页），同时更进一步，主张生命科学的创造性包括生物本来就具有的创造性（同 55 页）、原住民社会的知识体系所具有的创造性和现代科学家的创造性，对这些多样的创造性予以认可是生物多样性得以维持的关键所在（同 34—35、64—65 页）。原住民的知识体系概括起来就是生态学性质的，而以还原主义和细分化为特征的科学知识的支配模型，由于无法考虑到大自然中相互关系的复杂性，容易使生态体系遭到破坏（同 60—61、66、148—149 页。参照 Vandana Shiva《生物资源掠夺　全球化带来对生命和文化的掠夺》（2002 年·绿风出版），松本丈二译，第 41—86 页）。因此，Vandana Shiva·前注释［90］，结论就是，为了承认、尊重知识的多样性，对于通过 TRIPS 协定和 WTO 逐渐普遍化的西方智慧财产权制度中没有进行限制的智慧财产权体制，具体来说，是指以原住民的知识体系或行动为基础的，得以保护其生活的复合式智慧财产权体制，提倡对于这种体制要予以发展（Vandana Shiva·前注释［90］，第 64—65、68 页），承认集体的智慧财产权，不承认掠夺传统知识的特许的取得（同 85、150—154 页）。

[94] 参照青柳由香《传统知识的法律整备与先住民及地域共同体的参加》，载《知的财产法政策学研究》8 号（2005 年）。

[95] 田村/前注释［90］《知的财产法政策学研究》19 号。

对知识产权战略的法学认识

张志成[*]

内容提要：知识产权战略已经成为知识产权法学界必须面对的研究课题。本文从历史和现实发展的角度分析了知识产权制度的战略化进程，提出，知识产权制度的国际化与市场经济在全球的普及以及发展中国家在资金和技术上对发达国家的依赖密切相关，正是知识产权制度的国际化引发了知识产权制度的战略化。本文认为，知识产权制度国际化进程事实上改变了传统主权国家立法的本质，使发展中国家的知识产权法律制度事实上并不能反映国内利益相关者的真实利益，相反，却很可能反映了国外利益相关者的利益，从而使知识产权制度与国家和民族利益之间出现某种程度的紧张关系，因此，政府必须承担起调和、缓解这一关系的任务，通过公共政策工具来弥合法治与国家利益之间的缝隙，知识产权制度的战略化正是这一过程的政策反映。

关键词：知识；产权战略；公共政策

Abstract：As the impact of the knowledge-based economy and the globalization of economy have been increasing more and more obviously，more and more countries formulate and implement the IP strategy. The great change of the IP system has been revealed obviously，at the same time，it is a puzzle how the IP system will be transformed in the future. The dissertation explained the course of the Strategiliazation of the IP System based on analysis of history of IP development and macroscopical review on the change of the IP. The main point of the dissertation is as follows：The reason for the growing tendency of internationalization of intellectual property rules is that the developing countries have to reckon on the aid of the developed countries. As the interna-

---

[*] 国家知识产权局专利局党委副书记，北京大学法学博士，华中科技大学知识产权研究院兼职研究员。

tionalization of intellectual property rules leap over the inner political course of the developing countries, the IP law in developing countires does not reflect the interests of all the stakeholders, which means that the relationship between the internationalization of intellectual property rules and the nationality interests is very tensional. The government of the develping countries should relieve such tension with the public policy and the other tools.

Key Words: Intellectual; Property Strategy; Public Policy

一、导言

近年来，我国知识产权法学研究的成就集中体现在四个方面：一是逐步确立了知识产权法律在哲学（法理学）上的合理性。主要观点包括以下三种：劳动价值说、垄断利润说、公共政策说[1]。但是，无论哪种学说都存在着内在的缺陷和问题。例如，劳动价值论的内在缺陷在于，知识产权保护不仅仅涉及对劳动成果的保护，还保护投资人的利益。垄断利润说尽管能够解释知识产权制度的必然性，但是却不能给出文化上的合理性。实用主义或公共政策说则完全无法容纳知识产权作为私权的基本价值，从而使知识产权的基本价值备受质疑。二是界定了知识产权的类概念，基本明确了知识产权的内涵和外延。三是基本明确了知识产权的法律属性。四是逐步厘清了知识产权作为一种私法上的权利（或者说民事权利）所必须遵守的（相对于民法上其他权利的）特殊规则，其中包括：地域性、时限性、可复制性、精神权利属性等。

但进入21世纪以来，知识产权国家发展战略已经成为我们面临的一个崭新课题[2]。2000年，日本制定了《知识产权战略大纲》；我国2008年6月5日颁布实施了《国家知识产权战略纲要》；美国推出了《面向二十一世纪战略计划》；另外，韩国、罗马尼亚等国也都出台了类似日本战略的国家知识产权政策大纲。同时，"知识产权战略"问题已经同步显现于法学、经济学和管理学研究领域，知识产权法学研究当然不能回避这一挑战。显而易见，知识产权已经从一个法学问题演变为一个复杂的战略问题。这一问题既涉及一个国家的法律、政策、经济运行、企业治理和文化，又涉及国家、地区和企业知识产权发展战略以及单个的知识产权权利人及被许可人在运用知识产权时的战略安排等丰富内容。需要指出的是，在"战略"的热潮中，知识产权法学本身的基本价值往往成为怀疑的对象。以知识产权战略化为标志，知识产权法学在很大程度上已经成为一种具有明确公共政策目标的"对策"法学，知识产权法学的技巧和手段（包括立法、执法和行政的技巧和手段）成为很多国家关注的工具性政策措施。作为一种法律制度的知识产权制度在这样的多重拉力下到底还有没有基本的法律价值？这也是法学界必须回答的一个问题。作为法学概念的知识产权必须在知识产权战略建构的过程中明确自身的定位和今后的走向，同时，法学界也有必要从知识产权战略的宏观架构角度来重新审视知识产权法学的各个方面和各个层面，从而使法学的知识产权与战略的知识产权之间形成有机的衔接。

需要说明的是，战略并不是一个法学概念。目前研究者对"战略"的界定更多是从公司等商业机构的经营管理角度来进行的。可以说，知识产权"战略"起源于公司战略，是公司（特别是创新型公司）管理战略的一个重要组成部分。"企业知识产权战略就是企业为获取与保持市场竞争优势，运用知识产权保护手段谋取最佳经济效益的策略与手段。"[3]尽管我国知识产权学界的传统集中在法学领域，但是对于知识产权战略的界定却往往是从战略学或者管理学的角度出发来进行界定的。学界多把企业知识产权战略概括为以知识产权的数量、质量、保护、创造等资源的综合利用为手段实现提升企业竞争优势目标的方法。而对国家知识产权战略，我们还缺乏明确的定义。不过，我们可以从各种对知识产权战略的界定发现其中的核心内容：第一，以制度建设作为战略的基础；第二，以主动运用制度灵活管理知识产权为战略手段；第三，以经济和社会目标为战略目标。这些界定能较为明确地勾画出知识产权战略的基本概念和主要内容，但却无法明确知识产权战略的本质属性。如果从法学角度出发，也无法确定知识产权战略与知识产权法学之间的明确关系，无法建立知识产权战略与知识产权法学的对话。

不过，这些概念具有一个共同特点，这或许是知识产权法学与知识产权战略对话的起点，这一特点就是知识产权战略概念主语的确定性。对于国家知识产权发展战略来说，无论是"加快建设和不断提高知识产权的各种能力"，还是"总体谋划"，其主语必定是"国家"或者"政府"；甚至可以这样说，如果抽掉了政府在战略中的角色、地位和作用，就不会存在所谓国家知识产权发展战略。因此，可以认为，对于知识产权战略研究的展开必然要关注政府行为在知识产权各个方面、各个层次的重要地位。理解政府作用与知识产权法律法治之间的相互关系也必然是研究知识产权战略不可或缺的方面。甚至可以说，理解知识产权战略的关键点就在于如何理解政府的作用与知识产权法律法治的内在价值和规律之间的互动关系。

二、知识产权的历史演变

（一）特权向私权转变：市场化和资产阶级革命

郑成思先生说："知识产权并非起源于任何一种民事权利，也并非起源于任何一种财产权。它起源于封建社会的'特权'。"[4] "特权"显然并不是真正意义的权利，而只能是权力或者表现为权利的权力以及权力延伸到权利的内容。从历史上看，"在中世纪的欧洲，很早就存在着由君主赐给工商业者在某些商品上垄断经营的特权。"专利制度以及其他类似专卖制度事实上是主权者与市场参与者的合谋：通过权力使技术或者作品垄断市场，提供唯一供应渠道，从而获得利益，由主权者与被授予特权的人一起分赃。权利（力）的授予并无一定标准，而是根据情势的需要或者主权者的政治、外交或者经济意图（尤其是趋利的经济意图）来决定是否授予以及授予多大范围的特权。特权的本质并非受法律保障"权利"，而是主权者的"恩赐"。主权者的意志曾经在是否给予类似现代知识产权的财产和政治权利的问题上有着重要的地位和作用，从而也为现代知识产权的权利范围与限制、制度的调整与发展留下了重要的传统。知识产权与一般财产权的区别从其发生之时起就形成了。从法学和经济学角度分析，知识产权的特权性主要就体现在知识产权与政府（主权者）的意图有着密切关系。权利人本身在现存的权利客体上的权利都要依赖政府公权力的介入才能够很好地实现，因此，从发生到现在，知识产权的权利主体并没有能成为权利的主导性的支配者。其权利是否存在、权利的内容如何，往往都决定于政府这一外在的公权力的支配。从这个意义上讲，知识产权的特权形态事实上是一种"商业特许权"的特殊表现形式。

随着行会的衰落和市场经济的逐步发展，原初形态的专利权特权的特征逐步消失，而转变为一种具有垄断外衣的私人商业权利。从经济发展史上看，在中世纪的欧洲，商人和手工业者组成的行会本身是一种消灭市场竞争的经济垄断组织。但是，随着手工业向乡镇的扩散和自由买卖的发育，行会"维持地方垄断的企图被郊区的成长挫败了，" "工业生产扩展到乡下，"在英格兰、意大利和低地国家的市场垄断组织均被打破，商人们扩大了市场，"从而促进了专业化和分工"，[5]在市场上"专其利"的企图最终被打破。当然，最终废除包括专利在内的封建特权最主要的原因在于，商业团体对平等贸易权的追求和资本追求最大利润的本性的支配下[6]爆发了新兴资产阶级的斗争。这一斗争在知识产权领域的典型成果就是英国 1624 年通过的《垄断法规》。该法一方面废除了封建垄断和各种特权；另一方面又给予了专利垄断权的例外规定[7]。这一法律的实质是，最终使专利权与创新紧密结合起来，进而使专利权这一特权转化为权利和义务对等的民事权利。

在原初的形态上，版权的核心并不在于出版印刷的内容和形式，而在于出版印刷销售的商业权利。不过，由于版权不仅仅牵涉到经济利益，往往还牵涉政治利益，因此，是否可以从商业上获得利益主要决定于所印刷的内容是否符合统治者的政治利益。由此，在封建专制时代，版权在成为专卖权的同时，必然受制于主权者的意志和政府的控制。只是市场经济的逐步建立，才使封建时代的财产"公共"性转变为私人性，进而使经济模式从垄断的、集中的生产和供给模式转变为竞争性的、多元的生产和供给模式。[8]这一变革的必然结果是人的结社、意识形态的自由。原因是，如果没有意识形态的自由，就无法进行自主判断，竞争性市场就无法存在，市场因此也就无法出现真正的竞争。通过这一过程，主要承载意识形态传播任务的出版权才成为一种私人权利。

从历史发展角度看，商标权利是从标记权发展而来，而标记权是从古老的身份权的重要表现——姓名权衍生而来[9]。标记权的特权性表现在只有少数人才能使用。在封建专制或者帝国集权时代，只有部分人才有使用具有显著性标记的权利。非商业化但又具有区别性功能，能够起到区分产品来源作用的标记、符号是商标（权）演化为私权的起点。在历史上，在产品生产过程中，标记是行政机构强加于产品制造者的行政义务。尽管行政义务与权利风马牛不相及，但履行这一义务而做的产品标记却有区别产品（而不是商品）来源和质量的客观作用，这是最终使标记成为权利的基础。当经济模式转换为市场经济后，一种产品开始由不同的制造者以平等的身份提供给市场（也就是供给制度转变为市场交易制度），商标、商号等标记就成了消费者区别并选择商品必不可少的工具，进而标记就演变为具有财产权属性的私权。

总体而言，原初形态的知识产权从特权向私权转变的主要原因在于市场经济模式的确立[10]。这一模式的确立导致了经济要素的配置发生了如下的主要变化：一是产品转变为"商品"，消费品的获得从封建时代的供给制度（包括自给自足的自然经济和超经济剥削的供赋制度）逐步转变为竞争式买卖制度，市场成为人们获得消费品的重要途径，商标成为必须工具。二是商品买卖的竞争制度要求商品提供者在一个公平的条件下进行竞争，只有在这样的条件下，竞争制度才能得以真正实现。因此，对于参与市场竞争者创新成果的保护就成为竞争者的必然要求。由此也可以得出结论，在市场环境下，保护创新成果对每个竞争者是最公平的一种利益配置模式，也是符合每个竞争者根本利益的。这也是专利制度长盛不衰的根本原因。三是市场经济的建立使社会分工日益细化。细化分工的价值必须通过利润分配环节加以体现，以实现其自身价值。因此，印刷出版与写作在参与分工时，逐步形成了利益一致基础上的利益分化，作者获得了参与分配的权利，使原初形态的版权从单一的商业经营权向作者的私权转化。在封建经济或者说自然经济和供给制经济占据主导地位的年代，商标权、版权和专利权都是保障统治集团利益的重要工具，只是其侧重点不同而已。随着经济模式市场化转变，三者的原初形态才逐步从维护统治集团的政治工具转变为市场竞争的重要工具，演变为私权。

这里需要指出的是，从供给型经济向市场型经济转型过程中形成的前述三个主要变化是在利润率的驱动下围绕商品的供给所形成的。由于利润率在市场经济建立的过程中起到了主导性作用，因此，对于利润率的追求也必然导致市场的扭曲，进而导致商品供给模式脱离其应有的状态而被扭曲。因此，校正利润率驱动导致的市场扭曲就成为公共组织（主要是政府）必然的职责。例如，商标能够起到区分商品提供者的作用，但是，由于商品的提供本身是与利润率紧密结合在一起的，商标的使用者往往为了更高的利润率，冒充别的商品提供者，欺骗消费者，从而扭曲了市场。同时，在激烈的竞争下，合法的商标使用人往往也难以坚持保证产品的质量，利用信息不对称这一市场特点，误导消费者的选择方向[11]。

（二）向竞争工具和企业战略的演化——知识产权制度的扭曲

从法律的字面上讲，无论是在美国、中国还是世界上其他主要国家和地区，知识产权制度所设计的目标一般都是鼓励创新和鼓励竞争。知识产权法律字面上的核心宗旨是促进社会福利的最大化。而这一宗旨主要是从给予创新者一定的垄断权来实现的[12]。但是，无论是专利或是商标制度，对于企业来说，其主要的价值在于，企业可以通过知识产权来维持竞争优势，打压竞争对手，知识产权只是帮助企业获取市场份额的工具。由此，创新成为企业的工具，成为企业利用知识产权制度的成本。事实上，企业运用知识产权制度一般只与提升竞争力、扩大竞争优势有关，而与创新无关。正是在这个意义上，在成为法律制度后，在企业层面，知识产权必然演变为企业竞争工具和经营战略。

那么，为什么知识产权制度在企业层面上会与法律预先设定的目标有这样的内在冲突呢？从对市场经济自由竞争的模型的分析中会发现，企业在利用知识产权制度的过程中存在着抵制创新和减少创新投入的冲动。在市场上，"消费者期望获得所喜爱的商品，而企业则追求利润最大化。"[13]这道出了市场自由竞争的基本模式。不过，消费者"期望获得所喜爱的商品"是有前提的：第一个前提就是能支付得起；第二个前提是消费者能够在市场所能提供的商品中进行比较来确定喜欢与否。如果价格很高，那么，即便消费者喜爱，也不能成为商品，也不可能给企业带来利润。如果市场无法提供消费者"真正"喜爱的产品，那么，消费者也只能与市场相妥协，从市场供应品中选择一个"最喜爱"的产品。相应的，企业对最大利润的追求同样需要建立在这一前提上。即企业提供的商品是消费者能支付得起的，同时，要尽可能提供丰富多样的商品。但是，这里的"尽可能"是需要在权衡投入成本、风险与利润之间关系的前提上的"尽可能"。即如果企业投入研究开发 10 种产品，其中只有一种产品畅销，那么，10 种产品研究开发的成本就要全部摊入这一畅销产品所获得的收入上。当投入研究开发新产品的成本在摊入畅销产品后无法获得利润时，企业的研究开发就无法继续进行下去，在一定周期内，企业必须收缩研究开发的投入。这一分析还显示，消费者喜爱的产品价格中必然包含企业投入到其他消费者并不喜爱的产品的研究开发成本；但同时，消费者喜爱的产品价格必须在消费者能支付得起的基础上确定。这就表明，市场总体上研究开发投入的总水平只能决定于消费者的实际总支付能力。当然，这里所说的支付能力不仅仅是指单个产品的价格，还指单个产品的销售规模。反过来说，企业的利润则决定于研究开发成本与消费者支付能力的比例。研究开发成本越大、消费者实际总支付能力越小（即被消费者不喜爱的产品越多），企业利润越少；反过来说，研究开发成本越小、消费者实际总支付能力越大，则企业利润越多。也就是说，如果企业投入研究开发一个产品就能取得成功，为消费者所喜爱，则为最理想状态；如果开发 100 种产品或者更多产品仍然不能取得成功，那么，企业必然无法生存。因此，企业的运行逻辑就是以最少的研究开发投入来形成尽可能多的为消费者所喜爱的产品。

　　受这个规律制约，从微观角度看，企业必然的选择是提高消费者对自己产品的实际支付能力（增加对自己产品的消费），同时减少对研究开发的投入。提高消费者的支付能力会使单个产品的收入达到最大，而减少研究开发的投入水平则会降低成本。要实现这样的目标，在无管制的条件下，其手段之一是直接制造经过市场检验为消费者喜欢的产品，这种手段表现为仿制或者假冒[14]。另外，由于消费者倾向于在自己有购买力的前提下，购买市场供应产品中"最喜欢"的，因此，从企业获得利润的角度来讲，并不意味着提供给市场的产品越新越多就越好。其原因在于，提供的产品越多，消费者的喜好就越分散，这就意味着企业在单位科研开发的投入获得回报的强度就越小，同时，越"新"的产品也意味着越高的科研开发投入，由于利润受"喜好"和"支付"能力双重约束，即便是新的产品意味着消费者的喜好，但却又往往受制于消费者的支付能力，新产品往往在利润回收上并不具备必然的优势[15]。在这样的条件下，市场上的企业更倾向于提供数量有限的产品，通过引导和控制消费者的喜好来争取尽快、尽量地回收研究开发投资及获得利润，而不是向市场推出所有能够提供的新商品。在充分竞争的市场条件下，要实现这一目标，必然要充分利用知识产权制度本身提供的合法的"垄断"，在技术受法律保护的合法垄断期间实现对市场供给的控制。因此，专利及其他知识产权制度本身的"激励创新"宗旨也必然受这一倾向的制约，不会得到充分的实现。这也是企业利用知识产权制度的过程中与知识产权的制度宗旨存在的内在冲突。

（三）向国家战略演进——全球化的必然结果

从历史发展的角度看，全球化的发展历程证明：以技术作为支撑，以工业制成品参与世界贸易，并通过贸易获得国家经济和社会发展的比较成功的国家往往经历了一个从忽视知识产权到重视知识产权、从受知识产权制度压制到从知识产权制度受益的历史进程。在这个历程中，发展中国家的资源、劳动力优势必须结合发达国家的先进技术和投资才能发挥作用，因此，资本和技术流入就成为后发国家及发展中国家发展经济必不可少的条件[16]。资本输出是经济全球化的实质基础，而在经济全球化运动的背后，存在着利益分配的方式方法以及分配比例两大实质内容，这两个实质内容皆与知识产权制度密切相关。卡司登·芬克（Carsten Fink）和马斯库斯（Keith E. Maskus）的研究表明，知识产权制度的强度在很多方面影响外国直接投资的方式方法，也影响到以许可费用为代表的利润分成[17]。因此，在经济全球化程度日益加深之际，知识产权制度的安排与国家之间的利益分配发生了直接的关系，为此，越来越多的国家必须站在超越知识产权制度本身的战略高度上来审视知识产权制度，从而使本来仅仅是私人之间利益分配的法律制度工具上升到政治层面，延伸为国家之间利益分配的重要工具。

三、知识产权战略的现实发展

（一）美国：两面性的战略

殖民地时期美国有崇尚市场自由、反对封建专利制度的法制传统。例如，《马萨诸塞湾自由典则》有关专利制度的第九条规定："不得准许专利，除非其（是）对于全国有利之新发明，然时间亦以短暂为原则。"[18]因此，美国建国先贤们对知识产权制度采取的是工具性态度，明确知识产权并非天赋人权。当然，从客观上讲，1790—1836 年间，美国是技术净进口国，因此，反对专利等知识产权制度也是美国发展阶段的体现。

20 世纪 70 年代以来，从美国国内看，一方面，受知识产权保护的新知识和新知识产品往往因为过度保护导致成本过高而难以得到消费者的认同，从而使创新失去了市场意义；同时，也存在知识产权权益分配机制不灵难以起到真正激励创新的作用的问题。另一方面，美国也面临着经济全球化条件下其他国家的激烈竞争，又有经济全球化条件下知识产权制度国际化的重要机遇。如何解决好知识产权问题，在国内和国际上充分发挥知识产权制度的作用来实现美国的经济利益和社会发展目标就成了一个重要的战略问题。从国际环境看，美国在第二次世界大战之后进入强盛期，成为世界大国。在此后 60 年的时间里，美国面临着复杂的竞争环境。以亚太地区为例，美国先后经历了日本、亚洲"四小龙"和中国内地经济腾飞的连续挑战。美国只能以不断提高高科技产品在出口商品中的比例、加快高科技的发展来带动国家竞争力的提升[19]。但是，在没有知识产权制度保护的条件下，美国要想保住其高科技产品的市场优势也几乎是不可能的。原因在于，随着经济全球化和技术扩散速度的加快，日本及后来的亚洲"四小龙"和中国内地在技术、制造能力上与美国并无本质差别。而且仿冒产品由于不需要科研开发成本及只需更低的劳动力成本和其他资源成本而比美国同类商品更有价格上的竞争力。贸易自由化进程的不断加快和经济全球化程度的不断加深导致了仿冒[20]商品往往比原创商品更有生命力。

美国知识产权战略有三大支柱，其分别是：一是在国际上力图主导知识产权国际规则的制定和执行机制，以保障其知识财产利益。具体行动包括美、日、欧三方主要围绕专利制度和合作的对话机制，还包括在世界贸易组织等框架下，其对于标准、公共健康等问题的积极维护有利于其自身优势的制度，反对把知识产权问题纳入标准化[21]所造成的贸易壁垒以及公共健康问题的对话等。二是大力提升自身运用知识产权制度的综合能力，保障国家和企业参与国际知识产权竞争的优势。美国在不断完善知识产权制度的同时，对于制度的支撑条件不断加大投入。美国试图以提升其专利制度的执行能力来实现确保"知识产权制度有利于本国及全世界经济的发展、鼓励创新及培育企业家精神。"[22]这一目标需要指出的是，美国对于知识产权综合能力的提升造成知识产权综合费用的大幅度提高，造成了两个后果。首先，对于来自不发达国家和地区的申请人及中小企业来说，要想获得一个有效专利的费用大大增加了。其次，由于费用的提高，使美国专利商标局的财政收入持续增加，有利于其围绕审查能力建设而增强其包括自动化水平、数据库、检索系统等各方面的支撑系统的建设，进而有利于其形成相对于不发达地区的综合优势，使维持现有专利制度实质审查的资源进一步向美国倾斜。三是不断完善国内知识产权制度，坚持保障市场竞争性与创新成果产权化的平衡。美国保持市场竞争性与知识产权保护的平衡主要从两个方面入手。首先，从专利权以及其他知识产权的许可上，以促进科学和使用技艺的进步为目的，对权利进行限制，反对滥用权利。其次，从专利权本身的保护强度及范围上，确保专利权不能成为创新的障碍。美国遵循"贡献—补偿"原则，并以这个原则为轴心，通过法院判例法和成文法灵活调整以专利为主的知识产权政策，保证知识产权制度发挥刺激创新的作用。

总体而言，美国知识产权战略具有强烈的两面性：对内，目标是促进科技进步，核心理念是力图通过竞争提高经济效率，并提高消费者福利；对外，美国力主建立强化保护知识产权的国际规则，其基本理念立足于自身知识产权利益最大化。应该指出的是：第一，美国知识产权法律已经成为经济领域的基本法律。专利制度提供了一种不断推动开发研究，从而维持竞争的动力和机制。美国各界普遍认为，专利制度是美国在世界上保持领先地位的重要原因之一[23]；同时，反垄断法同样作为经济领域基本法律，和知识产权制度相互呼应，以促进自由竞争和消费者福利为宗旨，共同构成了美国的"经济宪法"。第二，美国知识产权法律制度是具有强烈工具性和政策性的法律制度。美国知识产权制度的实践表明，立法机关、行政机关经常根据一个时期的需要，对知识产权法律制度进行具有相当灵活性的调整，以适应经济社会发展的需要以及国际国内各种情况。第三，美国不断通过健全法律实施机制来保证知识产权法律制度发挥应有的作用。

（二）日本：政策为主的战略谋划

日本在第一次世界大战之前，就开始策略性地运用知识产权制度。例如，通过专利许可的方式组建合营企业[24]。在第一次世界大战时期，日本颁布了《战时工业产权法》，不允许敌国国民申请专利，并取消敌国国民的专利和商标权，征用敌对国（特别是德国）的专利技术，使日本在化工技术上迈上了一个新台阶。第二次世界大战以后，日本在技术上仍然落后于欧美，同时，作为战败国，日本在经济上也极为困难。在此情况下，日本采取了运用极为有限的外汇大力引进技术专利和机械设备的国家战略。据统计，

1949—1959 年，日本引进了 1029 件技术；而 1960—1964 年间，日本又引进了 2039 件技术。同时，为了抵御外国技术的入侵，保护民族工业，日本对专利实行较窄的保护范围（如对化工、药品领域的不保护或较少保护）。日本还灵活运用专利制度中的"早期公开、延迟审查"的制度：一方面，早期公开是为本国工业界提供信息，充分利用国外专利信息，发挥专利制度的传播功能；另一方面，延迟审查外国的专利申请、推迟授予外国人独占的专利垄断权就可以最大限度地保护本国民族工业。这些战略的实行为日本战后经济的起飞立下了不可磨灭的功劳。

从 20 世纪 80 年代以来，日本经济竞争力持续下降。根据瑞士洛桑国际管理学院发表的各国竞争力排名，1989—1992 年，日本连续 4 年在 50 个国家中位居榜首，而从 1993 年开始，日本的排名一路下滑，到 2001 年跌至第 26 位[25]。竞争力迅速下滑反映的是以下两个事实：一是相对于美国等技术领先的国家来讲，日本在经济迅速发展的同时却没有形成重大创新，从而无法领先经济转型，导致了日本竞争力的相对下滑；二是新兴发展中国家和地区竞争力不断提升，削弱了日本的传统优势，同时，其国内知识产权竞争环境日益恶劣。日本"为保障日本企业对国外先进技术的模仿和改进，日本长期实行较窄的专利保护制度和对国外申请的诸多限制。"[26]这样的制度下，获得专利是比较容易的。而长期以来，日本产业集中度相对较低，同一行业往往有多家企业参与竞争，进而导致知识产权（特别是专利）就成了企业竞争的必要武器，这使日本专利申请量一直居高不下[27]，日本有学者把这一现象概括为过激竞争[28]。过激竞争最直接的恶果就是在每个领域都存在着由多个不同企业控制的专利技术，这使后来的创新面临巨大的困难。另外，在全球竞争中，日本在资源（能源）、人力等方面的竞争力比不上中国、印度等发展中大国，也比不上以资源（能源）为主的中东国家和俄罗斯、巴西等国。日本的整个经济由于资本市场缺乏效率而遭受损失[29]，交叉持股使得经济组织效率降低，而其便宜的资金来源反而导致了资本难以按照市场和效率原则进行配置，从而降低了整个资本市场的效率。日本只能更多地把提升竞争力的希望寄托在经济发展的技术要素上，通过提升其技术能力来维持和提高其整体竞争力。

日本是目前唯一一个正式制定并颁布知识产权战略的西方发达国家。日本的知识产权战略大体可以概括为"三个方面"、"两个支撑"、"一个机制"和"一个基础"。"三个方面"分别是创造、保护和利用（活用），"两个支撑"分别是人才和政府，"一个机制"是官、产、学、研紧密结合，"一个基础"是文化环境的营造。这里强调一下知识产权创造问题。日本战略明确指出，目前更应该"创造一种体系，使创造出的成果能够转化为权利"[30]。这表明，日本政府认为，科研开发的投入效益不能仅仅再以实际的创新成果多少和水平高低来衡量，而更要以最终形成的知识产权（特别是专利）的数量和水平来衡量。这一战略的出现也表明了知识产权法律可能并不能通过精细的制度设计来完全规避并不符合促进创新这一法律宗旨的客体最终按照知识产权法律的规定获得知识产权保护这一事实。总体上看，日本知识产权战略的主要支点有四个：一是从专利网或者说专利数量战略向基础专利战略转变；二是推动知识产权由保护民族经济发展的工具转变为提升企业竞争力的工具；三是以发展中国家和地区为主要对象，力图维护自身知识产权利益；四是紧随美国，支持知识产权国际化。

从法律角度分析，日本知识产权战略有以下特点：一是日本知识产权战略的实现并不是以法律的调整为主轴的，公共政策成了有效利用知识产权制度的必要支撑。尽管日本知识产权战略的重要标志是《日本知识产权基本法》，但是，该法并非传统意义上的知识产权法，也不是与知识产权制度密切相关的竞争法，而是固定政府意图的法。该法尽管规定了所谓的"国家的职责"、"地方公共团体的职责"、大学和企事业单位的职责，但这些条款并无约束力，不能形成法律意义上的权利—义务结构。二是日本知识产权战略是政府主导的战略，政府成为实现知识产权法制目标的核心力量。《日本知识产权基本法》在第四章明确规定了日本知识产权战略本部的设立及其职责，这种组织管理方式是按照传统行政理念设计的，是以高级别的行政领导、严密的行政组织、灵活的政策调整能力为支柱的行政管理方式，而不是按照当代"服务型政府"、"小政府、大社会"理念设计的组织方式。这一事实表明，日本各界认同政府主导实施知识产权战略这一理念，支持以政府为主体采取各种行动措施来贯彻知识产权战略确立的各项任务。

（三）发展中国家的知识产权政策：对灵活性的追求

发展中国家知识产权制度的发展与变革的基础明显和美、日等发达国家不同。一是多数发展中国家和地区的知识产权制度并不是内生的，而是外来的；只有部分拉美国家的知识产权制度具有较长历史。二是多数发展中国家的知识产权制度是随着国际知识产权制度的变革而不断变革的，其方向一直为发达国家加强保护的要求所主导。三是发展中国家拥有的知识产权总量少。从历史上看，在世界贸易组织成立以前，知识产权制度还仍然是比较单纯的国内或者说双边问题。而自从1995年《与贸易有关的知识产权协议》[31]生效后[32]，发展中国家再面临的最主要的国际形势就变为《与贸易有关的知识产权协议》所代表的知识产权保护的国际化。知识产权保护的国际化主要体现在以下几方面：一是知识产权国际保护的核心从世界知识产权组织转移到了世界贸易组织，发展中国家的政治优势遭到极大的削弱。二是协议确立了最低保护标准，大大降低了发展中国家调整和完善自身知识产权制度的自主性。三是打乱了发展中国家利用知识产权制度促进发展的节奏，使发展中国家丧失了宝贵的过渡时间和政策空间。发展中国家一步跨上了"强保护"的台阶，违背了从"模仿"到"弱保护"、再从"弱保护"到"强保护"的客观发展规律。

总体来看，知识产权保护制度在全球的广泛普及，堵塞了以商品贸易为溢出渠道的技术外溢这一渠道，使发展中国家在进口外国先进技术所制造的生产和生活资料的过程中，无法普及所学到的先进技术。这就大大降低了知识流通的速度，提高了知识流通的成本，整体上对贸易全球化所能产生的效益形成了重大制约。而发达国家掌握了知识产权流动与资本流通的主动权，有效地压低了资源、能源和劳动力价格，削弱了发展中国家的竞争优势，降低了发展中国家发展速度。正如芬丝彻（Feenstra）（1994）所指出的那样，贸易能够导致跨国（发展中国家向发达国家）增长率（发展中国家向发达国家）的收敛，但是贸易本身并非充分条件，它取决于贸易发生的同时有无知识的流动。若只有贸易而无知识从发达国家向发展中国家的流动，则贸易就只能导致增长速度的发散："富国越来越富，穷国越来越穷。"

总体来看，发展中国家对于知识产权国际化的应对知识产权国际化主要经历了三个阶段：一是忽视知识产权的阶段；二是把知识产权保护作为保护国家整体利益筹码的应对阶段；三是以发展为目标的战略性应对阶段。当前，发展中国家所采取的主要战略举措包括：一是通过加大创新投入获得尽可能多的知识产权。近年来，发展中国家专利等知识产权不断增长。在2006年，来自发展中国家的PCT申请较2005年增长27.6%，占申请总量的8.2%。二是充分利用现有知识产权制度的灵活性，利用发达国家创新成果和世界市场获得更大利益。例如，印度在很长的时间内，坚持不对药物授予产品专利，在按照TRIPS协议修改专利法，把药物产品纳入专利保护范围后，又迅速根据多哈宣言，增加了"在特殊情况下为出口而对药品专利进行强制许可"的规定。印度坚持在专利审查过程中使用较高的创造性标准，尽可能地减少了专利授权，确保了国内企业拥有较为宽松的知识产权环境[33]。巴西也采取了与印度类似的措施。在艾滋病比较严重的泰国，军政府也根据TRIPS协议第31条和《多哈宣言》的有关规定，分别于2006年

10 月 29 日、2007 年 1 月 24 日和 25 日三次颁布了对西方三大制药公司三种一线和二线抗艾滋病药物的强制许可[34]。马来西亚、印度尼西亚等国也都有这方面的措施和经验[35]。三是力争通过赋予有关客体类似知识产权的利益分配机制，确保自身利益。对于现代创新具有重要意义的传统医药、传统知识、遗传资源，已经与专利、版权、商业秘密等知识产权形成了密切的关系。这些受知识产权制度保护的权利并没有与传统医药、传统知识和遗传资源拥有者分享权利的机制。巴西、印度等国在近年的有关议程中，不断提出对包括遗传资源、传统知识的知识产权保护问题。四是积极参与国际知识产权制度变革，维护国家利益。除此以外，各发展中国家采取的主要措施还包括：提高知识产权管理机关的行政能力；便利知识产权权利人、申请人获取知识产权；根据社会经济发展，不断加大知识产权执法力度；大力促进知识产权的运用。

与发达国家相比，知识产权战略在发展中国家的表现要复杂得多。首先，发展中国家知识产权法律的规定和实际的法律运行之间有较大差距。发展中国家与法律制度相适应的公民意识、运行机制和相应制度尚不完善，导致了法律运行与其制度规定相去甚远，国家财政、人力资源满足不了知识产权制度执行所需要的大量资金和专业人才，在执行知识产权制度时难以真正实现知识产权法本身确定的目标。其次，发展中国家在实现其在知识产权制度上的目标的时候要面对更复杂的局面。发展中国家要想实现国家利益最大化，就要在发达国家的要求及国内普通产业和国内具备相当创新能力的产业的要求之间保持一种利益平衡。另外，相对于其他法律而言，在一国主权范围内，知识产权法律是统一性极强的法律[36]，地区差异无法在知识产权法律中得到充分体现，这就使得印度、巴西等具有广阔领土和庞大人口规模的发展中国家面临着治理困境。

从发展中国家的角度看，由于国家实质上已经成为 TRIPS 协议的义务方，颠覆了传统立法的概念和机制，在很大程度上限制了国家的主权，进而也限制了发展中国家公民的政治权利。这一事实在法律史上的影响是深远的[37]。由于 TRIPS 协议对立法形式和内容的周密限制，使发展中国家内部本来可以通过政治进程在法律上得以实现的不同团体在知识产权上的利益无法在法律上得到满足，因此，各种团体和不同地区行业的利益只能通过国家和地区政策、法律执行实际效果以及外交斗争的方式在一定程度上得到实现。在这种情况下，法律的执行和法律规定本身的背离以及各国立法与对外政策的矛盾是必然的。

四、知识产权战略与知识产权法治

（一）知识产权国际化：为什么可能？

众所周知，知识产权制度是备受争议的。知识产权制度从 100 多年前形成全球影响以来，直至今天，仍然深陷不休的争论，更令人惊讶的是，尽管争论不休，各国却几乎无一例外地建立了标准一致的知识产权制度[38]。这为什么成为可能？

理解这一问题的核心是市场经济发展模式在全球的普及。产业革命以来，经济学界普遍认为，"用资本替代劳动被看做经济发展的核心问题"。但是，资本积累或者资本输入并不必然对发展中国家的发展起到一致的促进作用，相反，资本的输入还可能使很多发展中国家陷入债务陷阱而不能自拔。针对这一现象，有经济学家认为，经济增长不仅仅取决于资本积累率，还取决于资本在各种投资机会中的配置，特别是有形资本和无形资本之间的配置。从这个意义上讲，发展中国家唯一有可能摆脱贫困和停滞局面的措施是有效地借用发达国家的技术[39]，也就是同时在发展中国家确保引进或者拥有经济发展所必需的资本和技术。但是，对于中央计划经济模式来说，以苏联为代表的东方国家大都具备了较高的资本积累程度，并且在教育科研方面进行了大量投资，取得了领先的科技教育成果[40]，但这一经济模式仍然无法取得成功，因为它不能从根本上实现从短缺经济到富裕的根本性变化。针对这一问题的研究结论是，竞争性的市场是实现开发的核心[41]。只有充分的市场竞争，才能使一个国家拥有的技术、知识、素质等无形资产转变为财富。在这个过程中，建立一种保护技术、知识创造和运用的法律制度就成为一个国家有效配置无形资产的工具，也成为国家间竞争和实现富裕的关键因素。"在市场经济框架中，促进创新的一个重要条件是建立专利制度和保护知识产权的其他手段。如果在加大基础科学研究的公共投资的同时建立有效的市场机制，确保在技术应用层面上能对发明和其他形式的知识产权进行市场交易，那么创新活动就能达到最大化。"[42]

知识产权之所以在 20 世纪末期成为一种全球化的制度，其原因还应包括以下两点：一是知识产权已经成为一种南北方的利益分配工具；二是南方对北方在经济和贸易上的依赖。在第二次世界大战之前及之后的一段时期内，当时的工业发达国家在全球市场上获得利润主要靠价格差，世界各国经济竞争的主要表现在于对原料供应地和市场的争夺，其表现形式为武力争夺殖民地、保护国等势力范围以及争取"门户开放"政策和最惠国待遇。在第二次世界大战后，廉价获得工业原料、高价出售工业制成品获得竞争优势的道路遇到了越来越大的困难。资本主义的竞争力面临着空前的挑战[43]。如果无法建立新的、有利于自身利益的国际政治经济秩序，发达国家就难以保持其竞争优势，甚至变成落后国家[44]。在这个过程中，随着交通、通信技术的不断进步，世界市场日趋统一，原来依靠市场分割和关税壁垒支持产业发展的模式逐步瓦解，产品竞争标准日益统一化。多数发展中国家[45]要实现经济振兴，就必须在国际市场上以发达国家的标准和技术生产商品，否则就无法获得必需的竞争力，这就导致发展中国家必须依赖发达国家生产技术的输入。与此同时，发展中国家一直依赖发达国家的资本输入[46]。

发展中国家在组织生产，进行要素投入，形成产品参加国际贸易时，其商品的价格需要经过知识产权制度的"再估值"，并只能按照在这一制度下的重估价值进行销售。一是缺乏及侵犯知识产权的商品由于知识产权制度提升了其市场准入成本而导致其价格被贬低；而拥有知识产权的商品由于可以直接穿透知识产权壁垒，市场准入成本低，商品竞争力提高，价格提升。从世界范围看，这意味着发展中国家的生产要素事实上是贬值了。二是发达国家在拥有知识产权的前提下对发展中国家进行的直接投资所形成的商品不受或者很少受发达国家知识产权壁垒的影响，使发达国家及其经济组织——跨国公司既可以享受发展中国家国内市场的廉价要素，又能够获得较高的商品竞争力和价格。由于知识产权制度的壁垒效应，就使发达国家重新获得了竞争上的优势，从而得以巩固自身的政治经济地位[47]。

（二）"正反争议"与"南北争议"

所谓"正反争议"，是指对知识产权制度的客观作用存在着往往相反的评价。所谓"南北争议"，是指发达国家（北）和发展中国家（南）对知识产权制度的争议。但是，如前所述，在市场经济条件下，知识产权制度在事实上是无法回避的。在这种客观基础的制约下，对于知识产权制度的"正反"和"南北"争议的出路只有一个，那就是采取趋利避害的实用主义哲学，在具体制度设计上寻找制度的合理性和有用性[48]。要使知识产权制度成为可能、成为现实，立法者就必须在合适的框架下整合这两种争议。而这种在制度设计上"趋利避害"、整合各方观点的过程本身必然是一个系统化、战略化的进程。

这表明，知识产权法治本身是一个难以自足的客体[49]。知识产权制度的建立难以像传统财产权制度那样，在传统的立法程序下，根据多数人意志（表面上的）、按照统一的政治进程来实现[50]。

（三） 政府变革与知识产权法治的战略化

资产阶级出于对政府干预市场的恐惧，力主所谓"守夜人"理论，竭力限制政府的作用。但是，这一理论导致许多突出问题：包括经济活动的外部效益性问题、垄断与经济效率问题、市场行为的短期性和滞后性问题、社会收入不平等及一些社会保障问题等，也就是所谓的"市场失灵"问题。之后，经济学界又逐步形成了统治西方几十年的、以凯恩斯思想为代表的政府干预理论。但是，绝对自由竞争的市场存在"市场失灵"，政府全面干预市场，存在"政府失灵"。因此，在长期的实践中，均衡地发挥政府和市场的作用已经成了当代市场经济国家采取的主要管制模式，政府在市场竞争的过程中承担着重要的角色。新自由主义经济学家弗里德曼指出："政府的必要性在于：它是竞争规则的制定者，又是解释和强调执行这些已被决定的规则的裁判者。"新制度经济学认为，政府应该承担如下职能：提供符合社会需求的制度；提供有效的产权安排，界定和保护知识产权；作为制度实施者，保障制度秩序；有效地协调各种利益矛盾，促进社会的公平与稳定。[51]

这就表明，无论知识产权制度作为产权制度，还是作为竞争制度，政府都必须承担起重要角色，采取有效措施协调各方利益，确定产权范围，促进竞争。另外，在当代，考虑到全球化时代国家之间的竞争，还必须把政府与市场的关系放到经济全球化的进程中进行衡量，政府必须在知识产权方面承担更加重要的职责。从理论上说，在全球化的时代，政府必须对市场经济条件下的国内科技活动进行干预，以克服"科技短缺"[52]问题，保障和提升国家的竞争力。在市场经济模式和知识产权保护的条件下，技术已经成为国际国内市场竞争的根本需要。一旦一种技术被普及，产业的利润率就会迅速下降，企业和国家在这一领域就无法确保竞争地位，或者导致投入的经济要素在知识产权壁垒的过滤下贬值。因此，政府必须考虑到作为科技基础的基础科学研究、带有高风险特点的高科技研究、市场化以及确保科技产出形成知识产权优势，通过技术能力的提升，确保突破贸易过程中的知识产权屏障等。这就要求政府统筹协调，从产权化、竞争法、技术发展、国家对于科研投入的资助等法律制度和体制机制上进行系统化、战略化的安排。

（四） 法的移植需要公共政策的支撑

对于广大发展中国家来说，知识产权法是移植的。一种移植的制度要实现其目标，往往面临着比内生的法律制度更大的困难。在制度移植完成之后，"还要借助国家力量给该项制度的有效运行创造必要的环境和制度框架。如果配套制度不健全，移植来的法律可能陷入一个孤立的境地，并与其他制度产生龃龉，最终可能名存实亡。"[53]在法律移植过程中必须考虑相关配套制度和机制的构建。为实施 TRIPS 协议，发展中国家都需进行相关的制度建设以及相关行政、司法机构的配置，需要投入大量的行政成本[54]。而要使公共政策、行政管理、法律体制形成一个真正能够发挥作用的系统化的制度平台，保证它们之间的衔接配套和相互支撑，政府必须以战略化、体系化的方式进行资源调配和制度设计。

（五）知识产权战略——法治的新形态

在当代，一般都在意识形态上认为，以主权为代表的一个国家的一切权力都属于全体人民，人民是一个国家最高权力的所有者。但从当代法治的发展趋势看，立法权遭到越来越严重的扭曲，行政权和司法权正在日益侵入传统上属于立法权的边界。另外，现代立法过程也已经不是一个简单的利益诉求过程，其正在演变为一个需要专业知识和高度政治平衡能力的复杂过程。同时，还需要引起关注的是，立法过程越来越表现为利益集团和专业人士对立法者施加影响的过程。学者认为：一方面，"许多立法条款由于复杂性，而将公众限制在一些专业人士和直接受影响的利益集团中。这种限制是不可避免的"，[55]同时，由于在经济全球化进程中，移植立法往往是获得相应国家利益的对价，是内国与外国划分利益的手段，而不是基于内部公众利益诉求而确定利益边界的制度生产过程，因此，在短时间内，这样的法律一般不会引起公众既得利益的改变，公众对类似的法律制定过程缺乏敏感性，也缺乏参与的积极性。在这个时候，政府及其外围的专业人士就会成为立法的主导者。

在知识产权立法的过程中，政府事实上更能代表一个国家的综合利益，而立法和司法机关往往缺乏这样的能力。罗尔斯认为："契约观点在反对把时间偏爱作为社会选择的一个根据方面同意西季维克的观点。如果现在活着的人让自己受这类考虑推动的话，他们就可能错待他们的先辈和后代。这个论点看上去可能是与民主原则对立的；因为人们有时说：民主原则要求应当按照现代人的愿望来决定社会政策。"他还指出："然而，由于一种正义宪法即使在有利的条件下也只是不完善程序正义的一种情形，所以人民仍然可能错误地作出选择。也就是说，由于引起不可逆转的损害，他们可能使其对其他各代的严重侵犯永久化；而这在另一政府形式下本来是可以避免的。""所以，在这些情形中，一个民主主义者有理由通过某些适当的不服从形式来反对公众意志，甚至作为一个政府官员来试图巧妙地反对它。虽然我们深信一种民主宪法的健全性并接受一种支持民主宪法的义务，但是在集体判断很不公正的场合下，遵守特别法规的义务还是可能被弃置一旁。"[56] 简单讲，在这里，罗尔斯认为：民主尽管是正义的，但是，民主的过程可能会产生不正义的后果。因此，他引入了"公正"的概念，把公正作为民主的平衡力量来试图实现民主与可持续发展或者说国家整体利益的协调。但是，罗尔斯并没有进一步说明，作为政府官员、作为个人，按照什么标准、如何对民主的结果进行"公正"性的判断。只能认为，在这里，作为民主制度下的政府或者平等的一员，都可以依据理性的力量，来判断民主程序产生的结果是否公正，并根据这一判断，扭转这一结果。从现实的政治程序来讲，在国内政治上，以非选举制的专业技术公务员为主组成的政府相对具有更强烈的理性色彩；在国际政治中，掌握了主要外交权和操控相关事务的政府也能够更深刻地理解国家之间的利害冲突和利益交换，因此，在现实政治过程中，政府可能具有更理性[57]的色彩，能够在国际空间范围内，按照利益交换和补偿的原则，根据国家总体目标来把握公众的判断是否"很不公正"，并进而作出反应。

造成这一现象的原因主要由于以下两点：一是传统立法权无法适应法律移植的现实需要。博登海默认为："在专门的政府管理领域中，有些立法活动要求立法者对存在于该特殊领域中的组织问题和技术问题完全熟悉，因此由一些专家来处理这些问题就比缺乏必要的专业知识的立法议会来处理这些问题要适当的多。由于诸如此类的缘故，现代立法机关常常把一些立法职能授予政府的行政机构、授予一个局或专业委员会，或授予国家最高行政官。此外，立法机关还可能将某些立法任务授予司法机关。"二是"主权让渡"对"议会至上"地位的侵蚀。在经济全球化的时代，一国领土主权范围内的权利配置越来越影响其国家整体利益和长远发展，而经由传统的议会民主，往往难以在双重维度下实现立法的"公正"性。也就是说，由于民主制度的局限性，民意代表往往受制于社会公众对现实利益的诉求，而难以在立法上按照长远发展和长远福利的标准来综合平衡利益冲突。民意代表往往为了选举的利益，而置理性于不顾[58]。另外，经济全球化给世界各国带来利益的同时，也使各国在国际层面相互让渡了越来越多的主权。其中包括了原先属于立法权范畴的许多权利。各国参与经济全球化的程度越深，其在财产权、贸易规则方面的立法权就越少。原来由立法权决定的范围转交由外交权来确定，并逐步成为各国必须承担的义务，而不是立法机构可以任意通过立法改变的利益配置[59]。尽管也有例外，但一般而言，由于世界各国对于贸易全球化的追求高度一致，因此，各国的立法机构极少否决政府通过外交谈判达成了各项财产权和贸易规则的安排。而知识产权恰恰既涉及财产权问题，也涉及贸易规则问题，因此，各国立法机关对知识产权制度的变革能力被大大限缩了。

由于政府主导的立法过程缺乏相应的政治性进程，因此其合理（法）性[60]往往受到质疑。[61]但是，必须看到的是，由于复杂的历史和现实原因，在包括知识产权法律制度在内的具有强烈涉外性、技术性、程序性色彩的法律制定过程中，政府取得了越来越多的主导权，这既是一个事实，也是一个必然。从知识产权法治角度来理解知识产权战略，可以认为，政府已然居于知识产权法制建设的主导地位，并试图通过高度理性的专业化进程、而不是复杂的政治进程，使知识产权法制的运作有利于政府确定的总体发展目标。

（六）公共政策与法治之不足

以 TRIPS 为标准的知识产权制度限制了技术转移和发展中国家技术能力的提高，提高了国际贸易的门槛，限制了市场进入，影响了公共健康和产业安全等等。要解决这些问题，可能的选择有三种：一是修改和完善 TRIPS 主导下的国际知识产权法律制度；二是提高 TRIPS 的灵活性；三是在现有的法制空间内，充分利用自由裁量权促进国家目标的实现。而对于发展中国家而言，这三种方式都难以充分满足利用知识产权制度实现国家经济发展和技术能力提升的国家目标。要在当前的知识产权保护制度下，实现预设的各种目标，必须辅之以相应的公共政策。

知识产权制度涉及司法和行政两个领域，公共政策可以在知识产权司法和行政两个领域发挥相应作用。目前的研究表明，知识产权制度的施行往往涉及创造、保护和运用三个环节以及知识产权管理和专业人才等几个方面[62]。可以认为，要使知识产权制度的施行符合国家的发展目标，公共政策也可以并且能够在以上几个领域发挥重要作用。例如，采取相应措施促进市场主体创造高水平的知识产权，通过行政手段，在法制允许的范围内，明确相应的授权标准，通过司法解释和自由裁量权的行使，灵活确定知识产权的保护水平，加强对市场主体运用知识产权的支持，提升管理水平，加强人才培养等等。同时，外交政策作为公共政策的一部分，也可以在国际知识产权制度的变革和调整方面发挥重要作用。

总体来看，由于当代政府与市场关系的调整、法律移植的客观需要以及公共政策的兴起，知识产权战略化有其客观必然性。对于发展中国家来说，知识产权战略的核心是在外来的知识产权法律制度约束下，在法治的现有空间内，通过公共政策，实现有关知识产权法律制度与发展政策及其他政策的整合，推动知识产权法制的实施在既有的利益分配格局下，实现发展及其他目标，也就是所谓"整合知识产权与发展政策"。而其主要手段则是通过公共政策弥补法治的不足，通过自由裁量权的行使来尽量减少知识产权法制与发展目标之间的差距；同时，要尽量利用 TRIPS 的灵活性，甚至重新确定知识产权国际制度的原则、宗旨以及具体利益分配方案。不过，以公共政策的施行为核心的知识产权战略仍然面临着"一个至关重要的问题"，这就是"如何使这一目标（使发展中国家的知识产权制度与其具体经济和社会状况相适应）与目前多边性、地区性、双边性知识产权协议和标准形成的复杂国际架构相适应，这样的国际框架给各国按照适合于国情的方式运作知识产权制度带来了前所未有的限制。"[63]因此，有必要从可能性上探讨知识产权战略问题。

1. 可能性

知识产权制度战略化的可能性依赖于以下三点事实。

一是不同传统的法律文化逐步把对知识产权权利的信仰转变为对知识产权制度价值的理性判断[64]。总体上看，包括知识产权在内的"神圣"的财产权制度已经不再"神圣"，而逐步在观念上转变为依附于人权和发展权的制度性工具[65]。当然，这里所说的丧失神圣性，并不意味着在法律文化层面，知识产权（特别是以按照多重法律文化有关价值判断的标准确认的以创新为核心的知识产权）彻底丧失了文化根基和公众信仰。由于知识产权与创新紧密联结，而创新则在多数文化传统中仍然受到积极的价值上的肯定，从这个意义上讲，知识产权仍然被"信仰"。丧失神圣性只是意味着，在法律文化领域或者说在法理上，知识产权制度本身已经成为一个可以具体讨论的问题，成为一个可以使用理性进行工具性分析的制度。特别是，学界着眼于讨论知识产权与创新之间的关系，力图把知识产权的本质还原为对创新促进和对于创新成果的使用并以此构建知识产权制度新的文化内核。二是国际知识产权制度存在灵活性空间，知识产权制度存在地域性。三是知识产权具有公法[66]属性。首先，从法理上讲，知识产权本身具有公共性。所有的知识产权的客体都是基于前人的知识及经验积累而创造出来的，而在这个过程中，根据法律可能成为知识产权权利人的创造者并没有付出相应对价，因此，必须由公权力的介入来确定属于权利人的创新（造）范围，并根据创新（造）范围来确定其权利范围，以确保知识产权创新与传播的平衡，保障知识的公共产品性质。其次，从实践上讲，知识产权具有不确定性。对于绝大多数类别的知识产权而言，往往需要各国政府公权力的介入，才能确定权利范围和权属。再次，从法律实施上讲，知识产权权利人缺乏自力救济能力。对于发展中国家而言，由于知识产权法律制度并非内生法律制度，因此，有效运用知识产权法律制度的意识和能力相对较低，尤其需要"诱导性"[67]政策来实现公共政策目标。

2. 知识产权战略面临的困境

知识产权制度的战略化进程会在以下几个方面和法治形成严重对立，导致知识产权法治在知识产权战略的制约下出现严重困境。

首先，知识产权战略目标与法律基本价值的冲突。知识产权战略目标与知识产权法律制度本身的宗旨之间既有一致性，也有差异性。知识产权战略目标总体上而言是围绕着提升国家竞争力（相对于发达国家而言）及确保发展所必需的技术能力和社会公共目标（相对于发展中国家而言）。从知识产权法治本身的目标来看，作为一种产权制度，其本质上必然包含"有利于国家的经济增长"、"可能带来社会效益"[68]这样的理性目标，但同时，知识产权制度也是"私"的利益的客观反映，作为产权制度，具有维护作为市场经济和民主政治基本要素的"人"的基本权利的基本价值，而人的基本价值（包括其作为人所必备的权利）在现代社会是不容否定和削弱的。其次，知识产权战略与司法独立性和行政中立性的冲突。知识产权战略目标的实现主要通过推行公共政策。而公共政策的推行需要贯穿到立法、司法、行政执法、行政管理的整个法治过程才能确保战略目标的实现。在这一过程中，政府的主导权往往被整个法治过程加以放大，进而会使政府的意志侵蚀司法的独立性和行政的公正性。例如，针对美国联邦巡回上诉法院的研究表明，在该法院成立的第一个十年里，其认定专利权有效的加权平均值约为67％；而在之前，只有35％的专利被法院认定为有效[69]。除非说美国采取了亲近专利权人的公共政策，否则就难以解释，特别是难以透过传统上的公平正义乃至于技术性的原因来解释这一事实。再次，政府主导的战略与公正的利益分配。在现代社会，利益分配主要是一个法治问题。而以公共政策为核心的知识产权战略则由政府主导，并透过对权利的限制、扩大、授权、无效等方式深入影响传统上只能由法律制度安排的利益分配。这一过程中，缺乏成熟可信的政治过程，可能导致随意性和私人权利被"权力"所支配，进而使利益分配违背客观规律、缺乏执行力。

当然，我们可以通过以下措施在相当大程度上摆脱困境。第一，确保公共政策制定和执行过程的民主化科学化。应该处理好以下关系：一是消费者与生产者之间的利益关系；二是知识产权的生产企业与知识产权使用企业之间的关系；三是竞争性企业之间的关系（包括外国企业和内国企业）；四是知识产权利益与国家整体利益之间的关系；五是国家近期利益与国家长期利益之间的关系；六是外国利益与内国利益之间的关系。知识产权战略必须确保民主化的大众议程和政府议程，并充分发挥政府议程中各个团体的角色作用[70]。当然，类似的机制并不意味着知识产权战略的制定和实施成为一种政治进程，并以政治力量的强弱来决定其所涉及的实质利益的分配。充分运用现代社会管理和技术科学发展的成果，实现科学的"事实判断和价值判断"，是发挥公共政策作用的核心途径。这也是公共政策在政治上与法律制度及法律实施的区别。第二，知识产权战略法制化。第三，争取国际秩序民主化。

五、中国的知识产权战略

制定和实施知识产权战略已经成为中国的国策。从中国国情出发，在制定和实施知识产权战略时，既要把既有的硬约束当做通过实施战略加以改变的目标，也要在硬约束下进行。同时，尽管我们法律制度的灵活性受限于TRIPS，但我国可以做到决不承担超 TRIPS 的义务。另外，从建设法治国家的根本方略出发，知识产权战略既要把知识产权制度作为实现经济社会发展目标的法律和政策工具，又必须严格依法保护知识产权，尊重法律基本价值。

对于中国来说，实施知识产权战略面临的一个重要难题是民族主义。因为有了民族主义，"民族之防终究成为政治、经济、军事、外交与文化的硬约束，'民族利益'成为很难跨过去的高门槛。"[71] 在与知识产权有关的领域，与强保护和弱保护的争论的核心问题一致，民族主义主要涉及利益分配。不过，需要关注的核心是，在知识产权及相应的经济领域，民族主义的经济思想如果等同于保护主义，从而导致否定经历了实践证明能够提高经济效益和富裕程度的贸易自由（在我国表现为改革开放），就会使知识产权战略成为知识产权自我保护主义的代名词，从而不利于国家的整体利益[72]。因此，从发展中大国的经验和我国的需求来看，在知识产权上的民族主义必须限定在经济和技术自主性上。

（一）中国制定战略的必要性

中国制定和实施知识产权战略之所以成为必要，与知识产权法律制度存在的若干困境密不可分。总体而言，中国知识产权法律制度存在如下需要公共政策协调的困境和冲突。

1. 双重导向的困境

在我国法律体系中，与知识产权有关的法律制度在利益导向的设计上并不一致。其主要表现是：在国家创新体系中，传统的、计划经济下形成的科技管理法律制度仍然起着重要的甚至决定性的作用，而知识产权法律制度本身仍然不能发挥其核心的促进创新的作用。两种创新方式都能有效产生技术以及其他创新成果，但只有知识产权制度才能使创新过程转变为生产过程，并形成经济增长。

2. 社会价值与私人利益的困境

从法律上来说，保持社会和私有财产二者的平衡一般是在维护私人权利的基础上，基由对私人权利限制来实现的。法学界也对于如何从法律上平衡知识产权这一私有财产与社会二者之间的利益关系作了不懈的努力。但是，在全球化的时代，私人利益往往被民族主义区分为"民族的"和"外国的"，在意识形态上，二者已经形成了强烈的对立，因此，问题就演变为"民族的"私有财产和"外国的"私有财产与社会利益的复杂关系。在知识产权领域，其表现得更为强烈[73]。在中国，一方面"民族"或者说国内的知识产权发育不足；另一方面，"外国"知识产权大量存在于国内，这样的局面就使得仅仅能平衡私人财产与社会关系的所谓"利益平衡"理论架构不堪一击。具体到中国来说，由于"外国"的知识产权更多的是在国际市场上竞争的工具，因此，尽管对于权利的限制会使"外国"知识产权在中国承担更多的社会功能，加快技术扩散的速度，降低垄断的危害程度，但却不妨碍其在其他市场获得超额垄断利润，并没有、也不太可能降低拥有这些知识产权的公司的竞争能力，也不可能影响"外国"企业对知识产权的创造能力和热情。而对于知识产权权利的限制或者说保护水平的不足，却必然会导致"民族"的或者国内的知识产权的创造不足。由于"民族"企业竞争的市场往往局限在国内或者局限在有限的几个市场，在缺乏知识产权保护的情况下，民族产业只能陷入低水平的激烈竞争，甚至完全丧失对于消费者的优势地位和对市场的控制力。正如格林斯潘所指出的那样："实际上，由于全球化的推进与管制的放松加剧了竞争，与先前相比，美国产业在当前这种低通货膨胀的条件下，没有能力把上升的成本转移给消费者承担。"[74]简单而言，只有知识产权保护才可以并且能够使企业从激烈的竞争中脱颖而出，实现市场垄断，并把生产成本转移到消费者身上，进而实现私有财富最大化，从而有利于社会进步。没有较强的知识产权保护，可能会使更多的企业生存，但却不能使更多的企业强大起来。也就是说，"平衡论"在平衡掉外国企业垄断优势的同时，也平衡掉了国内企业创新冲动，导致市场主体长期陷于低层次的竞争之中。

3. 制度功能单一的困境

所谓功能单一，是指我国的知识产权制度倾向于以保护的机制来实现制度的目标，忽视促使知识产权真正成为生产函数的复杂制度系统的建立和完善。

4. 行政管理的困境

我国高度分散的知识产权管理机构设置难以及时有效应对国内外知识产权领域出现的各种新问题，已经严重制约中国知识产权事业健康快速发展。这是我国知识产权领域独有的问题，有必要从战略高度加以改善和解决。

（二）中国战略的方向

除了法治上的必然性之外，和其他发达国家及发展中国家一样，在知识产权领域，中国也面临着复杂的政治、经济、外交和外贸问题，这也是中国实施知识产权战略的重要背景。必须要指出的是，并不是所有的问题都可以从对法治本身的反思中发现，更多难以发现的问题必须要到我国经济社会发展的社会背景中去寻找。只有这样，才能够发现法律的基本价值之外的功能性价值，进而实现法律基本价值和功能性价值的平衡，避免陷入基于超越价值和信仰而对于实用主义和功利主义的批判，同时也避免实用主义和功利主义侵蚀社会结构和人的价值得以体现的法律的基本价值。

中国实施知识产权战略的核心是公共政策的调整。但是，制定和推行公共政策，以公共政策调整和推动法治的运行，并不必然意味着以公共政策替代法治。在市场经济的前提下，以私人权利为核心的知识产权制度既具有促进创新的功能性的价值，也承担着维护以"私人财产"为核心的私人权利的全部民法共同的基本价值。不能清醒地认识这一点，试图把社会对私人权利的限制以及把私人权利的调整附加功能性的价值这一过程演变为否定与知识产权有关的法治基本价值的过程是不可取的。反之，固守法律基本价值，在私人权利主体从一国国民演变为"世界公民"的前提下，仍然把坚定维护私人利益看作等同于维护民族或国家利益的具体体现是愚蠢的。原因在于，私人财产的法权价值绝不仅仅在于财产权所表现出来的有形的物质利益，它还具有保护私人独立性这一使现代社会得以建构的基本价值，同时，从功能上讲，私人财产的保护也是激发私人在市场条件下参与竞争的前提。但同时，由于经济全球化快速发展，原本具有相同根本利益的、在同一个社会相互竞争共存共荣的私人财产权被异化了，也就是说，并不是所有的私人利益都具有共同的根本利益，或者起码在意识形态上形成了"内""外"之别。特别是，实践表明，知识产权、金融资本等"私人财产"在经济全球化的时代都有控制一国国家根本利益的可能性和现实的危险，并最终有可能通过对国家经济等领域的控制，伤害作为整体的一国国民的私人权利。因此，不通过相应的公共政策对私人权利的行使进行调整是幼稚的。由此，对于知识产权公共政策的调整，取得了和传统民法上物权及其他权利限制完全不同的意义。对于知识产权公共政策的调整不仅仅是使权利平衡的手段，也是在保护私人利益的前提下保护民族和国家利益的必要手段。可以说，对知识财产的调整和分配，在中国当代民法的发展中，正在取得优越地位。

（三）中国战略的目标

中国知识产权战略的目标应该包括以下三个方面：一是实现对于市场经济的合理干预；二是整合知识产权制度、知识产权公共政策与创新政策、发展政策；三是整合正式制度与非正式制度。具体来说，中国知识产权战略要实现"三个统筹"。这三个统筹分别是：一是统筹知识产权各领域的公共政策，使知识产权制度成为一个整体性较强的制度，使专利、商标、版权等知识产权互为有机补充，尽可能地消除法律制度、管理制度和其他制度上的矛盾与冲突，使各类知识产权真正成为促进社会财富生产和经济技术自主性的要素。二是统筹知识产权与其他领域的公共政策。这意味着知识产权制度与创新、贸易、公共卫生、市场竞争等领域政策的体系化和有机统一，使知识产权成为这些领域的积极因素。三是统筹国内知识产权制度建设与知识产权国际制度变革。要把国内知识产权制度建设与知识产权国际规则制定紧密结合，通过积极的知识产权领域的外交活动，确保按照中国发展和改革的需要，有阶段、有重点地加强知识产权制度建设。同时，把有利于中国发展的知识产权制度建设的成果转化为国际规则。

（四）中国战略的核心内容

整体上看，中国知识产权战略的核心问题是基于发展问题、创新问题和保障人的基本权利问题而形成的知识产权法治和公共政策问题。以战略的方式制定系统化公共政策，实现法律制度及其运行与创新、发展和保障人权的整合，这是中国知识产权战略的核心。

一是整合知识产权制度与创新政策。必须要在维护市场竞争秩序的前提下，以提高市场主体市场竞争力为目标来进行。

二是整合发展政策与知识产权制度。其实质是通过经济和非经济的手段以及市场化和非市场化的手段，来帮助发展中国家，特别是最不发达国家实现发展的目标。盲目追求所谓"真正的创新"而忽略"创造性的模仿"在发展中国家对于发展的重要作用也是不足取的。

三是整合人权的发展与知识产权制度。关键是要在知识产权制度中整合以下三种权利：（1）受教育权。从知识和信息传播途径上看，由于数字化时代的到来，现在，则不仅要为内容付费，还要为表现这些内容、使这些数字化信息转变为可见可感的有用信息的设备、网络和技术付费。（2）公共健康权。（3）民族文化权利。把保护传统文化[75]等抽象的民族文化的完整性作为基本人权整合到知识产权制度之中。对于一个民族来说，一方面传统知识和民间文艺承担着不同的文化传承任务；另一方面它们又共同构成一个民族的特质，都是一个民族传统文化重要的组成部分。赋予知识产权保护制度以相应的公权属性，把采用传统知识的举证责任倒置于现代化商业公司，赋予传统知识权利人以异议权，同时，对于基于传统知识而进行的现代创新成果征收相应"传统知识保护税"，并将其用于保护（保存）[76]传统知识，将会为传统文化的保护和创新发展提供新的思路。

（五）能力建设

加强政府能力建设。致力于强化政府能力，特别是强化专利商标的审批能力。政府对知识产权的管理也逐渐从确权扩散到促进创新、扩大信息传播、维护知识产权海外权益以及提高公民意识等各个方面。这都要求传统上的知识产权政府机构实现转型，有效提升能力，加强市场主体能力建设，促进企业实施知识产权战略，并建立相应的制度和管理结构，把创新导向作为企业参与竞争的基本模式，同时，提升员工对于知识产权的认识、解决知识产权问题的能力，并树立鼓励创新、保护知识产权、运用知识产权的企业价值观和全民价值观。

（六）《纲要》的基本内容和不足

《纲要》内容包括了对我国面临的形势的总体判断、实施知识产权战略的指导思想和战略目标、战略重点和重点举措等几部分，言简意赅，勾画了我国知识产权战略。总体上看，《纲要》对于一些存在争议的问题采取了原则化的处理模式，并没有提出明确的态度，但是，《纲要》也对一些主要问题作出了回应。

从对形势的判断上看，《纲要》认为，为了应对粗放的经济增长方式，必须积极开发利用知识资源，由此必须充分重视调节知识资源利用的知识产权制度，充分发挥知识产权制度的作用。从指导思想上看，《纲要》明确了创新型国家建设的主轴，把实施知识产权战略的原则确定为"激励创造、有效运用、依法保护、科学管理"，把创造、运用、保护和管理知识产权作为知识产权战略的四大支柱；把着力优化知识产权制度，立足增强国家核心竞争力，积极营造良好的知识产权法治环境、市场环境、文化环境，大幅度提升我国创造、运用、保护和管理知识产权的能力，为建设创新型国家和全面建设小康社会提供强有力支撑确立为指导思想。从战略目标看，《纲要》把重点放在了所谓"自主"知识产权拥有量大幅度增加、知识产权（财产）水平（竞争力）明显提高上；把形成"一批拥有知名品牌和核心知识产权、熟练运用知识产权制度的优势企业"作为实现这一目标的基础；《纲要》也把市场规范纳入视野，提出要明显改善知识产权保护状况，遏止盗版、假冒等侵权行为。尽管《纲要》中并没有明确什么是滥用知识产权，但还是十分关注知识产权的滥用问题，把遏制滥用知识产权也纳入了战略目标。

《纲要》确定了战略重点。这些重点包括：完善知识产权制度，促进知识产权的创造、运用，加强知识产权保护，防止知识产权滥用以及培育知识产权文化等诸方面。从完善制度角度看，除了针对目前我国尚不完善的管理体制、司法行政执法体制之间的协调提出相应对策之外，《纲要》试图在承担国际义务和优化国内法律制度之间、促进知识产权创造与扩大社会福利之间保持一定的平衡，提出了"进一步完善知识产权法律法规"以及"加强知识产权在经济、文化和社会政策中的导向作用"的重大举措。在促进知识产权的创造和运用方面，《纲要》强调发挥产业、财政、能源、环境保护、金融、投资、政府采购等配套政策的综合作用，提出积极"引导和支持市场主体创造和运用知识产权"，并把技术创新的评价与取得知识产权挂钩，把知识产权作为"追求目标"，把掌握"技术标准"作为最高目标；对于知识产权保护，《纲要》除了强调加强执法外，更加注重"权利人"自身保护其知识产权的积极性、主动性。在防止知识产权滥用方面，《纲要》则提出"制定相关法律法规，合理界定知识产权的界限，防止知识产权滥用，维护公平竞争的市场竞争秩序和公众的合法权益，"明确把知识产权方面的反垄断和过度竞争问题提到了中国知识产权法制建设的议事日程上"。《纲要》提出了培育"知识产权文化"这一崭新理念，把全社会知识产权意识培育以及知识产权普及型教育纳入战略重点，这充分反映了中国在法制建设过程中所形成的有关认识，是"德治"和"法治"统一在知识产权制度建设上的具体体现。

为了更有针对性，更加具体地解决各领域的具体问题，《纲要》还对各领域知识产权问题确定了专项任务。关于专利，《纲要》除了关注掌握核心技术专利、促进创造之外，还关注专利权与社会公共利益的平衡，强调强制许可制度等例外制度的重要作用；同时《纲要》还注意到了专利授权过程及结果的重要意义，把确保专利审查质量作为重要任务。对于商标而言，市场秩序混乱仍然是比较突出的问题，因此，明确要求"加大保护力度"；同时针对中国品牌价值不高的问题，提出"鼓励企业进行国际商标注册，利用自主商标参与国际竞争"以及提高商标的附加值等任务。在版权领域，《纲要》的关注点一是"依法处置盗版行为，加大对盗版行为处罚力度"，以"遏止盗版现象"；二是要求有效"应对互联网等新技术发展对版权保护的挑战"以及"保护版权和保障信息传播的关系"。关于商业秘密，除了保护权利之外，《纲要》主要关注的是"保护商业秘密与自由择业、涉密者竞业限制与人才合理流动的关系"，体现了我国劳动法理念的发展，表达了对劳动者合法权益的关怀。在植物新品种领域，《纲要》对政府的能力建设给予了更多的关注，要求"建立健全植物新品种保护的技术支撑体系"，同时，作为农业大国和有着最多农民的国家，《纲要》也明确要"使品种权人、品种生产经销单位和使用新品种的农民共同受益。"对于新兴的知识产权领域，《纲要》也一一作出了回应，包括对于地理标志的保护、遗传资源保护、开发、利用、传统知识保护、民间文艺等，同时，《纲要》还关注到了军民两用的知识产权创造和运用问题。另外，《纲要》还从立法、执法能力和水平、政府知识产权管理、企业等市场主体创造、运用、保护和管理知识产权的能力、知识产权信息服务、中介服务、人才队伍建设、对外知识产权交流与合作等方面提出了九项具体举措。

总体来说，《纲要》取得了突出的成就。这主要体现在以下几个方面：一是《纲要》第一次建构了整体化的知识产权法律制度建设的图景；二是确立了知识产权在国家科技及创新法律、法规和政策体系中的重要地位；三是把政府能力建设摆在突出位置；四是从中央政府层面把知识产权问题首次作为一个体系化的问题来看待。

不过，《纲要》的不足也是明显的。其不足主要体现在这样几个方面：一是对知识产权利益与公众利益的平衡的关注不够；二是没有把知识产权问题摆到建立健康有序的市场经济的高度来看待；三是对知识产权制度的国际化问题缺乏必要的关注；四是对于一些急需解决的重大现实问题缺乏回应。例如对于我国缺乏统一的涉外知识产权协调机制、分散的知识产权行政管理体制以及重大基础设施的匮乏等问题都没有直接的举措。

总之，战略是法治领域的新现象，也是政府治理领域的新现象，同时也是企业管理领域的新现象，更是国家竞争领域的新现象。研究知识产权战略的意义不仅仅在于知识产权法律制度、公共政策以及二者的整合，更不仅仅在于提出具体的立法和制度调整建议；重要的是，具体的建议根据什么而做出，其背后的理论依据和客观条件是什么。只有确立了这样的规范，知识产权战略以及其他领域的战略才能够避免作为政绩表现形式和简单政策工具的规划"纸上画画、墙上挂挂"的命运，而成为一种与法治一样具有基本价值意义的新的治理工具。限于制度—规范模式的传统法学分析工具不能解决"具体法治"中的许多问题，特别是在私法制度作为移植法以及经济竞争国际化的条件下，那种把私法制度的建立和权利界定作为灵丹妙药的思维定式在全球化的竞争条件下，已经到了需要调整的历史转折点。

注释

[1] 根据美国学者费舍尔（William Fisher）的概括，当代西方知识产权理论中占据主导地位的有四种理论路径，即：功利论（Utilitarianism）、劳动论（Labor Theory）、人格论（Personality Theory）和社会规划论（Social Planning Theory）。参见饶明辉《当代西方知识产权理论的哲学反思》，吉林大学 2006 年博士学位论文。从法律经济学角度的分析认为，知识产权之所以受到法律制度的保护是因为知识产权所保护的信息资源的稀缺性。但是，这一规律并非适用于知识产权所保护的全部对象。例如商标、企业名称、数据库等等，其经济学上的稀缺性是很有限的。有关稀缺性导致信息产权化的分析参见高德步《产权与增长：论法律制度的效率》，中国人民大学出版社 1999 年版，第 118 页以下。

[2] 例如，有学者认为："知识产权发展战略，是我国目前必须面对的一种重要课题，因为它与我国产业长足发展、经济持续增长、社会整体利益、乃至国家安全等问题息息相关。"参见易继明《民法典的不朽》，资料来源：中国社会科学院法学研究网站：http：//www. cass. net. cn/file/2005102550139. html。更新时间：2005 年 10 月 25 日 14：11：01；访问时间：2007 年 12 月 20 日。

[3] 李铁宁、罗建华：《企业知识产权战略文献综述》，载《山西科技》2005 年第 6 期。

[4] 郑成思：《知识产权论》，法律出版社 1998 年第 1 版，第 4 页。

[5] ［美］戴维·S. 兰德斯著：《国富国穷》，门洪华等译，新华出版社 2001 年版，第 56 页。

[6] 张志成：《论知识产权的合理性问题——一种法理学形式上的分析》，载易继明主编《私法》第 5 卷，北京大学出版社 2003 年版，第 330 页。

[7] ［日］富田彻男：《市场竞争中的知识产权》，廖正衡等译，商务印书馆 2000 年版，第 9 页。

[8] 参见［美］詹姆斯·布坎南《财产与自由》，中国社会科学出版社 2002 年版。

[9] 姓名权是从原始的宗教崇拜形式——图腾崇拜发展而来的。部落有独特的原始崇拜图腾，例如中国古代的炎帝部落和黄帝部落就有着不同的崇拜图腾。部落之间是以图腾崇拜来区分的。中国成熟的文化图腾——龙，乃是各个部落图腾的混合物。图腾事实上就是一种标记，是一种文化符号，可以代表一群人、一个家族、一个地方，因此，显然不是每个人都可以使用的，只能是一种少数人有权决定如何使用、少数人才有权使

用的文化标记。有关系统的资料汇总，参见席兴利《中国标志形态流变研究》，河南大学 2005 年 5 月硕士学位论文。

[10] 关于这一观点的论述，参见张志成《论知识产权的合理性问题——一种法理学形式上的分析》，载易继明主编《私法》第 5 卷，北京大学出版社 2003 年版，第 327 页。

[11] 例如，2005 年以来在中国乃至世界市场上都卓有声誉的诸如索尼、宝洁等公司都曾经出现过产品不合格的情况。

[12] 由于人民主权理念的建立，现代国家的目标与古代君主国家的目标不同，一般都会把公民福利放在首要地位。这一目标对外就表现为爱国主义和对民族利益的高度敏感，对内则往往表现为经济民族主义。

[13] ［美］丹尼尔·F. 史普博著：《管制与市场》，余晖等译，上海三联出版社、上海人民出版社 1999 年版，第 46 页。

[14] 仿制指的是根据市场上已经有的商品的特征，进行有意的模仿，从而使自己仿冒的商品在观感上达到与被仿冒商品一致，进而实现分享市场利润的行为。假冒，指的是生产与被假冒商品完全一致的商品的行为。

[15] 摩托罗拉的"铱星"项目有力地证明了这一解释。尽管该计划在技术上具有无可比拟的优越性，但由于顾客支付能力的问题，无法创造利润，最终不得不宣布失败。

[16] 具体论述，可参见刘德喜主编《WTO 与国家主权》，人民出版社 2003 年版，第 24 页以下。

[17] Intellectual Property and Development, Edited by Carsten Fink and Keith E. Maskus, p. 113. A co publication of the World Bank and Oxford University Press, 2005. 在这一报告中，多位学者从实证分析的角度探讨了知识产权制度的"强"与"弱"对外国投资以及外国投资参与利润分配的情况进行了探讨。尽管由于影响外国投资的因素非常之多，难以确定性地在知识产权制度与外国直接投资以及研究开发投入之间建立简洁明了的关系，但是，研究发现，一个国家的知识产权保护强度与外国投资的形式和数量确实存在密切关系。

[18] 法学教材编辑部编：《外国法制史资料选编》下，北京大学出版社 1982 年版，第 429—430 页。

[19] 张德明：《略谈亚太经济中的美日竞争》，载《武汉大学学报（人文社科版）》第 53 卷第 6 期。

[20] 事实意义上的"仿冒"，而不是法律意义上的非法"仿冒"。

[21] 见中国代表团向 TBT 委员会提交的《标准化中的知识产权问题》提案及背景文件，WTO/TBT G/TBT/W251。

[22] 美国国家公共管理学院关于美国国会及美国专利与商标局的报告：《美国专利商标局——应变以迎接 21 世纪的挑战》，中国国家知识产权战略制定工作领导小组办公室 2006 年编译，2005 年 8 月，第Ⅶ页。

[23] 尹新天：《美国对其专利政策的重新审视》，未刊稿。

［24］［日］富田彻男：《市场竞争中的知识产权》，廖正衡等译，商务印书馆2000年版，第81页以下。

［25］国家知识产权战略制定工作领导小组办公室编：《国外及台湾地区知识产权战略调研报告文集》，第2页（此为内部文件，没有公开出版）。

［26］包海波：《日本企业的知识产权战略管理》，载《科技与经济》2004年第2期。

［27］日本在石油危机经济陷入困境时期以至于1990年代后经济停滞期间，专利申请数量一直都在快速增加。

［28］［日］富田彻男著：《市场竞争中的知识产权》，廖正衡等译，商务印书馆2000年版，第216页。

［29］郑秉文：《股票—福利—经济制度》，载《读书》2002年第3期，第96页。

［30］《日本战略·基本方向》。

［31］联合国官方中文名称为：《涉贸知识产权协定》。

［32］付明星：《专利的国际保护》，中国政法大学2005年4月硕士学位论文。

［33］国家知识产权战略制定工作领导小组办公室编：《国外及台湾地区知识产权战略调研报告文集》，第111页。（此为内部文件，没有公开出版）

［34］国家知识产权局国际合作司：《关于泰国强制许可相关问题的分析报告》（此为政府内部文件）。

［35］徐玉玲（Chee Yoke Ling）：《发挥"政府使用"方案以加强获取抗逆转录病毒药品的权利——马来西亚的经验》（此为NGO非正式出版物）。

［36］对于实行财产私有的国家而言，财产权一般都具有同样的权能，并按照同样的规则和制度实现流转。和普通财产权相比，知识产权具有更高的适应性，可以在授予标准、流转等方面执行独特的制度。但对于并没有实行绝对的私有权的多数发展中国家而言，财产权是可以根据实际发展水平和需要进行权能限制或者客体限制的。例如，土地的集体所有或者国有。对于其他权利更是可能按照地区、人群而有所不同。例如对于土著人可以授予特定的权利。而知识产权制度由于在很大程度上需要国家统一授予或者认可，只能采取统一的标准，无法根据地区和人群差异采取差异性标准，因此，在TRIPS协议确定最低标准后，在一国范围内，进行类似的适应性调整就极为困难。

［37］当然，这种立法方式并非全无好处。例如，美国马萨诸塞理工学院政治学副教授爱德华·斯坦菲尔德就这一问题的探讨认为，中国正是通过规则的外包——也就是把制订市场运行规则的权力交给世界其他国家的方式，从而完成了体制内的重大变革，进而实现了经济、社会和政治变革，并赢得了发展。参见《华盛顿邮报》网站2007年9月2日《守规矩的无赖》一文（此为内部参考翻译材料标注之出处）。可以认为，把制定规则的权力交给外国是一种政治自觉，它可能会很好地推动一个国家的发展。例如中国加入世界贸易组织的政治决策。但如果是被动接受，那么这样的方式是不是一定会推动一个国家的发展，恐怕还是要针对该国的实际情况进行研究才能得出结论。

［38］现代世界对于很多基本法律制度基本达成了一致的认识。例如人权、发展权、财产权制度、选举制度，等等。但是，对于未达成一致认识的基本法律制度，各国往往会在各自国家主权范围内实施不同制度。例如中国和美国的政治制度就存在差异。而各

国对知识产权的认识不同，却建立了基本一致的知识产权制度。

[39] 参见［日］速水佑次郎《发展经济学——从贫困到富裕》，李周译，蔡昉、张车伟校，社会科学文献出版社 2003 年版，林毅夫《序言》，第 11 页。

[40] 例如苏联在应用技术、基础科学研究以及高等教育普及程度方面，在当时都达到了世界领先的水平。

[41] 参见［日］速水佑次郎《发展经济学——从贫困到富裕》，李周译，蔡昉、张车伟校，社会科学文献出版社 2003 年版，林毅夫《序言》，第 12 页。

[42] 林毅夫：《序言一——市场、国家和社区三位一体与经济发展》，［日］速水佑次郎《发展经济学——从贫困到富裕》，李周译，蔡昉、张车伟校，社会科学文献出版社 2003 年版，第 12 页。

[43] 按照马克思的观点，如果不变资本占总资本比率提高，利润率或剩余价值对总资本存量价值的比例会下降。当利润率下降到某一水平时，投资低下，便会引发萧条。而重复的萧条会导致严重的政治危机，削弱资本主义市场恢复的能力，进而引发社会革命。转引自［日］速水佑次郎《发展经济学——从贫困到富裕》，李周译，蔡昉、张车伟校，社会科学文献出版社 2003 年版，第 125 页。

[44] 例如，在第二次世界大战前后，阿根廷曾是当时第七大工业国。

[45] 如前文所述，并不是所有的国家都需要依靠工业制成品和服务来实现经济发展。不少国家依赖资源开发实现了国家发展，例如中东一些国家。

[46] 关于知识产权与投资的关系，可参考世界银行发展研究组（贸易）（*The World Bank*，*Development Research Group*，*Trade*，*Feb.* 2002）*Beata K. Smarzynska*：*The Composition of Foreign Direct Investment and Protection of Intellectual Property Rights*，*Evidence from Transition Economies.* 按照该文的观点，知识产权保护与投资之间的关系是复杂的。弱保护可能导致投资减少，而强保护则可能导致以许可证的方式进行技术转移。

[47] 知识产权的壁垒效应也可以很好地解释一个理论界比较困惑的问题。长期以来，经济学界对知识产权制度与直接投资的关系进行了深入研究，比较一致的观点是直接投资与东道国知识产权保护制度及保护水平没有明显的相关关系。这似乎意味着吸引外国投资可以不必以建立严格的知识产权保护制度为条件。事实上，这一结论是正确的。不过，这只能说明，知识产权保护制度与贸易关系更为密切。由于世界各主要市场上知识产权壁垒的存在，发达国家在发展中国家的直接投资仍然会使发达国家获得巨大的利益。

[48] 在可预见的将来，关于知识产权制度作用的争议仍将持续。这在法理学上，表现为对知识产权合理性及知识产权哲学基础的论证，在立法上，表现为各利益相关者不同观点的表述。需要引起注意的是，作为一种财产权制度，知识产权制度必然涉及各方利益，必然会像其他财产制度一样，存在各种争议。但是，除了知识产权制度以外，并没有其他的财产权制度本身曾经引起过利益相关者的反对。从哲学上讲，知识产权制度的合理性可以按照黑格尔"存在即合理"（凡是现实的，都是合理的。参见恩格斯《路德维希·费尔巴哈与德国古典哲学的终结》，载《马克思恩格斯选集》第 4 卷，人民出版社 1972 年第 1 版，第 211 页）的思路进行解释，从政治经济学上讲，知识产权制度

的合理性可以按照马克思有关财产权制度的思想来进行解释，那就是，法是表达阶级利益的法的方式；从经济学上讲，知识产权制度的合理性可以按照"有用、稀缺"必然产生产权制度的原理来解释。无论哪种解释，都可以证明，知识产权制度的作用是复杂的，但其存在是不容置疑的客观现实，是在当前生产力水平上的上层建筑的一部分，各国政府可以对知识产权制度施加多方面深刻的影响，但无法根本上否定这一制度。这也是知识产权制度公共政策化过程中必须引起注意的问题。基于这一观点，笔者相信，今后对于知识产权制度的讨论不会再针对知识产权的制度存在本身发生更多的争议，而会把焦点集中在制度的完善上。

［49］当然，任何法律制度都存在不能自足的一面，同时，其作用也存在边界。E. 博登海默认为："在任何这样的（有组织的）社会中，仅仅依凭法律这一社会控制力量显然是不够的。"E. 博登海默著：《法理学、法律哲学与法律方法》，邓正来译，中国政法大学出版社 1999 年版，第 357 页。但是，知识产权法治这一特点更加明显和突出。对于这一问题，将在本章第二节进行讨论。

［50］柏拉图认为，法律绝不可能发布一种既约束所有人同时对每个人都真正最有利的命令。他还认为，简单的原则是无论如何也不能用来解决复杂纷繁的事务状况的。但是，近代以来，由于民主化进程的深入，法律尽管不会对每个人都最有利，但已经取得了意识形态上的"多数合法"地位，因此，法治国家得以建立。但是，在知识产权问题上，显而易见的事实是，尽管知识产权同样是通过合法的政治进程成为法律制度，但是却面临着合法性的质疑。转引自［美］E. 博登海默《法理学、法律哲学与法律方法》，邓正来译，中国政法大学出版社 1999 年版，第 9 页。

［51］转引自韩静《政府在市场经济中的职能》，载《大众科学》2007 年第 10 期。

［52］孙福全、王文岩：《短缺科技论与政府对科技活动的干预》，载《中国科技论坛》2003 年第 1 期。

［53］杨安琪、陶红鉴：《论法律移植过程中的本土化问题》，载《中南财经政法大学研究生学报》2006 年第 2 期。

［54］曹阳：《TRIPS 协议与发展中国家的知识产权》，载《知识产权研究与实务——2006 年知识产权征文获奖论文集》，知识产权出版社 2006 年版，第 36—42 页。

［55］［美］D. B. 杜鲁门：《政治过程——政治利益与公共舆论》，陈尧译，胡伟校，天津人民出版社 2005 年版，第 392 页。

［56］［美］约翰·罗尔斯：《正义论》，何怀宏、何包钢、廖申白译，中国社会科学出版社 1988 年版，第 296—297 页。

［57］当然，这里有工具理性和价值理性的争论。有关当代理性价值的评价，参见易继明《私法精神与制度选择》，中国政法大学出版社 2003 年版，第 180 页。技术理性尽管剥夺了人的超越意识，但是，基于竞争这一现实，作为有效工具的技术理性仍然不能被抛弃。

［58］这方面的典型代表就是中国台湾地区的民主选举制度。其政治阶层生产出来的政策产品往往围绕选举利益，一切以"胜选"为标准，对于健康的民主制度所必须的公民教育和利益平衡完全不顾及，导致选举的意识形态化和公共政策的非理性化。

[59] 学者认为："在国际规制下，世界各国在制定国内经济政策时，就必须要受到有关国际规则的限制和约束，不能再像过去那样因拥有绝对的权利而随心所欲、无所顾忌，这就意味着一部分传统意义上的国家主权必须要让渡给有关的国际组织（协定）。"同时，还认为，由于让渡主权会促进经济发展，国力增强，因此，让渡的实质是更好地维护了国家主权。不过，其结论是推测性的，因为并不是所有的国家在让渡了部分国家主权后，都实现了经济发展和国力的增强。参见刘德喜主编《WTO 与国家主权》，人民出版社 2003 年版，第 134 页以下。

[60] 合理（法）性主要是政治哲学上的概念。其基本内涵是对被统治者和统治者关系的评价。（参见［法］让·马克·夸克《合法性与政治》，佟心平等译，中央编译出版社 2002 年版，第 1 页）实质上，合法性就是正当性。（参见［德］尤尔根·哈贝马斯《合法化危机》，刘北成、曹卫东译，上海人民出版社 2000 年版，第 128 页。另外，在哈贝马斯那里，合理性和合法性是通用的概念）。从法律上讲，合理性主要是指正当性说明。指论者要有足够的理由说服听者，来证明自己行为的正当，并为对方接受。（参见 Steven H. Gifis Law Dictionary：Justification，Barron's Education series，1996）

[61] 理解了这一点，也就不难理解目前存在的有关知识产权制度合理性问题的激烈争论和法学界对于该问题的深入探讨的必要性。

[62] 见日本《知识产权战略大纲》。

[63] John Barton 在 2004 年 4 月 26 日 "知识产权与中国经济发展" 研讨会上的发言。

[64] 参见魏敦友《法理论述的三重话语》，载《法制日报》2000 年 5 月 28 日第 3 版。

[65] See Thomas W. Merrill & Henry E. Smith，"What Happened to Property in Law and Economics?"，in Yale Law Journal，November，2001. 转引自易继明《知识产权的观念：类型化及法律适用》，载《法学研究》2005 年第 3 期。事实上，目前，包括跨国公司在内的知识产权权利人，也在转变其对知识产权保护的合理性说辞，从把产权制度的合理性论说作为论说知识产权合理性的主要依据转变为对技术创新、技术扩散、技术能力提升以及贸易平衡的论说。参见 Pryor Garnett：Innovation and Intellectual Property – Challenges and Opportunities for Companies，3rd Intellectual Property Summit Conference of Information Industry in China，Beijing，2006.

[66] 一般认为，公权和私权是大陆法系的法律传统概念。美浓部达吉指出："19 世纪西欧诸国的基本思潮，以为除亲属法继承法外，私法就都是关于经济生活的法，而关于经济生活，须放任各人自由活动才能使之尽量发展。这种思潮，简直可说是构成当时私法的秩序之根基的。祁克（Gierke，Deutsches Privatrecht I. S. 26）所谓个人法（私法）以主体之不拘束（Unverbundenheit der Subjekte）为出发点，社会法（公法）以主体之拘束（Verbunderheit der Subjekte）为出发点的主张，亦是以这种思想为基础的。" 美浓部达吉还认为，有关私法 "这种关于经济生活的个人自由主义的思想，已成为现代资本主义经济组织的基本论调。可是在经济生活上，个人自由主义极端化的弊害，亦跟着资本主义的发展而日益显著；从社会的公共利益上着想，对这种个人自由主义，实有

加以适当的限制之必要。即对于经济生活，亦有不能再放任各个人自由活动，而在某种程度内非由国家的权力加以调整不可的趋势。以国家权力为依据的经济生活之调整，在调整个人相互间之法律的秩序的范围内，仍为私法的规定，私法尚未公法化。例如利息限制法限制利率、租地法延长租地权的存续期间等，无疑是从社会公益的见地去拘束契约的自由的。但那拘束，不过规定个人相互间的法律关系在违反该限制的限度内为无效，对该违反，并不用国家权力课以公法的制裁，所以仍然是私法的拘束而非公法的拘束。但依据国家权力而行的经济生活之调整，不单为调整个人相互间的法律关系之秩序，且直接使该项法律的关系成为个人与国家间的关系的场合；换言之，即不单使违反限制之个人相互间的法律关系为无效，且进一步以国家的权力对违反者课以公法上的制裁，而依这种制裁的手段去强制其遵守的场合，私法便发生公法化。这种意义的私法公法化，今日尚未十分显著。盖犹在萌蘖之秋，势将徐徐伸长于今后。不过，即在今日，这种现象已无可掩饰地在种种关系上表现出来。"他认为，在以下四个方面公法对私法产生了重要影响："（一）所有权之公法上的限制；（二）企业的公共化；（三）契约自由之公法上的限制；（四）公法与私法的结合。"参见〔日〕美浓部达吉《公法与私法》，黄冯明译，周旋勘校，中国政法大学出版社 2003 年版，第三章第六节，第 233—248 页。

〔67〕参见易继明《私法精神与制度选择》，中国政法大学出版社 2003 年版，第 189 页以下的讨论。

〔68〕刘茂林：《知识产权法的经济分析》，法律出版社 1996 年版，第 9 页。

〔69〕参见〔美〕威廉·M. 兰德斯、理查德·A. 波斯纳《知识产权法的经济结构》，金海军译，北京大学出版社 2005 年版，第 430 页。

〔70〕参见王吉《政府议程建立过程的角色功能分析》，载《海南师范学院学报（社会科学版）》2006 年第 2 期。

〔71〕杨光：《民族、民族主义、中国的民族主义》，资料来源：天益网，http：//www. tecn. cn/data/detail. php？id＝13363。更新时间：2007 年 3 月 2 日 1：26：42，访问时间：2007 年 12 月 20 日。

〔72〕按照斯密的研究，"私利与公益其实是两相冲突的，也就是说，主导个人追求私人财富极大化的原则，并不见得必然会增加国家财富。"在国际层面，经济竞争则体现为以民族为载体的群体竞争，莫利纳里（Molinari）认为："正是经济力的运作，使得人类自动划分为诸多民族。""将人类根据民族为单位划分为不同国家，是相当有效用的，因为民族国家能产生出强大经济利益。"另外，从私利和公益的关系来说，学者认为：民族国家"保障了私有财产的安全与契约的有效履行。"简单地讲，就是说，民族国家作为国际竞争的主体，参与平等开放的经济竞争，会产生强大的经济利益，同时，在竞争中胜出的民族才能保障其民族国家内个人的私有财产和国内的平等的市场竞争（签署并履行平等的契约）。这也就意味着，像私人参与市场竞争才能实现私利的极大化一样，民族国家只有参与到开放平等的国际竞争中去才有可能实现财富的极大化（当然，也有可能失败，但如果不参与，就不会有成功的机会）。而同时，参与竞争意味着要确保市场主体（也就是私人）的平等权益，这也就导致民族国家的内部群体（也就是民族自身）的私人与民主国

家的外部群体——也就是其他民族的私人利益需要得到相同的保护，才能维持平等竞争的市场，从而产生基于竞争而形成的效益和财富。以上关于民族主义的讨论参见［英］艾里克·霍布斯鲍姆《民族与民族主义》，李金梅译，上海人民出版社2000年版，第30页。在中国，对于只有竞争和开放才能克服短缺经济的认识始于改革开放，并在改革开放的30年时间里，逐渐成为主流认识。但是，开放导致的"个人私利"（主要是民族企业利益）受到竞争对手威胁的情况比比皆是，由此导致企业产生对政府控制或者削弱外来竞争的政治诉求，进而形成贸易保护主义的意识此起彼伏。在知识产权方面的典型表现就是关于民族企业的知识产权利益和所谓"自主知识产权"，由于这两个概念在意识形态上属于"政治正确"的范畴，因此，无法在学界和政界形成平等的争论。但是，这两个保护主义的概念一旦落实，一旦具体法律制度和公共政策围绕民族企业和自主知识产权制定时，就会发现，在开放的全球化时代，公共政策制定过程必然会陷入"概念陷阱"。由于竞争的平等性和市场的开放性以及市场主体的变动不居，难以界定市场主体的民族性质，更难以确定何谓自主知识产权。例如，一家中国企业完全可以在资本市场上出售给外国企业。像苏泊尔。一个具有较高知名度的"民族品牌"，像"娃哈哈"也完全可以转卖给跨国企业达能。而知识产权作为一种财产权，其获利的重要途径之一就是许可，其中包括独家许可；另一个途径是转让申请专利权。由此，试图界定自主知识产权是荒唐的。笔者将试图界定民族企业（在知识产权方面）和自主知识产权来保护抽象的民族利益的意识形态概括为知识产权自我保护主义。美国商会（US Chamber）负责亚洲事务的副会长迈伦·布里连特指出："显然，中国经济民族主义的势力在壮大，这正在导致经济支柱部门歧视外国投资者。这不仅是对外国投资者的威胁，也使中国向市场经济转变受到破坏。"参见［美］史蒂文·韦斯曼《中国有关医疗设备的法规引发贸易恐慌》，资料来源：《国际先驱论坛报》网，http：//www.iht.com.2007年11月15日。美国财政部长保尔森也多次强调，无论是中国还是美国，贸易保护主义都在抬头，而这是不利于两国经济甚至全球经济的健康发展的。不过，也有人从权利人对知识产权的掌握角度来定义所谓自主知识产权。例如，有学者认为："自主知识产权是指知识产权权利人通过创新或以其他方式主动获得的不受或较少受到他人知识产权影响并能获得全部或大部分实施收益的知识产权，其最重要的特征是自主性、主动性和主导性，也是衡量知识产权是否自主的主要标准。"参见宋河发、李大伟《自主知识产权与国家知识产权战略研究》，载《科技政策与管理》2006年第5期。

［73］由于知识产权对于企业竞争具有明显的、显性的影响，因此，直接为民族主义者提供了口实。而事实上，外国的"私人财产"对我国社会的控制绝不仅限于此。例如，通过资本市场取得我国大型企业的控制权，目前也成为民族主义意识形态的合理性资源。

［74］［美］迈克尔·皮瑞曼：《知识产权的政治经济学分析》，载《每月评论》2003年1月号。严海波编《知识产权的政治经济学分析》，载《国外理论动态》2004年第8期。

［75］传统文化包括很丰富的内容，其核心是价值观，但从内容上看，传统知识和民间文艺显然是传统文化的重要组成部分。

［76］这里的保护从英语角度应理解为Preserve，而不是Protection。

修理、更换、回收利用是否
构成专利权侵害[*]

李 扬^{**}

内容提要：对专利产品进行修理、零部件更换或者回收利用是否构成专利权侵害，必须以专利权利要求保护的范围作为最基本的判断标准；即使对专利产品进行修理、零部件更换或者回收利用构成再造，也并不必然侵害专利权；在处理对专利产品进行修理、零部件更换或者回收利用是否专利权侵害的问题时，关键是处理好以生产经营为目的提供零部件的行为是否构成专利权间接侵害。

关键词：修理；更换；回收利用；专利权利用尽；间接侵害

Abstract：It is determined by the claim whether repairing, replacing spares and parts of or reusing patented product infringe patent right or not; Even if reparing, replacing spares parts of or reusing patented product result in rebuilding, rebuilding unnecessarily infringes patent right; when to settle the problem whether repairing, replacing spares and parts of or reusing patented product infringe patent right or not, the key is to solve the problem whether to providing spares and parts infringes patent right or not for production or business purposes.

Key Words：Repair；Replace；Reuse；Exhaustion of Patent Right；Indirect Infringe

---

* 原文出处：《法律科学》，《西北政法大学学报》2008 年第 6 期。
** 华中科技大学法学院教授，法学博士。

一、引言

专利产品经过使用会发生磨损、损坏（比如，钻探机的钻头经过使用会变钝或者彻底无法使用）从而丧失部分或者全部功能，为了恢复专利产品的功能以达到正常使用的目的，可以对专利产品进行修理或者进行零部件更换。在这种情况下对专利产品所进行的修理或者零部件更换是否构成专利权侵害？另一种情况是，专利产品经过使用后，仍然保持原有的几乎所有正常功能，只要经过简单处理就可以达到回收利用的目的（比如，具有外观设计专利权的酒瓶只要对开启过的瓶盖进行简单处理就可以进行回收利用）。在这种情况下对专利产品所进行的回收利用是否构成专利权侵害？

从国外情况看，早在 1850 年由美国联邦最高法院判决的威尔逊诉辛普森（Wilson V. Simpson）[1]侵害刨床专利产品一案就涉及上述问题。因此，上述问题在外国并不是什么新的问题。从国内所能查找到的资料情况看，只有两个案例涉及上述问题。一个是 2000 年由山东省高级人民法院判决的"鞠某与古贝春公司酒瓶专利纠纷案"。[2]另一个是 2007 年由黑龙江省高级人民法院调解结案的"邹某诉雪乡酒业公司侵害外观设计专利酒瓶案"。[3]可见，在国内，上述问题还算是一个新的问题。

不管是新问题还是老问题，上述问题却都是一个复杂的问题。这种复杂性主要表现在两个方面。一是从国内外已有的司法判例来看，案情大致相同的案件却出现了截然相反的判决结论。比如，在美国 1850—2002 年期间 11 个具有代表性的案例中，就出现了三种判决结论。第一类案件认定修理、更换或者回收利用构成"再造"，构成专利权侵害。第二类案件认定修理、更换或者回收利用就是"修理"行为，不构成专利权侵害。第三类案件认定修理、更换或者回收利用构成"类似修理"行为，不构成专利权侵害。[4]在我国出现的上述两个案情相同的案件中，山东省判决被告回收利用原告拥有外观设计专利权的酒瓶的行为不构成专利权侵害。黑龙江省高级人民法院虽以调解方式结案，但原审法院却判决被告行为构成专利权侵害。[5]日本也出现类似的情况。比如，东京地方裁判所在 2004 年的"液体收纳容器"一案中，就作出了不侵害专利权的判决，[6]而东京地方裁判所在 2000 年的"一次性相机"一案中，就作出了侵害专利权的判决。[7]二是学者们将上述问题与专利权用尽问题、专利权默示许可使用问题、资源的最大化利用问题、环境保护问题以及零部件市场的反限制竞争问题纠结在一起，出现了各种各样的观点，从而使得问题更加复杂。[8]

为了使得上述问题的解决有一个清晰的思路，从而正确处理专利产品修理、更换和回收利用过程中的不同利益关系，本文拟结合国内外相关案例对上述问题进行探讨，以提供一个深入讨论的平台。

二、专利权利用尽范围内的修理、更换、回收利用与专利权侵权的判断

从现有的国内外文献来看，在讨论修理、更换和回收利用是否构成专利权侵害时，几乎无一例外都把着眼点放在修理、更换和回收利用是否构成专利产品的"再造"上面。[9]但是，基于以下两个原因，孤立地去谈论修理、更换和回收利用是否构成专利产品的"再造"是没有任何意义的。

第一个原因是，按照专利权利用尽原则，专利权人自己生产或者经过专利权人许可生产的专利产品首次合法投放市场后，任何人进行再销售和使用该专利产品，[10]专利权人再也没有权利控制。这一方面是基于专利产品所有权人的所有权对专利权人专利权的限制；另一方面是为了确保商品的自由流通和交易安全，还有一个原因是为了避免发生专利权人多重收费的不合理现象。[11]这样，专利产品的所有权人为了利用其所有物而进行的修理或者零部件更换，不管该所有权人利用其所有物从事何种生产经营活动，其对专利产品进行的修理或者零部件更换行为，都不会构成专利权侵害。在这种情况下，即使专利产品的所有权人为了利用其所有物而进行的修理或者零部件更换已经达到了制造一个新的专利产品的程度，情况也是如此。理由在于，专利权人权利所能控制的制造行为，只是那种出于生产经营目的并且以专利产品为对象的制造行为。这种制造行为之所以必须受专利权人权利控制，是因为该种行为会对专利权人造成实质性损害。

第二个原因是，即使修理、零部件更换和回收利用构成了专利产品的"再造"，此种"再造"行为也不必然构成专利权侵害。如果存在专利法规定的特定豁免事由，[12]即使修理、零部件更换和回收利用构成了专利产品的"再造"，行为人的行为也不视为专利权侵害。从立法论的角度看，即使现行专利法没有规定，也有一些因素有必要考虑为豁免事由。比如，专为获得和提供医疗器械的行政审批所需的信息而制造专利医疗器械的行为，以及其制造专利医疗器械的行为，为了公共健康的需要，就有必要规定为豁免事由。在这种情况下，如果对专利医疗器械的修理、零部件更换或者回收利用行为构成了"再造"，也不能视为专利权侵害行为。此外，也有论者认为，资源的最大化利用和环境保护的需要、反垄断法上竞争利益的考量[13]、默

示许可[14]也有必要考虑为侵害专利权行为豁免的依据。

通过以上的分析可以得出一个结论，在研究修理、零部件更换和回收利用是否构成专利权侵害时，不能孤立地看这种修理、零部件更换和回收利用是否构成了"再造"。首先必须肯定的是，在专利权利用尽范围内，专利产品的所有权人为了利用其所有物而进行的修理或者零部件更换，不管该所有权人利用其所有物从事何种生产经营活动，其对专利产品进行的修理或者零部件更换行为，即使达到了"再造"一个专利产品的程度，也不会构成专利权侵害。而在专利权利用尽范围之外，以专利产品为对象出于生产经营目的的修理、零部件更换和回收利用是否构成专利权侵害，必须进行法政策的综合考量。

一个备受争议的问题是，对于已经使用过的专利产品进行回收利用是否属于专利权利用尽范围内的行为？这方面最典型的案例就是已经发生多次的所谓"旧瓶装新酒"案。原告邹某是牡丹江酒厂的董事长，享有ZL03346884.2号酒瓶外观设计专利权。邹某所在的牡丹江酒厂使用邹某的外观设计酒瓶生产、销售牡丹江特酿。被告雪乡酒业公司2004—2006年一直回收涉案的外观设计专利酒瓶，并包装自己生产的雪乡情白酒进行销售。邹某在和被告协商未果的情况下以侵害外观设计专利权为由向法院起诉。一审法院认为被告具有恶意，其行为不属于专利权利用尽范围内的行为，构成侵权。被告不服提出上诉。理由是，被告使用的是收购的旧酒瓶，原专利权已经用尽，无论旧酒瓶是否与外观设计专利相同或者近似，都不构成侵权。二审诉讼中黑龙江省高级人民法院通过调解解决了此案。[15]

那么被告回收利用废旧的外观设计专利酒瓶的行为是否属于专利权利用尽范围内的行为呢？如上所述，专利权利用尽是指专利产品首次合法投放市场后，任何人进行再销售或者使用，无须再经过专利权人同意，且不视为侵害专利权行为。可见，专利权利用尽原则的适用必须具备以下几个严格要件：一是用尽的时间是专利产品首次投放市场后；二是用尽的领域只限于专利产品流通领域；而非生产领域，三是适用的对象只限于合法投放市场的专利产品，侵权的专利产品、非法投放市场的专利产品不适用权利用尽原则；四是专利权人丧失的仅仅是再销售权利和使用权利，专利权人仍然拥有制造、进口等权利；五是他人对专利产品的再销售和使用性质上属于法律拟制的不侵权。上述案件中的被告回收利用废旧外观设计专利酒瓶的行为虽然发生在外观设计专利酒瓶首次合法投放市场之后，表面上似乎符合专利权利用尽原则的适用要件，却已经超出了使用领域的限制，不再仅仅属于流通领域中的使用行为。酒瓶经过最终用户开启并喝完其中的酒之后，其在流通领域的任务即告完成，应当作为退出了流通领域的废旧产品处理。当它再次作为酒的包装进入流通领域之前，必然经过清洗、消毒或者对瓶盖等破损部位进行简单处理等程序。只是经过清洗、消毒的酒瓶或者仅仅是对瓶盖等破损部分进行简单修补的酒瓶，毫无疑问会落入外观设计专利酒瓶的保护范围之内，也就是说会构成受外观设计专利权控制的制造行为。这种制造行为由于没有经过专利权人的同意，因此利用这种经过清洗、消毒或者其他简单处理的酒瓶包装自己生产的酒进行销售时，理所当然不能适用专利权利用尽原则，构成侵权行为。

特别要指出的是，即使是专利产品的合法所有权人对经过使用的专利产品进行回收利用，不管这种专利产品属于一次性使用的产品，还是属于可以多次循环利用的产品（比如享有外观设计专利权的塑料桶），情况也是如此，除非专利法以资源的最大化利用、环境保护等为由将回收利用者的行为作为特别豁免规定。

上述解释应当说是比较符合专利法授予专利权人排他性独占权的趣旨的。专利法授予专利权人排他性的制造、使用、销售、许诺销售、进口等独占性权利，直接目的在于确保专利产品的制造等行为都能受专利权人的控制，以保证其利益还流的机会。合法专利产品首次投放市场后，专利法之所以规定专利权人不能再控制专利产品的再销售和使用权，是因为专利产品首次投放市场时，专利权人已经收取了专利权使用费，利益已经得到了保证，他人进行再销售和使用不会给其利益造成损害。对于废旧专利产品进行回收利用的行为之所以应当受专利权人控制，是因为对本应当退出流通领域的废旧专利产品的回收利用行为剥夺了专利权人本应当获取利益的机会，给专利权人利益造成了实质性损害。一个很显然的事实是，如果没有回收利用行为，行为人就必须直接向专利权人购买专利产品，或者向专利权人的被许可人等购买专利产品，专利权人的利益因此而可以得到保证。如果允许回收利用行为的存在，行为人本应当付出的专利使用费代价就可以节省，本应当属于专利权人的这部分利益却无法得到保证。

总之，对废旧专利产品进行简单清洗、消毒或者其他简单处理而加以回收利用的行为不属于专利权利用尽范围内的行为，构成专利权侵害。

三、专利权利用尽范围外的修理、更换、
回收利用与专利权侵权的判断

上述部分已经解决了专利权利用尽范围内的修理、零部件更换是否侵害

专利权的问题，以及回收利用是否落入专利权利用尽范围内、是否构成专利权侵害的问题。这个部分要解决以下两个重要问题。一是以生产经营为目的、以专利产品为对象的修理、零部件更换或者回收利用是否构成专利权侵害？如果构成专利权侵害，究竟以什么作为判别标准？二是为了修理、零部件更换的需要而生产、销售零部件的行为是否构成专利权侵害？由于第二个问题的重要性和复杂性，放在下一部分讨论，本部分只讨论第一个问题。

以生产经营为目的、以专利产品为对象的修理、零部件更换或者回收利用是否构成侵害专利权的实施行为，私见认为，关键还是要看修理、零部件更换或者回收利用后的专利产品是否仍然落入专利权利要求的范围内。众所周知，专利权的保护范围以权利要求的内容为准，说明书及其附图可以用于解释权利要求。当然，在解释权利要求书时，既不能以权利要求书的字面含义为限，也不能仅仅将权利要求作为一个总的原则，而应当将保护扩大到所属技术领域的普通技术人员阅读说明书以及附图后无须创造性劳动就可以看出属于专利权人要求保护的范围，以兼顾专利权人利益和社会公共利益。这就是大多数国家认可或者采用的字面侵权＋等同侵权专利权利要求折中解释原则。所谓等同原则，是指与专利权利要求记载的必要技术特征相比，如果属于采用基本相同的手段，实现基本相同的功能，达到基本相同的效果，并且所属技术领域的普通技术人员无须创造性劳动就能够联想到的，则该技术特征属于等同特征，构成专利权侵害。

在解释专利权利要求时，除了坚持上述原则外，还必须坚持以下三个原则。

一是禁止反悔原则。禁止反悔原则是指专利申请人或者专利权人在专利授权或者维持程序中，为满足专利法和专利法实施细则关于授予专利权的实质性要件的要求，在专利文件中或者通过书面声明或者记录在案的陈述等，对专利权保护范围所作的具有限制作用的任何修改或者意见陈述，对权利人具有约束作用，专利权人在专利侵权诉讼中不得反悔。[16]二是多余指定原则。是指在判断专利侵权时，在解释专利独立权利要求和确定专利权保护范围时，应将记载在专利独立权利要求中的明显附加技术特征省略，而只以专利独立权利要求中的必要技术特征确定专利权保护范围，从而判断被控侵权物是否覆盖专利权保护范围。[17]三是全部技术特征原则。是指被控侵权物如果包含了专利权利要求记载的全部特征，或者虽然被控侵权物中个别或者某些技术特征与专利权利要求记载的相应技术特征不同，但属于等同技术特征的，应当认定被控侵权物落入专利权利要求保护范围，构成侵权。相反，如果被控侵权物缺少专利权利要求记载的一项或者几项技术特征，或者被控侵权物的技术特征与专利权利要求记载的对应技术特征相比，有一项或者多项技术特征既不相同也不等同的，则应当认定被控侵权物没有落入专利权保护范围（专利权利要求保护范围），不构成侵权。此外，虽然被控侵权物增加了技术特征，但如果被控侵权物包含了专利权利要求的全部技术特征或者等同特征的，不论增加的技术特征本身或者与其他技术特征结合产生了怎样的功能或者效果，仍然应当认定为侵权。[18]

上面讲的是发明和实用新型专利权的保护范围以及解释原则。外观设计专利权的保护范围与发明或者实用新型专利权的保护范围不同，以表示在图片或者照片中的外观设计专利产品为准。在判断是否构成外观设计专利权侵害时，应当坚持相同或者近似产品的相同或者近似外观设计原则。也就是说，只有在产品相同、外观设计相同，产品近似、外观设计相同，产品相同、外观设计近似，产品近似、外观设计近似四种情况下，被控侵权外观设计才构成侵权。

当然，按照世界各国专利法的规定，即使被控侵权物落入专利权利要求的范围内，也不必然构成专利权侵害。为了兼顾专利权人利益与社会公共利益，世界各国专利法大多规定了不同种类的侵权抗辩事由。比如公知技术或者公知设计抗辩，专利权用尽抗辩，临时过境抗辩，先用权抗辩，科研实验抗辩，等等。因而在存在这些抗辩事由时，被告的行为仍然不构成侵权。

按照上述原则，如果修理、更换或者回收利用后的被控侵权产品仍然落入了专利权利要求的保护范围内，又不存在侵权抗辩的事由，则以生产经营为目的，修理、更换或者回收利用磨损、损坏或者废旧专利产品的行为构成制造行为，在没有经过专利权人同意的情况下，构成专利权侵害。在此前提下，销售、许诺销售、使用、进口等后续行为同样构成专利权侵害。

长期以来，国外有许多学者认为，如果修理或者更换的属于专利产品的"主要部分"、"实质部分"、"主要零部件"，则构成专利权利用尽范围外的专利权侵害行为。[19]在美国，也有判例认为，在判断修理、更换是否构成专利权侵害时，应当考虑更换部件寿命与整个专利产品寿命的关系，更换的部件对于发明的重要性，更换部件的价值与整个产品价值的关系，专利权人和顾客对于易损部件的通常认识和意图，等等。[20]这样的观点是很难说服人的。究竟什么是专利产品的"主要部分"、"实质部分"、"主要零部件"，到底是指占据专利产品具体物理空间的"主要部分"、"实质部分"、"主要零部件"呢？还是指相对于专利权利要求的抽象范围来说的"主要部分"、"实质部分"、"主要零部件"呢？本身就存在很大争议。假设这里的"主要部分"是指占据专利产品具体物理空间的"主要部分"，但对该部分进行修理或者零部件更换后的产品根本就不在专利权利要求的范围内，以修理、更换的是专利产品的"主要部分"因而认为构成专利权侵害的观点显然就站不住脚了。假如修理或者更换的是占据专利产品具体物理空间的"非主要部分"，但修理或者更换后的产品却落入专利权利要求的范围内，在不存在专利法规定的抗辩事由的情况下，则会构成侵权。可见，相反的假设也可以说明以修理、更换的是专利产品的"主要部分"因而认为构成专利权侵害的观点是站不住脚的。

在判断修理、更换是否构成专利权侵害时，应当考虑更换部件寿命与整个专利产品寿命的关系的判例法观点是否站得住脚。比如，更换的部件寿命非常短（比如切割机的刀片），而专利产品的其他部件使用寿命非常长，此时，更换新刀片的行为是否构成专利权侵权行为呢？根据本文第二部分的观点，如果属于专利产品所有权人为了自己正常使用专利产品而更换刀片，则其行为属于专利权利用尽范围内的行为，不构成侵权。而根据本文本部分的上述观点，如果为了生产经营目的，将更换刀片后的切割机加以销售，只要更换刀片后的切割机落入专利权利要求保护的范围内，则毫无疑问，更换刀片的行为以及后续的销售等行为都构成专利权侵害行为。可见，更换部件的寿命与整个专利产品寿命的关系对于判断修理、更换是否构成专利权侵害时，根本不产生任何影响。

抛开专利权利要求保护的范围，而在此之外寻求判断以生产经营为目的进行的修理、零部件更换或者回收利用是否构成专利权侵害的要素的观点，已经背离了专利法的基本原理，是并不可取的。

那么，在专利权利用尽范围之外，资源的最大化利用和环境保护的需要、反垄断法上竞争利益的考量、默示许可果真能够成为侵害专利权行为豁免的依据吗？如本文第二部分所述，有论者认为，为了最大化利用资源和保护环境，应当允许对废旧专利产品进行回收利用，对磨损、损坏的专利产品进行修理、更换。确实，专利权的授予和行使应当考虑资源的节省和环境保护的需要，对那种过度浪费资源或者损害环境的发明创造不应当授予专利权，或者虽然可以授予专利权，但应当严格限制该种专利权的使用条件和范围。但是，资源的节省和环境的保护有许多方式。拿废旧专利产品来说，为了最大化利用资源和环境保护的需要，当然应当允许进行回收利用。但是，从法律的角度讲，回收利用废旧专利产品有侵害专利权和不侵害专利权等多种方式。在可以利用不侵害专利权的方式回收利用废旧专利产品的情况下，就没有必要牺牲专利权人的利益。在上述废旧外观设计专利权酒瓶案中，将废旧的酒瓶回收后，可以进行再处理，加工成其他形状的酒瓶，也可以加工成其他产品，比如玻璃、陶瓷，等等。这不是同样可以达到最大化利用废旧专利产品和环境保护的目的吗？当然，有人会说，将废旧酒瓶加工成其他式样的瓶子或者产品是要付出成本的，而直接回收利用却可以节省这些成本。这只是表面现象。由于卫生、物理上破坏等原因，对废旧专利产品真正进行直接回收利用的情况是不存在的，最起码也得经过清洗、消毒，或者其他简单处理（比如修补瓶盖），这同样需要付出成本。此外，由于直接回收利用往往引发诉讼，因而当事人又要付出诉讼成本，司法机关也得付出司法成本。可见，认为对废旧专利产品直接进行回收利用可以节省成本因而应当享受侵权豁免的观点是很难说服人的。

默示许可理论认为，对于使用寿命短、又不存在物理障碍（所谓物理障碍，是指专利产品的物理结构明确表明专利权人不允许进行修理或者更换的情形。比如一次性相机就属于这种情况）的消耗品应当推定专利权人允许他人进行修理或者更换。但正如有的学者指出的那样，默示许可法理至少存在两个问题。一是在专利权人行使了明确的反对意思表示的情况下，默示法理就无法适用，行为人的行为将构成专利权侵害。[21]二是在默示许可情况下，行为人作为抗辩的实施权不像正常许可情况下的实施权，没有进行登记，这样，在专利权进行了转让的情况下，行为人拥有的实施权将无法对抗新的专利权人，因而一旦继续实施，其行为也将构成专利权侵害。[22]可见，默示许可法理也难以成为专利权利用尽范围外的修理、更换行为不侵害专利权的抗辩理由。

那么，反垄断法上竞争利益的考量是否可能成为专利权利用尽范围外的修理、更换和回收利用不侵害专利权的抗辩理由呢？这个问题涉及专利权人是否垄断零部件市场、提供修理、更换用的零部件是否构成专利权侵权的问题，本文下一部分就讨论这个问题。

四、为了修理、零部件更换的需要而生产、销售、进口零部件的行为是否构成专利权侵害

正如有些学者所言，"制止再造行为的真实目的并不在于限制专利产品的合法拥有者修理、维护其专利产品的行为，而在于限制为修理、维护专利产品而提供其零部件的公司企业的行为。"[23]确实，在专利产品为耐用品的情况下，提供零部件所能获得的经济利益甚至会大大超过生产、销售专利产品本身所能够获得的利益。在专利产品的修理、零部件更换形成稳定的市场之后，就必然产生为修理或者零部件更换提供零部件的业务，从而形成和专

利权人相互竞争的局面。专利权人从维护自己独占权利的角度出发，当然不愿意看到这种局面的发生。

然而，专利权人能否阻止他人生产、销售或者进口零部件的行为，并不是一个简单的问题。即使不从法政策上进行任何考量，假设专利权人能够阻止他人生产、销售或者进口零部件的行为，专利权人要想真正实现这个目的也并非易事。根据专利权利要求解释的全面技术特征原则，被控侵权物只有包含了专利权利要求记载的全部技术特征或者等同技术特征的，才构成专利权侵害，因此组成专利产品的零部件往往不在专利权利要求保护的范围内，专利权人难以指控零部件的生产、销售或者进口者直接侵害了其专利权。由此，专利权人要想阻止零部件的生产、销售或者进口，只有想方设法通过指控零部件的生产、销售或者进口者构成间接侵权才有可能。也许，专利权人可以利用现有的共同侵权行为理论来指控零部件的生产、销售或者进口者构成帮助性的间接侵权。但是，按照现有的共同侵权行为一般理论，构成共同侵权一般需要具备两个最基本的要件，即行为人主观上存在意思联络，客观上存在共同侵权行为，因而在行为人之间主观上缺少意思联络、客观上缺乏共同侵权行为的情况下，共同侵权行为将难以成立。从实际情况来看，零部件的生产、销售或者进口者与零部件的直接利用者（用户）之间往往不存在意思联络，而且零部件的直接利用者中很大一部分属于专利产品的合法拥有者为了维护其所有物的正常利用而修理专利产品或者更换专利产品的零部件，或者为了其他专利法上豁免的行为（比如科学实验、先使用、临时过境，等等）而直接使用零部件，行为并不构成侵权，所以专利权人利用帮助性的间接侵权来阻止零部件的生产、销售或者进口的希望往往会落空。

如果进行法政策的考量，在解决专利权人能否阻止、在多大程度上能够阻止他人生产、销售或者进口零部件的问题时，就必须兼顾专利权人的利益和专利权人以外的各种利益，主要包括社会公共利益和其他私人利益。如果不问任何事由，赋予专利权人阻止他人生产、销售或者进口零部件的绝对权利，必然形成专利权人对零部件市场的垄断，减弱零部件市场的竞争，剥夺他人生产、销售和进口零部件的营业自由。我国《专利法》尚未规定专利权间接侵害，实践中对零部件的生产、销售或者进口者多以民法中的帮助性共同侵权追究其责任，因而看不出立法者对专利权人能否阻止、在多大程度上能够阻止他人生产、销售或者进口零部件的行为的态度。但国外已经存在具体而明确的立法例。

日本鉴于民法典第719条规定的教唆行为、帮助行为以及第709条规定的不法行为处理专利权间接侵害行为的不足，在其特许法第101条中明确规定了专利权间接侵害行为。根据日本特许法第 101 条的规定，日本学者将间接侵害分为作用唯一型的间接侵害（客观的间接侵害）和多机能型的间接侵害（主观的间接侵害）两种基本类型。2002 年之前，日本的特许法只规定了作用唯一型的间接侵害，2004 年之后，日本为了进一步强化特许权的保护，又增加规定了多机能型的间接侵害，从而使间接侵权行为的范围大为拓宽。为了提供参考，下面分别对两种间接侵害行为加以论述。

作用唯一型的间接侵害（にのみ型间接侵害）。又被日本学者称之为客观的间接侵害。是指日本特许法第 101 条第 1 项和第 3 项规定的间接侵害。第 101 条第 1 项规定，如果特许发明是物的发明，则以营业为目的生产、转让、输入、输出（2006 年，日本修改了特许法、实用新案法和意匠法，将侵害物品的输出行为也规定为侵权行为。关于这个内容的修正案于 2007 年 1 月 1 日起施行）、许诺转让仅仅用于制造该特许发明的物的行为，视为侵害特许权或者专用实施权的行为。第 101 条第 3 项则规定，如果该特许发明是方法发明，则以营业为目的生产、转让、输入、输出、许诺转让专门用于使用该方法发明的物的行为，视为侵害特许权或者专用实施权的行为。可见，构成作用唯一型的间接侵害行为需要具备以下两个要件：

第一，用于生产特许发明或者使用特许方法的物的作用是唯一的，属于实施特许发明或者特许方法的专用品。也就是说，相关的物除了用来实施特许发明或者使用特许方法之外，没有其他用途。比如，A 物质和 B 物质混合生产出 C 物质的物质发明，如果 A、B 两种物质除了用于生产 C 物质外，没有其他任何用途，则生产、转让、输入、输出、许诺销售、展出 A 或者 B 物质的行为都将构成间接侵害。又比如，使用 D 物质生产杀虫剂的方法发明，如果 D 物质除了用于生产杀虫剂的方法发明外，没有其他任何用途，则 D 物质的生产、转让、输入、展出等行为都将构成间接侵权。

如何判断某物的作用是唯一的？日本学者和裁判例认为，即使相关的物理论上具有其他用途，但如果从经济、商业、实用的角度来看，没有什么实质性作用，[24] 则属于作用唯一的物。比如在大阪地方裁判所 1979 年判决的"装饰化妆板"一案中，虽然用来实施"装饰化妆板的墙壁黏合施工法"特许发明的某种特殊图钉可以用来进行室内装潢等使用，但是存在很大危险，因此裁判所认为该钉子的生产、转让等行为构成对特许权的间接侵权。[25]

关于相关物的作用发生的时间以及相应的救济，日本学界一般认为，如果该物在口头辩论结束时产生了从经济、商业、实用的角度看其他的实质性用途，则特许权人的差止请求应当被驳回。但是损害赔偿并不因此而受影响。也就是说，只要在侵害行为发生时没有其他用途，则不管在口头辩论结束时是否产生其他用途，侵权行为依旧成立，行为人必须对已经发生的侵权行为负损害赔偿责任。

第二，以营业为目的。如果没有营业目的，比如在家庭内部的相关行为，即使具有上述唯一的作用，也不会构成间接侵害行为。至于行为人主观上是否知道，即故意或者过失并不是认定这种间接侵害行为的要件。此外，从举证责任上看，特许权人负有举证证明行为人的产品具有唯一实施特许发明的作用的责任。

多机能型的间接侵害。又被日本学者称为主观型的间接侵害，是日本在2004年修改特许法时新增加的两种间接侵害行为。也就是日本特许法第101条第2项和第4项所规定的两种间接侵害行为。这两种间接侵害行为所要解决的是在相关的物既可以用来侵犯特许权，也具有其他经济的和实用的用途的情况下，如何判断该物的生产等行为是否构成间接侵害的问题。

按照日本特许法第101条第2项的规定，在特许发明是物的发明的情况下，如果用来生产该特许发明的物属于解决发明课题不可欠缺的物，而且行为人主观上知道该发明属于特许发明，该物属于用来实施该特许发明的物，却仍然以营业为目的生产、转让、输入、输出、许诺转让或者为了转让等目的而进行展出的，视为间接侵害，但是在日本国内已经广泛的、一般的流通的物除外。

按照第101条第4项的规定，在特许发明是方法发明的情况下，如果用来使用该特许方法的物属于解决发明课题不可欠缺的物，而且行为人主观上知道该发明属于特许方法发明、该物属于用来实施该特许方法发明的物，却仍然以营业为目的生产、转让、输入、输出、许诺转让或者为了转让等目的而进行展出的行为，视为间接侵害，但是在日本国内已经广泛的、一般的流通的物除外。

据此，构成多机能型的或者主观的间接侵害需要具备如下严格要件。

第一，相关的物应当是可以用来生产物的特许发明或者使用方法的特许发明的物。和第101条第1号、第3号的规定相比，第2号和第4号规定的物去掉了"唯一"二字，因此规制的范围相比第1号和第3号要宽泛得多，那些既有实施特许发明作用、又有其他经济上、商业上、实用上的用途的物的生产、销售等行为，只要符合第2号和第4号规定的其他要件，就有可能构成间接侵权。

第二，相关的物必须属于解决特许发明课题不可欠缺的物。解决特许发明课题不可欠缺的物，究竟是什么样的物，非常含混不清，在日本学者和裁判例之间存在很大争论，有很多学者和法官对此持严厉的批评态度。[26]

按照日本特许厅的解释，所谓"解决发明课题不可欠缺的物"，和权利要求记载的发明的要素并不完全一致，即使是发明要素以外的物，比如用来进行物的生产或者方法使用的工具、原材料，也应当包括在内。相反，即使是权利要求记载的发明要素，但如果和发明所要解决的课题没有任何关系，虽然从一开始就属于生产发明所需要的物，也不属于解决发明课题不可欠缺的物。而其开始使用就属于解决发明课题必须加以解决的零部件、工具、原料等，则属于解决发明课题不可欠缺的物。比如，使用橡皮擦灭字迹的圆珠笔发明，用于墨水中的特殊颜料等就属于解决该发明课题不可欠缺的物，而一般的圆珠笔都要使用的圆心管和圆珠笔帽盖等，虽然属于该圆珠笔生产本身不可缺少的物，但是不属于解决该发明课题（用橡皮擦灭圆珠笔写的字迹）不可欠缺的物。[27]

虽然日本特许厅的本意在于将解决发明课题不可欠缺的物限定在实施发明的重要零部件，但由于立法语言本身的不确切，加上日本特许厅的解释模糊不清，因此根本就不属于权利要求记载范围内的物的生产和方法的使用，都可能面临间接侵权的危险。这种大幅度扩张间接侵害的做法使产业界面临巨大的风险，其合理性有待于进一步研究。

第一，行为人主观上具有恶意，明知并且以营业为目的。明知的内容包括两个方面：一是明知特许发明的存在；二是明知某物可以用来生产、销售、输入、输出、展出特许发明。而且明知应当为事实上知道，应当知道的不在禁止之列。除了事实上明知外，行为人还必须具有营业目的。行为人主观上是否明知，是否具有营业目的，特许权人负有举证证明的义务。[28]

第二，不属于日本国内已经广泛的、一般的流通的物，即不属于通用产品。如果是规格品或者通用品，即使可以用来实施特许发明，也不会构成间接侵害，否则将会极大地危害公共利益。

日本特许法虽然试图通过作用唯一型的间接侵害和多机能型的间接侵害划定专利权人可以阻止他人生产、销售、进口的零部件的范围，但由于对多机能型的间接侵害的规定含混不清，可操作性不强，因而除了作用唯一型的间接侵害在司法实践中得以应用以外，在日本司法实践中还几乎没有见到将零部件的生产、销售或者进口行为判决为多机能型的间接侵害的案例。

在探讨零部件的生产、销售、进口行为是否构成专利权间接侵害时，还有一个非常重要的问题值得重视，即关于专利权间接侵害的性质问题，如何看待专利权间接侵害的性质，直接关系到零部件的生产、销售、进口行为是否构成专利权间接侵害的问题。关于专利权间接侵害的性质，日本自1959年制定现行特许法以来，学说和判例上[29]就长期存在两种根本对立的观点，即独立说和从属说。

独立说认为，日本特许法第101条规定的间接侵害独立于直接侵害行为而存在，是一种法律拟制的直接侵害。据此，即使直接侵害行为没有发生，只要行为人的行为符合第101条规定的要件，其行为也构成间接侵害。比如，按照独立说，为了家庭烧烤提供某种专门用于实施方法特许发明"鱿鱼烧烤方法"的烧烤器的行为，虽然在家庭内使用特许发明方法"鱿鱼烧烤方法"的行为不是侵犯特许发明的直接侵权行为，但是为此种非侵权行为提供专门的烧烤器的行为则构成间接侵害行为。

相反，从属说则认为，间接侵害行为的成立必须以直接侵权行为的成立为前提和基础，在没有直接侵权行为的情况下，间接侵权行为也就不成立。比如，按照从属说，为科学试验和研究而使用特许发明的行为属于合法行为，因此为此等行为提供器具或者方法的行为也不构成间接侵权。

除了独立说和从属说之外，近来还出现了折中说。折中说认为，在实践中到底坚持独立说还是从属说不能一概而论，而必须看具体情况。比如，为了家庭烧烤提供某种专门用于实施方法特许发明"鱿鱼烧烤方法"的烧烤器的行为，虽然在家庭内使用特许发明方法"鱿鱼烧烤方法"的行为不是侵犯特许发明的直接侵权行为，但是这种行为的大量存在将剥夺特许权人特许产品的市场，因此为此种非侵权行为提供专门的烧烤器的行为作为间接侵害行为处理比较合适。而在科学试验和研究的情况下，如果缺少行为人提供的器具科学试验和研究不可能进行，则为科学试验和研究提供器具的行为作为非间接侵害行为处理比较合适。而在特许实施许可的情况下，为了避免特许权人垄断性地提供零部件的阻碍竞争等行为，将为实施权人提供零部件的行为作为非间接侵权行为处理比较合适。[30]

私见认为，从属说没有跳出帮助性共同侵权的传统思路，在很多情况下，不管是对作用唯一型的零部件的生产、销售、进口行为还是对多机能型的零部件的生产、销售、进口行为，都无法起到规制作用，因而不可取。而折中说则过于活泛，将导致相同性质的案件出现不同判决结论的可能，也无法给行为人提供稳定的行为预期，对于产业的发展弊多利少，因而也不可取。比较而言，独立说考虑了专利权作为一种最基本的智慧财产权的对世性和绝对性，并且跳出了传统的帮助性共同侵权的老路子，因而相对可取。

但是，独立说由于不再考虑直接利用专利产品的行为是否构成专利权侵害，结果将导致间接生产、销售、进口零部件的产业随时面临被指控间接侵害专利权的危险。为了兼顾专利权人的垄断性利益和零部件市场中的产业利益，在垄断和竞争之间求得动态平衡，独立说的坚持宜以作用唯一型的间接侵害为前提。也就是说，只有在零部件的唯一作用是用来实施专利发明的前提下，专利权人才有权利阻止他人生产、销售、进口零部件，才能指控行为人的行为构成间接侵害。在零部件具有多重作用的情况下，除非专利权人能够证明零部件的生产、销售或者进口者存在帮助性的共同侵权，否则无权阻止他人生产、销售、进口可用于修理专利产品的零部件。

五、结论以及相关问题的讨论

这部分要解决以下三个方面的问题：首先是总结文章的结论；其次是根据文章的结论对美国司法判例进行评析；最后是在评析最高人民法院《关于审理专利侵权纠纷案件若干问题的规定》（会议讨论稿）的基础上提出我国就修理、更换或者回收利用应当采取的态度。

（一）本文的结论

总结本文第二、第三、第四部分的讨论，可以得出如下几点结论。

第一，专利产品的合法所有权人为了正常使用专利产品，而对磨损、损坏的专利产品进行修理或者零部件更换，不管使用专利产品本身的行为是否具有生产经营目的，也不管修理或者零部件更换本身是否已经落入专利权利要求的范围内，都属于专利权利用尽范围内的行为，不构成侵权。

第二，以生产经营为目的、以专利产品为实施对象，而对磨损、损坏的专利产品进行修理、零部件更换或者回收利用（专利权利用尽范围外的行为），是否构成专利产品的生产，不应当以修理或者更换的属于专利产品的"主要部分"或者"实质部分"作为判断标准，也不应当以专利产品的使用寿命与修理、更换的部分的使用寿命的关系作为判断标准，而应当以修理、更换零部件或者回收利用后的产品是否落入专利权利要求的保护范围作为判断标准。

第三，即使根据修理、更换零部件或者回收利用后的产品落入专利权利要求的保护范围因而构成专利产品的生产，在存在专利法规定的抗辩事由时，也不视为专利权侵害行为。但是，默示许可、资源的最大化利用或者环境保护的需要没有足够的理由成为不侵害专利权的抗辩事由。

第四，修理、零部件更换是否构成专利权侵害，真正的问题在于为了修理、零部件更换而生产、销售、进口零部件的行为是否构成专利权侵害。在考虑这个问题时，应当兼顾专利权人的垄断利益和零部件市场中的产业利益，在专利权人对零部件市场的适度垄断和他人在零部件市场中的适度竞争之间保持动态平衡。由此，专利法只能将那种从商业的角度看具有唯一作用的零部件的生产、销售、进口行为确定为专利权间接侵害行为。

（二）对美国典型案例的评析

从 1850 年的刨床案开始至今，出现过许多涉及修理、零部件更换是否侵害专利权的案例。本文只选择有代表性的两个案例进行评述。

第一个案例是美国最高法院于 1961 年作出的帆布车顶案（Aro Manufacturing Co. v. Convertible Top Replacement Co. ）[31]。该案中的专利产品为一个帆布车顶，由帆布、支架和帆布与车体间的密封装置等组成，各组成部分都没有单独申请专利。该帆布车顶中的帆布在使用三年后就会因风吹雨打而无法使用，而其他部分完好无损。被告见有利可图，便生产、销售专用于该车顶的帆布。原告诉诸法院，指控被告行为构成专利权侵害。一审和二审法院都以更换帆布不只是对车顶的简单修理为由判决被告构成侵权。美国最高法院则认定被告的行为不构成侵权。主要理由是车主更换帆布的行为不构成直接侵权，而车主的行为之所以不构成直接侵权，主要理由是其更换帆布的行为构成修理而不是再造。为什么车主更换帆布的行为不是再造而是修理呢？两位法官从不同角度表达了自己的意见。惠特克（Whittaker）法官认为，专利法确定的原则是，对于组合专利只保护其权利要求书中各技术特征组成的整体，而各组成部件并不单独受保护。一个组合专利中的部件，如果没有单独享有专利权，不管它对专利多么重要，也不管这一部件的更换多么昂贵，多么困难，也不能受专利权的独占保护。再造只限于在专利产品作为一个整体报废以后，实质上是一个新产品的重新制造。只是一次更换一个部件，不管重复更换同一部件还是连续更换不同部件，只是财产所有权人修理财产的合法权利。因此车主更换帆布的行为构成修理而不是再造。布伦南（Brennan）法官则认为，区分修理与再造，需要考虑多种因素，比如更换部件的寿命与整个产品寿命的关系，更换的部件对于发明的重要性，更换部件的价值与整个产品价值的关系，专利权人和顾客对于易损部件的通常认识和意图，购买的部件是更换损坏的部件还是用于其他目的，等等。本案中帆布的使用寿命是三年，而其他部件的寿命几倍于帆布，更换帆布的价格为30—70 美元，而其他部件的总价值大约为 400 美元。考虑到这些因素，更换是对破损部件的更换而不是对专利产品的再造。因此，就帆布的作品和整个发明来说，只是修理。[32]

显然，本案中美国最高法院的两个法官坚持的是专利权间接侵害的从属说，因而得出了车主更换帆布的行为属于修理行为因而不构成直接侵权进而生产专用于实施专利权的帆布的行为也不构成专利权侵害的结论。而在考虑车主更换帆布的行为属于修理而不属于再造行为时，主要考虑的因素是专利产品中的零部件不享有专利权、更换部件的寿命与整个专利产品使用寿命的关系、更换部件的价值与整个专利产品价值的关系等因素。然而，根据本文的上述第一点结论，本案中根本就没有必要去考察车主更换帆布的行为是否属于再造行为。理由是，作为车顶帆布的合法所有人，为了维持车顶帆布的正常使用，完全有权更换损坏的帆布。这本来就属于专利权利用尽范围内的行为。但是，车主更换帆布的不侵权行为并不是生产、销售专门用于车顶帆布行为不侵权的依据。生产、销售专门用于车顶帆布的行为，对专利权人的利益将造成过大危害，因此应当认定为作用唯一型的间接侵害行为。[33] 美国最高法院在本案中的推理以及结论都是值得商榷的。

第二个案例是 1997 年由美国联邦巡回上诉法院作出的钻头案（Sandvik Aktiebolag v. E. J. Co.）[34] 该案涉及一项有关钻孔机的专利，该钻孔机包括一套手柄结构和一个用硬质合金制成的、具有特定形状的切削刀刃的特殊钻头，但是钻头本身并没有获得专利权保护。该钻头虽然具有特殊形状，但在钻透 1000 英寸厚的物体后会变钝，需要打磨。专利权人虽在出售专利钻孔机的使用说明书上写明了如何打磨钻头，从而使其切削刀刃重新锋利的方法，但没有制造、出售备用钻头，也没有为用户提供钻头打磨服务。该案中的被告为使用专利权人产品的客户提供了钻头维修服务，包括打磨和更换钻头。专利权人指控被告更换钻头的行为构成对专利钻头的再造。被告认为更换钻头属于对已经售出的专利产品的正常维修，而不是专利产品的再造，因此不构成侵权。一审法院支持了被告的主张。原告不服，上诉到美国联邦巡回上诉法院。美国联邦巡回上诉法院认为，在认定被告是否再造一个新产品时，应当考虑被告行为的性质、更换的零部件的性质和它是如何设计的（零部件的使用寿命与整个专利产品使用寿命的关系）、针对该零部件进行制造和服务的市场是否形成、专利权人的意图等许多因素。在本案中，被告不只是以一个新的零部件替换旧的零部件，而是通过几个步骤完成对钻头的更换、定型和整合（具体方法是用 1300 华氏度的高温把钻头卸下，再焊接上一个长方体碳化物，待该碳化物冷却后再加工成专利产品中钻头的形状），因而实质是在专利产品报废后进行重新制造。此外，美国联邦巡回上诉法院还注意到并没有证据表明存在一个为更换钻头提供服务的市场，专利权人专利产品中钻头部分修理的难度也表明专利权人并不存在"更换钻头是修理"的主张。根据上述诸种理由，美国联邦巡回上诉法院认为被告更换钻头的行为属于再造而不是修理，因而构成专利权侵害。

在该案中，美国联邦巡回上诉法院虽然颇费心思地考察了被告行为的性质、更换的零部件的性质和它是如何设计的（零部件的使用寿命与整个专利产品使用寿命的关系）、针对该零部件进行制造和服务的市场是否形成、专利权人的意图等许多因素，却放弃了判断是否构成专利权侵害的最基本的标准，即修理或者更换后的产品是否落入专利权利要求保护的范围内。按照修理或者更换后的产品是否落入专利权利要求保护的范围内这个基本标准，如果被告更换钻头后的钻孔机仍然落入专利权利要求保护的技术特征或者等同特征范围内，则以生产经营为目的更换钻头的行为构成专利权侵害。相反，如果被告更换钻头后的钻孔机已经不在专利权利要求保护的技术特征或者等同特征范围内，则即使具有生产经营目的，被告更换钻头的行为也不构成专利权侵害。美国联邦巡回上诉法院根本没有按照这样的思路去考察被告的行为，其判决结论的可靠性是值得怀疑的。

（三）我国应采取的态度

虽然我国还只见到为数不多的涉及专利产品的修理、零部件更换与回收利用是否构成专利权侵害的案件，但随着零部件市场的发达以及为大企业的专利产品提供配套服务的企业的增多，该类案件必然会越来越多，因而有必要引起立法者和司法者的高度重视。

美国的司法判例在判断修理、零部件更换是否构成专利权侵害时，虽然考虑了很多因素，却没有考虑判断是否构成专利权侵害行为最基本的标准——专利权利要求保护的范围，因此并不像有些论者所认为的那样，具有多么重要的参考价值。[35] 要解决好对专利产品的修理、零部件更换或者回收利用是否构成专利权侵害，必须寻找新的出路。按照本文的见解，牢牢把握以下两点是问题的关键。

（1）坚持将专利权利要求保护的内容作为判断修理、更换或者回收利用后的产品是否构成专利侵权的最基本标准。抛弃了这个最基本的标准，考虑再多的因素所得出的结论也是存在问题的。

（2）处理好生产、销售或者进口零部件的行为是否构成专利权间接侵害的问题。如上所述，涉及专利产品的修理、零部件更换是否构成专利权侵害的案件中，专利权人真正试图阻止的就是用于专利产品修理、更换的零部件的生产、销售或者进口行为，因此，解决好了生产、销售、进口零部件的行为是否构成专利权间接侵害的问题，涉及专利产品的修理、零部件更换是否构成专利权侵害的问题也就基本上可以迎刃而解了。

注释

［1］Wilson v. Simpson，50 U. S. 109（1850）。本文后面有关部分将对该案进行评述，因此此处不详细介绍案情。

［2］山东省高级人民法院（2000）鲁民终字第 339 号。

［3］黑龙江省高级人民法院（2007）黑知终字第 3 号。

［4］参见闫文军《从有关美国判例看专利产品"修理"与"再造"的区分》，国家知识产权局条法司编《专利法研究》（2004 年），知识产权出版社 2005 年版，第 385—401 页。

［5］参见孙天文《浅析对专利权保护的限制与再限制——由一起回收利用专利酒瓶纠纷引起的法律思考》，载《知识产权专刊》2007 年第 1 期。

［6］参见［日］玉井克哉《专利权日本国内消尽》，载牧野利秋、饭村敏明主编《知识产权关系诉讼法》（新裁判实务大全 4），青林书院 2001 年版，第 254—255 页。

［7］参见［日］横山久芳《"消尽的方法"和"生产的方法"的区别》，载《法学》1201 号（2001 年）。

［8］相关日文文献可参见［日］浅井孝夫《专利产品的修理是否侵害专利权的判断基准考察》，专修课程研究年报 1999 年度版（2000 年）；［日］玉井克哉《美国专利法上的权利用尽理论 1—2》，载《专利》54 卷 10 号 – 11 号（2001 年）；特许第 2 委员会第 5 小委员会《再利用产品和专利权的关系的检讨》，载《知识财产管理》第 52 卷 9 号第 1288—1290 页、10 号第 1489—1492 页（2002 年）；［日］田中成志《修理和再造》，载《知识产权的现代课题》（信山社 1995 年）；［日］角田芳正《再利用和知识产权》，日本工业所有权法学会年报第 22 号第 84—85 页；［日］布井要太郎《评论》，载《判例知识产权侵害论》信山社 2000 年版，第 265—269 页。

［9］参见闫文军《从有关美国判例看专利产品"修理"与"再造"的区分》，国家知识产权局条法司编《专利法研究》（2004 年），知识产权出版社 2005 年版，第 385—401 页。孙天文《浅析对专利权保护的限制与再限制——由一起回收利用专利酒瓶纠纷引起的法律思考》，载《知识产权专刊》2007 年第 1 期。［日］玉井克哉《专利权日本国内消尽》，载牧野利秋、饭村敏明主编《知识产权关系诉讼法》（新裁判实务大全 4），青林书院 2001 年版，第 254—255 页。［日］横山久芳《"消尽的方法"和"生产的方法"的区别》，载《法学》1201 号第 150—152 页（2001 年）。［日］浅井孝夫《专利产品的修理是否侵害专利权的判断基准考察》，载专修课程研究年报 1999 年度版（2000 年）；［日］玉井克哉《美国专利法上的权利用尽理论 1—2》专利 54 卷 10 号 – 11 号（2001 年）；特许第 2 委员会第 5 小委员会《再利用产品和专利权的关系的检讨》，载《知识财产管理》第 52 卷 9 号第 1288—1290 页、10 号第 1489—1492 页（2002 年）；［日］田中成志《修理和再造》，载《知识产权的现代课题》（信山社 1995 年）；［日］角田芳正《再利用和知识产权》，载日本工业所有权法学会年报第 22 号，第 84—85 页；［日］布井要太郎《评论》，载《判例知识产权侵害论》第 265—269 页，信山社 2000 年。

[10] 这里没有考虑我国《专利法》立法上的缺陷。按照我国《专利法》第 11 条的规定，发明和实用新型专利权人拥有制造、使用、许诺销售、销售、进口等五项权利，而外观设计专利权人只拥有制造、销售、进口等三项权利，而不拥有使用权和许诺销售权。这样，对于外观设计专利产品而言，在其首次合法投放市场后，他人进行使用就是合法行为，而无须通过权利用尽原则进行解释。

[11] 在国外，也有论者通过默示许可理论或者是通过专利权滥用法理来解释专利权利用尽存在的合理性。分别参见 [日] 清濑一郎《专利法原理》（第 4 版），严松堂书店 1936 年版，第 124—125 页。[日] 辰巳直彦《商品流通和知识产权法的构成》，载《专利研究》21 号（1996 年）。[日] 田村善之《修理、零部件的更换与专利侵权的判断》，李扬译，载吴汉东主编：《知识产权年刊》（第 2 期），北京大学出版社 2006 年版，第 36—52 页。

[12] 比如，我国《专利法》第 63 第 1 款规定，有下列情形之一的，不视为侵犯专利权：（一）专利权人制造、进口或者经专利权人许可而制造、进口的专利产品或者依照专利方法直接获得的产品售出后，使用、许诺销售或者销售该产品的；（二）在专利申请日前已经制造相同产品、使用相同方法或者已经作好制造、使用的必要准备，并且仅在原有范围内继续制造、使用的；（三）临时通过中国领陆、领水、领空的外国运输工具，依照其所属国同中国签订的协议或者共同参加的国际条约，或者依照互惠原则，为运输工具自身需要而在其装置和设备中使用有关专利的；（四）专为科学研究和实验而使用有关专利的。

[13] [日] 田村善之：《修理、零部件的更换与专利侵权的判断》，李扬译，载吴汉东主编：《知识产权年刊》（第 2 期），北京大学出版社 2006 年版，第 46—51 页。

[14] 参见 [日] 清濑一郎《专利法原理》，严松堂书店 1936 年版，第 124—125 页。

[15] 黑龙江省高级人民法院（2007）黑知终字第 3 号。

[16] 参见郜中林《专利侵权判定原则和方法》，载《知识产权专刊》2007 年第 1 期。

[17] 同上。

[18] 同上。

[19] 参见 [日] 清濑一郎《专利法原理》，严松堂书店 1936 年版，第 121 页；[日] 中山信弘《专利法注释（上）》（第三版），青林书院 2000 年版，第 34 页。[日] 纹谷畅男《专利法注释》，有斐阁 1986 年版，第 12 页。[日] 松渑和子《间接侵害》（1），载 [日] 牧野秋利主编《工业所有权法》，青林书院 1985 年版，第 262 页。[日] 绳井朋子《评论》，载《判例时报》1731 号，第 196—197 页（2001 年）。

[20] *Aro Manufacturing Co. v. Convertible Top Replacement Co*, 365 *U. S.* 336（1961）.

[21] 参见 [日] 角田芳正《关于无形财产权的属地主义和用尽理论》，载《国士馆法学》18 号（1985 年），第 78 页；[日] 中山信弘《工业所有权法》（上），弘文堂 2000 年版，第 361 页；[日] 仙元隆一郎《专利法讲义》，悠悠社 2003 年版，第 161 页。

[22] 参见 [日] 中山信弘《工业所有权法》上，弘文堂 2000 年版，第 361 页。

〔23〕参见尹新天《专利权的保护》，知识产权出版社 2005 年版，第 136 页。

〔24〕参见田村善之《知识产权法》（第 3 版），有斐阁 2004 年版，第 233—234 页。高林龙《标准特许法》（第 2 版），有斐阁 2005 年版，第 151 页。

〔25〕大阪地判昭 54・2・16 无体集第 11 卷第 1 号第 48 页"装饰化妆板"。

〔26〕比如日本东京知识产权高等裁判所的著名法官三村量一先生。在 2006 年 8 月 5 日在北海道大学演讲时，三村量一法官对日本特许厅导入含混不清的多机能型的间接侵害提出了强烈批评。著名特许法专家竹田和彦也认为，"解决发明课题不可欠缺的物"究竟是指什么非常令人费解。参见竹田和彦《特许知识》（第 8 版），ダイヤモンド社，第 377—378 页。

〔27〕特许厅总务部总务科制度改正审议室编：《平成 16 年改正产业财产权法的解说》，发明协会 2002 年，第 27 页。

〔28〕实践中，特许权人要做出这种证明是非常困难的。而且日本特许法第 103 条规定的过失推定并不包括故意在内。有学者建议，为了证明主观间接侵害的故意，在起诉之前可以由特许权人先向行为人发出警告，告知行为人的行为已经属于《特许法》第 101 条第 2 或者第 4 项的情况。行为人在接到警告后不停止行为的话，再证明其主观故意就容易了。高林龙：《标准特许法》（第 2 版），有斐阁 2005 年版，第 154 页。

〔29〕比如在 1978 年日本东京地方裁判所判决的"反光式照相机"一案中，裁判所就根据独立说判决被告的行为构成间接侵权。（东京地判昭 56・2・25 无体裁集 13・1・139）。而在 1988 年大阪地方裁判所判决的"制砂机榔头"一案中，裁判所则根据从属说判决被告的行为不构成间接侵害。（大阪地判平元・4・24 无体裁判集 21・1・279）。

〔30〕参见田村善之《知识产权法》（第 3 版），有斐阁 2004 年版，第 231—233 页。

〔31〕*Aro Manufacturing Co. v. Convertible Top Replacement Co*，365 U. S. 336（1961）.

〔32〕亦可参见闫文军《从有关美国判例看专利产品"修理"与"再造"的区分》，国家知识产权局条法司编：《专利法研究》（2004 年），知识产权出版社 2005 年版，第 387—388 页。

〔33〕当然，在这种情况下，有人可能会担心，车主再无法购买到专用于车顶的帆布了。这种担心是没有道理的。因为一方面，专利权人可以生产、销售该种专用帆布；另一方面，其他人也可以生产非专用但也可以用于车顶的帆布。

〔34〕43 USPQ 2d 1620（1997）.

〔35〕参见闫文军《从有关美国判例看专利产品"修理"与"再造"的区分》，国家知识产权局条法司编：《专利法研究》（2004 年），知识产权出版社 2005 年版，第 401 页。

商标法混淆概念之流变

——兼评我国商标法律法规之相关规定

杜　颖*

内容提要：商标因应社会生活的需要产生，并在历史发展初期主要发挥识别商品来源功能。随着社会经济结构的变化，商标的广告宣传功能逐渐丰富和发展起来。商标逐渐从统治经济生活走向影响人们的情感世界。这使混淆概念发生了意义变革，导致商标权的保护范围扩大。商标立法和司法实践必须顺应这一发展流线，做出及时调整和应对。

关键词：来源功能；广告功能；混淆；联想；间接混淆

Abstract：The trademark came into being for social economic demands, and primarily functioned as the indication of the source in its early history. With the changes of social economic structure, trademarks have acquainted with advertising function. Trademarks, which used to chiefly govern the economic life, begin to influence people's emotional world. This transformation has aroused the substantial changes of legal definition about confusion and enlarged the spectrums of trademarks' legal protection. Legislation and case law have to respond to these changes in a timely and flexible way.

Key Words：Origin Function; Advertising Function; Confusion; Association; Secondary Confusion

从渊源看，商标法律制度所禁止的主要是商标混淆行为。未经商标权人许可，在相同或者类似商品上使用与商标权人的商标相近似的标志时，发生混淆。传统商标法律制度中，关于商品来源发生错误认识是混淆的构成要素，但随着商标功能的发展变化，商标保护范围逐渐延伸，混淆概念不断发

---

* 作者简介：杜颖，1972年12月生，女，汉族，内蒙古赤峰市人，华中科技大学法学院教授，法学博士，中国湖北武汉市，430074，主要研究方向为民商法学、知识产权法学；电子信箱：duyingduying@gmail.com。

展。本文首先通过跟踪商标发展的历史分析商标功能的变化，介绍和分析德国以及美国商标立法和实践中混淆概念的发展，然后对我国立法以及司法实践的态度做出评价。

一、商标功能的变化

现代商标理论认为，商标有标示商品来源功能（origin function）、品质保证功能（quality or guarantee function）以及投入和广告功能（investment or advertising function）三种功能。[1]日本学者称之为"商标来源表示功能（出所表示机能）"、"品质保证功能（品质保证机能）"和"广告宣传功能（広告宣伝机能）"。[2]我国有学者将商标的功能归结为三种：认知功能、品质保证功能和广告功能。[3]还有学者做了更详细的划分，将商标的基本功能归结为：识别功能、标示来源的功能、保证品质的功能、广告宣传的功能。[4]但标示来源的功能实际上内在地包含了识别功能，因此，笔者认为，后种概括是三种功能说的另外一种表述方式。

如果从逻辑上进行分析，表示商品来源的功能是另外两种功能的基础：只有保证商品来源方面的信息是真实的，消费者才能判断出商品的品质；这一功能也是投入和广告功能赖以发生的物理凭借。甚至我们可以从某种角度说，商标所具有的标示商品来源的功能是商标预设的功能，而另外两种功能则带有事后功能的特征。但商标功能在不同的社会发展阶段有不同侧重，商标的事后功能随历史经济条件的变化而逐渐彰显并充实和发展起来。

论及西方商标的起源，我国学者主张不一。有人认为，在西方，商标最早起源于西班牙，当时的游牧部落把烙印打在自己的牲畜上，以区别于不同主人的牲畜。[5]早期的商标使用与保护是以政府管制为基础的，像1266年英国政府颁布的强制面包师将自己的标记标在其制作和出售的面包上。[6]也有学者认为，西方最早的商标除了个体工匠和商人使用的明记和暗号之外，还有13世纪行会供成员使用的特定的印章。[7]但有学者认为，这称不上商标，商标的出现是在古登堡采用活字之后的印刷品，印刷出版者为了把自己的印刷制品与他人区别开来，在其书面装饰的部分加一定的标识。[8]西方学者则认为，从功能上分析，古代社会就出现了商标的等同物，这些标记被刻在陶器上，尽管古希腊、古罗马、古埃及都有这样的标记，古罗马出现的这种标记在铜器、金银制品、玻璃制品等器物上也使用，但最早的标记当属5000多年前在中国出现的。大约是在公元前2700年，中国就有雕刻工匠名字的陶器，有的则同时还雕刻同时代的帝王的名字。[9]这和我国有的学者的推算大体一致，认为中国商标的起源时间应该推到公元前 2000 多年前，考古学者根据出土的陶器发现，在这些出土文物上发现了工匠、作坊名称或者产地标志的标识，这便是商标出现的证明。[10]但是，有人认为，因为很难考证这些陶器是否已进入商品交换领域，所以，这算不上真正意义的商标。判定我国商标出现的时间应该是在宋代，山东刘家针铺使用的白兔标志就是实实在在的商标了。它所使用的"白兔"商标，既有图形，又有"兔儿为记"的字样。它才是我国至今发现的较早的比较完备的商标。[11]

考据途径与方式的不同决定了对于商标起源产生了各种不同的认识，但是有一点却是我们可以肯定的，早期的商标标识构成比较简单，功能比较单一，主要是识别产品来源。并在一定程度上发挥品质保证功能。特别是在11—13 世纪，横扫英格兰和欧洲的商业行会和手工业行会对商业的控制力比地方当局更甚。商业行会的成员是商人，手工业行会的成员是手工业者，它们发布行业规范规制其成员。这时，同一商标的商品具有同等品质。但商标并不突出美感，商标标志主要由工匠、制作者或者商人的名字构成。[12]

蒸汽机的发明把人类向前推进了一大步，也带来了法律制度的一系列变革。它直接带来了交通和贸易的发展，这极大地刺激了商品的流通，并导致了商标发展史上的重大革命。正如我国台湾学者所言，产业革命以后，人口膨胀、交通发达、国际贸易兴盛，商品无远弗至，消费者与制造商各处世界另一角落，商品品质之竞争，有赖商标以表征其具有同一水准。商标之经济上功能也因之扩大，信誉的表征以及广告之机能，对于大量生产、大量贩卖之现代化商业交易具有重大意义。[13]这时，商标的三种功能完美地结合在一起，使成功的商标不但要精心设计，还需要长时间的广告与商品优良品质做保障，由此建立其威望。[14]于是，商标的使用者和设计者从朴素的标识商品来源的意识中走了出来，开始注重商标的美感设计，希望商标标识在第一时间抓住消费者的视线，影响消费者对商品的主观判断和感受，并在消费者那里留下持久的印象和记忆。

但广告功能是一种劝说功能（persuasive function），它会改变消费者的喜好，而激发他们去购买更多的广告商品。[15]对于广告功能的正当性和法律在多大程度上允许其存在，争论很大。以美国为例，对商标广告功能进行法律保护的认识就经历了一个从保守到自由的态度转变。保守态度认为，法律只保护商标的来源功能，而不保护商标的广告功能。因为普通法的基本原则是鼓励竞争，保护名称的垄断只是次要意义上的，仅在有限的范围内存在。[16]保守态度甚至认为，不应该保护商标的广告功能，因为大规模的劝说广告造成了经济浪费、扭曲消费者的选择。[17]虽然，很多人提出，不保护商标权人的权利就会鼓励不正当竞争。但如果我们换一个角度来认识这个问题，则会发现，所谓的"不正当竞争"依据实际上是"不正当侵犯垄断"的另一种说法，在商标案件里尤为如此。[18]更何况，广告劝说并不能创造总需求，它只是使欲望增长。因为有效的需要不是由我们想要什么创造的，而是由生产力和社会购买力创造的。[19]但也有学者认为，实际上我们无从知道消费者的喜好是如何构成的，因此也就不可能确定通过商标方式进行的广告宣传是否改变了消费者的喜好；如果这种判断成立的话，我们就无法确定该影响的性质和方向。[20]经过了多少年的实践，我们现在基本上接受了这样一种认识，保护商标的表彰功能，这是商标法的一个重要发展。笔者认为，如果没有商标的广告宣传功能，消费者会在浩如烟海的商品中选择自己需要的产品，同样是一种不经济，也是现代社会高度紧张的生活节奏所不希望出现的一种结果。在问题的另一个极端，我们会看到消费者可选择的商品只有一种或者有限的几种，从社会成本消耗来看，这是最经济的。因为不存在广告成本，也不需要花费时间等选择成本。但这容易导致生产者、服务商利用独占地位侵害消费者权益，同时也有出现供应匮乏的危险。我们能够选择的似乎只能是居中的状态：消费者在商品的选择上支出一定的成本，在各种知名产品以及普通商品之间做出选择；同时，保护各种品牌的生产者、服务商之间的有序竞争。从功利主义的角度来看，法律也必须认可并适度保护商标的广告功能。

广告宣传功能在今天是如此的深入人心，以致它产生的效应已经超出商品来源与商品之间的联系，而折射到商品对于购买者的意义。人们从购买的商品中获得的不仅仅是商品的使用价值、功能价值，从购买者的内心感受来说，它还附带一种公众认可的品牌带来的精神满足；而从购买者与他人之间的对外关系来说，消费何种商标标识的商品，逐渐成为其身份、地位的标签，是其个人品位和欣赏水准等精神世界内容的一个可视窗。这样，商标功能逐渐从物质化向非物质化或者精神化转化，商标也逐渐从物质世界更深入地走进了人们的精神世界。认可商标的广告功能，保护商标上负载的商誉，使商标制度逐渐从关怀商品本身走向关注消费者的精神世界和消费价值取向。笔者试以商标功能从偏物质化向重精神化转变为线索，分析商标制度中的基础概念——混淆的具体发展。

二、商标法律制度对混淆概念的发展
——德国和美国的经验

我们知道，商标权主要禁止在同类或者类似产品、服务上使用相同或者类似的标志，但商标的广告功能强化以后，商标上的商誉的价值膨胀，强调对商誉进行保护使以模仿—混淆模式建立起来的商标权保护基准受到挑战。人们过去围绕着商品和商标划定的保护圈不断地延展，延伸到消费者的心理认知，再延伸到消费者精神世界的活动和内心微妙的变化，这个保护范围越来越抽象，越来越让人难以琢磨和确定。我国学者指出，随着商标从"一个不说话的售货员"演化为"一个不出声的宣传员和信使"，产品概念主要由使用价值构成延伸到产品的附加价值和效益，如交货与信用条件，安装、服务和保证；商标从单一地区别商品或服务产源和标志其质量，发展到与产源相独立的运载企业的信誉；商标权利范围从制止混淆保护识别功能，转变为制止联想保护表彰功能。[21]——商标权的权利范围扩大了，这主要表现为立法和司法实践对混淆概念做出的新的解释。

在德国，混淆区别为狭义的混淆和广义的混淆。狭义的混淆，是指消费者就企业的身份发生错误认识。比如，将非商标权人的商品，误以为来源于商标权人的商品。如果消费者因商标的差别，可以知道所标示的商品来源于不同的企业，但是因特别的情势，可以得知，两企业在经济上或者在结构上有一定的关联的，是谓原商标法上的广义的混淆。依照 1994 年修正后的商标法，[22]可以得知关联关系就没有意义了，存在公众发生联想的可能，就足够了。德国商标法第 14 条第 2 款提到"未经商标所有人同意，第三人不得在商事交易中…… 2. 使用某种标志，如果因该标志和商标相同或相似并且它们使用的商品或服务也相同或相似，致使公众有混淆的可能的，包括公众发生联想的可能……"[23]这样，在德国的立法中，实际上放弃了混淆中的"错误"要素，即使不发生错误，只要消费者看到此商品即联想到彼商品而产生联想足矣。

如此一来，商标法开始禁止产品或者服务的竞争者利用消费者爱屋及乌的心理而扩大销售量。听了有些危言耸听，多少让人有一种噤若寒蝉的感觉。于是，美国学者站出来说："单纯联想不构成侵权"![24]尽管混淆不仅仅包括来源混淆，还包括就隶属、联系、赞助关系发生的混淆，但是单纯地让消费者想到了另外一个商标则不构成混淆。因为商标只是赋予了商标所有人这样一种权利：禁止其他人通过使用商标标志而把商誉作为他自己的使用。[25]这也是美国法院的态度，不放弃混淆中的错误要素，因产生联想而认定为侵权的，司法判例规定了严格的条件。[26]

但是，为了保护商标广告功能产生的巨大商誉，美国法院却从另外一个角度延伸了商标权利范围——扩大混淆的时间范围和空间范围。扩大混淆的时间范围解决了在消费者实际购买之时没有发生混淆、但在其购买前发生混淆的问题，由此，美国法发展了最初关注并检索商品时发生的混淆概念（initial interest confusion）。[27]而扩大混淆的空间范围则解决了非直接购买者、消费者发生的混淆问题，由此，美国法创造了间接混淆（secondary confusion）的概念。

美国普通法认为，可以从不同的角度来衡量消费者发生混淆的问题。如果从时间意义上分析混淆，它分为购买前混淆、购买时混淆以及售后混淆。购买前发生的混淆是在消费者考虑消费的时候，这个时间很难确定，因为我们无从知晓购买者是从什么时候开始考虑购买商品或者服务的；购买时是一个确定的点，通常指的是在商店发生购买行为的那一刻；而购买后是指消费商品或者服务之时或者是在其他消费者看到商品的时候。[28]售后混淆也很难确定，因为我们无法确定购买行为发生后混淆的结束时间。[29]但是，从时间意义上划分混淆却使混淆的发生时间前伸和后延，前伸至消费者的购买行为发生之前，这在美国法中被称为"最初关注并检索商品时发生的混淆"；而售后混淆又和下面我们要论述的间接混淆发生交叉。

戈里特安，赫尔费希里，舒尔茨，斯坦威格公司诉施坦威文子公司案是最早对"最初关注并检索商品时发生的混淆"概念进行讨论的美国经典案例。在该案中，美国纽约州南区联邦地区法院认为，尽管高价钢琴的潜在购买者通常是音乐方面的专家，但是他们也许会被误导购买施坦威（GROTRIAN-STEINWEG）钢琴，因为他们开始会错误地认为施坦威（GROTRIAN-STEINWEG）钢琴的制造者和著名的施坦威（STEINWAY）钢琴生产商存在某种联系。由于在最初关注并检索商品时被误导，一个要购买 Steinway 钢琴的人也许就会满足于选择便宜一些的施坦威（Grotrian-Steinweg）钢琴，因为他们认为这个钢琴即使不比施坦威（Steinway）钢琴好，但也不至于差到哪里去。[30]第二巡回法院在上诉审判决中也指出，被告对施坦威（Steinway）所造成的损害表现在，一个要购买钢琴的人会认为原被告之间存在某种联系，而把施坦威（GROTRIAN-STEINWEG）与品牌钢琴联系起来并由此被吸引，即使消费者后来经过核查发现两个生产商之间没有什么联系。被告提出，要想确定侵权成立则原告必须证明在购买之时消费者发生了混淆，第二巡回法院对于被告提出的这个主张明确给予了回绝。[31]

最初关注并检索商品时发生的混淆表现为三种形式：第一，转移潜在的消费者最初的购买关注点；第二，由于消费者错误地认为在后使用商标的商品或服务的提供者与商标持有人之间存在某种联系而发生关注点转移，由此其最终做出的购买决定也受到了潜在影响；第三，商标所有人的商品的信誉使消费者对在后使用商标的商品或服务给予了信任。[32]

最初关注并检索商品时发生的混淆概念在网络商标侵权案件中得到了广泛的应用。在以与他人商标相同或类似的文字作为网络域名从事经营的案件中，消费者在寻找自己需要的商品时，往往被引到另外一个与他们检索的商品经营者有竞争关系的其他经营者的网站上，即使他们后来意识到自己所在的网站不是最初要找的网站。美国俄亥俄州南区联邦地区法院在审理"维多利亚的秘密"一案中指出，被告以 victoriassecrets.net 的域名销售妇女贴身内衣，在消费者最初关注并检索商品时发生了与原告"维多利亚的秘密"商标的混淆。被告提出，消费者登录到它的网站后就会明白它和"维多利亚的秘密"是两回事，因此消费者不可能发生混淆，但法院认为，把消费者误引到竞争商品那里就构成侵权，而不管消费者后来是否自己认识到或通过被告做出的声明而弄清楚事实真相。[33]

最初关注并检索商品时发生的混淆增加了消费者的检索成本，很多消费者正是鉴于这种检索成本的存在而放弃自己最初要寻找的商标所有人的商品，却出于便宜的考虑直接选择自己所面对的商品。正如美国第五巡回法院在埃尔维斯普雷斯利公司诉卡比斯（Elvis Presley Enterprises Inc. v. Capece）一案中所指出的那样，"消费者一旦进了被告的门，就等于上了被告的贼船，被告的混淆术就会得逞，因为很多顾客尽管已经意识到自己踏入的酒吧和原告埃尔维斯普雷斯利公司（EPE）没有什么联系也会留下来。"[34]

如果从空间意义上分析混淆，可以将其区别为购买者发生的混淆和非购买者发生的混淆，它解决的问题是，与购买者有联系的那些消费者发生的混淆是否具有可诉性。也就是潜在的消费者、购买者发生混淆是否构成商标法意义上的混淆问题。[35]美国法院认为，发生混淆的主体不限于商品的直接购买者，与直接购买者相关的人如果发生了混淆，同样构成侵权，这就是美国司法实践提出的间接混淆的概念。间接混淆扩大了消费者的范围，即使直接购买者非常清楚商品真正出自何处，但看到购买者手中商品的第三人仍然不能分辨商品真正来源的，混淆也成立，是为间接混淆。这样，间接混淆解决的是商品销售后非购买者发生的混淆，尽管间接混淆原则并非为所有的联邦法院接受，[36]但依据此原则判定侵权的判例越来越多，它对商标和反不正当诉讼也越来越具有影响力。例如，1987年，美国第十一巡回法院就美国诉托金顿（U. S. v. Torkington）一案作出判决时指出，判断假冒商标是否成立，并不要求证明直接购买者发生了混淆、误认或者上当受骗；如果能够证明购买群体的成员可能发生混淆、误认或上当受骗，假冒就成立了。法院指出，混淆的可能包括商品销售以后发生混淆的可能。[37]现在，美国绝大多数法院也认可销售后发生的混淆构成侵权，也就是非购买者看到带有侵权标志的商品在商品所有人——即商品购买者，使用中发生的混淆，而所有人在购买之时并未发生混淆。售后混淆侵害的是商标真正所有人的商业信誉以及其商品销售量。正如美国第二巡回法院在爱玛仕国际诉巴黎第五大街公司（Hermes Intern. v. Lederer de Paris Fifth Ave. Inc.）一案中所指出的那样，尽管被告在销售原告的爱玛仕（HERMES）时尚饰件时明确告知购买者东西是仿制的，但当成熟购买者购买一个仿制品，然后将其作为真品流通到公众那里时，损失就发生了，因为这使作为旁观者的公众发生了混淆，仿制品的所有人就以一个仿制品的低价格获得了拥有一个真品的地位。[38]

　　由此看来，在商标混淆概念的认识上，美国和德国实际上都是从不同的方向向一个目标做出努力——发展混淆的概念，扩大商标权的保护范围，加强对商标代表的无形商誉的保护。现在我们来看一下我国商标法律法规对此问题的态度。

三、我国相关立法和司法判例中的混淆概念

　　我国《商标法》、《商标法实施条例》以及《商标审查标准》，事实上已经放弃了"混淆"的概念，用"误认"取而代之。商标法只是在第13条规定驰名商标保护时采用了"混淆"标准，《商标法实施条例》在驰名商标的保护中也采取了同样的规定，除此之外，也只是在类似商品或服务的判定中规定了混淆标准，而《商标审查标准》则一律使用了相关公众发生"误认"的标准。在《商标审查标准》中又并列使用了混淆、误导。该标准在5.1中规定了混淆、误导是指导致商品/服务来源的误认。混淆、误导包括以下情形：（1）消费者对商品/服务的来源产生误认，认为标识系争商标的商品/服务系由驰名商标所有人生产或者提供；（2）使消费者联想到标识系争商标的商品的生产者或者服务的提供者与驰名商标所有人存在某种联系，如投资关系、许可关系或者合作关系。这里规定的联想实际上包含了"错误"要素，因为联想到的内容是"存在某种联系"。这实际上表明了立法的一种姿态，一种从严的姿态。同时，还必须指出的是，该《商标审查标准》中规定的"联想"侵权方式只是针对我国商标法第13条规定的驰名商标的保护，从范围上说远远比德国商标法针对一般商标规定的"联想"保护要窄。

　　在德国放弃混淆概念中的错误要素时，我们反其道而行之，明确用"误认"标准取代"混淆"标准，或者说将误认要素放进混淆的判断中。那么，司法实践又是怎样的一种态度呢？翻开北京市法院的一些判决书，我们

不难看出，法院已经频繁地使用了"联想"一词，但是，判决书中却明确了一点：只有联想最终导致误认时才构成侵权。例如，在（香港）德士活有限公司与国家工商行政管理总局商标评审委员会商标撤销行政纠纷案二审判决中，法院指出，消费者看到广东苹果公司的"苹果图形"和"APPLE"商标均会想到原告德士活公司在先注册的"texwood 及图"商标，但由于广东苹果公司已广泛使用了"苹果图形"和"APPLE"商标并产生了一定影响和知名度，不致造成消费者混淆误认，故争议商标与德士活公司在先注册的"texwood 及图"并不构成近似商标，争议商标应当予以核准注册。[39] 而在大连鹏鸿木业有限公司与冯美利商标侵权纠纷案二审判决中，法院更是将联想与误认放在一起，在该案判决书中，法院针对被告方在涉案板材宣传页中使用的"新鹏鸿健"字样、在被控侵权板材侧面进行的"新鹏鸿健康新材质"说明、在涉案被诉侵权板材正面粘贴的合格证上使用的"新鹏鸿健康"表示，重复使用了同样的一个侵权构成判断标准：普通消费者是否能够看到那些标识便联想到"鹏鸿"注册商标并进而产生误认（下划线为笔者所加）。[40] 这意味着，我国商标权保护中，仍然着意强调主体主观上的"错误"认识要件，实践中关于侵权构成的认定依然从严，如果消费者没有发生误认，则制止联想并不在我国商标法律制度的保护范围之内。

那么，立法是否允许我们从时间角度、空间角度认识混淆，从而将混淆概念进行延伸或者扩大解释混淆主体的范围，达成对商标权的延伸保护呢？

首先，对最初关注并检索商品时发生的混淆，我国商标司法解释中事实上已经有相应的规定。2002 年 10 月发布的《最高人民法院关于审理商标民事纠纷案件适用法律若干问题的解释》（以下简称《商标解释》）在第 1 条第 1 款第 3 项规定，将与他人注册商标相同或者相近似的文字注册为域名，并且通过该域名进行相关商品交易的电子商务，容易使相关公众产生误认的，属于商标法第 52 条第（五）项规定的给他人注册商标专用权造成其他损害的行为。该项规定并没有明确相关公众产生误认的具体时间，解释上可以将消费者在检索商品时而在购买前发生的误认放进来。《最高人民法院关于审理涉及计算机网络域名民事纠纷案件适用法律若干问题的解释》在第 4 条第 2 款第 2 项规定，被告域名或其主要部分构成对原告驰名商标的复制、模仿、翻译或音译；或者与原告的注册商标、域名等相同或近似，足以造成相关公众的误认的，应当认定被告注册、使用域名等行为构成侵权或者不正当竞争。而该解释紧接着在第 5 条第 1 款第 2 项规定，为商业目的注册、使用与原告的注册商标、域名等相同或近似的域名，故意造成与原告提供的产品、服务或者原告网站的混淆，误导网络用户访问其网站或其他在线站点的，人民法院应当认定被告具有恶意。通过这两项规定，《最高人民法院关于审理涉及计算机网络域名民事纠纷案件适用法律若干问题的解释》对使用网络域名导致的最初关注并检索商品时发生的混淆进行了规范。遗憾的是，从目前我国的商标法律法规来看，对最初关注并检索商品时发生的混淆，我们也仅仅对网络域名环境下的情况进行了规范，而没有对其他情况下出现的最初关注并检索商品时发生的混淆做出考虑。

从空间上扩展混淆主体范围，目前我国的商标法律法规中尚没有规定。我国《商标法》、《商标法实施条例》和《商标审查标准》中，在判定是否发生混淆时，关于主体的规定频繁地使用了"相关公众"一词。对相关公众这一概念进行的定义见于《商标解释》以及 2003 年 4 月 17 日中华人民共和国国家工商行政管理总局第 5 号令发布的《驰名商标认定和保护规定》（以下简称《规定》）。《商标解释》在第 8 条规定，"商标法所称相关公众，是指与商标所标识的某类商品或者服务有关的消费者和与前述商品或者服务的营销有密切关系的其他经营者"。《规定》在第 2 条明确，"本规定中的驰名商标是指在中国为相关公众广为知晓并享有较高声誉的商标。相关公众包括与使用商标所标示的某类商品或者服务有关的消费者，生产前述商品或者提供服务的其他经营者以及经销渠道中所涉及的销售者和相关人员等。"《商标解释》和《规定》对于相关公众的定义本质上没有什么区别。2005年，中华人民共和国工商行政管理局商标局制定了《商标审理标准》，该《标准》在第一部分"复制、模仿或者翻译他人驰名商标审理标准"规定驰名商标的认定时，对相关公众做了解释："相关公众包括但不以下列情形为限：（1）商标所标识的商品的生产者或者服务的提供者；（2）商标所标识的商品/服务的消费者；（3）商标所标识的商品/服务在经销渠道中所涉及的经营者和相关人员等。"如果从字面解释来看，该规定的第 2 项仅仅指商品的直接消费者，不区分当下的消费者和潜在的消费者，因此也无法将潜在的消费者包括进来。依据逻辑解释规则，我们结合第 1 项和第 3 项的规定来看，这条规定不论采用的是对象数量依次递增的规律，还是对象数量依次递减的规律，第 2 项规定的消费者的数量都应该不是最多的。而我们如果要扩大第 2 项的对象数量，把潜在的消费者放进来，只能认为该条规定采用的是先规定主要对象，再规定其他的规律，但如此一来，消费者的第二项显然要前置于商品的生产者或者服务的提供者了。因此，《商标审理标准》实际上将相关公众的范围缩小了，而且在列举对象的排序上无论如何都有问题。所幸该条规定一开始便声明"相关公众包括但不以下列情形为限"，这样就为司法实践留了一个口子。

法院在判决中经常将"相关公众"指作为混淆的判断主体，但很多判决对其并不进行明确解释。笔者所见对"相关公众"所做的非常具体明确的司法个案解释是（日本）丰田自动车株式会社诉浙江吉利汽车有限公司等侵犯商标权及不正当竞争纠纷案一审民事判决。该判决指出，"本案涉案产品为汽车，与其相关的消费者应指汽车的购买者或使用者，与其相关的经营者应指经销、提供汽车维修和其他服务的经营者，因此，本案中，相关公众应指汽车的购买者或使用者以及经销或提供汽车维修和其他服务的经营者。上述消费者包括有购买计划的潜在消费者、正在实施购买行为的消费者、购买后的消费者和使用者……"[41] 仔细分析这个判决，我们不难得出，法官实际上已经采用了从时间意义上和空间意义上分析混淆的方法。从时间序列上说，混淆包括发生在"有购买计划的"（购买前）、"正在实施购买行为的"（购买时）和"购买后的"（售后）消费者那里的混淆；从空间角度来看，混淆的发生不仅限于直接购买者，还包括"潜在的消费者"和"使用者"。因此，我们可以得出这样一个结论，该判决中法官采用的混淆判断标准是一种扩大解释混淆的标准。该判决的意义不仅体现在为联想进入我们的保护视野埋下了伏笔，还在字里行间反映了混淆在空间上的膨胀。当然，从理论上说，我们完全可以像美国一样，通过扩大解释"与使用商标所标示的某类商品或者服务有关的消费者"而扩大"混淆"的主体范围。但是，如果我们考虑前述立法从严的姿态，结论只能是，我们不可能这么做，不可能走美国的道路——因为通过扩大解释主体范围达到"曲线救国"的目的不符合立法者要从严认定侵权构成的立法意图，也不符合逻辑解释的规则。

四、结束语

商标广告、宣传功能的强化带来了商标功能的非物质化倾向，这使商标愈加明显地游离出商品，使商誉越来越成为一种独立的价值存在。商标负载着这种价值逐渐走进人们的心里，进入人们的精神世界，影响着人们的喜好和消费价值判断。立法和司法实践在商标制度的设计和解释中应根据这种变化做出适时调整。在信息对生活形成狂轰滥炸之势的今天，人们越来越倚重广告和传媒，商标假冒和搭便车的行为也会愈演愈烈，商标制度设计中要考虑这一因素，在侵权认定中采用灵活、缓和的认定标准，扩大商标权的保护范围。在这两方面，我们的商标制度都还有很大的伸展空间。

注释

[1] *W. R. Cornish, Intellectual Property: Patents, Copyright, Trade Marks and Allied*

Rights, London Sweet & Maxwell, 1996, p. 527.

［2］参见［日］纹谷畅男《无体财产法概论》（第6版），东京有斐阁1996年版，第17—18页。

［3］参见刘春田主编《知识产权法》，中国人民大学出版社2000年版，第232—234页。

［4］参见吴汉东主编《知识产权法》，中国政法大学出版社2002年修订版，第218—219页。

［5］同上书，第224页。

［6］参见刘春田主编《知识产权法》，中国人民大学出版社2000年版，第236—237页。

［7］参见郭寿康主编《知识产权法》，中共中央党校出版社2002年版，第217—218页。

［8］参见郑成思《知识产权论》，法律出版社2003年版，第8—9页。

［9］*Benjamin G. Paster*, *Trademarks-Their Early History*, 59 *Trademark Reporter* 1969, pp. 552 – 555.

［10］参见郭寿康主编《知识产权法》，中共中央党校出版社2002年版，第218页。

［11］参见郑成思《知识产权论》，法律出版社2003年版，第8页；参见吴汉东主编《知识产权法》，中国政法大学出版社2002年修订版，第224页。

［12］这里之所以使用"主要"，是因为，据考证，公元5世纪的罗马，在其广泛使用的一种油灯上也曾经普遍使用过广告意义的用语，如"VTERE（欢迎使用）""EME（欢迎购买）"。这说明，在当时，商标的设计者和使用者已经有了朦胧的广告意识，但商标的主要功能应该是表示生产者，识别产品来源。*See Benjamin G. Paster*, *Trademarks-Their Early History*, 59 Trademark Reporter 1969, p. 554.

［13］参见曾陈明汝《商标法原理》，中国人民大学出版社2003年版，第10—11页。

［14］曾陈明汝：《专利商标法选论》，台北三民书局1977年版，第153页。

［15］*See Ralph S. Brown*, *Advertising and the Public Interest*: *Legal Protection of Trade Symbols*, 57 Yale Law Journal 1165, 1948, pp. 1185, 1187.

［16］*See Eastern Wine Corp. v. Winslow-Warren Ltd.*, 137 F. 2d 955, 959（C. C. A. 2d 1943）, cert. denied, 320 U. S. 758（1943）.

［17］*Ralph S. Brown*, *Advertising and the Public Interest*: *Legal Protection of Trade Symbols*, 57 Yale Law Journal 1165, 1948, pp. 1185, 1190.

［18］*See Standard Brands v. Smidler*, 151 F. 2d 34, 40（C. C. A. 2d 1945）.

［19］*Ralph S. Brown*, *Advertising and the Public Interest*: *Legal Protection of Trade Symbols*, 57 Yale Law Journal 1165, 1948, p. 1187.

［20］*See R. H. Coase*, *Advertising and Free Speech*, 6 Journal of Legal Studies 1, 1977, pp. 9 – 13.

［21］黄晖：《商标识别与表彰功能的法律保护——从制止混淆到制止联想》，载郑

成思主编《知识产权文丛》第 5 卷，中国方正出版社 2001 年版，第 355、364 页。

〔22〕该法于 1998 年 7 月 16 日再次做出过修改，并于 1999 年 1 月 1 日实施。

〔23〕参见金勇军《非彼莫属，仅此宜家！——评英特艾基公司诉国网公司不正当竞争、商标侵权纠纷案》，载易继明主编《私法》第 1 辑第 2 卷，北京大学出版社 2002 年版，第 392—393 页。

〔24〕See Robert A. Gorman & Jane C. Ginsburg, *Copyright-Cases and Materials*, 6th Ed., *Foundation Press*, New York, 2002, p. 22.

〔25〕*United Drug Co. v. Theodore Rectanus Co.*, 248 U. S. 90, 97.

〔26〕以美国的典型案件 The University of Notre Dame Du Lac v. J. C. Gourmet Food Imports, Co., Inc. 为例，联邦巡回上诉法院在解释兰哈姆法的规定时认为，其第 2 条 d 规定的不得注册为商标的情况不仅仅是公众看到了标志就想到了某个驰名商标，它还要求有足够的理由证明，公众认为某特定产品或者服务来源于某个驰名商标的使用者。在该案中，主张权利的一方是大学，它在印第安纳从事教育服务；另一方是从欧洲进口奶酪在美国销售的奶酪商 J. C. Gourmet Food Imports, Co., Inc.，因为奶酪商在从法国进口的奶酪制品上注册使用 Notre Dame 商标而导致该诉讼的发生。法院审理后认为奶酪商可以使用 Notre Dame 商标，因为尽管商标的确相同，但大学提供的商品和服务与奶酪是截然不同的，公众不可能发生混淆；而且 Notre Dame 和 Notre Dame 大学也不具有唯一的联系性，因为他还代表历史上一位著名的宗教人物，在巴黎就有 Notre Dame 大教堂（See 703 F. 2d 1372, 1374, 1377）。

〔27〕我国有学者也将其翻译为"初始兴趣混淆"（参见邓宏光《商标混淆理论之新发展——初始兴趣混淆》，载《知识产权》2007 年第 3 期）和"初始混淆"（崔维、陈闳中《用技术手段解决"初始混淆"——一个法律问题引出的技术问题》，载《计算机工程与应用》2003 年第 1 期）。笔者这里采用意译的方式，尽管对应词显得有些冗长和繁杂，但这种翻译方式基本上能让读者从文面上直接读出它的具体含义。

〔28〕See Malla Pollack, *Your Image is my Image*: *When Advertising Dedicates Trademarks to the Public Domain- With an Example from the Trademark Counterfeiting Act of* 1984, 14 Cardozo Law Review 1391 (1992—1993), p. 1470.

〔29〕See Warren S. Grimes, *Spiff*, *Polish*, *and Consumer Demand Quality*: *Vertical Price Restraints Revisited*, 80 California Law. Review 815 (1992).

〔30〕365 F. Supp. 707, 717, 180 U. S. P. Q. 506 (S. D. N. Y. 1973).

〔31〕523 F. 2d 1331, 1342, 186 U. S. P. Q. 436 (2d Cir. 1975).

〔32〕*BigStar Entertainment*, *Inc. v. Next Big Star*, *Inc*, . 105 F. Supp. 2d 185, 207 (S. D. N. Y. 2000).

〔33〕*Victoria's Secret Stores v. Artco Equipment Co.*, 194 F. Supp. 2d 704, 728 (S. D. Ohio 2002).

〔34〕*Elvis Presley Enterprises Inc. v. Capece*, 141 F. 3d 188, 204, 46 U. S. P. Q. 2d 1737 (5th Cir. 1998).

〔35〕有关如何从时间和空间角度分析混淆的意义，及这种分析对司法实践的影响，

可参见 *Shashank Upadhye*, *Trademark Surveys*: *Identifying the Relevant Universe of Confused Consumers*, 8 *Fordham Intellectual Property*, *Media & Entertainment Law Journal* 549（1997—1998），pp. 564—578.

［36］例如，美国第九巡回法院在 Smith v. Chanel, Inc. 一案中认为，只要香水的生产者在产品和宣传中所做的标识和表述不会导致购买者错误地认为那就是 Chanel #5，就不构成侵权（参见 402 F. 2d 562）。该案中，法院不接受间接混淆原则的适用。

［37］812 F. 2d 1347, 1349. 该案涉及的问题是，以 27 美元的价格购买带有 Rolex 标志的表的人，非常清楚自己所购买的表是赝品，直接购买者不可能发生混淆或者误认，因此严格意义上说不构成商标法上的混淆。但法院认为，销售后，看到该表的其他人无法分辨真假，这同样是商标假冒。相同的案件还可参见 U. S. v. Gantos，817 F. 2d 41。

［38］*Hermes Intern. v. Lederer de Paris Fifth Ave.*, *Inc.*，219 F. 3d 104，55 U. S. P. Q. 2d 1360（2d Cir. 2000）.

［39］该案争议的焦点问题是：广东苹果公司在皮具类商品上使用的"APPLES"和"苹果图形"商标与原告德士活公司使用的"萍果牌"和"texwood"及图形商标是否构成消费者混淆。案件具体情况见北京市高级人民法院行政判决书（2005）高行终字第405 号。

［40］该案争议的焦点问题是：被告使用的涉案文字商标"新鹏鸿健"及其在产品包装和合格证等处做的相关标识与大连鹏鸿木业有限公司的"鹏鸿"文字＋图形组合商标是否构成混淆。案件具体情况见北京市第二中级人民法院民事判决书（2006）二中民终字第 12667 号。

［41］参见北京市第二中级人民法院民事判决书（2003）二中民初字第 06286 号。

驰名商标司法认定中
存在的问题及解决

汤茂仁*

内容提要：最高人民法院关于审理商标、域名纠纷案件适用法律的司法解释，明确了人民法院根据当事人申请和案件审理需要认定驰名商标的职能。此后，各地具有知识产权案件管辖权的法院积极、慎重地开展了驰名商标司法认定工作，依法认定了一定数量的驰名商标，保护了驰名商标权利人的合法权益，促进了品牌战略的顺利实施。但近年来，驰名商标司法认定工作出现了认定标准不统一，地区不平衡等问题，对法院形象和司法认定的公信力产生了负面影响。为此，我们近年来着手开展了对该项课题的调研，以提出更加符合驰名商标司法认定目的的解决思路

关键词：驰名商标；司法认定；审查标准

Abstract：The interpretation of the Supreme People's Court on issues concerning the application of law for the trial of class of dispute over trademark and domain name defined that the People's Court need judge the function of trademark according to the parties' application and the trial. Hereafter, the Court which has the jurisdiction settlement about intellectual property cases has carried out the judicial recognition work of well-known trademark actively and guardedly, judged the well-known trademark in conformity with legal provisions, protected the legitimate right of right owner, promoted the brand strategy's implement. But recently, the work of judicial recognition on well-known trademark has come forth some problems for example that the judging standard is not unified due to the unbalance among different areas and so on. These have exerted the negative impact on the

---

* 江苏省高级人民法院知识产权庭副庭长，法学博士。

Court's reputation and public's trust. Therefore，we are starting with investigation on this project in recent years，for advancing a new solution to be more coincidental about the judging aim of well-known trademark

Key Words：Well-known Trademark；Judicial Review；Cognizance Standard

一、江苏省法院驰名商标司法认定的基本状况

（一）相关数据的统计、分析

从 2001 年以来，江苏省法院共受理涉及申请认定驰名商标案件 51 件，最终判决认定驰名商标 19 件，占申请数的 37.2%。在上述 19 件案件中，涉及对其他法院已经认定的"国美"驰名商标的重新确认 1 件；涉及商标与域名争议的 5 件，涉及商标与字号冲突的 6 件。已经认定的驰名商标案件主要有以下特点：

1. 案件类型单一

在认定驰名商标的 19 件案件中，侵犯商标权纠纷 15 件，占绝大多数；当事人同时主张侵犯商标权与不正当竞争的有 3 件。

2. 上诉率低

在认定驰名商标的 19 件案件中，仅有 1 件案件的当事人认为一审法院不当认定驰名商标而提起上诉，其他案件当事人均服判。少数案件中，被告消极应诉和答辩，对原告商标构成驰名商标不持异议。

3. 赔偿额不高

认定驰名商标案件判决确定的赔偿额普遍不高，一般在 50000 元以下。

（二）江苏省法院认定驰名商标把握的主要原则

在涉及驰名商标认定的案件中坚持严格条件、个案认定、被动保护的原则，依法、慎重认定驰名商标。具体来说，主要把握以下几项原则。

1. 坚持被动认定、个案有效原则，统一对驰名商标认定目的的认识

驰名商标认定的目的在于解决纠纷、保护驰名商标的声誉不受损害或被攀附利用。只有在当事人之间存在争议，且商标权人因为扩大保护需要而提出了认定申请的情况下，法院才有可能启动认定程序。江苏省已认定的 19 件驰名商标，均基于当事人的申请才启动认定程序，法院未依职权主动认定，体现了法院在司法认定工作中的被动性、中立性。同时，所认定的驰名

商标仅对个案有效，对案外的第三人不当然发生效力。在驰名商标认定案件中，对已被认定的驰名商标并不当然作为证据直接采用，除非对方当事人没有异议，否则法院仍要对其在侵权行为发生前一段期间是否驰名进行全面审查。

2. 坚持域内驰名原则，加强对商标知名度地域性的审查

一个商标只有在中国境内驰名，并为权利人带来声誉、市场影响力和竞争优势，才有权获得特殊保护并禁止他人使用。国家工商总局 2003 年制定并颁发的《驰名商标认定和保护规定》中也确立了驰名商标的地域性规则，规定驰名商标应为在中国地域内为相关公众广为知晓并享有较高声誉的商标。因此，我们要求申请认定的驰名商标必须在我国境内驰名。我们在"霍尼威尔"、"BenQ"、"柯达"等涉及境外驰名商标认定的案件中，均要求权利人提供其商标在境内外知名、宣传、注册或使用等方面的证据。国内一些判例也持此观点。如北京二中院在美国汽车配件总公司诉北京三爱锐星汽车配件有限公司商标侵权案中，法院认为原告提供了大量证据材料证明该公司及其产品在美国的销售情况和知名度，但认定驰名商标时应当考虑该商标在请求保护国地域范围内的驰名程度，包括相关公众对该商标的知晓程度、相关宣传工作的程度和范围等。该院在 STUSSY 股份有限公司诉国家商标评审委员会商标撤销案中，明确对驰名商标的保护受地域限制，只有在所在国构成驰名商标时，才能受到特殊保护。

但需要说明的是，根据 TRIPS 协议第 16 条规定的精神，在域内驰名、知名，并不要求该商标在该成员地域内实际使用，通过其他方式（如宣传）使该商标为相关公众所知晓也可以认定该商标驰名或知名。保护工业产权巴黎联盟大会和世界知识产权组织通过的"保护驰名商标联合建议"（以下简称"联合建议"）第 2 条第（三）项也规定，不得将该商标在成员国中使用或注册作为认定驰名商标的条件，并同时认为宣传商标本身即构成对商标的使用。

3. 坚持因需认定原则，加强对司法认定必要性的审查

在驰名商标的认定上，重点审查驰名商标司法认定的必要性，凡能够通过一般商标侵权或其他途径予以救济的，则不进行驰名商标的认定。在"林内"、"豪雅"、"飞利浦"、"雅芳婷"、"罗技"等商标侵权或不正当竞争案中，我们均以双方当事人的商品或服务类别相同或类似为由，驳回了原告认定驰名商标的请求。其中，在涉及"罗技"商标的侵权案中，一审法院认定该商标为驰名商标，江苏省高级人民法院在二审中以"被控侵权行为发生在相同、类似商品上"为由，在判决中明确指出一审法院认定涉案

商标为驰名商标不当。

4. 坚持从严把握原则，加强对认定工作的监督和审查

为统一驰名商标司法认定标准，确保驰名商标认定的社会效果和正确导向，我们注重加强对中院驰名商标认定工作的监督和指导，建立了驰名商标司法认定审判信息报送制度。除规定各中院上报生效裁判文书外，在认定前还须及时报送有关案件基本事实、认定必要性等信息。对于不符合认定条件和标准的，及时向有关法院提出指导性意见和建议。同时，建立驰名商标司法认定交流和研讨会制度。对江苏省法院驰名商标认定案件中存在的问题，及时进行调查研究，统一执法标准。2007年6月，又进一步加强了对驰名商标司法认定工作的监督与审查力度，建立了驰名商标司法认定判前审核制度，要求各中院在案件审理过程中，经初步审查认为确需认定驰名商标的，在判决前必须书面报请省法院审核。上报的内容包括基本案情、当事人申请认定的理由、商标驰名的证据，以及中院的初步审查意见。江苏省法院重点加强对商标驰名度和认定必要性的审查。

二、驰名商标司法认定中存在的问题

（一）将认定驰名商标当作当事人的诉讼请求进行审理

在涉及司法认定的案件中，绝大多数案件的商标权人明确将认定驰名商标作为其诉讼请求之一。在19件已认定驰名商标的案件中，有17件属于上述情形。有关法院对此主要采取以下几种处理方式。

1. 多数案件是在判决理由部分对是否为驰名商标进行认定，在决定主文部分不涉及是否认定驰名商标的问题。

2. 个别案件中，法院在判决书中明确指出不能将驰名商标认定作为诉讼请求提出。如在涉及"苏宁"驰名商标认定案中，法院认为"商标是否驰名是一个事实问题，对商标是否驰名的认定是一项法律事实认定，不宜作为一项独立的诉讼请求来判定。"[1]

3. 还有一起案件在判决主文中认定某商标为驰名商标。

（二）对驰名标准理解和把握不当

江苏省多数法院能严格按照商标法，并参照《驰名商标认定和保护规定》确定的标准来认定商标的驰名度，但也有一些案件存在对驰名度标准和认定要素的理解和把握不当的现象。主要表现如下。

1. 错误理解驰名的时间点。少数法院以诉讼发生的时间为界，认定涉案商标在诉讼前三年内是否驰名。这种观点值得商榷。

2. 市场占有率或行业排名表述或定量模糊。如在某驰名商标认定案件中，法院认定某产品"年产、销量、销售额、利税在全国同行业中名列前茅"。

3. 未严格依照驰名商标认定条件和因素引导当事人举证，或对有关法定认定要素作宽泛、简单认定。

（三）对驰名商标司法认定必要性的审查标准不统一或把握过宽

驰名商标是在个案争议中基于当事人的申请而被动认定的。达到驰名度的标准仅具备了认定驰名商标的可能性。是否有必要认定驰名商标还要根据"案件的具体情况"及审理需要来决定。各地法院在审查驰名商标认定必要性时掌握的标准不尽统一，有时掌握得过宽。主要表现如下。

一是一些案件对认定必要性未作审查，直接依据原告商标的驰名度进行驰名商标的认定。

二是在双方商品或服务非类似时无条件地认定驰名商标。驰名商标并非绝对跨类保护，还需要考察商标的显著性和驰名程度。我国《商标法》规定只要为相关公众广为知晓即可认定为驰名商标，同时不作区分地规定注册的驰名商标绝对跨类保护。由此造成实务中根本不区分商标的驰名程度和显著性，只要被告在非类似商品或服务上使用与原告商标相同或近似的商标、字号或域名，即认定驰名商标。事实上，在有些情况下，根据原告商标的知名度和显著性，被告的使用行为根本不可能产生联想或误导公众，或对原告商标造成损害。因而原告的商标不应当获得跨类保护，也无须认定驰名商标。引起该问题的原因在于，我国立法上对驰名商标的跨类保护效力未作出任何限制和必要区分。

三是在商标与域名、字号冲突中认定驰名商标也有绝对化倾向。有的法院认为，对于被告将与原告商标相同或近似的文字注册为域名的纠纷案，认定驰名商标没有条件限制。只要是商标与域名冲突，法院即会根据原告请求和商标驰名度直接作出驰名商标的认定。广东江门中院在审理涉及"豪爵"商标为驰名商标时也有类似认识。"虽然法院在本案中认定了原告的'豪爵'注册商标为驰名商标，但那是在判断被告利丰公司注册、使用域名'tjhaojue. com'是否侵犯原告注册商标专用权时所作的认定……"[2]

上述案例均反映了在涉及商标与域名冲突案件中，驰名商标司法认定工作的随意性。

　　在商标与企业名称冲突中，对驰名商标认定必要性的认识和把握也不统一。一种观点认为，只有被告所涉行业与原告商标所核定使用的商品或服务非类似时，才有认定的必要性。另一种观点认为，《商标法实施条例》第53条规定，商标所有人认为他人将其驰名商标作为企业名称登记，可能欺骗公众或者对公众造成误解的，可以向企业名称登记主管机关申请撤销该名称登记。据此，在企业名称与商标冲突时，只有认定原告商标为驰名商标，方可撤销被告的企业名称。在涉及"罗技"商标侵权案中，一审认定其为驰名商标即是这种认识。还有观点认为，此类冲突即使为跨类，但如果对公众造成误解的，也可以认定其为不正当竞争行为，而无须认定驰名商标。

（四）商品销售服务类商标在认定驰名商标时存在法律障碍

　　根据商标法规定，商标的使用与保护应以经核定的商标和核准的商品或服务为准。判断商标是否驰名必须结合该商标所使用的商品或服务，考察该商标在与之所对应的商品或服务上的显著性和知名度。如果商标在相关公众的知名度并非体现在核定的商品或服务上，则不能认定在此类商品或服务上的注册商标为驰名商标。实践中，从事商品销售服务的企业在申请认定驰名商标时却遇到了此方面的难题。《商标注册用商品与服务国际分类表》及《商品与服务类似商品分类表》并没有"销售商品"服务类别，商标局也不受理类似服务上的商标注册申请。这也是国际上的通行做法。特别是《类似商品与服务区分表》在第35类的注释中，明确地将以商品销售活动为主要业务的商业企业的销售行为排除在外。因此，一些从事销售服务的知名企业在其为公众广为知晓的销售服务上无法获得商标注册和申请驰名商标认定。目前，因"苏宁"、"国美"、"沃尔玛"等商标被认定为驰名商标引发诸多非议和困惑，即源于这一矛盾和法律障碍。

（五）以认定驰名商标为目的虚构诉讼

　　目前，一些企业受利益驱动以及司法认定的便捷、高效、成本低等因素的影响，积极寻求司法机关认定驰名商标。有的企业甚至蓄意制造诉讼来达到认定的目的。这种现象如果不及时加以遏制将对创新经济的发展产生负面影响，并损害司法认定的权威和形象。

三、解决问题的对策与建议

（一）法院不宜在判决主文中作出驰名商标认定

认定驰名商标不应作为诉讼请求提出，法院也不应在判决主文中作出认定，原因如下。

1. 驰名商标认定属于事实认定内容，不属于诉讼请求范畴

驰名商标认定是对一定期间内商标达到驰名程度这一事实状态的认定。这已经得到司法实务界的普遍认可。诉讼标的为当事人所争议并请求确认的内容。一般来说，单纯之事实不得作为确认之诉的标的。[3] 原因在于，事实存在与否，是属于人们认识的对象，是一个客观实在。当事人之间对事实问题本无争议，所谓争议只是由于证据效力不够以及人的认识能力不够而已。因此，事实问题不能依靠国家强制力加以判定和执行。

2. 驰名商标认定仅对个案有效

如果作为诉讼请求提出，法院必须在判决主文中进行回应与确认。而生效判决对原告驰名商标的判定具有确定力、强制力、执行力与拘束力，除非有新的判决或裁定可以推翻该判决结果，否则驰名商标的效力自然可以延伸与拘束到其他案件。这与驰名商标认定个案有效、商标知名状态是一个动态变化过程相违背。

3. 认定驰名商标的目的在于解决纠纷

司法认定的目的在于以商标驰名这一事实为基础，确定商标权的保护范围和效力，有效解决纠纷，保护驰名商标的声誉不受侵害。认定驰名商标不是目的和荣誉评定。

基于以上原因，我们认为，驰名商标认定不应作为诉讼请求提出，否则该请求应予驳回。法院也不应在判决主文中对驰名商标作出认定。对此，最高人民法院关于驰名商标司法认定司法解释草案以及一些高院的规范性意见、调研报告中均持此种观点。[4]

（二）关于商标驰名度具体条件和标准的把握

对于具体案件中驰名商标的认定，应严格按照《商标法》第 14 条规定的标准进行认定，并注意把握好以下几个方面。

1. 商标的注册时间和知名状态的持续时间

驰名商标的形成往往需要企业多年的辛勤培育，具有时间上的持续性。商标刚刚注册或形成不久一般不可能形成较高知名度。因此，商标注册时间

的长短是需要参考的一个因素。对于起诉时注册时间较短的商标，原则上不予认定。如扬州中院未认定"苏友汽车俱乐部"商标为驰名商标的一个重要原因即是该商标注册时间较短。[5]同时，驰名商标是对商标已有知名度的历史记载。因此，商标至少须在侵权行为发生前到侵权行为发生时的一段期间内驰名。这样对解决纠纷、确定被告侵权与否才有实际意义。实践中以诉前"近三年"的指标来确定商标驰名与否不正确。

2. 相关公众知晓程度的证明标准

实践中，对此难以把握，往往受商品类别、法官所在地域、消费习惯、价值判断等因素的制约。主要从以下几方面来综合考虑。

（1）《商标法》第14条所规定的其他因素

商标使用、宣传、行业排名、市场占有率、所获荣誉、作为驰名商标受保护记录、公众知晓度的社会调查等方面的证据，可以用以证明相关公众的知晓程度。因为对该商标及其商品所作推广是导致商标知名、驰名的重要因素。

（2）商标声誉的记录

《驰名商标认定和保护规定》规定驰名商标为享有较高声誉的商标。驰名商标的创立，与企业持续不断地改进商品质量、提高商品声誉、积累商业信誉的努力密切相关。同时，为使驰名商标与其知名度及品牌价值真正相符，及其对社会的积极导向，在驰名商标认定上应考虑商标的声誉。为此，主要从正反两个方面来考察：一是商标所获得的奖励、荣誉等表彰和评价记录。这反映了行业协会、主管部门及社会公众对该商标知名度、声誉等方面的积极评价。但在当前评奖泛滥、缺乏监督和公信力的社会环境下，应当注意甄别，并结合其他客观因素综合考虑。二是商标是否存在声誉不良、社会形象不佳等否定性评价的记录。这主要审查该企业是否存在因产品质量或其他违法经营被行政查处，有无拒绝履行生效裁判或逃避债务等情形。例如在认定光缆商品上的"中天科技"商标、数码影像产品上的"KODAK"商标以及农药产品上的"红太阳"商标为驰名商标时，对上述商标商品的质量和信誉进行了综合考察。在这方面，法院必要时可以在认定前征询工商、技术监督、劳动监察、环境保护、信贷等机构对该企业的建议，防止将不注重产品质量和安全、违法用工、污染环境、缺乏诚信的企业的商标认定为驰名商标。

（3）社会调查机构出具的调查报告

社会调查机构对不同层次、地域的相关公众进行抽样调查所得出的结论具有一定的客观性和说服力，是确定公众知晓程度的有效途径。"联合建议"的注释中规定："相关公众对于商标的了解或认知程度，可通过消费者调查和民事测验来确定。"苏州中院在认定"永鼎"商标为驰名商标时，尝试了采用该方法来了解公众知晓程度。但适用此方法应当注意以下几点：①商标驰名的证据应当由当事人提供，或根据当事人的申请委托调查而不能由法院依职权调查取证。②要对调查机构的权威性、调查方法的科学性和可行性进行严格审查，如调查对象分布是否合理、问卷调查是否具有诱导性等，以确保调查结论的真实性。③调查的结论、报告应经庭审质证，调查人员或代表应出庭接受质询。

（4）该商标的评估价值

"联合建议"明确提出，与商标相关的价值可以作为认定一商标是否驰名的指针。有学者认为，如果商标的价值可以得到准确的评估和量化的话，商标的价值与其知名度成正比关系。但"在使用这一指标时，要特别注意避免简单地把公司的广告开支计算为商标的价值，因为广告并非总是有效。"[6]1997年修改前的巴西工业产权法典实施细则第3节在认定驰名商标时，也曾要求提供"作为资产记录在公司财务报表上的商标价值。"考察评估价值因素时，须对评估机构的资质、评估程序、基准时间、结论等进行必要的审查和确认。苏州中院在认定"永鼎"商标为驰名商标时，即将权威机构对该品牌的评估价值作为参考。

（5）商标被仿冒的记录和程度

一般而言，商标在公众中知晓程度越高，被仿冒的可能性和概率越大。因此，商标被仿冒的记录、频率和程度，也可以作为认定公众知晓程度的参考因素。该项内容包括权利人多次维权并获得支持的证据，或证明其商标被多次仿冒的其他证据。南京中院在认定农药产品上的"红太阳"商标为驰名商标时，即考虑了该商标多次被仿冒，及江苏省省内外公安、工商等部门查处的记录。

（6）商标使用、宣传情况

申请认定驰名商标的权利人通常会提供商标使用、宣传以及商品销售、市场占有率等统计数据，以证明商标的知名程度。对此，要注意对数据真实性和合法性的审查。涉及财务数据的要求申请人提供原始会计凭证，以及权威的中介机构的审计报告；对市场占有率等其他数据，则要求其提供权威部门、行业协会、中介机构提供的证明予以参考。

对商标宣传工作的证明应考虑到推广介绍产品和商标这一主要目的。在商标宣传媒介和方式上，不限于电视、报纸、杂志等传统媒介，还应包括网络等电子媒介，以及通过产品交易会、展览会、社会公益活动等所作的宣传。在宣传范围和效果上，要求宣传应覆盖境内大部分区域，且应是省级以上有一定影响力的媒体。此外，广告合同不能反映合同的履行情况以及广告的实际发布状况。因此，当事人供提供广告合同的，还应要求其提供合同的实际履行或广告实际发布的相关证据。

（三）加强对驰名商标司法认定必要性的审查

为保证驰名商标的品牌价值，充分发挥其表彰功能及对社会公众的影响力，促进品牌战略的实施，人民法院必须严格按照商标法及其司法解释规定的条件和标准，根据当事人申请和案件审理需要慎重认定驰名商标。除了正确把握商标驰名度的标准外，还应严格审查司法认定的必要性。确定驰名商标司法认定的必要性是实践中的难点，对此应注意以下几个问题。

1. 司法认定必要性的审查要素

驰名商标的司法认定是基于商标的驰名度，依法适当扩大商标权的保护范围，保护商标权声誉不受损害或不当利用、攀附的需要。因此，驰名商标司法认定，是案件审理的需要、扩大保护的需要、解决纠纷的需要。实践中，必须紧密结合商标法关于保护驰名商标的规范要件来分析驰名司法认定的必要性。逻辑上包括以下两个层次。

一是凡能够通过一般商标侵权或不正当竞争行为的认定予以救济的，则应避免认定驰名商标。如在相同或类似商品上使用与他人注册商标相同或近似的商标，或将他人注册商标相同文字注册为企业字号并突出使用构成商标侵权，或虽然规范使用企业名称但导致相关公众误认、构成不正当竞争等行为的，就应当避免认定驰名商标，除非需要对未注册的驰名商标进行认定。同时，法院对类似商品的认定要灵活把握，必要时可以在最高人民法院相关司法解释总体精神框架内，对商品类似的概念予以适当扩张，通过认定类似商品的途径给予保护，而不必认定驰名商标并给予跨类保护。[7]欧共体法院及美国法院在类似商品的认定上均有采用主观判断标准的实践。如服装与纽扣、拉链等辅料，香皂与皂盒，农药与农膜等属于非类似商品，但在与驰名商标发生冲突时，可以根据商品或服务的消费群体、销售渠道、用途、使用效果等因素将其扩张解释为相关商品、类似商品。

二是涉及跨类保护时要考察其他侵权要件成立与否来确定认定的必要性。根据《商标法》第13条第2款规定，认定对注册驰名商标的侵权成立，必须符合以下要件：一是注册商标在国内达到驰名程度，具有较高声誉；二是被告将与原告注册商标相同或近似商标使用于非类似商品或服务之上；三是被告的使用导致误导公众，并损害商标注册人的利益。仅仅具备前两个要件并不能认定商标侵权成立。此时，如果认定了驰名商标，但又驳回原告关于侵权的诉讼请求，则会成为为认定驰名商标而认定。因此，认为只要是双方当事人经营的商品或服务为不同类别即需要认定驰名商标的观点并不正确。在存在跨类情形时，上述三个侵权构成要件均是我们审查司法认定驰名商标必要性必不可少的因素。

2. 关于"误导公众"和"使（驰名）商标注册人的利益可能受到损害"之间的关系

（1）"误导公众"的定性

《商标法》第 13 条第 1 款是对未注册驰名商标的保护，以混淆为要件之一，保护范围及于相同或类似商品。第 2 款是对注册驰名商标的保护，以误导为要件之一，保护范围及于不相同或非类似商品。实践中对"误导公众"性质的认识不尽统一，主要有以下几种观点：[8]

一是混淆说。即认为被告在不同或非类似商品上使用原告驰名商标会使相关公众对产品的来源产生误认。

二是联想说。即认为被告在不同或非类似商品上使用原告驰名商标会使相关公众认为被告与原告之间存在某种联系。如投资、许可、赞助等关系。

三是淡化说。即认为被告在不同或非类似商品上使用原告驰名商标会使驰名商标显著性降低，损害其商誉价值。如在"柯达"驰名商标认定案中，法院认为"结合本案事实及上述法律规范，科达电梯公司使用'KODAK'标识，显然是模仿及标榜于伊士曼公司'KODAK'驰名商标的良好声誉形象，以取得不正当商业利益。从保护驰名商标专有性角度出发，科达电梯公司使用'KODAK'标识必然会产生降低伊士曼公司'KODAK'驰名商标显著性及或然性损害其商誉价值的后果，对伊士曼公司'KODAK'驰名商标专有性及长期商业标识形象利益造成实质性损害。"[9]

四是混淆与联想并存说、与淡化并存说。多数案件中，法院均认为被告的使用行为造成了相关公众的混淆，或认为当事人之间有某种联系，或淡化驰名商标的显著性。如在"红太阳"驰名商标认定案中，法院认为被告的使用会使相关公众对商品来源产生混淆，误认为标有"红太阳"标识的产品系经原告生产或经其许可。"即使相关公众事后得知被控侵权产品与原告无任何联系，但是侵权行为也在一定程度上削弱了'红太阳'商标与原告之间特定的联系，从而造成该品牌对相关公众吸引力的降低。"[10] 在"海王"驰名商标认定案中，法院认为，"汉迪公司虽然在不同分类商品上使用'海王'商标，但仍足以引起相关公众误认为汉迪公司与商标注册人海王公司存在某种关联或误解为同一市场主体，使他人对其商品的来源产生混淆，减低了'海王'作为驰名商标指示商品来源唯一性和特有性的能力。"[11] 在"明基"驰名商标认定案中，法院认为，"结合顾华芳注册涉案争议域名及其对域名的使用情况，顾华芳是为商业目的将他人的驰名商标注册为域名，主观上具有对明基公司的'BenQ'驰名商标进行搭便车的恶意，从而诱导相关公众误认为该产品与明基公司存在某种联系，造成对产品来源的混淆或产生错误联想。"[12]

正确理解误导的性质，首先必须正确认识"混淆"、"联想"、"淡化"三者的关系。一般而言，混淆是指对商品来源的误认，误认为被告产品来源于原告，是对商标区别商品出处功能的破坏。此为对普通注册商标或未注册驰名商标进行保护的要件，只有在相同商品或类似商品上使用与他人注册商标或未注册驰名商标相同或近似的商标，才极有可能造成商品出处的混淆。"巴黎公约对于未注册驰名商标的保护，主要是从防止混淆的角度考虑的。"[13]

联想或淡化并不是对商品或服务来源或出处的误认，而是指被告对原告注册驰名商标的使用导致相关公众误认为双方当事人之间存在投资、合作、许可、赞助、质量担保等某种联系，或者导致原告驰名商标声誉或显著性的降低，是对驰名商标声誉的不当使用、攀附或掠夺等侵害。联想或淡化是对注册驰名商标保护的要件。在不相同或非类似商品上使用他人驰名商标，通常不会产生混淆商品来源的结果，多数情况下相关公众看到被告产品不会认为该产品是由原告生产，而是联想到原告的驰名商标，误认为两者之间有某种特定的联系，使原告驰名商标独特的较高显著性降低或淡化。但需要注意的是，美国、欧洲一些国家所强调的淡化针对的商标主要是指具有绝对显著性的"著名商标"，或者在一般公众中享有较高知名度的"高信誉商标"，而非我国商标法所称在相关公众中享有较高声誉的"驰名商标"。[14] 同时，美国联邦反淡化法所规定的淡化，是指降低驰名商标指示和区别商品或服务的能力，而不论是否存在混淆、误导和欺骗的可能性，也不论双方当事人之间是否存在竞争关系。因此，美国、欧洲一些国家所称的淡化与我国商标法所称的误导具有不同的适用范围和对象，含义并不完全相同。我们使用相关术语时要注意其特定含义和语境，不宜生搬硬套。

我国《商标法》第 13 条将误导与混淆分别规定在两款中，二者具有不同的适用对象。混淆理论与注册驰名商标的跨类保护具有相对清楚的界限，前者禁止的是商品来源的混淆，后者禁止的是在非类似商品上对驰名商标良好声誉的掠夺。因此，第 13 条第 2 款所称的"误导公众"不应包含混淆商品来源的内容，更接近于联想的性质。审判实践中，将驰名商标的保护效力解释为"混淆"，或在判决书中认定造成相关公众的混淆是不恰当的。

（2）关于"误导公众"和"致使（驰名）商标注册人的利益可能受到损害"之间的关系

实践中对于"误导公众"和"致使（驰名）商标注册人的利益可能受到损害"之间的关系认识不清，错误理解为二者之间为并列关系，系两个要件；或者认为二者之间为选择要件，认定"误导"后忽视对"误导"产生的损害后果的认定，从而在判决书上出现不同的表述，认定的重点出现偏差。如在上述"明基"驰名商标认定案中，法院在认定了相关公众产生混淆与联想后，对商标注册人利益的损害未予认定。

对于"误导公众"和"致使（驰名）商标注册人的利益可能受到损害"之间的关系，可从法律条文的文义解释得出，"致使"表明二者之间为因果关系，即"误导公众"是"（驰名）商标注册人的利益可能受到损害"的原因，后者是前者产生的必然结果，二者并非选择或并列关系。

3. 关于"误导公众"的判定

在判断是否导致"误导公众"时，可以从以下几个方面入手。

（1）考虑商标的显著性和驰名程度

商标的显著性和驰名程度是认定驰名商标时必须考察的重要因素。商标的显著性程度决定了一个商标的保护范围。显著性的取得是一个创造性的劳动过程。[15]它主要是依靠商标的使用、宣传、商品的售后服务、产品质量等因素决定，是商誉的逐渐积累。商标的显著性不同，其保护效力、范围是不同的。商标法理论上将商标的显著性分为相对显著性和绝对显著性。所谓相对显著性，是指需结合具体的商品或服务，商标方能够起到区别作用。如果离开具体的商品或服务，单独提到则不知所云，不能指向特定的出处。相对显著性商标仅在其所属领域具有知名度，其保护效力一般仅限于禁止同类商品或服务的混淆。在市场上若有相同标识出现时，则可能在相同或类似商品上使公众发生混淆，而在非类似商品或服务上的使用一般不会导致错误联想。所谓绝对显著性，是指一商标与其所附着的商品之间已经建立了直接的、唯一的、独特的联系，社会公众一看到或听到该商标即能想到其最初的来源。因此，该商标具有非常强的显著性和广泛知名度。这种显著性只有经过长期的使用或大量的宣传才能实现，因此总是同强大的知名度联系在一起。[16]即使此类标识在不同或非类似商品上使用，也有可能产生错误联想，对此类商标的保护范围应当延及非类似商品或服务上。

原告商标至少应在被告商品或服务的相关公众中享有知名度。理论上认为，具有相对显著性是获得注册的条件或标准；而具有绝对显著性是制止联想、跨类保护的条件。虽然要求商标为相关公众所知晓，具有相对显著性是《巴黎公约》、TRIPS 协议以及"联合建议"等国际公约规定的认定驰名商标的最低标准。但"联合建议"同时规定，在制止联想的反淡化情形下需对一商标实行跨类保护时，可以要求该商标在全体公众中驰名。[17] 如果按照商标法的规定，原告商标仅在相关公众中驰名，被告所属领域的相关公众并不知晓原告商标，则被告的使用一般也不会产生误导公众的后果，对原告注册商标人的利益也不会构成威胁或损害。因此，司法认定的驰名商标应当至少在被告使用商品或提供服务的相关公众中驰名。美国、欧盟及一些欧洲国家的立法及司法实践均有类似认识：在相关领域知名的商标，只能在相关领域内获得保护；如需获得跨类保护，必须具有更为广泛的知名度，至少在被告所属行业或领域也知名。"驰名商标的行业性在于，公司可能只在自己的行业有名，只能给予在该行业的保护，只有在被告所在行业的顾客也知晓原告的商标，才能在该行业进行保护。因为同样的道理，在商品或服务不相类似的情况下，没有跨行业的知名度，就不可能有跨行业的联想发生，而没有联想就不会有不当得利和损害。"[18] 美国的判例甚至给我们提供了原告商标在被告所属相关公众中驰名的比例。"特定市场理论的采纳并不意味着当事人再无须证明驰名的存在，FTDA（指美国《联邦商标反淡化法》）列举的确定商标驰名的八个参考因素仍然适用，法院的判例认为，在适用'特定市场理论'时列举因素中的第 7 项（F）是最为重要的，这一因素考虑原告的商标在被告消费群体中的认可度，麦卡西（McCcarthy）建议在使用这一因素时，应确定原告的商标至少在被告的消费群体的 50% 中有知名度。"[19] 因此，驰名商标并非绝对跨类保护，还需要考察原告商标的显著性和驰名程度，以及在被告相关公众中的知晓程度。

美国联邦反淡化法为我们司法认定驰名商标提供了一种实用方法，即考察与申请认定的商标相同或近似商标在各个行业中已经存在数量的多寡，以确定涉案商标显著性的强弱。这直接关系到跨类保护是否成立以及是否有必要认定驰名商标。国内也有法院直接将此方法作为认定驰名商标的参考因素进行规定："如果该商标由不同生产者在不同类别的商品上均作为商标使用，降低了此商标与某一特定商品生产者或服务提供者之间的稳定联系，则一般不宜认定为驰名商标。"[20] 江苏省无锡中院在认定"华光"商标是否为驰名商标时，因在非类似商品或服务上的"华光"商标注册较多，而未予认定。苏州中院在认定在"有机化学品和无机化学品"上注册的"柯达"、"KODAK"为驰名商标时，虽然考虑到该类别与被告在电梯上使用的"柯达"、"KODAK"商标的商品类别有明显区别，不可能造成消费者混淆和误认，但原告商标在广大消费者中具有绝对显著性，被告的使用可能造成对原告商标的淡化，故认定原告商标为驰名商标并给予跨类保护。[21]

关于商标的显著性，还应注意固有显著性和获得显著性与商标驰名的关系。固有显著性是商标与生俱来的区别商品出处的能力，它是作为商标注册的前提。商标必须具有显著性才能注册。所谓获得显著性是指经过使用取得的显著性，主要是指在经过长期使用后已被消费者及工商界认为起到区别出处的作用，从而产生"第二含义"，即比标记本来含义或"第一含义"还强的区别商品出处的商标含义。因此，获得显著性与商标是否"驰名"有关。值得关注的是，实践中一些法院在认定驰名商标的显著性时，偏重于强调商标的固有显著性而非获得显著性。如在上述"柯达"驰名商标认定案件中，法院认为："'KODAK'系伊士曼公司臆造创设的商业标识，该文字直接指向于伊士曼公司，为伊士曼公司具有独特显著性的商业标识，而并无其他文字含义。"[22]在"明基"驰名商标认定案中，法院认为："明基公司的'BenQ'商标标识是一个没有确切含义的臆造词，具有较高的显著性。"[23]笔者认为，法院更应关注商标事后获得显著性的要素。

关于驰名商标认定中"相关公众"的界定。通过以上分析可以看出，虽然商标法以及一些国际公约中明确规定，驰名商标仅要求在相关公众中具有较高知名度和较高声誉即可，无须在全体公众中知名。但从司法认定驰名商标的必要性角度考虑，驰名商标至少还应在被告使用商品或提供服务的相关公众中享有广泛知名度。只有这样，才有可能会产生误导，对原告注册商标的声誉产生损害，否则误导和损害无从谈起。

（2）分析被控侵权商品的相关公众与原告商品的相关公众之间的关系

判断是否会产生误导公众的后果，应当以被告产品的相关公众知晓驰名商标的存在为前提，否则无所谓被误导。因此，被控侵权商品的相关公众与原告商品的相关公众之间的关系应当是考虑的重要因素。国家商标局在进行驰名商标认定时也考虑争议双方商品之间的相关性。对于双方商品或服务之间的关系，国内有关法院根据调研情况进行了较为全面的归纳，很有参考、分析、借鉴价值。[24]被控侵权产品与原告产品的相关公众之间一般存在以下几种关系类型。

类型一：原告产品、被控产品的相关公众均为日常普通消费者，两者群体范围相同。例如，酒与衬衫、酒与冻肉，上述产品的消费者均无特定的身份或职业、行业要求，两者的消费群体相同，这些消费者具有同时接触原告产品和被告产品的可能性。

类型二：原告产品、被告产品的相关公众均属于相同的特定行业和领域，两者群体范围相同。例如，泵类产品与气压水罐，两者的相关公众均为建筑行业、宾馆等服务行业，消费群体大致相同。又如，原告的产品为中央空调及其末端设备，被告的产品为中央空调温度风量调节器，两者的相关公众也大体相同。

类型三：原告产品、被告产品的相关公众均属于相同的特定行业和领域，原告产品的相关公众范围涵盖了被告产品的相关公众。如原告的产品为卷烟，其相关公众为卷烟的消费者以及相关经营者。被告的产品是专用于卷烟上的封拉线，其产品的相关公众主要为生产卷烟的企业。因为该封拉线总是作为卷烟包装的一部分进入流通和消费领域，故卷烟的销售者和消费者并非封拉线产品的相关公众。以上两种产品的相关公众有所交叉，两者共同的相关公众具有同时接触原告产品和被告产品的可能性。

类型四：原告产品的相关公众为普通日常消费者，被告产品的相关公众为特定行业、领域中的人员，二者存在交叉关系，即前者包含后者。如前述"旺旺"商标案中，原告商标使用于食品，被告将该商标使用于润滑油。

类型五：原告产品的相关公众为特定行业、领域中的人员，被告产品为普通日常消费者，二者存在交叉关系，即后者包含前者。例如，原告产品为配电箱，被告产品为毛巾；原告的产品为水泵、油泵等泵类产品，被告的产品为酱菜；原告产品为电梯、自动扶梯，被告产品为家用不锈钢厨具；原告产品为手动液压车，被告服务为打字复印。

类型六：原告产品、被告产品的相关公众分属不同的特定行业和领域，二者不存在交叉关系。

就以上前四种类型而言，被告产品的相关公众同时也是原告产品的相关公众，此时被告产品的相关公众具有同时接触原告产品及其商标的可能性，在原告使用于其产品上的商标具有较高知名度情况下，被告产品的相关公众应当知晓原告商标的存在，被告在其产品上使用原告的驰名商标，作为被告产品的相关公众被误导的可能性通常较大。与之相反的是类型五，原告使用于配电箱的商标仅在特定行业内的特定群体中具有较高知名度，被告产品毛巾的相关公众通常不接触原告的产品，亦无从知晓原告的商标存在，其即使看到使用了原告商标的被告毛巾，通常也不会发生误导。极端的例子是类型六，原告产品、被告产品分属于不同的特定行业和领域，两者的相关公众不具有任何的重合、交叉关系，此时基本上没有误导公众的可能性。

（3）分析原告商品或服务与被告商品或服务在类别上距离的远近

原告产品、被告产品所属行业的差别、技术上关联程度等因素决定的产品类别距离也是判断是否误导公众的因素。原告产品、被告产品相关公众的交叉、重合关系在一定程度上可以说明被告产品相关公众对原告产品及其商标知晓程度，可以作为判断是否产生误导公众的前提条件。但是，即使原告产品、被告产品的相关公众存在交叉关系或重合关系，在相当多的情况下，由于被告产品与原告产品的类别距离大到不会导致相关公众误认的结果。例如，原告的"宇通"商标是注册并使用于客车上的驰名商标，被告的被控产品是竹制品。由于原、被告产品的类别相差较大，相关公众仅有一小部分存在交叉，不宜使相关公众误认为被告原告之间存在关联关系。相同的情况还有原告的"杜康"酒与被告的纸杯，原告的"泰山"酒与被告的仿真绢花等。

江苏省已有法院在驰名商标司法认定中采此观点，分析双方商品或服务之间的关联程度以及距离远近，认为驰名商标认定的前提是原被告经营的商品或服务具有一定关联性，绝非跨类别即有必要认定驰名商标。但此种认识又会产生新的问题：一是在一些情形下将驰名商标的跨类保护与相同或类似商品或服务上的商标保护相等同，降低驰名商标的实际保护效力。也就是说，本为类似商品或服务却认为是关联商品或服务，从而认定为驰名商标。二是对于被告采取丑化这种淡化形式的，也将无法通过驰名商标制度予以保护，因为丑化即是将与原告驰名商标相同的商标使用于有截然区别且无任何关联度甚至对立的一个领域。

4. 关于与字号、域名冲突时驰名商标认定必要性

关于商标与域名、企业字号冲突时驰名商标的司法认定，也应参照适用以上针对被告擅自使用原告注册商标情形下考察驰名商标认定必要性的相关要素和理由，即被告的使用行为如果构成一般商标侵权或不正当竞争时，法院无须认定驰名商标。只有在涉及跨类保护、被告经营使用的商品或服务误导公众，可能损害驰名商标所有人利益的情形时，才有必要进行司法认定。如在涉及"雪豹"商标侵权和不正当竞争案中，无锡中院认为，"本院业已认定余春兰的行为构成不正当竞争及商标侵权行为，解决了本案的主要争议，支持了原告相应的诉讼请求，故雪豹公司要求认定'雪豹'商标为驰名商标的请求在本案中不予支持。"[25]北京法院在某案审理中明确："根据本案案情，即可认定侵权人的侵权行为，保护了请求人的在先民事权益的，对于该涉案商标是否为驰名商标，没有必要予以认定。"[26]

实践中有观点认为，根据当事人的申请，在需要判令被告变更或注销企业名称时，法院有必要认定驰名商标。我们认为，这种认识值得商榷。责令对侵权字号予以变更是停止侵权责任的效力使然。在被告注册、使用的字号侵犯他人商标专用权时，责令其变更字号可以从根本上制止违法行为，从而

使法院判决得以有效执行。法院在审理商标与字号冲突的案件中，直接判令侵权人变更字号也一直有先例可循。实践中存在的问题主要是对法院判决责令变更字号的执行力问题，即如果被告不积极执行变更字号，该如何处理。这还需要登记机关通过拒绝年检、罚款等方式协助法院执行，而不是通过认定驰名商标来实现。如上海在审理涉及"张小泉"商标被侵权案中，北京法院在审理涉及"蜜雪儿"商标侵权案中，湖北法院在审理涉及"立邦"商标侵权中，法院未判令被告变更相关字号。

关于登记行为与使用行为之间的关系，日本学术界与实务部门提出了企业名称注册与使用的两分法，很有借鉴意义。日本学术界一般认为，企业名称包括登记和实际使用两方面，名称登记"就像一个人的姓名一样，仅仅涉及公司的名称和身份"，仅依法给予登记或撤销登记；而名称的使用"是财产权的方面，是指企业名称，尤其是其中的字号所体现的商誉和名声，应当由反不正当竞争法加以保护。"[27] 在有名的随身听（Walkman）案中，法院认定被告的使用不正当地利用了他人的商誉，判令撤销被告已经登记的企业名称，并责令被告前往企业名称登记部门更改自己的企业名称。

5. 关于原告请求认定多个商标为驰名商标问题的处理

驰名商标的驰名度是与其被核定使用的商品或服务紧密相连的。任何一个驰名商标并非在一切商品或服务上驰名，而是在具体某类商品或服务上享有较高驰名度。因此，原告请求法院认定多个商标为驰名商标的，需要分析商标驰名的领域和对象，不能因为其中一个商标驰名，即可推定在其他类别上注册的相同商标也为驰名商标。同时，认定一个驰名商标，原告的诉讼目的已经实现。因此，原告要求认定多个商标为驰名商标的请求不应获得支持。在"苏宁"驰名商标认定案中，法院认为"对于原告的第 1950487 号、1121946 号和 811936 号注册商标专用权，由于本院已经认定第 811873 号'苏宁'商标为驰名商标，在本案中已可以保护原告的权利，因此在本案中对该三个商标是否驰名无须再作认定。"[28]

此外，实践中还出现了另外一种情形：除请求认定的商标外，原告在被控侵权行为涉及的商品或服务上尚有其他注册商标。但原告不以其他注册商标来主张被告构成商标侵权并禁止侵权行为，却以与被控侵权行为涉及的商品或服务非类似商品或服务上核准的商标来主张跨类保护，寻求认定驰名商标。我们认为，原告是在有意避开通过认定一般侵权行为来保护其商标专用权的救济途径，转而寻求扩大商标权的保护范围和认定驰名商标。这对公众利益明显不利。原告仅仅为认定驰名商标而引发纠纷的目的较为明显。对此，不应当也无必要认定驰名商标。

（四）坚持公平原则，加强对驰名商标保护界限的审查

实践中，对于驰名商标的保护效力是否及于在该商标驰名之前他人已经在先注册的商标、商号或域名等标识的问题，我国现有法律尚无明确规定。我们认为，如果驰名商标的效力及于在先已经善意注册的商标、商号或域名，并允许对之撤销或变更，不尽合理。根据公平原则及利益平衡原则，在驰名商标认定之后，应当允许在先善意注册的或未引起公众混淆的商标、商号或域名等标识与该驰名商标并存。同时，他人对于商品品质、数量、质量、用途、产地、通用名称等叙述性词语的使用，也属合理使用范畴。对此，"联合建议"规定，只要一商标在驰名商标于该成员国驰名之前在该国获得权利，便不应认为与该驰名商标发生冲突。国内也有类似判例。如北京高院在其终审的北京东风润滑油有限公司诉埃索（浙江）有限公司等商标侵权纠纷一案中，认定被告在第12类汽车上的"东风"驰名商标不能对抗原告在第4类表油商品上的"东风"商标专用权。当然，如果在先注册人因攀附他人具有一定知名度但尚不驰名的商标的声誉，恶意抢注的，不在此限。

（五）采取多项措施，防止虚假诉讼与驰名商标认定制度异化，促进驰名商标认定制度和品牌战略顺利实施

驰名商标不是一种荣誉，而是对该商标在一段期间内驰名程度的确认和评价。而目前不少企业将其作为一种荣誉对待。再加上一些行政机关制定规划，确定驰名商标的指标，并对驰名商标所有人予以重奖。在这些外在因素的影响以及利益的驱使下，一些企业纷纷请求驰名商标的行政和司法认定。为此，建议采取以下相配套的制度与措施。

1. 完善驰名商标司法认定规则

首先，在立法上，应当对驰名商标跨类保护的范围和条件作出合理的限制，对在商标驰名之前他人善意注册、使用行为给予保护。其次，建议通过立法、司法解释等对驰名商标的司法认定的必要条件和标准、商标与企业名称冲突中驰名商标的认定、恶意申请的防范等问题作出具体规定，以进一步规范驰名商标的司法认定，防止滥用驰名商标认定制度，维护驰名商标司法认定的权威性。

2. 依职权对有关证据和事实进行核实

诉讼中，要认真核实被告的身份，与原告之间是否有关联，以及被告企业是否在诉讼前不久成立、有关被控侵权行为的真实性等内容。对于被告消

极答辩的，法院要主动审查商标驰名相关证据的原件，必要时依职权进行调查取证，进一步核实相关事实，防止刻意制造纠纷以获得驰名商标认定。法院在驰名商标司法认定案件中充分发挥主动性，必要时依职权审查证据和调查事实的认识和做法，实践中已为许多法院所接受。[29]

3. 建立判前审核制度

为严格规范商标司法认定工作，加强对司法认定工作的监督和指导，建议通过司法解释的形式确立省法院判前审核制度。目前，山东、河南、浙江、四川以及江苏省均建立了此项制度，并有效地发挥了监督和审核的作用。但由于该制度的建立尚无法律依据，建议在司法解释中对该制度内容以及判前审核的方式和程序进行规定，以保证判前审核的公正性和有效性。

4. 行政机关应确立正确的创新观和业绩观

引导企业通过诚实经营、广告宣传、良好信誉的培育和积累等途径逐步创建真正的品牌，不应对驰名商标规定数量指标，以防止驰名商标制度运行过程中出现泡沫以及驰名商标权的滥用。同时，对驰名商标的创建、管理、推广宣传、使用、保护等建立一整套完备的制度和措施，以使驰名商标制度能够良性运行。如有关主管机关对企业使用"中国驰名商标"字样进行的广告宣传要加强规范和管理，以防止对社会公众的误导。因为驰名商标是一个动态的历史事实，而非一经评定即可以永久驰名。此外，我们认为各级法院对已经认定的驰名商标要谨慎对待，尽量不要建立驰名商标发布制度。对于已经认定的驰名商标通过媒体发布的做法，事实上是利用公权力为驰名商标作广告宣传。

注释

［1］常州市中级人民法院（2006）常民三初字第 001 号民事判决书。

［2］林广海、邓燕辉：《广东省司法认定驰名商标的调查与思考》，载《中华商标》2007 年第 10 期。

［3］吕太郎：《民事诉讼之基本理论（一）》，中国政法大学出版社 2003 年版，第 177 页。

［4］《最高法院关于驰名商标司法认定的司法解释稿（2007 年 11 月稿）》第 11 条："人民法院对于商标驰名的认定，是基于当事人案件事实的主张，不写入民事判决的主文。对于当事人以认定驰名商标作为诉讼请求的，应判决驳回该项请求。"《河南省高级人民法院关于审理涉及驰名商标认定案件若干问题的指导意见》第 4 条的规定。福建省高级人民法院、北京市第一中级人民法院关于驰名商标司法认定的调研报告。

［5］扬州市中级人民法院（2003）扬民三初字第 032 号民事判决书。

［6］黄晖：《驰名商标和著名商标的保护》，法律出版社 2001 年版，第 52—53 页。

［7］怀晓红：《法院认定驰名商标三题》，载《人民法院报》2004年6月11日第3版。

［8］北京市第一中级人民法院知识产权庭课题组：《关于驰名商标司法保护中存在的问题及解决对策》，载《中华商标》2007年第11期。

［9］苏州市中级人民法院（2005）苏中民三初字第0213号民事判决书。

［10］南京市中级人民法院（2006）宁民三初字第197号民事判决书。

［11］无锡市中级人民法院（2006）锡民三初字第107号民事判决书。

［12］苏州市中级人民法院（2006）苏中民三初字第0068号民事判决书。

［13］李明德：《中日驰名商标保护比较研究》，载《环球法律评论》2007年第5期。

［14］黄晖：《驰名商标和著名商标的保护》，法律出版社2001年版，第160—161页。

［15］杨叶璇：《商标权的客体是商标所承载的商誉》，载《中华商标》2007年第2期。

［16］黄晖：《驰名商标和著名商标的保护》，法律出版社2001年版，第18—19页。

［17］世界知识产权组织国际局编：《世界知识产权组织〈关于驰名商标保护规定的注释〉》，安青虎译，载《工商行政管理》2005年第6期。

［18］黄晖：《驰名商标和著名商标的保护》，法律出版社2001年版，第160—167页。

［19］孙学亮、许可：《驰名商标淡化：美国的理论与实践》，载《电子知识产权》2007年第2期。

［20］山东省高级人民法院《关于通过司法程序认定和保护驰名商标有关问题的意见（试行）》，2006年9月18日发布。

［21］苏州市中级人民法院（2005）苏中民三初字第0213号民事判决书。

［22］同上。

［23］苏州市中级人民法院（2006）苏中民三初字第0068号民事判决书。

［24］北京市第一中级人民法院知识产权庭课题组：《关于驰名商标司法保护中存在的问题及解决对策》，载《中华商标》2007年第11期。

［25］无锡市中级人民法院（2006）锡民三初字第111号民事判决书。

［26］北京市高级人民法院知识产权庭：《司法认定驰名商标应慎重、从严》，载《中华商标》2007年第9期。

［27］李明德：《中日驰名商标保护比较研究》，载《环球法律评论》2007年第5期。

［28］常州市中级人民法院（2006）常民三初字第001号。

［29］蒋伟平、陆超：《驰名商标司法认定三原则》，载《中华商标》2005年第6期。另在2007年10月31日召开的部分法院驰名商标认定司法解释征求意见座谈会中，绝大多数法院持此观点。

集成电路知识产权制度中的
政策维度探究

肖志远*

内容提要：集成电路和集成电路知识产权制度都是历史的产物，但是技术史与制度史却展示了不同的景象。在技术创新与法律革新的背后，还隐藏着国家的产业政策与竞争政策。美国的集成电路知识产权政策与集成电路市场的拓展如影随形，国内规则国际化的一个后果是全球集成电路制度趋同化，隐含在这一过程中的政治利益与政府的公共政策取向，在传统的知识产权私权论之外，为理解集成电路制度提供了一种全新的视角。

关键词：集成电路；知识产权；产业政策；竞争政策

Abstract：Integrated circuit and related IP systems belonged to the history，but different scene had been revealed between the technology history and regime history. National industrial policy and competition policy had hidden behind the published text. American IC related regimes had got great overspread together with the rapid overseas expansion of American IC products，which made it possible that global regimes in this field had similar content. Political interests and governmental public policy had afforded us a new angle to understand IC regime beyond traditional 'intellectual property right is a private right.'

Key Words：Integrated Circuit；Intellectual Property；Industrial Policy；Competition Policy

以集成电路布图设计专有权的法律保护为起点，将其放在集成电路布图

---

* 法学博士，中南财经政法大学知识产权中心研究员。本文受到国家自然科学基金资助项目"促进我国自主创新的知识产权管理研究"（70633003）和国家社科基金重大招标项目"科学发展观统领下的知识产权战略实施研究"（07&ZD006）资助。

设计国际保护的情境下作动态的考察，我们可能会有新的有意义的发现。暂且做出这样的理论预设，是基于如下因素的考虑：集成电路布图设计原本是微电子工业高速发展过程中的一种技术产物，将之纳入民事法律调整的范围，是基于由此衍生的权利义务关系有着予以定型化的制度需求。

　　1947 年 2 月 23 日无疑是一个具有纪念意义的日子，因为这一天巴丁、布拉顿和肖克莱在美国的贝尔实验室发明了世界上第一只晶体管，从此拉开了 20 世纪后半叶电子技术革命的序幕，从而使得电子管和晶体管以电子工业领域的宠儿与支柱的角色风行十余年。而到了 1958 年，这一状况风光不再：美国得克萨斯仪器公司首次在一块硅片上制成包括晶体管、电阻、电容的振荡器，标志着集成电路的诞生。紧接着美国仙童公司于 1959 年利用 PN 结隔离技术在氧化膜上制作连线，发明了制作集成电路的硅平面工艺技术并申请了专利，从而奠定了现代集成电路发展的基础。在此后三十多年的时间里，集成电路作为一个产业迅速发展，集成规模也越来越大。其结果是集成电路取代了晶体管与电子管，广泛应用于计算机、通信设备、机械、化工、家用电器等领域并成为这些产业的核心组成部分，成为电子技术领域革命的推动力与领头羊。有学者认为，"集成电路工业不仅是现代国际技术、经济竞争的战略制高点，而且是影响各国未来'球籍'的基本因素。如果把石油比作近代工业的血液的话，那么完全可以把小小的芯片（集成电路）比作现代和超现代工业和生活的某种'母体'，它是一个国家高附加值收益的富源，也是其综合国力的基石"。[1]

　　布图设计既是新技术革命的产物，又是知识产权家族的新成员，世界上大多数国家采取专门立法的方式对其进行法律保护，并且保护范围不局限于布图设计本身，而是扩展至含有布图设计的集成电路以及含有该集成电路的产品。自 1984 年美国《半导体芯片法》开创以专门法形式保护布图设计的先河以来，布图设计至今已成为国际知识产权保护的对象。笔者认为，布图设计在从一国专门立法保护到国际条约保护的过程中，对其在保护方法、保护范围等方面表现出创新性因素。而据前面的分析反映，该领域的先进技术主要由美国等少数发达国家所掌握，围绕布图设计的保护所制定的法律也率先出现在这些国家。在国际条约要求成员对布图设计一体对待并给予法律保护的同时，我们还看到，发展中国家与发达国家在该领域实际上存在着较大的技术差距。在技术差距的基础之上何以达成制度共识？笔者认为，法律文本本身无法给出答案，而这正是我们要做的工作，即解读利益之上的法律，探求法律之下的利益，在解读文本的基础之上，尝试对文本本身的超越。

一、集成电路布图设计权及其法律保护概述

（一）集成电路及布图设计概述

1. 集成电路

何谓集成电路？各国立法不尽相同，学界理解也是见仁见智。[2] 由于目前绝大多数的集成电路是半导体集成电路，所以实行集成电路立法的国家，也多针对半导体集成电路展开立法规制。

1987 年的英国《半导体（拓扑图）设计权规则》第 2 条规定，集成电路是指由两层或两层以上的半导体材料组成的，且这种配置模式与执行某项电子功能的目的相关的物件。[3] 加拿大于 1990 年 6 月 27 日通过《集成电路拓扑图法》，该法第 2 条解释了"集成电路产品"，集成电路是以一种中间或最终形式存在的产品，其至少由一个有源元件组成，并且元件之间互连、集成、固定在一种材料之上，以执行某种电子功能。[4] 1989 年 5 月 26 日，世界知识产权组织在美国华盛顿举行外交会议，缔结《关于集成电路知识产权保护条约》（即《华盛顿条约》），该条约这样界定集成电路：一种产品，不管是最终形式还是中间形式，在其组成元件中，至少一种元件是有源的，某些或者所有的元件相互连为一体，统一形成于或者（和）集中在一种材料上，意图发挥电子功能。这种界定中包含了最终产品和中间产品两大类，按照公约的要求，集成电路至少应包含一种有源元件，且所有的元器件都集中在一块基片上，而不是由多个分立的元件构成。我国台湾地区于1995 年 8 月 11 日公布《集成电路电路布局保护法》，其第 2 条规定："集成电路：将晶体管、电容器、电阻器或其他电子组件及其间之连接线路，集积在半导体材料上或材料中，而具有电子电路功能之成品或半成品。"我国于2001 年 3 月 28 日通过《集成电路布图设计保护条例》，在第 2 条将集成电路定义为："集成电路，是指半导体集成电路，即以半导体材料为基片，将至少有一个是有源元件的两个以上元件和部分或者全部互连线路集成在基片之中或者基片之上，以执行某种电子功能的中间产品或者最终产品。"

从以上各种规定来看，各国和主要国际公约都将集成电路界定为一种由多个有源元件组成的连接线路，并且执行逻辑功能的中间产品。

2. 集成电路布图设计

最早立法保护集成电路布图设计的国家是美国，其 1984 年《半导体芯片保护法》第 2 条规定，掩膜作品是指一系列已固定或已编码的相关图层，它们：（A）具有或表现于半导体芯片产品各层之中，出现或不出现金属、

绝缘或半导体材料的预置三维模式；（B）在该系列图层之中，各层间的关系是，每层图形都是具有一种形式的该半导体芯片产品表面的模式。[5] 1986年12月，欧共体签署了一个条约，即《关于对半导体产品中布图设计的立法保护》（EC法令），协调共同体内的法律和推动成员国的立法，以适应美国1984年《半导体芯片保护法》互惠的要求。据该法令，布图设计被定义为："一系列有关的图片，不论是被固化或被编码：（1）对某一半导体产品所包含的三维模型中各分层的描述；（2）一系列的图片，即在任何状态下某半导体产品生产的模式或部分模式的图片。[6] 加拿大《集成电路拓扑图法》则定义为：拓扑图是设计之意，无论以何种形式表述，都是指这样布置：（a）多种互连（如果有的话）以及组成集成电路产品的元件；（b）多个元件（如果有的话），以及按制式一层或数层以中间形态置入集成电路产品的多种互连。"[7]

《华盛顿条约》第2条将布图设计定义为"集成电路中多个元件，其中至少一个是有源元件，和其部分或全部集成电路互连的三维配置，或者是指为集成电路的制造而准备的这样的三维配置"。我国《集成电路布图设计保护条例》第2条将布图设计界定为"集成电路中至少有一个是源元件的两个以上元件和部分或者全部互连线路的三维配置，或者为制造集成电路而准备的上述三维配置"。我国台湾地区《集成电路电路布局保护法》第2条使用的是"电路布局"，也就是布图设计之意，是指"在集成电路上之电子组件及接续此组件之导线的采面或立体设计"。

（二）布图设计权的法律保护

集成电路的出现是微电子技术革命的动力源与受动者，技术领域和信息社会具有革命性的意义。随着现代信息技术的高速发展，在微电子、计算机程序、网络、电子商务等领域引发了一场新的技术革命，极大地提高了信息产业的生产力水平和生产效率，也极大地改变了人们的工作与生活方式。作为信息产业的核心与基础，微电子工业为国民经济的信息化提供了强大的技术支持。而在作为微电子技术核心的集成电路身上，这种技术基础作用得到了最为完整与充分的体现。技术发展与创新的背后是巨大而复杂的创造性劳动投入与资本投入，这需要仰仗市场来收回投资成本与获取收益，而一个重要的前提是解决市场交易双方的产权问题。[8]

1. 布图设计权的法律保护模式

布图设计作为一项较长时间智力劳动创造的知识产品，也包含有远高于集成电路成本的资金投入，当然应受到法律的保护，以维护布图设计人的合法权益。而采取何种方式，给予多长期限来保护布图设计权，设定何种例外，提供何种救济等等问题，则是一个经济学上的产权配置问题，更是一个法律制度中的权利分配与利益平衡问题。

（1）传统民法保护模式

罗马法以来的大陆法系国家的民法对纳入物权法保护对象的"物"的要求是"有体有形"。[9]如前所述，布图设计具有无形性的特征，不适合纳入物权法调整范围，如果借用保护布图设计物化载体与集成电路产品、含有集成电路物品的途径，希望达到保护布图设计的目的，其意义有限，因为布图设计根本不是有形财产权利的保护客体。大量仿冒、复制集成电路布图设计生产出来的集成电路产品，并没有侵犯集成电路产品所有权人或其他用益权人的权利，复制行为并未构成对集成电路产品的占有、使用、收益、处分等物权权能的限制。集成电路布图设计过程中投入了大量的智力劳动与资金投入，需要通过用于工业生产的方法来将附加值添附到集成电路产品的价值中去，以保护开发人的智力和物质投资以及应得的市场回报。在一物一权的物权法模式下，复制布图设计制造集成电路产品并没有对布图设计本身的财产所有权构成侵犯，对布图设计权人的人身性权利也没有构成侵犯。可见，运用物权法这种有形财产权模式来保护布图设计权人的利益，其收效不大，或者说，布图设计已经构成了对传统物权法律体系的突破。

（2）传统知识产权法保护模式

①版权法保护模式

一项知识形态的财产要获得著作权法的保护，一个重要前提就是要符合版权法关于作品构成要件的规定。根据伯尔尼公约，一切文学、科学与艺术作品，不论其采取什么表现形式或表达方式，都属于公约保护的"作品"。包括与地理、地形、建筑或科学有关的插图、地图、设计图、草图和立体作品。我国新修订的《著作权法》第三条规定："本法所称的作品，包括以下列形式创作的文学、艺术和自然科学、社会科学、工程技术等作品……"其中第（七）项规定了工程设计图、产品设计图等图形作品、模型作品。我国台湾地区1998年1月修正的著作权法第3条用"著作"代替作品，指"属于文学、科学、艺术或其他范围之创作"，在第5条列举著作例示，使用了"图形著作"概念。不管立法文本对作品如何加以表述，多数国家一般将独创性与可复制性的具备与否作为判断作品能否受到著作权法保护的两项条件。

作品的独创性是指作品系独立构思而成，按世界知识产权组织的解释，是指作品属于作者自己的创作，完全不是或基本不是从另一作品抄袭来的。[10]作品反映作者的思想感情或对客观世界的认识，其独创性是法律保护作品表达方式的客观依据与前提条件，也是作品受保护的实质条件。独创性程度的大小、用途与社会价值并不影响其受著作权法的一体对待。除独创性之外，英美法系国家的著作权法还将固定性作为作品受保护的条件，这排除了口述作品、冰雕作品等短暂存在的作品。与此不同，我国著作权要求作品具有可复制性，即能以有形形式固化并再现。作者的思想如果不体现在可复制的手稿上、录音上，就不成为一种财产权了。别人不可能因直接利用了他的"思想"而发生侵权。[11]郑成思先生甚至认为，只有论及这一特点，我们的指向才是知识产权的客体，并认为可复制性把知识产权与一般的科学、理论相区别。我们认为，符合著作权保护条件的作品，通常都可以复制，因此，"可复制性"仅是"作品的一个属性而非作品受保护的形式要件"[12]，那么，布图设计是否是著作权法意义上的作品呢？

布图设计与著作权法保护的作品均具有无形性，都属于无形财产的范畴。布图设计是集成电路产品的元件与线路的三维配置方案，其固化于掩膜版或芯片时，表现为一系列图形的组合，存储于磁带、磁盘中时，则又表现为一系列的数字编码，属于科学领域的电子工程技术。其在不同载体上有不同的表现形式，又具有无体无形的特点，从这一点看，是符合作品条件的。

关于可复制性，如前所述，集成电路的生产工艺是完全按照布图设计提供的掩膜版或其他介质来完成的，采用复制普通作品的方式即可达到复制布图设计的效果，如可以以照相翻拍方式复制存在于掩膜版之上的布图设计图形；以常规方式复制存在于磁带、磁盘之中的数字编码；即使是已经被固化到集成电路芯片上的布图设计，也可以打开封装，将酸性溶液注入并逐层照相，运用反向工程进行复制，其可复制性是显而易见的。

尽管布图设计在无形性、可复制性特征方面与版权法上的作品十分接近，但同时还存在着以下三点区别。

首先，集成电路布图设计的表现形式极为有限。集成电路由一系列电子元件及连结这些元件的导线组成，以执行一定的电子功能。其使用目的及布图设计的图形构造，还受到参数要求、生产工艺水平、材料特征、物理定律等条件的限制。这些客观限制不允许设计人员有任意的发挥，如果突破这些限制进行任意发挥，则创作出的布图设计就不适合于工业实用，充其量不过是一件抽象的艺术作品或图形作品，不符合集成电路用于执行电子功能的目的。同时布图设计只是集成电路制作中的一个环节、一个中间产品，有学者将其描述为一种"纯功利主义的实用物"，认为其不符合著作权法关于保护对象的要求。[13]将之归于绘画作品、图形作品或立体作品更不符合著作权法对保护对象的要求。这是因为著作权法保护的是作者思想的表现形式，同一思想可以由语言、文字、图形、符号或其组合等多种形式来加以表现，而布图设计通过元件之间的线路来三维配置元件，其在表现形式上有图形设计之名，无思想表达方式与艺术性之实。将这种有限表达形式的布图设计作为作品看待并给予著作权法保护，显然不妥。[14]通过归入图形作品来保护布图设计更是行不通。

其次，布图设计更新换代较快。集成电路技术发展迅速，特别是采用计算机设计和布图，使其发展更快。例如，以作为衡量集成电路研制和生产水平的动态存储器 DRAM 为例，其属于通用集成电路，单片上集成的元件数极高，产品的数量大，占有的市场较大，质量与价格竞争十分激烈，设备投资也达到惊人的程度，可以说，它代表着各个时期集成电路微细结构和半导体工艺技术的水平。而在同一时期，研制比动态随机存储器特征线条宽度要求低的其他通用电路，尤其是特殊用途的集成电路（ASIC），种类多，数量少，工艺简单，成本较低，主要是解决设计技术问题，满足用户对特殊性能的要求，通过采用计算机辅助设计研制和生产的周期都很短，有数据表明，从动态存储器的产品研制到形成高峰，4K 存储器用了 3 年，16K 用了 3 年，64K 用了 2 年，256K 和 1M 用了 3 年。[15]

著作权法上的作品保护期为作者有生之年加上死后 50 年，而集成电路布图设计的发展呈现出不断提高集成度、节约材料、降低能耗、更新换代速度日渐加快的特点。其一，集成电路工业奉行的摩尔定律表明，18 个月为产品更新的周期，若将布图设计作为作品来保护，则会因著作权法保护的期限过长而造成垄断，影响技术交流与借鉴，不利于集成电路产业的发展；其二，由于集成电路更新快使得过长的著作权保护期成为不必要的制度浪费；其三，广泛运用于集成电路工业的反向工程，则会因其是对作品的复制而被认定为侵权，不利于集成电路工业的整体发展。

最后，布图设计受保护的前提必须是登记或经过一定时期的商业利用。布图设计的创作完成时间只有经过登记或实际商业利用才能确定，相关权利的归属主体只有经过登记才能判断，这是由其工业用途与商业价值决定的。而著作权法对作品实行自动保护主义，作品一经完成，即自动受著作权法保护（计算机程序软件除外），这也是布图设计不能纳入著作权法的作品体系进行保护的另一个重要原因。

理论上行不通，实践中也遇到了同样的问题，美国就曾经尝试过运用版权法保护布图设计权。在 1979 年，美国众议院议员爱德华（Edward）首次提出了以版权法来保护集成电路的议案。但由于依照版权法将禁止以任何方式复制他人作品，这样一来，实施反向工程也将成为非法，因此，这一议案在当时被议会否决。[16]美国国会在审议报告中曾明确指出，美国著作权法不保护半导体芯片之类的实用物品，这是因为著作权仅保护作品的表达方式而不保护其思想。相反，对于设计图纸，可以根据著作权法给予保护，但这种保护不得延及根据该图纸制造的实用物品。美国版权局也持相似观点，认为布图设计过于实用，因而拒绝对它进行著作权登记。[17]另外一个理由则是，布图设计仅仅只是集成电路制造过程中的一个功能性的物件，运用版权法为之提供专有权利的保护，不太适宜并且保护时间过长，不尽合理。[18]法院也认为，由于有设计专利的存在，著作权法中关于功能性作品的规定也不得适用于集成电路的保护。[19]有学者认为，美国不采用版权法对集成电路布图设计进行保护的主要原因有三：首先，不能清楚判断是否合理地使用所允许的反向设计行为，因而也不清楚版权保护的范围是否合适；其次，美国立法机关不能容忍美国所创作的布图设计的版权保护在国外处于一种不能清楚判断的处境；[20]最后，当时集成电路产品在国际上占主导地位的是日本而不是美国，美国当然不愿意借助版权的自由保护和已有的版权公约在国际上来保护日本人的利益。[21]

　　商标法作为经营性标记权利的一种，不可能为布图设计权提供法律上的保护。看来只有向专利法伸出求助之手了，但专利法会抛出橄榄枝吗？

　　②专利法保护模式

　　集成电路本身是微电子技术领域里的发明创造，从理论上来说，其应该可以成为专利法的保护对象，实践中也有一些国家就集成电路产品和技术授予专利的实例，如美国就对第一块集成电路授予发明专利。但从法律规定的内容来看，专利法的门槛很高，因为从专利法保护对象来看，针对产品、方法或其改进所提出的新的技术方案要求具备新颖性、创造性与实用性。其中创造性是指申请专利的发明创造与现有技术相比较，有实质性特点，即对于该领域的普通技术人员来说是非显而易见的。判断非显而易见性有两个参照物，一是现有技术；二是本领域普通技术人员。这就是平常所说的技术方案要获得专利必须具有一定的"发明跨度"。"非常规设计"（我国集成电路条例第4条运用此词）的标准比"非显而易见"的标准要低。由此可见，对集成电路布图设计的独创性要求高于版权中的独创性要求，但低于专利中的创造性要求，较为特殊。

　　现在的集成电路技术的发展主要表现为光刻线条的不断减小和集成规模的不断提高，这些都是工艺水平不断提高的结果，与集成电路布图设计的联系不是很密切。新一代的集成电路产品的布图设计过程中，就某一项技术作出的改进如果具有显著进步或实质性的特点，即如果达到三性要求，当然可以获得专利法的保护，但就整个布图设计来说，则可能因为没有出现根本性的改进，也未产生意料不到的结果，很少可能达到发明专利保护所要求的创造性高度。不过比原有的产品集成度高，但不可能是前所未有的，也不可能达到突出的实质性特点和显著的进步。如果运用发明专利保护，会使得大多数集成电路布图设计及产品得不到专利法的保护，这正好反映出传统专利法律制度与布图设计这一新技术客体之间不协调的一面。

那么，能不能将布图设计作为专利法上的技术方案来看待呢？利用布图设计生产集成电路产品，需要通过一定手段把布图设计运用到半导体材料中。集成电路中使用的元件的有机结合，实际上是将晶体管、电阻、电容等有源元件和无源的电子元件在集成电路中进行组合的一种方法，而依据专利法，利用技术方案生产产品要实施该方案。可见，布图设计仅仅是集成电路产品的中间形态，没有独立的产品功能，不同于专利法中的技术方案。

接下来考察以实用新型获得专利法保护的可能性。由于新颖性要求产品以固定的实物立体形态存在，与布图设计的无形性特征相比，排除了布图设计以实用新型获得专利法保护的可能。但是，在我们得出最终结论之前，还要认真考察一下外观设计的专利保护模式，主要原因是《南非外观设计法》文本的有关规定。1993年，南非颁布了《南非外观设计法》，该法规定了一种与传统专利法中的外观设计不同的"功能性外观设计"，按照该法规定，"功能性外观设计是指适用于任何物品的外观设计，无论其式样或形状或外形，只要具备该外观设计所适用的上述物品履行某种功能必需的特点"。[22]这种功能性外观设计的范围包括集成电路布图设计、掩膜作品和系列掩膜作品，在集成电路布图设计的法律保护历史上，首次将布图设计纳入了外观设计的保护范围，"开创了用单纯工业产权立法（外观设计）保护集成电路的先河"。[23]但该法对布图设计的新颖性有较高的要求，除了要求设计新颖外，还要求它在所属技术领域内"不得是常规的"。拿我国《专利法实施细则》第2条的规定来说，外观设计是指对产品的形状、图案或者其结合以及色彩与形状、图案的结合所作出的富有美感并适于工业应用的新设计。按巴黎公约，作为一项最低要求，各成员国都必须保护工业品外观设计。但是，巴黎公约并没有具体要求成员国以何种法律去保护。我国以专利法保护外观设计，要求符合专利法的"三性"要求。通过比较，我们可以看到，布图设计与工业品外观设计都可以以图形等形式表达，并且都可以固定于纸质载体，用图纸照片进行表达，同时还可适于工业应用，都是比先前的设计更新的设计。但是，外观设计的功能在于美化作品，吸引人的注意力，增强产品在市场上的竞争力。外观设计的创造性是指与申请或优先权日之前的外观设计相比，授予专利的外观设计应该具有显著特点，即外观设计保护肉眼所能看见且具有美感效果的外部新设计。而布图设计的图形非常精细，尤其是运用 CAD（计算机辅助设计）完成的布图设计更是如此，只有用显微镜才能看清楚，并且根本与美感无关。除了不符合外观设计的艺术美感要求之外，布图设计还不符合"外观"的要求。如前所述，布图设计是制造集成电路的中间产品，不执行电子功能，也不成其为集成电路的"外观"，即便是终极产品——集成电路，无论是内置式的还是嵌入式的，都需植入电器之中与其他电子元件配置，才能共同发挥电子功能。由此可见，南非的立法模式毕竟只是世界集成电路布图设计保护法中的特例，运用外观设计专利模式保护布图设计显然行不通。

此外，由于大多数国家专利取得程序问题上实行"早期公开、迟延实质审查"的专利申请模式，使得专利申请和审批的时间过长，权利维持的成本较高，而布图设计更新换代较快，递交专利书后不等专利批准下来，新的设计又已问世了。不仅对原来申请的专利没什么实际作用，而且还要为之支付专利维持费用，这在经济上也不合算，这种矛盾状况显然不利于布图设计技术的推广和应用。

③反不正当竞争法模式

含有布图设计的集成电路虽然是一种科技产品，有一定的布图设计技术，但该产品一旦投入流通领域用于销售，其布图设计就会为公众知悉，为相关领域普通技术人员所理解并运用，无法再作为技术秘密为反不正当竞争法所保护。

学界一般认为，"秘密性"是技术秘密与专利技术及其他知识产权最显著的区别，技术秘密维持其价值的方式主要是保持相关技术诀窍不为公众所知悉的秘密状态。布图设计作为中间产品，其先期投入的资金与智力均需要从市场流通领域收回，并且在投入成本的同时，实现产品附加值的增加，这不可避免地要将包含有布图设计的集成电路予以公开，而这将使布图设计由秘密状态变为公开状态。这一特点使得布图设计不具有技术秘密的特性，即便采取封装技术，集成电路产品的持有人仍然可以运用适当的方法了解并复制其内部的布图设计。

反不正当竞争法作为知识产权保护的"兜底法"，对复制和简单反向工程等不正当竞争行为当然能起到一定的制止作用，在一定程度上能够间接地起到保护布图设计人利益的作用。但是，不正当竞争的判断，不在于对权利人的权利造成事实结果上的损害，而在于手段的不正当性，而且由于不正当竞争不是一种真正的独占权，它不可能精确地解释哪种行为确切地说是不正当的，不正当行为有时缺乏一个可靠的投资气氛所需的可判断的程度。[24]面对集成电路行业广泛存在的反向工程行为，反不正当竞争法不可能对此类行为的"不正当性"提供一个较为确切的解释标准，因而其所实际发挥作用的空间也相当有限。要真正达到维护布图设计人智力创作和开发投资的目的，解集成电路布图设计保护之"渴"，还要另辟蹊径，但绝对不可能再回溯到物权法中寻找水源了。

④特别法保护模式

如前所述，受布图设计无体无形特点的影响，在有形财产权法律保护模式下，物权法对具有无形性和可复制性的布图设计起不到实际的保护作用，并且当集成电路产品所有权发生转移后，布图设计的权利不得追及集成电路合法持有人处，这就是所谓的权利穷竭问题。在传统知识产权制度框架下，著作权法上对作品的保护模式，以及专利法中对发明与外观设计专利的保护模式，在集成电路布图设计这一微电子技术革命的新成果面前，均只能提供方式单一、内容有限的法律保护。

布图设计的可复制性特点，使它容易与著作权法上的作品联系在一起受法律的保护。较具有独创性的布图设计，因其工商业价值显著，故而应当受著作权法律的保护。同时因其更新换代快，新产品中的新布图设计有一定的新颖性，部分符合专利法保护的条件，实行注册保护制和较短保护制，但绝大多数的布图设计方案没有出现根本性的改进，缺乏显著性特点，很难达到专利法所要求的创造性高度。

制度创新之处在于结合著作权法与专利法之长，规定一种二者的"交叉权利"，即运用文化版权与工业产权交叉形成的"工业版权"机制来保护布图设计。具体地说，这一机制是采纳了著作权法对作品独创性的要求以及专利法的专利注册保护制度，综观欧洲、日本等集成电路产业较为发达的国家，也大多采用这种工业版权的单独立法模式来保护布图设计。

3. 布图设计权的法律保护内容

(1) 主要国家的立法例

美国是世界上集成电路的发源地，第一块集成电路、第一块半导体存储器、第一个微处理器都诞生于此。美国在1984年率先通过《半导体芯片保护法》，以单独立法的方式保护集成电路布图设计。该法对集成电路的掩膜层的专有权利的内容规定为：权利人有权（1）用光学、电子或其他载体复制掩膜图层；（2）进口或销售包含该掩膜图层的半导体芯片产品；（3）促使或有意导致他人进行本款第（1）项或第（2）项所规定的行为。该法第

（2）项中的半导体芯片产品包含两层意义上的产品：一是包含有布图设计图层的芯片；二是用前者所制造的产品，这两者是包容关系。美国对集成电路布图设计以单独立法的方式进行保护，虽然是出于工商业利益与国际竞争的考量，但我们也看到，这种设定新型权利类型的做法确实能起到"一站式"保护的作用，并且这一立法模式影响到1989年缔结的华盛顿条约和1994年达成的TRIPs协议。其中TRIPs协议第36条以排除方式反向规定了集成电路布图设计权人的权利保护范围："在符合下文第37条第1款的前提下，成员就将未经权利持有人许可而从事的下列活动视为非法：为商业目的的进口、销售或以其他方式发行受保护的布图设计，为商业目的的进口、销售或以其他方式发行含有受保护布图设计的集成电路，或为商业目的进口、销售或以其他方式发行含有上述集成电路的物品（仅以其持续包含非法复制的布图设计为限）"。距美国1984年的半导体芯片保护法出台不久，日本于1985年5月31日颁布了《半导体集成电路的线路布局法》，该法的立法体例和内容与美国半导体芯片保护法非常相似，也是采用将布图设计作为单独民事客体来立法保护。

受美、日布图设计立法的影响，在不到两年的时间内，欧共体于1986年12月16日颁布了《关于保护半导体芯片产品拓扑图委员会指令》，要求各成员国根据指令的规定，通过授予专有权的形式来保护半导体产品的布图设计。各成员国可以自行决定保护布图设计的立法模式。两天后，即12月18日，瑞典以专门立法形式颁布了《半导体布图设计保护法》。英国、德国、荷兰、法国、西班牙等国也陆续以专门立法的形式出台了保护布图设计的法律。

前面提到南非1993年的外观设计法，该法将集成电路的布图设计掩膜作品以及系列作品作为功能性外观设计来进行保护，要求该布图设计具备该外观设计所适用的物品履行某种功能所必需的特点，并且设计必须具有新颖性，且在所属技术领域内不得是公认的常规设计，以区别于传统的外观设计。有学者认为，这一规定则又明显取自并适用于集成电路。[25]

（2）我国的立法规定

①立法参照对象——我国集成电路产业现状及所承担的国际条约义务

中国集成电路工业的设计能力、生产水平以及在国际中的地位无疑是我们立法时的重要参考因素。我国的集成电路工业起步于20世纪60年代，现在已具备一定的规模，技术水平也有了很大提高。但由于起步较晚，从整体上看，我国的集成电路技术和产业规模都极为滞后，与美、日等先进国家相差至少15—20年，其产品的技术水平至少落后3—4代。1994年产量达到

2.4 亿块，仅占世界总产量的 0.05% 左右。但是，我国对集成电路的年需求量约为 30 亿块左右，缺额高达 27 亿块左右。[26]一方面，每年要进口大量集成电路填补国内需求；另一方面，国内现有集成电路企业却出现开工不足的现象，形成了一个恶性循环的怪圈，加入世界贸易组织之后，这样的市场结构性矛盾还会维持相当长的一段时间。美国在微电子工业的世界领先地位使其集成电路产量在 1995 年就占世界总量的 43.4%，总产值达 1140 亿美元，日本占 41.16%，其他国家合计占 15%。我们不能因为立法可能主要保护到国外先进的布图设计就因噎废食，应该看到，当今国际综合实力的竞争主要是以经济和科技为基础，一个技术上的落后国家要向一个经济上的强国过渡，难度很大，但这并不意味着我们会无所作为。要使我国的信息产业得到较快而持续的成长，就应该为这种成长做好法律制度的铺垫与支持，运用法律保障和引导集成电路产业的发展。还应当看到，完善的立法与有力的执法所构成的良好的法制环境，也是引进国外先进集成电路技术所必需的。试想在日益重视知识产权保护的今天，谁又愿意将耗费巨大的先进布图设计和优质集成电路产品出口到一个欠缺布图设计法律保护的国家，而承担被低价复制、仿冒的市场风险呢？

根据《华盛顿条约》第四条："每一缔约方可自由通过布图设计的专门法律或者通过其关于版权、专利、实用新型、工业品外观设计、不正当竞争的法律，或者通过任何其他法律或者任何上述法律结合来履行其按照本条约应负的义务"，以及 TRIPs 协议第二部分"关于知识产权有效性、范围和使用的标准"第六节中，也规定了对布图设计的保护问题，虽然在具体规定上与华盛顿条约有一定差异，但这标志布图设计的保护正式成为世界贸易组织各缔约方的法定义务。

②主要权利内容——复制权与商业利用权

鉴于以专门立法保护集成电路布图设计已成为该领域的国际立法潮流，我国也采取了这一立法模式。于 2001 年 4 月 19 日颁布、并于同年 10 月 1 日施行的《集成电路布图设计保护条例》（以下简称条例），在第 1 条就表述了该条例的立法目的：保护集成电路布图设计专有权，鼓励集成电路技术的创新，促进科学技术的发展。该条例中提到的集成电路布图设计专有权，就是我国知识产权制度创新的结果，也是立法保护布图设计的切入点。布图设计专有权作为知识产权家族的新成员，是指权利持有人对布图设计进行复制和商业利用的专有权利。条例规定了主体、权利取得方式、权利内容、保护期限及权利限制五个部分的内容，以下作简要介绍。

在主体部分，为达到鼓励集成电路技术创新的立法目的，条例贯彻了著作权法上的保护作者权利的原则，规定布图设计专有权通常由布图设计的创作人享有；多人共同完成的，根据民法共有原理，由参加创作者共同享有。为尊重当事人意思自治，赋予共同创作者关于专有权归属的约定以法律效力。对委托人与受托人之间的关于布图设计专有权归属，则兼采尊重意思自治与保护创作人利益的方法，即双方有约定的从约定，没有约定或约定不明的，专有权由受托人享有。由于集成电路产业迅猛发展，制造工艺日益复杂，依靠单个人创作出具有世界领先水平的布图设计较为困难，大多数国家和地区的立法参照专利法上职务发明的模式，规定由布图设计完成人所属的法人享有专有权，但我国条例对此未作明文规定。对于自然人死亡、法人变更、终止后的布图设计专有权归属，条例规定由自然人的继承人、承继法人权利义务的法人或其他组织在专有权保护期内享有。没有继承人或承继权利义务的法人的，该布图设计进入公有领域。对外国人完成的布图设计，依据国民待遇原则受条例保护。

　　该条例在客体部分限定了受条例保护的布图设计的条件，即独创性。专利法规定的独创性要求受保护的技术发明具有突出的实质性特点和显著的技术进步，前面已经分析了布图设计往往达不到这种创造性程度，所以条例将独创性界定为"是创作者自己的智力劳动成果，并且在其创作时该布图设计在布图设计创作者和集成电路制造者中不是公认的常规设计"。即作为一个整体来看，该布图设计具有非常规的特点。我国台湾地区 1995 年 8 月 11日公布的《集成电路电路布局保护法》第 16 条也有类似表述："本法保护之电路布局权，应具备左列各款要件：一、由于创作人之智能努力而非抄袭之设计。二、在创作时就集成电路产业及电路布局设计者而言非属平凡、普通或习知者。以组合平凡、普通或习知之组件或连接线路所设计之电路布局，应仅就其整体组合符合前项要件者保护之。"

　　关于权利的主要内容。布图设计仅是集成电路制造的一个中间产品，要保护专有权人的利益，就必须从保护其复制权与商业利用权入手，而这正是布图设计专有权的重要内容。布图设计专有权人经济利益的实现主要依靠布图设计的权利人对受保护的布图设计的全部或者其中任何具有独创性的部分进行复制。该条例第 2 条对复制进行了界定，即重复制作布图设计或者含有该布图设计的集成电路的行为。布图设计权的另一重要内容是商业利用权，即指专有权人为商业目的而利用布图设计或含有布图设计的集成电路的权利，这种利用除了用益性的使用之外，还包括权利抵押等担保性的使用。商业使用权的主要权项集中于进口权、销售权及发行权。除复制和商业利用以外，对于未经权利持有人许可而进行的其他行为，《华盛顿条约》还允许缔约方将之确定为非法。TRIPs 协议第 36 条的商业利用的范围，除布图设计、含布图设计的集成电路之外，还将范围扩大到含有上述集成电路的物品，但书部分限定于以持续包含非法复制的布图设计，范围最广。我国的布图设计保护条例第 2 条也采用了 TRIPs 协议的三层保护模式，对含有布图设计的集成电路的物品也予以保护。

关于布图设计权的法律保护时间。《华盛顿条约》只规定了一个原则性的要求，即保护期至少为 8 年。大部分国家的立法规定给予布图设计权以 10 年的保护期，TRIPs 协议也是如此。与 TRIPs 相一致，我国给予布图设计专有权以 10 年的保护期，从布图设计登记申请之日或者在世界上任何地方首次投入商业利用之日起算，二者不一致的，以较前日期为准。但无论是否投入商业利用或登记，自创作完成之日起 15 年后，不再受该条例保护。

关于权利保护之例外。条例规定，反向工程、合理使用、善意侵权、强制许可以及权利穷竭等五种情形不构成对布图设计权的侵权。在这五种情形之中，较为特殊的是权利穷竭制度。根据条例第 24 条的规定，布图设计、含有布图设计的集成电路或含有该集成电路的物品，由布图设计权利人或者经其许可投放市场后，他人再次商业利用的，可以不经布图设计权利人的许可，并可以不向其支付报酬。

对于侵犯布图设计权的行为，条例规定了民事保护，包括临时救济措施，申请法院采取责令停止有关行为和财产保全措施。此外，还规定了行政保护与司法救济措施。

二、从 1984 年美国《半导体芯片保护法》到 1986 年《美日半导体协定》——布图设计权中的产业政策取向

（一）产业界利益的体现者与庇护神：1984 年美国《半导体芯片保护法》

通过阅读史料，我们了解到，集成电路是在 1958 年 9 月 12 日由丁·基尔比在美国得克萨斯仪器公司首先发明的。R. 诺伊斯在 1959 年早期用面式晶体管和新技术进一步发明了新型的面式集成电路，并于同年 7 月 30 日取得发明专利权。由此引发了一段马拉松式的诉讼，最后于 1969 年 11 月，由美国海关法院和专利诉讼局裁决，由他们二人分享了集成电路的发明权。[27]

按照集成电路产业界的一般看法，集成电路产业结构经历了三次变革，第一次变革是 20 世纪 70 年代以生产为导向、以设计为附属、以制造为主体的初级阶段；第二次变革是 80 年代以生产为导向、以设计企业与制造企业

相结合的垂直分工方式进入半导体市场；第三次变革是以设计业、制造业、封装业、测试业独立成行、产业结构向高度专业化转换为趋势、以竞争为导向。这一阶段的典型现象是侧重智力因素的开发设计公司的兴起，业界称这种无芯片销售的专业公司为无芯（chipless）。在这一阶段，除了研发（R&D）部门逐渐独立于原集成电路企业并专业化之外，还突出地表现在设计业与制造业以结合的方式共同进入集成电路市场。[28]

集成电路从无到有是技术领域的一大发明创造成果。专利法作为给天才之火添加利益柴薪的法律促进器，为第一项集成电路技术提供了有力的制度保障。从这段历史分析可知，集成电路布图设计还没有进入法律调整的视野，纳入法律调整范围的是笼统的、作为形成最终产品形态基础的集成电路技术，而且提供保护的法律是专利法。因而我们可以说，集成电路技术专利权是私权，这是没有争议的。同时我们还应看到，作为对一项新兴工业技术初创成果的法律保护与激励，这也是与集成电路的发展阶段与技术水平相适应的一种制度安排。

当一项重大创新出现后，由于技术本身不完善，紧随其后的必然是一连串的渐进式创新。在主导设计出现之前，通常有多达数种至数十种不同设计的同类产品在市场中出现。特别是进入超大规模集成时代后，最终电子产品基本上是围绕集成电路来设计的，因此，领先于竞争对手进入市场，就会将下游产品"锁定"在领先企业的产品设计上，对用户形成较大的转换成本。[29]按英特尔（Intel）公司创办人摩尔于1964年提出的摩尔定律，集成电路芯片上的晶体管数量每18个月翻一番，体积却相应地缩小。这是就整个集成电路工业发展所作的结论，就具体企业而言，其布图设计技术过程则呈现出积累性特征，在上一代产品中积累的经验往往可以传递到下一代产品的设计及制造过程中，即集成电路布图设计技术会沿着明确的技术轨道发展并积累。随着微电子技术向高性能化、高智能化、低电压化和微型化方向发展，对产品的设计周期也提出了更为高效的要求。[30]按专用器件市场的通例，一件新型器件从定货到交货的期限通常为6个月到1年。而在新产品与新工艺方面，超出对手一年可以带来25%的成本优势；在高度成长、产品生命周期短的市场，如果产品的推出落后6个月，则在该产品生命周期内，企业利润会减少33%。[31]这表面上是对布图设计企业的设计周期的要求，实质上是对这些企业的设计能力的要求。

第二次世界大战结束后，日本作为战败国，其在敌对国家拥有的专利权以及其他知识产权都被没收。而这些知识产权在日本依然合法有效地存在。同时，这些敌对国家在日本的专利权却按战争时间延长并使之恢复。当时有这样一个较为特殊的案例：交流偏压式磁带录音机的发明人是日本人五十岚悌二，其专利在第二次世界大战中被交战国没收。当战后美国生产的磁带录音机出口到日本时，东京和横滨等地的百货商店都把这些商品作为侵犯专利权的商品加以封存。[32]该案例反映出日本对于维护既有专利法律制度，保护并鼓励本国发明创造的产业政策与立法取向。对于国外侵权产品的进口及销售行为，表现出明显的产业抵制态度。如果说对于本国人发明的磁带录音机技术提供保护是基于保护本国已有相关产业利益的话，那么对于本国处于落后水平的外国相关先进技术的保护，则是出于"市场换技术"的产业政策考量，即基于借此扶持、培育本国相关产业的考虑，以暂时牺牲本国市场利益为代价引进外国技术，最终在消化这些先进技术的基础上壮大本国产业，改变本国在该领域技术上的比较劣势，增强产品与产业的国际竞争力。这一做法广泛体现在日本的各个工业领域，在半导体工业领域表现得尤为突出。第二次世界大战后，日本的半导体工业受到美国的技术支持，[33]包括半导体技术和生产管理技术，使日本相关企业的技术和技术管理水平得到飞跃式提高。但是，由于日本的产业政策不是依靠机会均等只让某一个人受益，而是使所有同类企业都分配到同等利益。因此，新产品问世后，虽然相互间并不制造侵犯彼此专利权的产品，但是却可以制造相似的产品以分配利益。按日本著名知识产权专家富田彻男的观点，即使竞争激烈，这一时期的立法也默认甚至鼓励这种做法，并认为这种行为本身并不具有应予非难的性质。[34]

随着战后日本的复兴，其技术引进有增无减。有数据表明，1959年以前的4年间，日本技术引进件数为1029件，1960年以后五年间的技术引进件数就达到2039件，增长额高达4倍。而当时欧共体六国的技术引进件数合计仅为200—250件。在供应技术引进源的国家中，美国的技术出口居压倒性多数。日本企业在引入技术的同时，大量仿制美国的集成电路，并在集成电路生产方面超过美国。这一结论可从另一背景材料得到印证，即前引文中所述的美国著名律师斯考特访华时关于单独立法保护集成电路芯片的回答。美国数据调查公司公布的数据也进一步显示，日本的集成电路工业竞争力十分显著。1993年，在全球十大集成电路制造商排名中，日本厂商占据半壁江山。

有学者通过分析世界集成电路设计产业发展史认为，日本20世纪80年代后期在集成电路方面的优势日益明显，构成了对美国的严重威胁，以至于有人认为世界半导体重心转移到了日本，显然是因为日本有充足的技术储备、对市场时机的准确把握以及政府的大力推动。[35]日本于70年代成立"日本半导体工业振兴会"，专门从事集成电路的研发工作，使日本一举超过美国，统治了 80 年代的世界半导体市场。[36]其中在技术储备方面得益于引进自美国并在国内实行的"超大规模集成电路研究组合"。在该计划中，日本为开发出能与 IBM 和其他美国半导体制造商相匹敌的制造技术，投资了 3.2 亿美元，其中政府投资就占到一半。[37]这一做法为美国所借鉴，美国政府与产业界于 1987 年联合成立半导体技术联合开发体，用筹集来的资金（一半来自美国政府，一半来自产业界）支持研发工作。这表明了两国在集成电路产业政策上的政府鼓励取向。在这种鼓励政策的背后，我们看到了两国集成电路工业发展水平的不均衡，以及由此引发的原有力量对比被打破，新的力量格局尚未形成过程之中的摩擦。

美国的集成电路设计业起步于 20 世纪 70 年代，由民间自发形成于硅谷等地。由于集成电路设计人才的培养具有层次高、周期长、花费大等不同于一般人才培养的特点，自 1980 年开始，美国将超大规模集成电路设计列为所有大学电机系和计算机系的必修课，这一实践在 10 年后才见成效。[38]这种教育政策与人才培养方略为美国的集成电路布图设计业处于世界领先地位奠定了坚实的人才基础，提供了强大的智力支持。笔者认为，知识产权之所以在美国受到如此重视，一个非常重要的原因在于国家对人才培养和人才利用的双重重视，以及法律所给予的切实保障。对于一国的知识产权法律制度的理解，还应该与该国特定历史时期的人才、教育政策以及具体实践等实证因素结合起来考量，而这往往是为人们所遗忘的角落。

由于著作权法、专利法等法律部门不能为集成电路布图设计提供充分有效的法律保护，致使主要来自于日本的反向工程以及非法复制等现象得不到有效的法律遏制，使美国的布图设计研发单位和整个集成电路产业遭受巨大损失。这种现象在 1984 年以前表现得尤为明显。有数据表明，在美国开发一个有 1200 只晶体管这样不太复杂的芯片，大概要花 50 万美元和 2—3 年的时间，而复制这样的芯片则只需花 3 万美元和 3—6 个月的时间。[39]英特尔（Intel）公司推出 8088 微处理器时每片市价 60 美元，当复制品上市后就骤跌至每片 30 美元；桑那（Zilog）公司的 Z—80 芯片也遭遇同样的命运，其布图设计被复制后，市场销售价格就下跌了 60%。

产业界遭受如此重大损失，而现行法律表现得软弱无力，促使美国国会关注这一问题。美国众议院在 1984 年的一份报告里曾这样写道："除非法律发生改变能对半导体芯片的生产提供某种保护，否则美国半导体工业以往引以为荣的工业领导地位将会消失，进而，已经开始了的信息社会也将不复存在。"[40]这基本上反映了产业界的利益保护请求。在产业界的压力及推动下，美国于 1984 年出台《半导体芯片保护法》，旨在回应集成电路产业界在国际竞争中更好地保护其市场竞争力和经济利益的法律诉求。

《半导体芯片保护法》规定，半导体芯片的掩膜作品（mask works）必须是原创或独创才能受到保护。该法以排斥性规定的方式表述了这一保护条件："……保护不适用于下列掩膜作品：（1）无原创性的；（2）由半导体工业中常规的、普通的或熟知的设计或这类设计的变化形式组合而成，该组合形式从整体上看不是原创的。"

至于保护的前提，该法认为，掩膜作品不同于著作权法上的作品，不适用自动保护主义。《半导体芯片法》规定，须由掩膜作品的所有人就该作品的保护权利提出登记申请，这是受保护的前提。此一掩膜作品在世界上任何一地方进行商业实施的，须在首次商业实施之日起两年内就其保护提出登记申请，否则丧失依法请求保护的权利。

受保护的掩膜作品的所有人依法享有从事或许可他人从事下列行为的权利：（1）以光学、电子学或其他任何方式复制该掩膜作品；（2）进口或销售含有该掩膜作品的半导体芯片产品；（3）诱导或故意导致他人进行（1）、（2）项行为。该法还规定，含有半导体芯片产品作为组成部分的产品的销售或进口，也属于该半导体芯片产品的销售或进口。由此可见这一规定将掩膜作品的保护范围拓展到掩膜作品、含掩膜作品的半导体芯片、含有这种芯片的产品或物品三个层次，权利范围非常广泛。

为将这种保护区别于专利法的强保护，该法还专门规定，其所提供的保护在任何情况下都不延及任何思想、程序、工艺、系统、操作方法、概念、原理或发现，不论在该掩膜作品中以何种方式描述、解释、说明或体现。

（二）国家间产业政策的冲突与调整：1986 年《美日半导体协定》

上文谈到来自日本的复制行为使得美国集成电路业遭受损失巨大，在产业界的压力之下，美国于 1984 年出台《半导体芯片保护法》。这一法律的出台从长远看，无疑对保护美国的布图设计是有帮助的，但如何在短期内遏制已经高速成长的日本集成电路产业，打压竞争对手，则成为当时美国集成电路产业界与政府面临的重要课题。

在讨论美国半导体产业在 20 世纪 80 年代中期和末期的失败原因时，许多学者和企业家认为，由于华尔街和美国企业的短视而导致的对制造能力的投资缺乏是主要原因。[41]当然，这是一种从产业界微观经济管理的角度对这一问题的评析，其实就美国政界而言，其早在 1984 年立法的同时，就积极通过双边条约等方式来减轻本国企业的经济损失，并相应影响到缔约双方的国家产业政策，较为典型的是 1986 年缔结的《美日半导体协定》。

1985年6月，根据美国半导体工业协会提交的文件，美国贸易代表依照1974年美国贸易法"301条款"对美日半导体贸易争端展开调查。在提交的文件中，半导体工业协会表达了如下观点：（1）制止日本半导体制造企业的倾销行为；（2）进入日本市场；（3）对日本半导体产品向第三国的出口行为实行监管。1985年9月里根总统发表了"贸易政策行动计划"，明确表示如果国际贸易不利于美国企业，美国将以强硬的态度实行贸易保护。[42]

在半导体贸易争端与调查中，日本产业界也表达了自己的看法。在它们看来，美国的法律是用来制造或解决经济纠纷的工具，并且每一部分与贸易有关的法律都有其特定的目的，即保护特定的利益。美国在半导体贸易中的利益正是其国内产业界的利益、国家安全与国家利益。但是，九州大学法学部北川俊光教授（参加美日半导体协定谈判的日方代表，时任东芝公司法律顾问）认为，半导体产品自身的技术性与商业性才是引发两国产业界贸易争端的重要原因。[43]归根结底，其动因还是知识产权问题与经济利益问题。

经过激烈的讨价还价，在美国贸易报复的威胁下，日本不得不作出让步，最终双方于1986年9月2日达成美日半导体协定，主要约定有三：（1）日本开放国内半导体市场的20%给外国生产商；（2）日本向第三国出口半导体产品的价格底线不得低于该产品在日本的生产成本价格；（3）由日本国际贸易与工业省负责半导体产品出口的行政指导及总量控制活动。

《美日半导体协定》的达成，遭到了欧盟的强烈反对。欧盟认为美日协定的两项主要条款有违关贸总协定关于缔约方义务的规定，并向关贸总协定争议解决专家小组提出正式质询，并提出三项反对意见：第一，协定明确为美国划定了具体的市场份额，违反了作为关贸总协定基础之一的最惠国待遇原则。[44]第二，协定中关于向第三国出口的价格底线约定的扩大，违反了关贸总协定第六章的限制范围。该第六章虽然并不禁止倾销行为，但对因倾销行为给进口国造成的实质性损害作出了补偿规定。第三，协定中的出口监管机制，即日本国际贸易与工业省阻止以低于市场价格出口的行政指导活动，以及实施总量控制的活动违反了关贸总协定第11章第117条的规定。[45]

争议解决专家小组驳回了欧盟提出的前两点主张，但同意第三点反对意见。理由是《美日半导体协定》并没有单独为美国明确规定20%的市场份额目标，并且协定中在使用"外国生产者"一词时，也是以中性指代的方式进行表述，而这并没有违反关贸总协定中关于最惠国待遇的规定。专家小组认为，关贸总协定第6章的规定恰恰是要求"对出口国的行为保持沉默"。[46]但专家小组同时也认为，禁止低价出口实际上是一种数量上的限制措施，尽管国际贸易与工业省的行政指导行为符合关贸总协定第 11 章的统治方式。

作为对关贸总协定纠纷解决专家小组意见的回应，美国和日本对协定作出修改，以与关贸总协定的规定相一致。其结果是日本于 1987 年 11 月将半导体产品制造商的出口许可机制与价格监管机制相分离。[47]国际贸易与工业省通过运用生产与扩大市场准入容量的行政指导措施，而非通过出口行政指导来限制倾销行为。

（三）集成电路产业的政策激励与扶持：对中国成例的考察

1. 中国内地

许多发达国家的经济发展都经历了一个工业化的过程，而这也是许多发展中国家和地区正在经历的一个阶段。我们注意到，当以美国为代表的发达国家完成工业化过程、进入信息化阶段时，包括中国在内的广大发展中国家还艰难行进于工业化的漫漫长路中。经济全球化时代的到来，实际上存在着两个不同技术水平的阵营，而这又需要新的一体对待的规则，以形成新的国际经济秩序。在这种全球化的表面繁荣背后，涌动着发展中国家的挣扎、无奈与抗争。一如中国俗谚所云：看戏的不如唱戏的。发达国家作为全球经济的领头羊，市场经济的客观规律决定了在一个两极分化的体制中，规则的主导者和制定者只可能是经济上的强者。面对这些规则，弱者虽非无所适从、任由宰割，但更多的是被动适应与妥协。作为最大的发展中国家，中国有着自己的利益诉求与应对之策。借用中美知识产权谈判中方代表段瑞春的话来说，我们在执行《协定》协议和迎接"后《协定》时代"的挑战时，要放眼长远利益、接受眼前代价、启动应对措施，以创新为不竭动力，努力实现技术跨越发展和生产力跨越发展，[48]这正是中国集成电路立法的主要指导思想之一。中国加入世界贸易组织首席谈判代表龙永图也有类似观点，2002年 6 月 13 日在沪开幕的"第三届亚太地区城市信息化论坛"上，他强调，在重视保护知识产权的同时，要避免使知识产权保护成为发展中国家人民获取知识和信息的障碍。[49]

我国第一块自行完成布图设计、自己制造的集成电路诞生于 1965 年，这一时间仅比美国晚 7 年，与日本同步，比韩国早 10 年。"文化大革命"使我国痛失发展集成电路工业的第一次机会，20 世纪 80 年代中期关于"要不要发展集成电路工业"的争论使我国痛失第二次机会，其直接后果之一就是现阶段我国的集成电路设计与制造业远远落后于上述国家，并有逐渐拉大差距的趋势。在中国，对集成电路的年需求量为30亿块，而本国仅能生产3亿块，缺口很大，因而对进口形成较为严重的依赖。同时，本国现有集成电路工业却存在开工不足、生产线吃不饱的状况，这是一个怪圈，而且这种状况一直没能很好地改变。面对这种严峻形势，世界银行在一份关于中国电子工业战略的研究报告中提出警告："中国集成电路产业若无果断举措或存在任何犹豫与延续，都将是十分危险的!"[50]

在宏观政策方面，中国政府制定"十五"计划时，明确提出"以信息化带动工业化，促进现代化"的方针。按照这一方针，科技部在2002年全国科技工作会议上提出三大战略，即推进专利战略、技术标准战略和科技人才战略，以落实"十五"计划提出的方针政策。科技部部长徐冠华表示，科技部决定将组织实施一批重大科技专项，其中包括从根本上改变中国信息产业"空芯化"现状。科技部计划投入55亿—60亿元人民币，组织实施一批重大科技专项，力争在五年内取得实质性成果。其中在信息技术领域，将以开发基于新概念的CPU、网络计算机（NC）和网络软件核心平台为突破口，从根本上改变目前中国信息产业"空芯化"、核心技术基本被外国公司垄断的局面。[51]

在相关立法方面，我国是《华盛顿条约》的首批签字国之一。据信息产业部计算机与微电子发展中心法律研究部阿拉本斯主任的介绍，20世纪90年代初，由于我国集成电路工业水平还比较落后，同时考虑到国际环境的变化和发展，本着"早准备、多研究，适时出台"的原则，由原机械电子工业部负责、国家专利局参加组成项目研究组，进行了八年的反复调查研究，形成了条例的草案文本。这为我国培育、壮大集成电路设计产业准备了充足的时间，这八年内，我国集成电路设计产业初具规模，业务范围突破本土。本国集成电路产业的发展在客观上也对布图设计的知识产权保护提出了法律需求。在中国加入世界贸易组织谈判时期，国务院要求必须尽快完成布图设计条例的制定工作，以免影响加入世界贸易组织进程。[52]《协定》协议的有关规定以及世界贸易组织其他成员国相关立法则为制定《条例》提供了参考借鉴文本，国内产业发展水平则提供了作为立法的国情背景，加入世界贸易组织的国际要求以及国内产业发展的法律需求是《条例》出台的客观环境，最后我国决定采取专门行政法规这一立法形式，既符合《协定》协议要求，形式又比较灵活，便于将来适应新情况适时修改，不断总结经验，在必要的时候上升为法律。借用国家知识产权局条法司乔德喜司长的话来说，专利制度实施十年的实践表明，三个有利（即有利于发明创造活动、有利于发明创造的推广应用、有利于我国的技术引进）的决策是完全正确

的，因为就集成电路知识产权保护的实质而言，其与对发明创造的专利保护
是一致的。[53]在三个有利的总体原则之下，国务院于 2000 年 6 月 24 日印发
《鼓励软件产业和集成电路产业发展的若干政策》，对在我国境内设立的集
成电路企业，不区分所有制性质，给予审批、税收等各项优惠政策。[54]这明
确以产业政策的形式表明了政府对于集成电路工业的重视程度和鼓励态度。
这一政策发布两年后，在 2002 年 10 月 10 日，财政部、国家税务总局联合
发布《鼓励软件产业和集成电路产业发展税收政策的通知》，再次提出新的
税收优惠政策。2001 年 3 月 28 日，国务院通过《集成电路布图设计保护条
例》（以下简称《条例》），以立法的形式肯定和固定了 2000 年 6 月 24 日公
布的《政策》，同时参考了《华盛顿条约》和《协定》的相关规定，标志
着我国集成电路布图设计知识产权立法和法律保护进入了一个新的历史时
期，同时也将我国的集成电路工业带入了一个新的发展阶段。借用学界的观
点来说，"这是我国愿意承担有关条约义务的积极表示，有利于中国知识产
权保护制度与国际接轨"。[55]同年 9 月 18 日，国家知识产权局出台《集成电
路布图设计保护条例实施细则》，11 月 28 日又颁布了《集成电路布图设计
行政执法办法》。最高人民法院也于同年 11 月 16 日发布《关于开展涉及集
成电路布图设计案件审判工作的通知》，为布图设计提供司法救济途径。至
此，我国已经建立起关于布图设计的较为完善的立法、司法和行政执法保护
体系。

　　在这一时期，由于我国外贸受阻，投资也较为低迷，拉动内需成为首选
的经济手段。当时朱镕基政府采取扩大内需的政策来拉动经济增长，以弥补
投资与外贸另外两驾马车动力不足的影响。这极大地刺激了国内电子产品的
需求和生产，集成电路工业受内需拉动较为明显。据信息产业部电子信息产
品管理司张琪司长介绍，1998—2002 年间，我国集成电路产业市场增长
27%，结构不断优化，在技术水平上与国外差距正在缩小，集成电路设计芯
片制造、封装和测试三业并举，协调发展。[56]在国务院集成电路产业政策的
带动下，集成电路工业迅猛成长，并在这一领域涌现出一批具有自主知识产
权的科技成果，其中 1997—2000 年就安排集成电路产品开发 47 个专题，取
得 6 项专利。受中央关于集成电路产业政策的指引，各地也纷纷出台了一些
地方性措施，鼓励集成电路产业的发展。在北京、上海、深圳等地出现了投
资集成电路产业的热潮，甚至出现了竞争态势。如上海就明确了本地发展集
成电路产业的思路，即以芯片制造业为主体、以设计业为突破，达到以设计
业引导制造业投资、以制造业促进设计业发展的目的。[57]长江三角洲素以中
国新经济的龙头著称，这一鼓励、扶持设计业发展的做法为我国集成电路工

业的未来发展指引了航向。截至 2003 年 3 月 24 日，全国集成电路设计业达到 200 余家，总额达到 11 亿元，芯片制造业占集成电路总产量的 20%。预计"十五"期间，全国集成电路芯片制造业的投资将超过 100 亿美元，相当于集成电路产业前 30 年投资总额的 3 倍。这种局面的形成与良性发展态势，深深得益于我国的集成电路产业政策。

2. 中国台湾地区

我国台湾地区的半导体产业发轫于 20 世纪 70 年代。有学者将我国台湾地区集成电路工业的发展过程概括为引进装配、自主设计制造以及升级发展三大阶段。[58] 1974 年 7 月，我国台湾地区"经济部"通过了由留美专家草拟的"积体电路计划草案"，由同年 9 月成立的工业技术研究院电子工业发展中心负责执行。这一计划旨在从美国引进技术，以奠定台湾半导体工业的基础。按这一计划，我国台湾地区于 1976 年先后派出 38 位青年工程师赴美学习半导体技术。继该计划之后，又于 1977 年成立电子工业研究所，专门从事对美国 7 微米 CMOS 工艺技术的消化吸收。[59] 1979 年将整套集成电路技术引进岛内，并由工业技术研究院进行技术转移，走出了自主发展半导体产业的第一步，即选择半导体制造、封装测试这一中下游产业，利用岛内和美国资金，引进制造、设计技术与经验，等待制造、封装测试业相对发达后，带动布图设计业的发展，其结果是我国台湾地区成为世界集成电路制造技术的领头羊，以及仅次于美国的全球第二大集成电路布图设计中心。[60] 现在我国台湾地区集成电路产业的发展已跨入大型化阶段，各大厂商正掀起设计、制造、封装测试这上、中、下游策略联盟，在地区内实行资金与技术互补，以进一步增强产品的市场竞争力。我国台湾地区集成电路工业起步较晚，但取得的成就令业界瞩目，虽然有美国的资金与技术支持，但这一产业发展轨迹仍然是颇值得我们深思的。

（四）蓝巴斯（Rambus）诉英飞凌案：隐藏于布图设计背后的技术标准问题

20 世纪 80 年代末，蓝巴斯公司研制出动态随机存储器（RDRAM）芯片，并获得这一技术的专利，随后将这一技术许可许多公司使用，使得这一技术成为计算机芯片设计与制造业的一个重要工具。Rambus 公司对该技术作出改进，先后推出 SDRAM、DDR—SDRAM 芯片技术并开始申请专利，这些技术成为全球计算机芯片设计制造业的主流技术。1991 年，Rambus 公司成为美国联合电子设备工程委员会（the Joint Electronic Devices Engineering Council，以下简称 JEDEC）的成员。该委员会是电子产品和半导体工业独立制定标准的一个非营利性组织，其接受新成员的一个考量因素是看是否有需要支付许可使用费的专利存在；另一个因素是从知识产权政策的角度，看该技术是否覆盖了现有的技术标准。在 JEDEC 投票赞成采纳 SDRAM、DDRSDRM 作为半导体工业新的开放标准之前不久，蓝巴斯公司于 1996 年退出了 JEDEC。由于 JEDEC 建立了新的 DRAM 标准，包括英飞凌公司在内的主要芯片制造商都接受并采用这项标准提供的新技术生产芯片。

蓝巴斯公司于 1991 年提出专利申请，几经周折，最后于 1999 年获准授予。蓝巴斯公司在获得专利之后立即联系包括英飞凌公司在内的所有采用 SDRAM 和 DDR-SDRAM 技术的芯片制造商，并以侵犯专利权为由，向它们索取专利技术许可使用费。日本日立公司与韩国三星电子等公司通过与蓝巴斯公司签订许可使用协议解决了专利权问题，而英飞凌等其他公司则拒不承认自己侵犯了蓝巴斯公司的专利权，结果于 2001 年 5 月 4 日被诉至里士满联邦法院。

英飞凌公司辩称，1996 年 JEDEC 采纳蓝巴斯公司的有关技术作为技术标准之时，这些技术并未获授专利，即作为相关技术标准的技术是无须支付许可使用费的。况且正是在蓝巴斯公司于 1996 年从 JEDEC 退出之后、1999 年获授专利之前的时间内，JEDEC 将蓝巴斯公司提交的技术材料作为技术标准，而当时这些技术是 JEDEC 成员免费使用的。英飞凌公司的意见被陪审团和法院采纳。陪审团认为专利侵权不成立，法院裁决驳回 Rambus 公司的专利侵权赔偿请求。[61]

由于集成电路芯片是整个电子产业的通用产品，布图设计处于集成电路产业链的上游，相关设计应考虑到最终集成电路产品的兼容性问题，这不可避免地涉及技术标准。

技术标准是指重复性的技术事项在一定范围内的统一规定。它作为人类社会的一种特定活动，从过去主要解决产品零部件的通用和互换问题，逐渐发展成为一个行业必须遵守的规则，甚至成为一个国家实行贸易保护的重要壁垒，成为非关税壁垒的主要形式。技术标准不仅是世界高新技术产业竞争的制高点，而且是高新技术企业经营的高级形态。根据产业界的最新说法，三流企业卖苦力，二流企业卖产品，一流企业卖专利，超一流企业卖标准。世界上所有超一流的企业已经收紧了自己的核心领域，将标准牢牢控制在自己手中，因为每一项技术标准的背后往往蕴藏着巨大的市场机会和经济价值。可见，技术标准是专利技术追求的最高体现形式，是一种极其重要的财富，是发展新经济重要的资本，是国民经济增长日益重要的推动力。[62]

标准问题是当今贸易壁垒的一种新型形式，标准的背后是专利技术，如果产品的生产不符合标准，就难以在市场上立足。而要达到标准，就必须购买标准制定者持有的专利技术。这必然会增加单位集成电路产品的成本，从而降低产品在国际市场上的竞争力。技术标准制定者则在收取专利许可使用费的同时加大对新技术的研发投入，在技术成熟时提出新的标准。这样形成的技术积累会使落后者，尤其是发展中国家的产业界，在相当的时间内受制于发达国家。按照有的学者的观点，"由于产业技术标准是产业发展的制高点，处于整个价值链的最高端，因此掌握相关标准已经成为国家主权在经济范畴上的延伸"。[63] 澳大利亚学者彼得·达沃豪斯（Peter Drahos）通过研究，也证实了这样一个观点：在知识产权国际保护标准的制定上，美国和欧共体保持着同盟关系，以满足产业界对强有力知识产权保护的需求，而发展中国家在国际知识产权保护标准制定方面的影响相对极小。[64] 发达国家基于保护知识产权、维持产品竞争力与控制市场的考虑，在向发展中国家转让技术时，转让的多为落后甚至过时的技术，生产出来的集成电路产品的适用范围也极为有限，对高、精、尖、新领域的布图设计则采取技术封锁政策，以维护国家安全为由，行技术垄断之实。这样，发展中国家就会发现，它们实行的所谓"市场换技术"，实际上是市场被人占领，真正的技术并未能拿到，反而使整个国家成为国外企业的一个高科技试验场。在布图设计上如此，在集成电路上也是如此，中国某厂与日本 NEC 公司签订技术合同时，日方在合同文本第二条就明确规定该中国工厂不得生产芯片，即是出于担心我方公司技术成长抢占对方市场份额的考虑。[65] 同时，由于集成电路制造业现有的专利就高达几万种，要从事集成电路的生产，还是很难绕过技术标准这一关隘。

技术标准中包含着该技术领域中的核心技术，标准持有者因而处于市场的绝对垄断地位，稳据产业链的最上游，并受到知识产权法律的强力保护，制造、封装、销售等产业则形成了对技术标准持有者的产业链依赖。2001年3月，日立、松下等六大 DVD 技术开发商联盟（6C 联盟）宣布向中国的 DVD 整机生产厂家征收产品净售价的 4% 或每台 4 美元的技术专利使用费，向 DVD 解码器征收净售价的 4% 或每台 1 美元，向 DVD 光盘征收每碟 7.5 美分的技术专利使用费。我们揭开技术标准的面纱，就可以发现隐藏其中的知识产权因素与技术强者的经济利益。

根据世界贸易组织透明度原则，各国国内标准应该透明、公开，但符合国际集成电路技术标准的产品无疑会处于明显的竞争优势。中国作为世界上最大的集成电路产品消费国，长期以来一直是跨国公司及其联盟的重要市场目标。这些企业凭借其技术优势，优先制定标准，发布相应专利，力图长期控制中国集成电路和整机市场。如何应对这种不利于我国集成电路产业界的标准攻势，是中国集成电路设计业面对的一项重大挑战。我们的布图设计业应该在了解现行国际标准的基础上，依据本国国情逐步建立和形成自己的标准，依据自主知识产权基础上的标准开发集成电路，平稳过渡到国际标准并使之成为国际公认的统一规范，[66] 这是走出重围的一条可行的知识产权之路。

三、从 1989 年《华盛顿公约》到《知识产权协定》中的布图设计权——发展中国家与发达国家之间的经济竞争政策蕴涵

（一）《华盛顿公约》有关布图设计保护的规定评介

1. 对《华盛顿公约》前的集成电路布图设计立法的回顾

受美国 1984 年《半导体芯片保护法》的影响，以及英国法关于互惠对等保护的规定要求，美国只保护那些对美国国民、居住民和其他民事主体提供与美国相同保护的国家的布图设计。这促使其他国家，尤其是集成电路产业发达国家，仿效美国立法制定集成电路布图设计保护法律制度。在美国的压力和推动下，日本于 1985 年制定了《半导体集成电路布局法》，成为第一个仿效美国以专门立法方式保护集成电路的国家。美国的立法还推动了欧洲一些国家的集成电路专门立法保护活动。1986 年 12 月 16 日，欧共体理事会正式通过《半导体产品拓扑图的法律保护指令》提案，并要求各成员国按这一指令的内容完成各国的国内立法。基于《马斯特里赫条约》的相关规定，欧共体各成员国依据指令纷纷进行集成电路知识产权保护的国内立法工作。瑞典于同年 12 月 18 日颁布了《半导体布图设计保护法》，英国则于 1987 年通过了《半导体（拓扑图）设计权规则》。

以法律形式保护集成电路布图设计，肇始于美国 1984 年 11 月通过的《半导体芯片保护法》，该法置于《美国法典·版权法编》的最后一章。从体系上看，该法处于版权法的框架之下，但它实际上是一个独立于版权法之外的法律制度，也是知识产权法律制度本身的一种创造。其为布图设计技术所提供的专有权利保护，适应了美国集成电路产业界的需要。该法的意义之重大，借用我国国家知识产权局条法司乔德喜司长的话说，其颁布和施行"开启了对集成电路知识产权专门立法保护的一代先例，对以后各国的立法，特别是对集成电路保护制度的国际化发展，起了具有历史意义的样板和推动作用。在这个意义上，也许可以说，没有美国 1984 年的立法，就不会

有今天的集成电路国际保护制度"。[67]可见，美国《半导体芯片保护法》不仅开了以专门法保护布图设计的风气之先，而且为布图设计的国际知识产权保护奠定了制度基石。虽然后者是该法中的互惠原则所体现出来的制度功能。

2.《华盛顿条约》及有关布图设计专有权的规定

早在1983年6月，世界知识产权组织就召开了一次成员国专家委员会会议，与会者对知识产权保护问题作了讨论，其中议题之一就是"集成电路的保护"。[68]美国《半导体芯片保护法》生效之后，世界知识产权组织就开始着手有关国际公约的制定工作。1985—1988年，世界知识产权组织先后召开4次专家委员会会议和3次发展中国家专家咨询会议，1988年还专门为制定有关集成电路布图设计保护国际公约的外交会议召开了一次预备会议。[69]1989年5月26日，世界知识产权组织在华盛顿召开外交会议，通过了《关于集成电路知识产权保护公约》，即《华盛顿条约》。

从文本上看，《华盛顿条约》是对美国、日本、欧共体等集成电路布图设计立法活动的回应，但又有别于这些国家和地区相关法律的规定。从本文第二部分的定义列举我们可以看到，美国与欧共体对布图设计的定义范围被华盛顿条约扩大了，条约中"无论怎样表示"的表述，扩大了这一名词的意义范围，同时也是整部法律保护范围的扩展；另一差异在于"为集成电路的制造而准备"，这表明布图设计即使没有在集成电路中得到应用，也属于法律保护的范围，这进一步拓展了集成电路布图设计的法律空间。除定义之外，我们还注意到，在保护条件上，《华盛顿条约》只规定了独创性这一条件，即要求受保护的布图设计必须是非常规设计。这一条件将美国法中的原创性要求与欧共体法中的"知识努力"要求较好地结合，各成员可以采取版权法、专利法、工业设计法或不正当竞争法等形式，或径行采用特别法形式来保护布图设计。至于采取何种具体形式，《华盛顿条约》并没有明确规定，这就给各成员国立法保护布图设计留下了较为灵活的制度余地。在保护范围上，《华盛顿条约》只是限于布图设计和含有该布图设计的集成电路，按第6条第1款第A（2）项的表述，[70]并没有包括含有该集成电路的物品，这明显窄于美国半导体芯片保护法的保护范围。可以说，这一条款本身的出台，是发达国家与发展中国家相互间利益妥协的产物。《华盛顿条约》第6条第1款规定，布图设计的权利持有人享有如下权利：（1）复制受保护的布图设计（拓扑图）的全部或其任何部分，无论是否将其结合到集成电路中，但复制不符合第3条2款所述原创性要求的任何部分布图设计除外；（2）为商业目的进口、销售或者以其他方式供销受保护的布图设计

（拓扑图）或者其中含有受保护的布图设计（拓扑图）的集成电路。与美国和欧共体立法不同，在保护期限上，《华盛顿条约》有两大特点，一是没有规定保护期限的起算时间，有学者猜测，"大概它必须依靠有关的契约方所提供的保护形式"。[71]二是没有规定明确的保护期限，只作了一个较为原则的下限规定，即至少为 8 年，这相对于美国与欧共体立法规定的 10 年期限来说比较短，这也构成美国等发达国家拒绝在该条约上签字的一个重要原因。

（二）对《知识产权协定》关于布图设计规定的评介

按照《协定》的明确表述，其关于集成电路布图设计部分的规定系由华盛顿条约改造而来，所以我们需要着重关注改造之后的部分。一般认为，《协定》是一个以实质性规定为主并且漏洞很少的国际条约，这一特点在布图设计专有权问题上体现得较为充分。具体到条文，其吸纳了《华盛顿条约》的第 2 条至第 7 条（但排除第 6 条第 3 款）、第 12 条以及第 16 条第 3 款，分别将它们以第 36、37、38 条的形式反映出来，并明确排斥适用华盛顿条约第 6 条第 3 款和第 8 条。其中第 6 条第 3 款是关于强制许可的规定，后者则是关于保护期限的规定。

在《华盛顿条约》规定的复制权和商业利用权之外，《协定》第 36 条"保护范围"规定了布图设计权人的进口权和销售权："在符合下文第 37 条第 1 款前提下，成员应将未经权利持有人许可而从事的下列活动视为非法：为商业目的进口、销售或以其他方式发行受保护的布图设计；为商业目的进口、销售或以其他方式发行含有受保护布图设计的集成电路；或为商业目的进口、销售或以其他方式发行含有上述集成电路的物品（仅以其持续包含非法复制的布图设计为限）。"这进一步扩大了权利人的权利范围。

关于强制许可问题。在美国和欧盟的布图设计法律中，并无强制许可条款，美国在制定国内专利法和参加有关国际专利公约时也明确反对专利强制许可制度。有资料佐证，美国发现自己比起那些通过变通理解美国专利法有关条款的国家来说，在讨价还价能力方面要弱得多，而后者正是通过其国内专利法中有关强制许可的规定，借美国的专利技术提高了国内的工业水平。因而在《维尔纳公约》采纳的诸决议中，美国反对该公约基于公共利益而提出的强制许可条款。[72]而《华盛顿条约》明确规定：缔约方的行政或司法机关可以在非通常的情况下，为维护重大国家利益而授予第三者非独占许可，但仅供在该国领土上实施，并应以第三者向权利持有人支付公平的补偿费为条件。美国、欧盟和日本拒绝在《华盛顿条约》上签字，一个重要原因就是对该条款的明确反对。

笔者认为，强制许可是对布图设计权利人权利限制的反限制措施，广泛存在于技术较为落后的国家的知识产权法律之中，正是因为发展中国家关于强制许可的规定损害到以美国为代表的布图设计技术水平较高的国家的利益，所以包括《协定》在内的国际条约明确限制强制许可。《协定》在集成电路布图设计这一节没有正面规定强制许可，仅规定原则上适用该协议专利部分的强制许可条文，而在专利部分则明确而详细地规定了强制许可的适用条件，其第 31 条（c）规定：使用范围及期限均应局限于原先允许使用时的目的之内；如果所使用的是半导体技术，则仅仅应进行公共的非商业性使用，或经司法或行政程序已确定为反竞争行为而给予救济的使用。[73]第 31 条以长达 12 项、共计千余字的篇幅详尽规定了强制许可，借用乔德喜司长的话来评价："该条文是迄今为止有关知识产权强制许可的最严格最全面的规定。"[74]

关于保护期限问题，《协定》将保护期限与登记条件联系在一起。如果成员国没有要求登记，则保护期从布图设计在世界上任何地方首次被商业利用之日起 10 年内有效；如果要求登记，则从登记申请日起或在任何地方首次被商业利用之日起 10 年内有效；此外，《协定》还允许成员将保护期规定为布图设计创作完成之日起 15 年。可以看出，《协定》关于保护期限的规定比《华盛顿条约》的"至少为 8 年保护期"的规定要更为刚性和具体，同时保护时间也更长。在规定保护期限的同时，《协定》还保留了成员国对登记条件的选择权。

（三）小结：知识产权中的国家利益竞争

在 1984 年美国《半导体芯片保护法》互惠条款的基础上，在日本和欧共体等立法文本的推动下，《华盛顿条约》得以出台，但由于以美国为首的发达国家与发展中国家的观点与利益存在分歧，该条约一直没有生效。[75]这种基于技术对比不平衡的布图设计业格局，使得技术优势与经济和政治力量相挂钩，驱使美国等发达国家为布图设计的国际保护寻求新的途径。按日本知识产权专家富田彻男教授的观点，第二次世界大战期间，美国本土没有受到战争破坏，产业以其原样保留下来，而全世界受到战争的创伤，大量技术人才移民到美国。美国借着出卖其本国的技术成长起来，简直可以说是战争的暴发户。[76]这种高额利润为发展包括集成电路在内的科学技术积累了大量的资本，使美国有能力大力发展科学技术，并将之转化为生产力和现实经济

利益，得以在第二次世界大战后迅速崛起，并同苏联进行军备竞赛。从 20
世纪 60 年代开始，其软件开发业产值一直高居每年 1000 多亿美元的水平，
生产的新药占全球的 2/3。

　　美国的商品贸易凭借其优越的贸易地位、较高的技术含量以及较灵活的
自由贸易政策，取得了很大的成功。与这种国内生产的繁荣面貌相反的是，
其国际贸易逆差逐年递增，即便在最好的年景，贸易逆差也达到了 2000 亿
美元，财政赤字也是有增无减，在最坏的年景高达 14 万亿美元。[77] 而其技
术转让由于对知识产权没有要求，致使合同的安全性没法得到保证。[78] 在这
种情况下，美国的贸易保护主义思潮抬头，在立法上充分反映在其国内贸易
立法的变迁上。美国政府战后在外贸总体政策上的基本取向是推行全球贸易
自由化，20 世纪 70 年代以后由于贸易逆差的扩大，促使贸易政策转向强调
互惠的公平贸易，并在贸易法中增加了保护条款，如在 1974 年 12 月的《贸
易改革法中》增加了授权总统报复权的 "301 条款"；在 1984 年 4 月的《贸
易关税法》中，进一步把 "301 条款" 扩大到服务业和投资领域，而这些领
域中包含有知识产权因素；在 1988 年 8 月的《综合贸易法》中则引入 "超
级 301 条款"，旨在确定主要贸易壁垒和扭曲贸易的重点国家及重点做法。
此外，《综合贸易法》还确立了 "特别 301 条款"，旨在确定拒绝为美国的
知识产权提供充分和有效保护的重点国家，这进一步强化了贸易领域的保护
主义色彩，把贸易保护主义政策发挥到了极致。依据该条款，从该法生效之
日起，美国贸易代表得每年调查其他国家涉及知识产权保护的情况，并在向
国会提交 "外国贸易壁垒报告" 30 日内，确定那些不能对知识产权提供有
效保护和市场的国家和其中的重点国家。在 6—9 个月的调查期内，假如双
方无法达成协议，美国将采取报复行动。前面谈到 1986 年因美国贸易报复
威胁而达成的《美日半导体协定》就是一个典型例证。中国于 1991 年 4 月
被列为 "特别 301" 重点国家，导致了中美之间的先后两次知识产权谈
判。[79] 最后谈判的结果是美方放弃了其部分无理要求，中国也按照谅解备忘
录先后修改了国内知识产权立法。

　　"特别 301" 条款是美国在整个 20 世纪 90 年代与发展中国家处理经
贸关系的基本政策，使得 1988 年《综合贸易法》确立的 "自由与公平"
方针成为美国现行贸易政策的基石。美国的具体战略是以自己为核心，分
别组成多个经贸集团，然后根据自己的利益需要，以一个集团向另一个集
团施压，乌拉圭回合谈判即是美国近年贸易纲要中最优先考虑的问题。[80]
谈判于 1993 年 12 月结束后，1994 年 9 月 27 日，克林顿政府向国会提交
了 "乌拉圭回合仂行议案"，旨在全面修正美国贸易法，以与乌拉圭回合

各项协定相一致。根据该议案，对 1930 年《关税法》的第 337 条款作出修正。[81]同年，美国政府作出承诺，不再将知识产权问题与对华贸易问题相挂钩。至此，美国国会每年一度讨论对华最惠国待遇议案的历史宣告终结。究其原因，并非是美国放弃知识产权领域里的经济利益，而是因为世界贸易组织成立、《协定》协议的达成以及多边争端解决机制的约束，使美国不必再依赖其国内"301 条款"进行单边贸易制裁，转而可以充分利用世界贸易组织更为严厉的交叉贸易报复措施，以及《协定》协议中的侵权损害赔偿等国际规则，达到更为持久而有力地保护知识产权的立法效果。这种将国内知识产权保护制度与国际贸易中的最惠国待遇以及国际关系相挂钩的做法，本身就是一种产业发展战略上的创造。经过实践证明，这种做法明显地提高了相关国家国内知识产权保护的水平，较好地维护了美国国内产业界的利益，使美国的财政赤字与贸易逆差状况有所缓解。据资料反映，从 1996 年开始，美国版权产业中核心产业（软件业、影视业等）的出口额已经超过农业、机器制造业（飞机制造、汽车制造等）的出口额。美国知识产权协会把这当做美国已经进入"知识经济"发展时期的重要标志。[82]1977—1997 年间，除出口数额之外，美国核心版权业的净产值在国内生产总值中的增长率为 241%，年平均增长率为 6.3%，是美国同期经济总增长率 2.7%的 2.3 倍，从业人数也大幅度增加，这都可以看做相关立法效果的一种正面反映。[83]

贸易无国界带来经济的全球化，加速了商品、资金和人才在世界范围内的流动。随着商品贸易和服务贸易不断向纵深方向发展，隐含其中的知识产权因素也不断增长。作品、品牌与技术等无形财产的贸易额日渐攀升甚至超过有形货物贸易与服务贸易。大量来自发达国家的含有知识产权的产品在发展中国家被仿冒、复制甚至用于出口。发展中国家由于拥有低廉的劳动力、原材料价格和广阔的市场，其仿冒和复制的商品因而具有价格优势，占有相当的市场份额。当它们用于出口时，即从国内市场转移到国际市场时，就会对发达国家形成一定的冲击，严重影响到它们的市场份额和经济利益。发展中国家的劳动力优势与发达国家的技术优势之间的这种冲突日益尖锐、愈演愈烈，其结果是在关贸总协定第 7 个回合中，知识产权问题被以美国为首的发达国家正式提出来，但由于遭到广大发展中国家的反对而未能获得通过。[84]在第 8 回合谈判（乌拉圭回合）中，发达国家以一揽子协议的方式提出了包括《协定》在内的谈判条件。从谈判过程可以看出，在知识产权问题上，发达国家的态度积极主动，并且立场比较一致，而发展中国家则较为消极、被动。[85]最后，广大发展中国家考虑到加入世界贸易组织后可以给本国经济发展带来的各种机遇与利益，认识到在经济全球化的大背景下，不加入世界贸易组织，就难以融入世界经济大潮之中，被迫接受了这些协议，其中包括《协定》协议。

华盛顿条约缔结之后，在开放签字阶段，部分发展中国家在 WIPO 总部签字，但由于在保护范围、保护期间以及若干概念理解上存在分歧，所以没有一个发达国家在上面签字，截至 1996 年，该条约也仍未获生效。作为集成电路工业强国和《华盛顿条约》的发起国，以美国为代表的发达国家未能获得其所预期的利益，因此它们谋求布图设计国际知识产权保护的努力一刻也没有停止过，直到《协定》纳入世界贸易组织体系，使得知识产权与贸易挂钩。在《协定》谈判过程中，双方围绕华盛顿条约展开了激烈的争论。发展中国家的立场是，除《华盛顿条约》的规定以外，不再固定另外的保护。但是美国的私营部门反对将《华盛顿条约》纳入进来，因为其签字国太少。[86] 使《华盛顿条约》这一生效原本遥遥无期的国际公约经过改造之后进入《协定》协议，最后死而复生，从而为布图设计的国际保护找到了栖身之所，达到了美国等发达国家与发展中国家在集成电路产业领域争夺经济利益的目的。

四、《瓦圣那协议》（WA）：1996—2003 年——布图设计权中的政治利益及其展开

（一）德国马普学会德莱尔博士提供的分析线索

德国慕尼黑马普学会的托马斯·德莱尔博士认为，1984 年的美国半导体芯片法采取专门保护法的方式，以保护集成电路布图设计，当时采用这种专门保护法是出于某些政治因素的考虑。[87] 我们通过前面关于集成电路产业链的分析注意到，集成电路从布图设计到产品制造是一个动态的实现过程。在这一过程中，这种政治因素是否因布图设计保护的三重模式（布图设计、集成电路、含集成电路的物品）而逐层渗透呢？或者说，这种所谓的政治利益对于集成电路技术发展以及相关法律制度的影响是否仅仅局限在国内立法中呢？这就需要从产业链和生产能力的实际情况进行分析了。

集成电路加工制造是一项与专用设备密切相关的技术，俗称"一代设备，一代工艺，一代产品"。集成电路技术产生之初掌握在产品制造商之手，现正转向设备制造商，因为如果不掌握生产设备和制造工艺，不仅无法实现布图设计的现实利用，而且在技术上还会受制于人。据资料反映，从世界范围看，我国台湾地区集成电路的生产制造已经达到相当规模和水平，但

其生产设备的自给率只有5%。[88]一个不能掌握生产设备制造的国家要发展集成电路工业，就必须通过进口才能满足生产需求，而建设一条月生产3万片的8英寸集成电路生产线至少需要15亿美元，这首先在融资上是一个问题；其次，设备价款并未包含工艺技术，要利用设备进行生产，还需要另行支付技术费用，这也是一笔价格不菲的支出，如上海中芯国际为了获得某项集成电路制造工艺技术就花费了1亿美元。[89]按照这种理论分析以及现实状况，生产设备以及工艺技术的进口是那些无法在集成电路生产设备上实现自给的国家在发展集成电路工业时所面临的两大任务。在这两大领域里，是否存在如托马斯·德莱尔博士所言的政治因素呢？

笔者认为，这是一个值得探究的问题。在所谓的全球经济自由化、市场一体化的浪潮里提出并分析集成电路中的政治利益命题绝非书斋里的凭空设想。按新制度经济学的观点，组成社会结构整体的就是经济结构、制度结构（产权制度、国家制度）、意识形态结构三个部分。诺贝尔经济学奖得主诺思将之作为其论证人类经济结构变迁的基石。[90]按照伯尔曼的话来说，现代社会不是非此即彼、非彼即此的状态，而是亦此亦彼的社会现实，即任何一种社会现象的存在都不是孤立和静止的，而是置身于与其他社会现象的交互联系和动态发展之中的。借用这一分析框架不难看出，政治利益因素及其结构也是分析社会经济现象时必须予以考量的一个重要因素。

（二）对立法文本及其产生背景的追溯

1. 冷战思维下的集成电路技术出口管制

众所周知，在20世纪产生的集成电路技术和集成电路产业中，存在着发展中国家与发达国家在这一领域里的技术差异。而借助并运用上文谈到的分析框架时，笔者就发现：与这种技术层面的差异并存的还有社会主义与资本主义两大阵营的对立，双方在意识形态领域里的分歧影响渗透到政治、经济、文化等诸多领域，居然还波及集成电路。如果说丘吉尔在第二次世界大战时说的话是基于国家经济政治利益的考虑，[91]那么两大阵营在意识形态领域里的分歧则构成各国处理国际关系时的一个重要考虑因素。从实证角度分析，一个较为有力的论据是西方发达资本主义国家对集成电路技术与设备的出口管制。

2. 条约文本与管制实践

（1）1949年的COCOM框架

第二次世界大战结束后，一系列新兴社会主义国家开始出现，以美国为首的西方国家为了阻遏共产主义的扩张，于 1949 年起成立了"多国出口管制协调委员会"（COCOM），该委员会希望通过对外一致的出口管制态度与行动，防止常规武器、技术与战略物资流入苏联及东欧社会主义国家。在 COCOM 的框架下，为达到加强对社会主义国家的封锁，所有可能影响东西方军事平衡的战略性货物与技术的出口都遭到严格禁止，以确保西方世界在军备、高科技与经济诸领域的优势。除 COCOM 会员国外，美国还运用其影响力，要求新兴工业化国家配合建立该项出口管制制度，以达到国际合作管制的效果。继 COCOM 之后，管制不同军事项目及相关技术与产品输出的国际组织先后成立，一系列的国际公约也陆续签订，以进一步加强武器管制。有代表性的例如：1970 年签订的《禁止核扩散条约》、1975 年签订的《生物武器公约》和 1997 年 4 月签订的《化学武器公约》等。

（2）1995 年的 WA 框架

美苏之间的冷战结束后，随着世界格局的重大变迁，美国于 1993 年 9 月发起全面改革 COCOM 的提案，与会国家一致赞同废除 COCOM，成立新的国际组织重组出口管制体系，最终使这一国际组织于 1994 年 3 月宣布解散。1995 年 12 月，原 COCOM 会员国在荷兰海牙附近的瓦圣那城商议构筑新的出口管制体系，并依该城的名字而将最后签署的文件命名为瓦圣那协议（The Wassenaar Arrangement，WA）。1996 年 7 月，包括美国、英国、阿根廷、澳大利亚、乌克兰等在内的 33 个国家采纳了《军民两用货品与技术出口管制的瓦圣那协议》，瓦圣那协议正式成立。该协议文本宣称，瓦圣那协议的缔结并非意图针对任何国家或集团，而是旨在维护区域与国际安全，使常规武器、军民两用设备与技术交易透明化，并实行责任制，以阻遏上述项目的交易，防止不利于地区和国际和平与安全因素的积累，避免危害瓦圣那协议缔约国的军事力量的增长。

2002 年 12 月 11—12 日，瓦圣那协议成员国在维尔纳举行第 8 届全体会议，为小型和轻型武器、尤其是便携式对空导弹的出口制定了新的指导标准。会议重申瓦圣那协议是一个建立在非歧视基础上的全球性的开放组织，并表示愿意与包括联合国在内的相关非营利性国际组织接触，以避免作重复而无用的武器管制工作。在这次会议上，协议成员一致决定于 2003 年 12 月在维尔纳召开全体会议，商讨瓦圣那协议的功能问题。在 2003 年 12 月召开的第 9 届全体会议上，瓦圣那协议强调了面对国际恐怖活动威胁的新形势下进行武器出口管制的重要性，并敦促成员方认识到便携式导弹系统的扩散对民用航空器的威胁。会议决定采取"终端使用控制法"进行武器出口管制，鼓励成员各方支持联合国的武器禁运决议和对未在列表中明示的武器采取严格的出口控制等。

(三) 文本对被管制地区的影响与评价

1. 协议影响的具体表现

瓦圣那协议的达成，主要是基于对发展中国家和共产主义国家进行技术封锁的考虑，即这一协议的主要内容是成员的对外义务与行为准则，在协议成员内部，则并没有约定技术与设备转让的义务性规定。可见这种技术上的封锁并不是根本目的，而是政治上孤立、军事上防御、技术上压制、经济上剥削发展中国家和持不同政见国家的一种手段。借此，发达国家可以在两大阵营经济、科技力量对比不平衡的格局中保持军事和技术威慑力，再借助政治力量维持与巩固其在诸如布图设计知识产权保护等国际事务中的话语权。在对外采取孤立战略的同时，美国根据其政治、军事需要对瓦圣那协议成员国采取了政治联合、技术扶持的策略。据日本知识产权专家富田彻男先生的介绍，美军在朝鲜战争后积极向日本转移技术，目的是为了完备日本的防卫网，以封锁苏联和中国，在半导体技术引入方面，也有同样的考虑。[92]这是对上述结论的一个有力印证。

2. 协议对中国的影响

(1) 对集成电路技术与生产的重大阻碍

我们注意到，作为 COCOM 的后续组织，瓦圣那协议实际上同样带有浓厚的政治利益色彩。根据该协议，0.25 微米以下的集成电路精密技术对社会主义国家和发展中国家的出口将受到限制。[93]在该协议框架下，各成员国建立了自己本国的高科技产品与技术出口管制制度，规定了管制产品与管制地区名录，集成电路等技术与中国等发展中国家均榜上有名。作为瓦圣那协议实施以来的一个直接后果，就是中国的半导体总产能直到 2001 年仍然只有 1/4 的集成电路制造企业有能力生产标准型 200 毫米晶圆，有 70% 以上的公司还在使用 0.35 微米及以上的制作工艺，与世界主流技术 0.18 微米制程技术还差一个档次。至今中国仍然没有能力生产 0.25 微米以下的集成电路，并且现有设计能力与制造工艺水平也大大落后于发达国家。可以说，瓦圣那协议是制约和影响中国集成电路工业发展的一个重要因素。即便在世界贸易组织框架下，它仍然横亘在发达国家与发展中国家之间，成为这个以自由贸易目标为己任的国际组织的画板中极不协调的一个色调。

(2) 全球市场 vs. 冷战思维：协议的最新动向

尽管如此，技术的发展仍然遵循着自己内生性的逻辑。微电子技术革命的浪潮正劲，集成电路产品一如既往地按摩尔定律以 18 个月的周期更新换代，布图设计技术也呈几何级数增长和积累，这一趋势自 20 世纪 90 年代以来表现得尤为显著。那些布图设计技术比较发达的国家纷纷将资金与技术向外输出，中国台湾地区、新加坡与韩国成为主要的受益者，这种技术输出必然会产生知识外溢现象。针对这一特点，早在 1996 年，即瓦圣那协议达成之时，我国半导体工业界就有人预言，发达国家在微电子领域对我国的技术"禁运"可能会有所松动。[94]这一预言在 2003 年得到最终证实。在美国攻打伊拉克前夕，美国国防部的特派员曾来上海与中芯国际以及宏力半导体接触，两家公司以国际代工需求为由，获得了美方许可，有望使中国内地进口美国高端半导体设备出现重大突破。[95]

（四）协议参加国和地区的产业界对协议的态度

1. 中国台湾地区

（1）当局：政治挂帅

国际政治利益如此，区际政治利益的博弈也在进行和展开。中国从瓦圣那协议国家进口 0.25 微米以下集成电路生产设备受到严格限制，而中芯国际与宏力半导体均为 1999 年成立的集成电路公司，前者系由中国台湾地区世界积体电路公司、北大青鸟、日本富士通、美国高盛国际公司共同投资 15 亿美元设立，于 2002 年 1 月正式批量生产，成为中国内地第一家制造 0.25 微米以下 8 寸半导体晶圆的代工公司。其股东中国台湾世界地区积体电路公司是全球第一大晶圆代工制造公司，于 1987 年由中国台湾地区当局主导、由民间资本和荷兰飞利浦公司共同参与投资而设立，多年的技术积累使其成为全球第一家由微米时代进入纳米时代的半导体晶圆制造厂，技术居于世界领先地位。另外一家公司宏力半导体也有着台资背景，其首期投资就高达 16.3 亿美元，其中 8.3 亿美元系三家中资银行（即中国工商银行、中国建设银行和浦东发展银行）提供的联合贷款。这两家公司登陆中国内地时，中国台湾地区当局以涉及瓦圣那协议中限制出口的高技术领域为由，强烈反对并极力阻挠，引发台湾产业界的极大反感。在工商界和舆论界的强大压力下，中国台湾地区当局于 2002 年 3 月 29 日被迫让步，决定对 8 寸半导体晶圆厂赴大陆投资采取"小规模、低密度"的限制性开放政策，但实行总量管制。

中国台湾地区作为以美国为主导的瓦圣那协议所意图笼络的新兴工业化地区，这一做法不可避免地带有瓦圣那协议独特而深厚的政治基因。回溯到 1996 年 5 月 16、17 日，美国与中国台湾地区在台湾"经济部"召开所谓的

"中美高科技出口管制谘商会议"，在该次会议上讨论了瓦圣那协议的管制原则与最近进展，美国要求中国台湾地区建立防止核生化扩散管制（non-proliferation）的制度，中国台湾地区也首次表达了参与瓦圣那协议的意愿。[96]

（2）业界：市场优先

在这种政治气候下，为打破生产制造集成电路所面临的设备瓶颈，中芯国际成立不久就从比利时购进0.13微米集成电路全套工艺技术，为美国得州仪器公司代工。我们注意到，比利时也是瓦圣那协议的33个发起国之一，如果严格按照该协议文本的规定，其出口行为已经违反了瓦圣那协议关于高技术出口管制的有关规定，但是政治利益和政治活动的逻辑并不是经济生活的唯一逻辑和合法性基础。产业界出于自身利益对此有着不同的看法，其中中芯国际总裁张京汝的话较有代表性。在他看来，"瓦圣那协议只是一个方向性的轮廓，并非硬性规定特定区域不可以进口高端半导体设备"。[97]因为中芯国际实际上除向比利时购买工艺技术之外，还大量向荷兰、瑞典的设备厂商订购半导体生产设备，建设300毫米晶圆厂，而这些国家都是瓦圣那协议的成员。这些经营动向使得中芯国际设备迅速更新、工艺极大提高，并在NASDAQ和中国香港两地成功上市。由于在90纳米工艺开发和销售额方面即将超过全球第三大晶圆代工厂商特许半导体，中芯国际一跃成为中国半导体产业的先锋，并成为2004年全球半导体产业谈论的焦点。中芯国际的高歌猛进，不仅仅是发展中国家的一个企业行为的外化，而且有着它深刻的政治意义，即在于它同时显示着瓦圣那协议的进一步瓦解。这个由32个发达国家签署的协议，试图限制向中国等国家出口0.25微米以下半导体设备和技术，至此已经名存实亡，因为中芯国际等中国晶圆厂商已经实现了0.18微米及以下工艺的批量生产。

2. 美国产业界的态度

事实上，瓦圣那协议同样也不符合美国半导体厂商和半导体设备厂商的利益，芯片巨头英特尔就一再抱怨这个政策捆住了美国厂商的手脚。面对这种状况，美国许多设备厂商按捺不住，纷纷进行政治游说，希望官方突破瓦圣那协议的限制允许美国半导体设备能顺利出口到中国。例如，2004年11月4日，芯片业巨子、英特尔首席执行官克莱格·贝瑞特（Craig Barrett）就表示，中芯国际在得州仪器的帮助下在中国内地部署90纳米生产工艺的计划，这一行为违反了美国的出口控制法，并使英特尔在中国的商业运营受到了不公正的待遇。他抱怨说，在中国存在着双重标准，中国国内的芯片工厂可以修建90纳米生产工艺工厂，完全不需要考虑美国出口控制法，而英特尔却不可以，因为"不实用并且过时的法律"让美国芯片厂商在同中国国内厂商竞争时尽处下风。他还说，"美国的出口控制法并没能帮助美国企业在同中国企业的竞争中提高竞争力，我们不想在博斗的时候还有一只手紧紧抓着我们的后背"。[98]

产业界的利益取向往往是美国政府政策决策的风向标。2004 年年初，美国政府宣布支持一项提案，即出口到中国内地的美国制造的自动测试设备，将自 2005 年开始放松出口限制。[99]结合美国国防部特派员来华考察的一幕不难看出，瓦圣那协议坚冰初融，相信距离全面解禁之日不远。

（五）小结：单一的意识形态与多维度的技术

笔者认为，在冷战思维的主导下，部分西方国家出于意识形态和军事需要等政治利益的驱动，缔结了旨在进行武器控制的瓦圣那协议。战后急剧变化的国际国内形势使得两大集团在意识形态领域的对立逐渐淡化，但在经济领域的冲突加剧，这促成了本来濒危的瓦圣那协议的新生。早在 2001 年 12 月召开的瓦圣那协议第 7 届全体会议上，全体缔约国就批准了修正后的软件和技术无形转让谅解备忘录。[100]众所周知，软件技术是集成电路的核心技术之一，不难看出，这一声明在瓦圣纳协议范围内为集成电路的技术外溢取得了合法化地位。

而当我们回溯至瓦圣纳协议达成之前的时候，发现情况远非今天此等景色。这在美国第二次世界大战后对日本集成电路产业界的态度上表现得较为明显。早在 1979 年，美国众议院议员爱德华（Edward）就首次提出了以著作权法来保护集成电路的议案。但由于依照著作权法以任何方式复制他人作品的行为受到禁止，这样一来，实施反向工程也将成为非法，因此，这一议案在当时被议会否决。[101]不以著作权法作为保护集成电路的根据还有另一个重要的原因，就是日本在 20 世纪七八十年代努力问鼎集成电路大国地位，一度在存储器的规模生产等方面居于世界第一位。这与 80 年代初美国的计算机软件在国际市场上占主导地位的状况相比，形成了产业上的竞争。美国著名律师斯考特 1986 年访问中国时，有人问，为什么美国不将掩膜作品直接列为版权法保护的客体，而要另立一部专门法律？他直言不讳地回答，是因为当时在计算机软件方面美国已经在国际市场中占主导地位，所以美国希望各国都采用版权法保护软件，进而能通过已有的国际版权公约中的自动保护主义，达到保护美国在国际软件市场的主导地位和经济利益的目的。当时在日本等国，通过工业间谍或简单反向工程复制他人开发的集成电路，已经渐成气候并有"产业化"的趋势，在集成电路产品上日本居于主导地位。[102]如果将布图设计纳入作品范畴，就会适用著作权法的自动保护原则和相关国际公约中的国民待遇原则，实际上保护了本国集成电路产业主要的竞争对手日本人的利益，这显然不是美国所希望看到的。于是，美国通过立法上的滞后选择为本国的集成电路产业发展与国际竞争赢得了宝贵的时间，终于在 1995 年，美国生产的微电子产品占世界总产量的 43.4%，居于霸主地位，日本仅占 41.16%，西欧、韩国等其他国家合计只占 15%。[103]美国和日本都是瓦圣那协议的缔约方，尽管二者有着相似的政治利益取向，但是在经济领域却是合作中有竞争。两国在集成电路领域的争夺非常激烈。

根据国外统计，一个单位的集成电路产值将带动十个单位左右的电子信息产品产值和 100 个单位的（GNP），这是发达国家重视集成电路以及集成电路产业的功能的一个重要经济动因。由于上层建筑受到经济基础的制约，而一国国内产业界的立场构成该国对外政策的基础，这就使得瓦圣那协议的政治色彩在美国逐渐淡化，而其经济色彩日益凸显。可以说，这是瓦那纳协议产生和发展变迁的历史过程的一个缩影。尽管如此，我们还是要注意到一些始终改观不大的因素，那就是美国、日本等部分发达国家对中国集成电路市场的需要，与欧洲国家的市场竞争，以及对中国集成电路产业的压制，而这些却恰恰共同构成它们对华集成电路技术与设备贸易立场的基石。可以说，我们解读瓦圣那协议时更多地看到，该协议不仅仅是发达国家出于保持技术优势和军事威慑的目的而对发展中国家实施技术与经济压制的重要方式，更多的是它们的政治和军事利益在知识产权领域的展开与表达。当然，这种经济利益和政治立场的内容本身也是在不断变化着的，并且在不同的历史时期有不同的表现形式。尽管如此，我们还是能够描绘出其政治利益的轮廓来，套用遗传学上的术语来说，万般变化仍然改变不了其"家族相似性"。

五、划定私权的边界——布图设计权与公共利益的平衡

具体到布图设计权问题来说，各国立法大多规定对布图设计权予以保护，同时在尝试探寻私人生活和公有领域利益平衡的基点，以求在鼓励技术创新的同时，有利于提高整个社会的知识水平。这种权衡的结果是基于社会公益的立场规定了对布图设计权的法定限制。这些限制一般包括反向工程、合理使用、权利穷竭、善意买主、强制许可等。我国自 2001 年 10 月 1 日起施行的《集成电路布图设计保护条例》在开篇就表示出促进科学技术发展的公共政策目标，[104]这种表述将作为私权的布图设计权作为促进公共政策

目标实现和维护公共利益的工具，基于此，法律规定了布图设计权人的权利，同时划定了例外情形作为私权的边界。

（一）反向工程

所谓反向工程，是指利用特殊技术手段，从集成电路成品着手了解他人集成电路产品的功能设计特点，获得布图设计。运用反向工程对布图设计进行复制，不构成侵权，但该行为须具备以下条件：一是其目的在于对他的布图设计进行分析、评价、用于教学或在他人设计的布图设计的基础上创作新的布图设计，单单出于商业目的不能对他人的布图设计运用反向工程；二是利用反向工程所创作出的新的布图设计必须符合原创性的要求；三是对于所复制他人的布图设计不能进行商业利用。

美国是集成电路产业的发源地，其芯片反向工程的历史几乎和集成电路产业的历史一样长，行业内对这一问题的讨论促成了 1984 年的半导体芯片保护法案的诞生。[105]作为一项重要的技术手段，反向工程的采用促进了日本集成电路产业的发展，甚至在一段较长的时间里超过了美国。

（二）合理使用

各国关于布图设计保护的法律一般都规定，为个人学习目的或为教学研究所进行的复制或利用他人受法律保护的布图设计的行为，不视为侵权。这是因为，这类行为有别于以营利为目的的商业利用，不会对权利人的利益造成太大的损害，而且，允许这种使用的存在，会促进全社会科学、文化和技术的进步。我国《布图设计保护条例》第 23 条第 1 款也规定了合理使用制度，为个人目的或者单纯为评价、分析、研究、教学等目的而复制受保护的布图设计的，可以不经布图设计权利人许可，不向其支付报酬。对于布图设计人的专有权来说，合理使用是一种例外，它允许第三方在特定环境下使用版权材料。

（三）权利穷竭

布图设计权利人或经其授权的人将布图设计或含有该布图设计的集成电路或含有该集成电路的产品投放市场后，对与该布图设计有关的商业利用行为，不再享有控制权，即进口、销售或以其他方式来使用该布图设计的行为无须征得布图设计权利人或其授权人的许可。就此而言，该原则限制了布图设计人在产品销售后对布图设计的控制权，购买者可以行使所有权为自由处分行为。

（四）善意买主

对于含有非法复制的受保护的布图设计的集成电路产品者，如果其购买时并不知情，并将该产品进口、销售或从事其他商业利用，不追究其法律责任。由布图设计的技术性决定，其非常复杂和微小，具有高度集成化的特点，普通买主很难辨认出自己购买的集成电路产品中是否含有受保护而被非法复制的布图设计。为了鼓励集成电路贸易并维护交易安全，各国立法一般都不追究不知情侵权者的法律责任，但大多规定，当善意买主在知道购买的集成电路产品为侵权产品之后，必须支付原本应该支付的费用才能继续为进口、销售或其他商业使用行为，否则该原则不再适用，构成侵权。

我国布图设计保护条例也高度关注布图设计权利人与善意买主之间的利益平衡问题，并采取了维护布图设计权利人经济利益的价值取向。条例第33条规定，在获得含有受保护的布图设计的集成电路或者含有该集成电路的物品时，不知道也没有合理理由应当知道其中含有非法复制的布图设计，而将其投入商业利用的，不视为侵权。前款行为人得到其中含有非法复制的布图设计的明确通知后，可以继续将现有的存货或者此前的订货投入商业利用，但应当向布图设计权利人支付合理的报酬。

（五）强制许可

强制许可是指国家主管机关根据法定情形，不经布图设计权人的许可，以向权利人付费为代价，授权他人利用布图设计的一种法律制度。规定强制许可的目的一般是为了维护本国的社会公共利益，使公众可以利用先进的集成电路产品。华盛顿公约第6条第3款对于强制许可作了较为详尽的规定："关于未经权利持有人同意而使用的措施：（A）虽有第（一）款的规定，但任何缔约方均可在其立法中规定其行政或者司法机关有可能在非通常的情况下，对于第三者按商业惯例经过努力而未能取得权利持有人许可并不经其许可而进行第（一）款所述的任何行为，授予非独占许可（非自愿许可），而该机关认为授予非自愿许可对于维护其视为重大的国家利益是必要的；该非自愿许可仅供在该国领土上实施并应以第三者向权利持有人支付公平的补偿费为条件。（B）本条约的规定不应影响任何缔约方在适用其旨在保障自由竞争和防止权利持有人滥用权利的法律方面采取措施的自由，包括按正规程序由其行政或者司法机关授予非自愿许可。（C）授予本款（A）项或（B）项所述的非自愿许可应当经过司法核查。本款（A）项所述的条件已不复存在时，该项所述的非自愿许可应予以撤销。"

为了保护独立创作人的利益，我国布图设计保护条例还规定了一种特殊的权利限制制度，对自己独立创作的与他人相同的布图设计，即使其未通过登记取得专有权，但由于其付出了创造性的劳动，仍然应该予以肯定。条例第 23 条第 3 款规定，对自己独立创作的与他人相同的布图设计进行复制或者将其投入商业利用的，可以不经布图设计权利人许可，不向其支付报酬。

结论：缠绕的私权制度、产业与国家政策。

通过对集成电路布图设计赋予专有权的制度设计，将布图设计权利人的创造性成果广泛地传播，让布图设计人获得享有排他性专有权的回报，这在整体上有利于社会，因为受保护的布图设计可能将成为集成电路设计工业领域新一轮技术创新的基础。而创新是一个国家与民族前进的动力，是一个国家社会、经济和文化等各项事业取得发展的决定性因素。但创新绝不意味着技术领域的创新就可以解决发展过程中的一切问题，或者说，创新绝不是单纯的技术创新，创新更多地意味着制度层面的创新。赋予布图设计等知识产品以知识产权，并赋予这种权利以私权性，会达到保护、鼓励布图设计领域里的创造性智力活动和经济投资的目的。在《协定》体系内，布图设计必然具有知识产权的一般性特点，即序言中所称的私权性（private right）。既然知识产权被赋予私权属性，那就应当将布图设计专有权赋予布图设计的权利人。根据私权神圣与私法自治的原则与精神，这完全与集成电路产业界的利益、公共利益和国家利益没有直接和必然的联系。但通过对文本的解读以及对文本形成的背景资料的考察，我们就不免要质疑这一结论了。是不是将讨论的命题（即布图设计专有权）置于整个集成电路工业、乃至整个国家的主权、经济、政治利益的大背景下考察就可以验证这一点呢？笔者认为，不是视角更换而导致改变观点的方法论问题，而是片面注重理解以及附和性地诠释文本，忽视了文本背后的利益因素，省略了真正的利益形成与价值判断因素，遮蔽了我们据以全面审视与正确判断的路径。有学者认识到，已有的法律体系对集成电路布图设计这类新型客体表现出捉襟见肘，"需要说明的是，专利法也可以对微电子产品提供一定保护。如具有创造性的微处理器电路。但由于大多数微电子芯片的技术特征不在于设计而在于工艺，且更新周期快，集成度很大，专利保护已不适应这类高科技产品，因而要寻求新的保护方法"。[106] 这说到了集成电路布图设计法律保护的要害：变化速度快、更新周期短，由于对制造工艺要求高，而高端的集成电路制造设备在发达国家被列为武器禁运范围，所以发展中国家要发展集成电路产业就面临着技术和设备上的双重瓶颈，与发达国家之间的技术鸿沟被进一步拉大。

如果说集成电路布图设计的出现是知识产权客体制度的一次局部创新，

那么《协定》的出现则是知识产权的一次整体创新。它第一次将知识产权保护与国际贸易联系在一起，并且以法律形式予以固化，进而成为世界贸易组织规则的一个重要组成部分。就集成电路布图设计这一知识产权客体来说，《协定》的相关规定本身是经由 1984 年美国半导体芯片保护法等国内法、1989 年《华盛顿条约》发展而来的。而美国半导体芯片保护法的起草者却是当时的芯片行业的领导者——英特尔公司，这充分地反映了产业界的利益，为该部法律打上了通过规定布图设计权这种私权形式来保护产业界利益的深刻烙印。尽管美国颁布的半导体芯片法开启了世界集成电路立法的新篇章，但是事物总是具有两面性，即使在美国本土，学界对此也是褒贬不一。美国著名版权法专家尼默（Nimmer）教授就毫不客气地批评该法所提供的布图设计权超出现有版权法律水平的保护的做法，认为"半导体芯片法的主要缺陷在于国会将其定位为一种避免将来纠纷而非满足当下需要的魔术师。特别是国会作出这样的决断：半导体芯片领域的全球竞争将很快成为新的世界秩序的主要特征。正如 19 世纪预见到保护工业产权巴黎公约和保护文学产权伯尔尼公约的影响力将会增加一样，我们政府中的那些有识之士发起了保护半导体芯片的华盛顿会议。同时，他们提出对《美国法典》第17 编进行改进，增加一个由 14 个新片段组成的第 9 章，详细地规定半导体芯片掩膜作品，并赋予其一种'超版权'（paracopyright）的权利"。[107] 从这一意义来说，该法是对各国已有相关制度的修正与整合，而对缺乏相关制度的国家来说，该法起到了一个立法示范的作用。尤其是对于广大发展中国家来说，意义与影响尤为深刻。对于发展中国家而言，接受《协定》只能是更多地保护发达国家的集成电路工业与国家利益，而非自己在这一领域的利益。以集成电路布图设计为例，发达国家不费一枪一炮，就通过国际条约实现了其国家利益在全球的拓展，比近代的武装殖民、近现代的经济殖民更温和、更隐蔽，也更为有力而持久。

　　知识产权是一个新生的法律事物，其产生及制度变迁原本就是一个动态的过程，我们截取了在 20 世纪诞生的集成电路布图设计这一新客体进行考察，自然应该将其置于整个知识产权的大背景之下进行，才有可能接近事实本身。现代社会中，科技、法律与社会呈现一体化并协调发展的趋势，使知识产权因科技革命而生，随科技革命而变，并牵引社会、经济和科技向前发展，[108] 所以，对知识产权整体乃至具体制度的理解与考察，不能脱离这些环境与背景因素，更不能忽视沉默的技术、躁动的产业背后，那个持有强大权力的政府以及其政策的存在。

注释

[1] 陈昌柏：《集成电路芯片侵权问题研究》，载中国专利局条法司编《集成电路与植物品种知识产权保护专辑》，专利文献出版社 1996 年版，第 35 页。

[2] 有学者认为集成电路是"以蚀刻工艺将特定模型置于两层以上金属的绝缘物或半导体的涂层上，并使其发挥电子电路技术功能的电子产品"。参见吴汉东主编《知识产权法》（2002 年修订版），中国政法大学 2002 年修订版，第 323 页。另有学者认为，"集成电路是一种电子产品，它将各种元件集成在一个固体材料中并作为一个整体单位来执行某种电子功能"，参见刘文《集成电路布图设计的知识产权性质和特点》，载《法商研究》2001 年第 5 期。

[3] Design Right（Semiconductor Topographies）Regulations 1989, reg. 2（1）.

[4] Integrated Circuit Topography Act, 1990, c. 37, 2（1）.

[5] 17uscs, 901,（a）（2）.

[6] EC 法令 1（1）（6），译文参见潘国雄《集成电路之国际知识产权保护》，载唐广良主编《知识产权研究》第 12 卷，中国方正出版社 2002 年版，第 197 页。

[7] Integrated Circuit Topography Act, 1990, c. 37, 2（1）.

[8] 科斯以交易成本为分析工具，发现了产权与经济效率的关系。经济学认为，交易即是人们为了获得经济利益而发生的权利交换关系，虽然交易对人们有利，但由于交易费用的存在与约束，所以围绕着产权的交易不会无休止地扩展下去，技术开发的成本如果不能通过产权交易来收回，整个经济效率就会受到影响。参见程虹《制度变迁的周期》，人民出版社 2000 年版，第 142 页。

[9] 较为典型的立法例是德国民法典第 90 条。拉仑茨教授认为，德国民法意义上的"物"是指"有体的、占有一定空间的客体，而且仅仅是指权利的客体；所以，不是一切占有一定空间的（在这个意义上是物质自然界）都是法律制度意义上的'物'"。参见［德］卡尔·拉仑茨《德国民法通论》上，王晓晔等译，法律出版社 2003 年版，第 380 页。

[10] 转引自吴汉东主编《知识产权法》，中国政法大学出版社 2002 年修订版第 1 版，第 40 页。

[11] 郑成思：《知识产权法》，法律出版社 1997 年版，第 89 页。

[12] 转引自吴汉东主编《知识产权法》，中国政法大学出版社 2002 年修订版第 1 版，第 41 页。

[13] 刘文：《集成电路布图设计的知识产权性质和特点》，载《法商研究》2001 年第 5 期。

[14] 参见刘春茂《中国民法学·知识产权》，中国人民公安大学出版社 1997 年版，第 28 页。

[15] 赵百令：《国际关于半导体集成电路布图设计保护立法的特点》，载《工业产权》1992 年第 2 期。

[16] 郭禾：《集成电路布图设计权——一种新型的知识产权》，载《工业产权》

1992 年第 6 期。

[17] J. G Rauch, The Realities of Our Times: The Semiconductor Chip Protection Act. Of 1984 and the Evolution of the Semiconductor Industry (February 1993), 75 JPTO. S. 93, at. 117. 34.

[18] See generally Jonathan H. Lemberg, Note, Semiconductor Protection: Foreign Responses to a U. S. Initiative, 25 COLUM. J. TRANSNAT'L L. 349 (1987).

[19] Mazer v. Stein, 347 u. s. 201, 215 – 216 (1954); Carol Barnhart, Inc. v. Economy Cover Corp., 773F. 2d 411-417 (2d cir. 1985)。

[20] [德] 托马斯·德莱尔:《集成电路布图设计的保护》,蒲迈文译,载《工业产权》1992 年第 4 期。

[21] 郑成思:《WTO 知识产权协议逐条讲解》,中国方正出版社 2001 年版,第 125 页。

[22] 乔德喜:《试论集成电路的知识产权》,载郑成思主编《知识产权研究》第三卷,中国方正出版社 1997 年版,第 50 页。

[23] 同上书,第 50 页。

[24] [德] 托马斯·德莱尔:《集成电路布图设计的保护》,蒲迈文译,载《工业产权》1992 年第 4 期。

[25] 乔德喜:《试论集成电路的知识产权保护》,载郑成思主编《知识产权研究》第三卷,中国方正出版社 1997 年版,第 50 页。

[26] 乔德喜:《试论集成电路的知识产权保护》,载郑成思主编《知识产权研究》第三卷,中国方正出版社 1997 年版,第 50 页。对这种融汇运用著作权法与专利权法原则设计出的工业版权制度保护方式,有学者称之为“边缘保护法”。参见吴汉东教授 2002 年 4 月在中国人民大学的演讲《知识产权的制度创新与理论创新》,载中国民商法律网 http://www. civillaw. com. cn/article/default. asp? id = 8117,更新时间:2002 年 4 月 6 日,访问时间:2002 年 9 月 25 日。

[27] Ian Ross, The Foundation of the Silicon Age, *Bell Labs Technical Journal*, Vol. 2, No. 4, Autumn (1997).

[28] 李信忠:《世界集成电路市场发展趋势》,载《世界电信》2001 年第 1 期。

[29] 聂鸣、蔡希贤:《集成电路产业中的企业战略》,载《研究与发展管理》1998 年第 4 期。

[30] 袁寿财、朱长纯:《集成电路技术:过去与未来——与在晶体管发明 50 年》,载《半导体杂志》1998 年第 2 期。

[31] 数据参考了聂鸣、蔡希贤《集成电路产业中的企业战略》,载《研究与发展管理》1998 年第 4 期。

[32] [日] 富田彻男:《市场竞争中的知识产权》,廖正衡等译,商务印书馆 2000 年版,第 197 页。

[33] 这种技术支持在最初更多地出于美国的政治与军事目的,即帮助日本恢复、壮大经济与军事防御力量,以此遏制、包围苏联和中国。

[34] [日] 富田彻男:《市场竞争中的知识产权》,廖正衡等译,商务印书馆2000年版,第211页。该观点也是对外界将日本这种生产相似产品的做法归因于"日本国民的性质"观点的一种回应。富田彻男认为,这是由于日本地寡人众、人口与产业过于密集等原因造成的。

[35] 谈儒勇:《我国集成电路设计产业发展模式探讨》,载《中国工业经济》2002年第9期。

[36] 叶钟灵:《中国发展信息化集成电路是基础》,载《电子产品世界》2001年第10期。

[37] 林瑞基、王科:《技术单元与高技术产业发展模式研究——世界集成电路产业发展对我国的启示》,载《中国软科学》2001年第4期。

[38] 王怿峰:《人才高原症——析集成电路业的人才培养是发展的砝码》,载《计算机周刊》2001年第35期。

[39] S. Hearings at 799 statement of Dr. Layton of Intersil, Inc. 转引自郑胜利主编《北大知识产权评论》第一卷,法律出版社2002年版,第6页。

[40] H. R. Rep, No. 781, 98 Cong. 2d Sess. 2—3 (1984). 转引自郑胜利主编《北大知识产权评论》,法律出版社2002年版,第6页。

[41] 彭志国:《技术集成的实证研究——以 Iansiti 对美日半导体行业的研究为例》,载《中国软科学》2002年第12期。

[42] 《美国对外经贸战略及政策的演变概况》,资料来源: www. chinanusa. net/HelloUSA/caizhen/maoyifagui01. asp,访问时间: 2003 年 4 月 22 日。

[43] Toshimitsu Kitagawa: Prevention and Settlement of Economic Disputes Between Japan and the United States, *Arizona Journal of International and Comparative Law*, 1999, Winter.

[44] Report of the Panel Adopted on 4 May 1988: Japan-Trade in Semiconductors, GATT Doc. L/6309 (May 4, 1988), 35 *GATT Basic Instruments and Selected Documents Supp.* 116 *at* 133 (1989), p. 116, p. 138.

[45] Id, p. 131.

[46] Id, p. 159.

[47] Peter D. Trooboff, Amelia Porges, GATT Dispute Settlement Panel Report, Mar. 24, 1988. Japan—Trade in Semiconductors, 83 Am. J. Int1 L. 388 (1988).

[48] 段瑞春:《竞争与共享——网络、信息化与知识产权的思考》,载成思危主编《第二届软科学国际研讨会论文集》(2002),科学技术文献出版社2002年版,第17页。

[49] 龙永图认为,为防止数字鸿沟,在国际经济合作中,发达国家对发展中国家应区别对待,给发展中国家培养自己的市场留出足够的空间和时间。参见龙永图《避免阻碍发展中国家人民获取信息》,资料来源: http://news. sina. com. cn/c/2002-06-13/2223604598. html,更新时间: 2002 年 6 月 13 日 22:23,访问时间: 2009 年 3 月 23 日。

[50] 林瑞基、王科:《技术单元与高技术产业发展模式研究——世界集成电路产业发展对我国的启示》,载《中国软科学》2001年第4期。

［51］《中国将大力发展信息产业核心技术》，资料来源：http：//www.lsinfo.gov.cn/shownews.asp? newsid＝2102，更新时间：2002年6月19日，访问时间：2003年4月22日。

［52］阿拉木斯：《关于制订半导体集成电路布图设计保护条例相关工作的介绍》，资料来源：www.cnlawnet.com/Article_ Print.asp? ArticleID＝873，访问时间：2002年11月10日。

［53］乔德喜：《试论集成电路的知识产权保护》，载郑成思主编《知识产权研究》第三卷，中国方正出版社1997年版，第58页。

［54］参见《鼓励软件产业和集成电路产业发展的若干政策》第52条。

［55］冯晔、冯晓青：《集成电路知识产权保护与我国的立法探析》，载《北京市政法管理干部学院学报》2001年第4期。

［56］张琪：《蓬勃发展的中国电子信息产业》，资料来源http：//www.law-lib.com/fzdt/newshtml/22/20051019171942.htm，更新时间：2003年3月24日，访问时间：2003年11月1日。

［57］江上舟：《集成电路产业的发展需要政府职能的转变》，载《半导体技术》2002年第3期。

［58］吴联芳：《台湾集成电路工业现状及未来发展》，载《厦门科技》1995年第3期。

［59］李栓庆：《台湾半导体工业现状》，载《半导体技术》1996年第1期。

［60］吴德进：《闽台信息产业对接：前景、方向与重点》，载《发展研究》2007年第2期。

［61］Rambus, Inc. v. Infineon, et al No. CIV. A.3：00cv524 （E. D. Va. May 4, 2001）.

［62］《技术标准——推进"光谷"发展的重要武器》，资料来源：http：//www.cnhubei.com/aa/ca130716.htm，更新时间：2002年8月13日，访问时间：2003年4月7日。

［63］刘军国：《中国数字产业：没有标准就等于没有脊梁!》，资料来源：http：//www.enet.com.cn/article/2002/1104/A20021104221400.shtml，更新时间：2002年11月4日，访问时间：2003年4月7日。

［64］Peter Drahos, Developing Countries and International Intellectual Property Standard Setting, www.iprcommission.org/papers/ pdfs/study_ papers/sp8_ drahos_ study.pdf.

［65］张军、姜齐放：《"中国芯"正悄悄追赶"奔腾"》，载《羊城晚报》2001年4月19日。

［66］赵建忠、王林：《加入WTO对我国集成电路设计业的影响及对策》，载《半导体技术》2001年第1期。

［67］乔德喜：《试论集成电路的知识产权保护》，载郑成思主编《知识产权研究》第三卷，中国方正出版社1997年版，第46页。

［68］冯晔、冯晓青：《集成电路知识产权保护与我国的立法探析》，载《北京市政

法管理干部学院学报》2001 年第 4 期。

〔69〕俞忠钰：《集成电路法律保护制度》，转引自郑胜利主编《北大知识产权评论》第一卷，法律出版社 2002 年版，第 6 页。

〔70〕第 6 条（一）A（2）：为商业目的的进口、销售或者以其他方式供销受保护的布图设计（拓扑图）或者其中含有受保护的布图设计（拓扑图）的集成电路。

〔71〕潘国雄：《集成电路之国际知识产权保护》，载唐广良主编《知识产权研究》第十二卷，中国方正出版社 2002 年版，第 200 页。

〔72〕B. Zorina Khan, Intellectual Property and Economic Development：Lessons from American and European History, www. iprcommission. org/papers/ pdfs/study_ papers/sp1a_ khan_ study. pdf.

〔73〕条文采用了郑成思教授的中译本，参见郑成思《WTO 知识产权协议逐条讲解》，中国方正出版社 2001 年版，第 114 页。

〔74〕乔德喜：《试论集成电路的知识产权》，载郑成思主编《知识产权研究》第三卷，中国方正出版社 1997 年版，第 55 页。

〔75〕《华盛顿条约》第 16 条第 1 款规定：本条约在第 5 个批准书、接受书、认可书或加入书递交之日起 3 个月对头 5 个递交批准书、接受书、认可书或加入书的每个国家或政府间组织发生效力。直到 1993 年 TRIPS 签署时，该条约所需要的 5 个批准仍不具备，故仍未生效。

〔76〕〔日〕富田彻男：《市场竞争中的知识产权》，廖正衡等译，商务印书馆 2000 年版，第 140 页。

〔77〕吴汉东：《知识产权协议与中国知识产权保护》，载唐安邦主编《中国知识产权保护前沿问题与 WTO 知识产权协议》，法律出版社 2004 年版，第 110 页以下。

〔78〕〔日〕富田彻男：《市场竞争中的知识产权》，廖正衡等译，商务印书馆 2000 年版，第 140 页。

〔79〕其中，中美第一次知识产权谈判以知识产权为导火索，是中美关系三大问题的集中爆发，即意识形态领域冲突表现出来的人权问题，军事力量对比与政治利益冲突表现出来的武器扩散问题，以及经济领域里贸易逆差反映出来的知识产权问题，实际上是政治、经济与法律等诸领域冲突的集中表达。第二次知识产权谈判则与美国国内政治选举、部分中国企业盗版美国软件、音像制品现象严重等时事背景有直接关系。

〔80〕参见张健《90 年代美国贸易政策趋向》，载《美国研究》1993 年第 3 期。

〔81〕该条授权国际贸易委员会对被认定侵犯美国知识产权的产品实行禁止进口，资料来源：http：//www. chinanusa. net/hellousa/caizhen/maoyifagui02. asp，访问时间：2005 年 12 月 20 日。

〔82〕转引自郑成思《中国"入世"与知识产权保护》，载《出版发行研究》2002 年第 1 期。

〔83〕刘跃伟译，许超校：《美国经济中的版权业：1999 年综合经营报告》，载《著作权》2000 年第 4 期。

〔84〕其实，1947 年的关贸总协定就已经规定了知识产权问题，但由于直接提及知

识产权的条款和内容很有限，所以一直不为人们所重视。其在第 9 条规定保护原产地标记，要求成员制止滥用原产地标记的行为；另外第 12 条第 3 款、第 18 条第 10 款规定，为收支平衡目的使用配额，不得违反知识产权法律；第 20 条第 4 款规定，保护知识产权的措施应当是非歧视的。这些原则性的规定缺乏可操作的制度具体化，可以说，"知识产权保护在关贸总协定中并没有明确的规则"。参见尚明《知识产权与国际贸易——从 TRIPS 看知识产权与国际贸易的关系及发达国家与发展中国家的不同观点》，资料来源：http://av.ccnt.com.cn/avmkt/load.htm? lm = jingying&fl = ziseng&id = 010，更新时间：2000 年 8 月 9 日，访问时间：2006 年 3 月 28 日。

［85］以美国、瑞士为代表的发达国家主张将知识产权列入多边谈判的议题。美国公开提出，如果不将知识产权作为第 8 回合的议题，美国将拒绝参加谈判。美国还提出应制订知识产权的保护标准，并运用世界贸易组织争端解决机制解决知识产权纠纷。发展中国家则认为，知识产权保护是 WIPO 而非世界贸易组织的任务，况且关贸总协定第 8 回合谈判的议题是制止假冒商品贸易，而不在于保护知识产权。发展中国家另外还担心，保护知识产权可能会造成跨国公司的垄断，提高药品、食品价格，在构成对国家间合法贸易障碍的同时，不适当地影响到发展中国家的公共福利。

［86］孔祥俊：《WTO 知识产权协定及其国内适用》，法律出版社 2002 年版，第 64 页。

［87］［德］托马斯·德莱尔：《集成电路布图设计的保护》，蒲迈文译，载《工业产权》1992 年第 4 期。

［88］叶钟灵：《中国发展信息化集成电路是基础》，载《电子产品世界》2001 年第 10 期。

［89］江上舟：《集成电路产业的发展需要政府职能的转变》，载《半导体技术》2002 年第 3 期。

［90］转引自金海军《放宽知识产权的视界》，载郑永流主编《法哲学与法社会学论丛》（五），中国政法大学出版社 2002 年版，第 294 页。

［91］即"我们没有永恒的朋友，也没有永恒的敌人，只有永恒的利益"。

［92］［日］富田彻男：《市场竞争中的知识产权》，廖正衡等译，商务印书馆 2000 年版，第 206 页。

［93］资料来源：《美出口限制可能收紧 中国半导体设备 10 年鸿沟》，http://tech.163.com/04/1110/12/14QUJ3T0000915CE_ 2.html，更新时间：2004 年 11 月 10 日，访问时间：2006 年 1 月 5 日。此外，出口受限地区还包括区域纷争国家，出口到上述国家或地区的，应该由进口国向出口国出具"最终用途保证书"，这种限制又分为禁止与限制两个等级，其中 0.25 微米以下的集成电路技术与生产设备属于禁止等级。

［94］何玉表：《集成电路国外现状与发展趋向》，载《微处理机》1996 年第 2 期。

［95］《美国对华高端半导体设备出口可望解禁》，资料来源：http://www.beareyes.com.cn/2/lib/200304/03/20030403191.htm，更新时间：2003 年 4 月 3 日；访问时间：2003 年 11 月 6 日。

［96］于南鹏：《一九九六年中美高科技出口管制咨询会议圆满闭幕》，资料来源：

http：//www. st-pioneer. org. tw/modules. php? name = magazine&pa = showpage&tid = 316；更新时间：2004 年 7 月 20 日；访问时间：2004 年 7 月 20 日。

[97]《美国对华高端半导体设备出口可望解禁》，资料来源：http：//www. beareyes. com. cn/2/lib/200304/03/20030403191. htm，更新时间：2003 年 4 月 3 日，访问时间：2003 年 11 月 6 日。

[98] 小帆：《英特尔指责中芯 90 纳米芯片厂违反美出口法》，资料来源：http：//www. cnetnews. com. cn/news/hardwares/story/0，3800055190，39311085，00. htm，访问时间：2005 年 1 月 20 日。

[99]《中芯与 TI 共谋 90 纳米技术，瓦圣那协议或将分崩离析》，资料来源：http：//www. eetchina. com/ART_ 8800350903_ 480201_ NT_ e862de8c. HTM，更新时间：2004 年 11 月 4 日，访问时间：2004 年 12 月 4 日。

[100] Public Statement, The seventh Plenary meeting of the Wassenaar Arrangement, 资料来源：http：//www. wassenaar. org/docs/ps_ 7. htm，访问时间：2003 年 8 月 19 日。

[101] 郭禾：《集成电路布图设计权——一种新型的知识产权》，载《工业产权》1992 年第 6 期。

[102] 郑成思：《WTO 知识产权协议逐条讲解》，中国方正出版社 2001 年版，第 124—125 页。

[103] 乔德喜：《试论集成电路的知识产权保护》，载中国专利局条法司编《集成电路与植物品种知识产权保护专辑》，专利文献出版社 1996 年版；转引自吴汉东、胡开忠《无形财产权制度研究》，法律出版社 2001 年版，第 379 页。

[104]《集成电路布图设计保护条例》第 1 条规定："为了保护集成电路布图设计专有权，鼓励集成电路技术的创新，促进科学技术的发展，制定本条例。"

[105] 姚海平：《正确实施反向工程，有利于提高芯片设计技术》，资料来源：http：//www. eetchina. com/ART_ 8800343354_ 480101_ NT_ 1cba80a4. HTM，更新时间：2004 年 7 月 29 日，访问时间：2004 年 11 月 15 日。

[106] 段瑞春：《关于知识产权的几点认识》，载《求是》1999 年第 4 期。

[107] Nimmer, Nimmer on Copyright, §12A. 18［B］n. 15.

[108] 吴汉东：《科技、经济、法律协调机制中的知识产权法》，载《法学研究》2001 年第 6 期。

问题专利与专利权效力的重构

——美国"2007专利改革"的路径评述

陈 武*

内容提要：问题专利的大量存在不仅导致专利质量低下，也给创新体系制造了巨大的私人和社会成本，这是美国2007年专利改革法案出台的根本动因。专利制度的有效运行依赖于审查授权体系和权利执行体系两个渠道，而问题专利折射出来的诸多弊端则反映了专利制度的整体失灵。在三种改革思路争论之后，人们选择了重构专利权，而改革的支点是改变专利权的有效性推定。这是近五十年来美国专利政策的一次重要转折。

关键词：问题专利；专利改革；有效性推定；授权后复审

Abstract：The existence of a large amount of questionable patents not only induced poor patent quality, but also created many private and social costs to the innovation system, which became essentially dynamical cause of the appearance of The U. S. Patent Reform Act of 2007. The good function of patent system depends on the acquisition of patent right and the enforcement of patent right conferred thereby. The disadvantage of the questionable patent reflects the whole outcome of the patent system. After extensive controversy about three patent reform proposals, the approach of reconstructing the patent right was chosen, and the fulcrum of reform was to alter the presumption of validity. This is the reversion of the U. S. patent policy in recent 50 years.

Key Words：Questionable Patent；Patent Reform；the Presumption of Validity；Post-grant review

---

* 华中科技大学管理学院科技法与知识产权方向博士研究生。

一、问题专利与专利制度的改革浪潮

专利制度在当今世界虽然呈现蓬勃发展之势，然而其发展的历史可谓一波三折，屡次遭受包括怀疑、反对甚至废除的诘难，原因主要是专利制度自身的问题，包括专利的授权程序令人费解、成本高昂而又具有不确定性等等。在 19 世纪中期，人们对专利制度的敌意达到顶峰，专利制度反对者利用欧洲经济的繁荣和对自由贸易的需求，开始了声势浩大的废除专利法运动。[1]

历史似乎总有重现。在美国当前的法律制度和创新环境中，专利权的获取比较容易，随着专利授权量的快速增长，专利质量不断受到怀疑，"问题专利"成为改革的关注焦点。美国联邦贸易委员会（FTC）认为"问题专利"（questionable patent）是指授权范围过宽或者不应当被授权的专利。[2]不少学者还采用"坏专利"（bad patent）讨论这一问题。[3]不过从我国对此问题讨论的语境看，似乎有意区分问题专利与垃圾专利。[4]从专利制度的整体改革思路出发，这个区分并无意义，因此本文所指的"问题专利"，既包括授权范围过宽，也包括低质量的没有创新价值的劣质专利。对"问题专利"的关注源于对植根于专利体系的创新环境的不满，美国学者试图指出其中的症状：授予专利的标准降低以及在技术变化迅猛的行业出现大量没有价值的专利，使得专利在美国发展的车轮中已经变成了沙子，而不是润滑剂。[5]其中最有影响的是美国联邦贸易委员会 2003 年发布的《促进创新：竞争与专利的法律和政策的恰当平衡》，该报告对"问题专利"进行了重点关注，基本观点是问题专利会阻碍创新或者增加创新的成本。该报告指出："在一些产业中，如计算机硬件和软件领域，企业需要几十个、几百个甚至几千个专利才能制造一个产品，这就导致了'专利丛林'（patent thicket）的产生和大量的没有创新价值的'防御专利'。而问题专利加剧了专利丛林的形成，造成了许可上的新困难（比如重叠的许可费），并增加了专利前景的不确定性；利用问题专利收取高额的使用费或者以诉讼相威胁，也会挫败现有的或潜在的制造商的竞争。"在美国，另一个问题是专利申请量和授权量增长迅速而专利价值分布高度不均衡，大约 55%—67% 的美国授权专利在到期之前因没有支付维持费而被宣告无效，这说明大多数专利对其拥有者来说只有很小的价值，只有少数专利有极大的经济价值。[6]许多专利本质上是没有价值的，要么因为它们包含的技术没有商业价值，因为它们不可能被有效地实施，要么因为它们不太容易维持，如果涉诉也不能被有效主张。

简言之，问题专利增加了专利实施的私人和社会成本，影响了创新的效率，成为美国最近专利改革的焦点问题。2007 年 9 月，美国众议院通过了《专利改革法案（2007）》，[7]此次改革也被外界称为 50 年来美国最大规模的专利体制变革。虽然由于利益集团的博弈，该法案至今仍等待参议院最终通过，但改革的重点和方向已经明确，即从专利权的授权和执行两大体系出发，对专利制度做出全面调整，其核心问题是专利权的权利获得和效力问题。本文从专利权的本质属性出发，理出改革争论中对待问题专利的态度和专利改革的努力方向。

二、专利权的推定有效及其误用

许多年以来，人们认为专利是一项明确的财产权利，它赋予所有者对市场的某种垄断权。

尽管如此，专利权是一种法定的权利，而非自然权利。[8]而且这种法定权利鲜明的特征就在于其推定有效性。[9]一项专利一旦被授权，则倾向于推定这个专利有效，推定授予一个范围明确的权利，并且专利技术的使用者尊重该权利或者由法院强制他这样做。

实际上，专利权作为一种推定有效的权利有更深层次的原因。首先，从专利权的产生来说，专利体系涉及一个"对价"。如果你是第一次做出具有新颖性和创造性的发明，并且准备好去向公众披露发明的作品，作为交换，你可以在一定期限获得实施该发明的独占权。然而，当没有新颖性或者创造性的发明被不适当地授权，持有这种权利的人直接取得财产上的垄断优势，而使他人的福利状况恶化，则持有这种财产就没有正义可言了。[10]其次，从权利获得的方式上分析，专利权是一种私权，专利权的获得是发明创造加上行政审查。专利权需经行政审查才能享有，由于审查内容的复杂性和授权程序的特殊性，加上专利申请中的投机行为，最后经行政机关确认的专利权就难以胜任激励创新和提高公众福利之双重任务。因此，核准将产生一种对权利的法律推定。这种推定有两层含义：第一，除非被有权机关依照法定的程序撤销或宣布无效，否则其权利就将受到法律的保护。第二，这种推定有效的权利受公众和相关行政机关的质疑有合理性，制度上应该为这种质疑提供程序保障。而后者则为第三方挑战专利以及司法机构或准司法机关的介入提供了条件。

美国专利法正是采用了"专利权有效推定"这一立法思想，该法第 228 条规定："专利权应被推定为有效，每一申请专利范围项目（无论系独立项、附属项或多项附属项形式）均应推定为独立有效，而不受其他申请专利范围项目之影响；纵使所依附之申请专利范围部分无效，附属项或多项附属项之申请专利范围仍应视为有效，主张专利权全部或其中任何部分申请专利范围无效之举证责任，应由主张者担负之。"[11] 其实，中国《专利法》第45条也蕴涵了同样的立法意图："自国务院专利行政部门公告授予专利权之日起，任何单位或者个人认为该专利权的授予不符合本法有关规定的，可以请求专利复审委员会宣告该专利权无效。"有数据显示，在美国法院的专利诉讼中，最终有40%的专利被法院判定无效。尽管欧洲专利授权水平在全球较高，但在德国专利局认定的专利中，仍有1/3被最终宣告无效，1/3被修改。

专利被推定有效在理论上的正当性就是在审查时专利审查员有专门技术，如果专利审查员已决定一个发明值得保护，法官不应该怀疑专家。然而现实就是专利审查部门的专家虽有专门技术上的优势，却更面临着资金不足和外部信息不充分的劣势。专利行政机关的一个主要任务是阅读专利申请书并决定何种专利申请值得专利保护。这是一项相当艰巨的任务，专利行政机关面临着人员、资金、信息等的制约，难免出现错误。一方面，申请专利的权利要求评估是在一项技术的早期阶段，而此时公众对该技术可能并没有更优越的信息，现有技术的对比十分困难。即使像美国那样利用公众向申请公开后的专利提请异议，也面临着信息选择和可靠性检验的问题。另一方面，许多技术在早期阶段连相关专家和消费者都不清楚，而且在初审公告前，专利申请只在申请者和审查员之间秘密沟通，以防止被驳回的申请案中的技术方案被不当泄密。

依据现行"有效性推定"的原则，任何非专利权人和法院都有义务尊重专利行政机关的决定，也就是说该发明有资格获得专利保护，除非可以通过异议或无效程序证明该专利不应当被授权。在美国需要被告出示"清楚而确信的"（clear and convincing）证据证明授权之错误。因此，如果联邦专利商标局授予了专利然而该发明在事实上并不领先，被告面临一个高难度的任务去说服法院推翻错误的决定。目前的这种有效性推定排除了那些大量的值得再次检验的专利。结果，法院今天规矩地执行授权过宽和不应授权的专利，而深谙此道的申请者会持续申请那些不应得的专利，因为他们知道PTO犯错是他们的好机会。

三、基于问题专利的改革路径选择

（一）权利的不确定性与改革思路论争

沿着"推定有效"这条线索，如果做进一步的推理，专利权的推定有效意味着权利的不确定性，因为专利权被宣告无效或范围缩小的概率极大。但这种不确定性有其存在的合理性。专利自初审公告之日到获准授权后的专利存续期间，其权利一直是不确定的，而且这种不确定性有助于实现专利法促进创新与维护社会公益的双重目的。[12]耶鲁大学的伊恩教授也指出一个有效的专利政策应当给专利权人有限的市场能力，并论证得出专利有效期内不确定的执行会实现这个政策目标。[13]在研究专利的不确定性问题时，我们最终感兴趣的不是不确定性本身，而是不确定性对专利体系的效果，以及其不确定性对创新、发明者、竞争和消费者的影响。事实上所有的财产权利都包含一些不确定的因素：不动产所有人可能发现其所有权存在瑕疵，产权保险的存在可以处理这个风险；粗心的商标权人可能发现他的商标已经被如此广泛的使用以致成为一个通用词汇，因而失去了商标保护基础。但是专利的不确定性却特别引人注目，而且的确是理解专利对创新和竞争作用的基础。不确定性有两个基本的维度：第一，被授予专利的发明的商业价值；第二，关于所授予的合法权利的有效性及范围。关于商业价值的不确定性是研究专利授权程序的关键；而关于有效性和范围的不确定性是研究专利诉讼和专利实施的关键。[14]

考虑到这些不确定性，人们逐渐认识到，专利权不是赋予其拥有者的一种排他权，而是在法院主张专利权以尽力排他的一种权利。如果专利持有人针对所谓的侵权者主张其专利，专利持有人则在掷骰子。如果专利被认定无效，则财产权很快被蒸发。换言之，专利体系不应当向发明者授予一个绝对的权利去排除他人实施其发明。更妥当的是，专利体系给专利拥有者一种通过司法或准司法途径尽量去排除其他人的权利。一个专利权的实际范围，甚至权利本身是否经得住诉讼的考验，都是不确定的和随机的问题。这种不确定不是意外或者错误。相反，它是我们专利体系固有的一部分，每年无数的专利申请的处理，第三方却无力有效参与决定一个专利能否授权，事实上大多数专利的权利要求和有效性只有很少或者毫无商业价值。将专利权视为一个不确定的权利需要我们反思：专利授权过程，专利异议程序以及专利诉讼机制，包括专利无效方式和针对专利纠纷的反垄断政策。[15]

实际上，许多学者和有关团体对改革进行了广泛持久的理论争鸣，提出了多种改革办法。斯科特（F. Scott Kieff）教授认为应当重新使用注册体系来授予专利，而不是审查体系，仅仅少数有商业价值的才使用审查程序。[16]墨杰斯（Merges）教授认为应当通过改革专利申请过程来解决问题，包括重新设计审查员的薪酬奖励体系，设立允许全面复审的异议程序等。而格拉汉姆（Stuart J. H. Graham）、霍尔（Bronwyn H. Hall）和迪特马尔·哈霍夫（Dietmar Harhoff）等教授，认为应借鉴欧盟的做法，采用授权后异议程序，以加强对现有技术的公开。[17]艾里逊（John R. Allison）和莱姆利（Mark A. Lemley）教授认为，只有少数专利才有价值而且会得到关注，[18]不值得去改革审查体系增加花费，其有效性推定应当被废除。[19]

此次改革的中心议题是提高专利质量，解决问题专利带来的负面影响。基于问题专利的争论形成了两条不同的改革方向，一是建议将一个更强大的专利审查过程与更强大的专利有效性假定相结合，降低专利的不确定性；二是承认专利权的范围和有效性不确定，并且确保法律反映这种不确定性。因此，联邦贸易委员会，莱姆利（Lemley）和其他人提议如果异议人提出专利无效，立法或司法诉讼应降低证明责任。通常，异议人必须通过"明显和确信的证据"提出无效。联邦贸易委员会认为更低的证明标准应是"优势证据"。尽管美国知识产权协会不支持联邦贸易委员会的提议，它也提议在司法解释中缩小有效性假设的运用。[20]

（二）三种方案之比较

1. 方案一：完善授权体系

正如前面所分析的那样，专利权的获得源于授权，由此出现问题专利首先想到的是专利授权体系的改革，这包括申请和审查两方面。在决定社会应当花费多少努力来审查专利申请时有两个关键问题。第一，加强审查将在多大程度上清除客观上不好的专利（bad patent），而不会不适当地否定真正的创新？第二，当这些已经授权的专利若经过更加细致的审查时将不会被授权，对第三方会施加多大的成本？

理论上，专利获得和执行体系是一个运行良好的黑匣子。[21]但实际上，专利局在授予专利的程序上面临着猛烈的批评：（1）专利局在审查专利申请时没有对不同领域的现有技术进行充分检索；[22]（2）专利申请者不甚清楚其发明的商业价值，或者对现有技术拥有足够的信息，但没有义务去对相关现有技术进行检索；专利申请者为了让审查员接受其权利要求可以坚持重复地延长申请过程；（3）专利审查员面临大量的申请但对每一个申请却投入很少的时间。目前在美国专利有75%的授权率，美国审查员在每个专利上平均花费时间是 18 个小时，包括阅读申请文件、收集相关技术的信息以及与发明人和代理人交流，而且分布在三年的时间内，难以保证不犯错误。（4）专利商标局难免受政治影响，重要的利益集团会向其施加压力，因此专利局会改变专利政策。[23]

对于通过改革专利申请制度解决问题专利，得到不少学者赞同。加利尼（Gallini）教授坚持认为避免一些无效专利对社会来说益处很多，因此社会应当支付更多的钱去清除不好的专利。[24]在专利审查方面，目前一个普遍性的建议是雇用更多的专利审查员并且允许他们付出更多的时间去审查所选择的专利申请。作为该努力的一部分，可以激励审查员去寻找与该专利申请更多的信息。还有通过雇用和工作培训以提高专利审查员的经验和素质，改变那些促使审查员授权问题专利的制度激励，可能以最低的成本提高检索效率。[25]而这些变化需要增加很多资源。我国也有学者指出，由于申请人是问题专利的始作俑者，解决问题专利应强化申请人义务，对不正当行使专利申请权者除驳回其申请外，如果构成权利滥用，应对其施以一定的法律责任。[26]

但莱姆利（Lemley）认为，通过改革专利申请制度不能有效解决问题专利。因为这种提高申请质量的努力没有经济效益，专利行政机关对一个专利的准确有效性是"理性忽略"，许多专利在授权后既不实施也不被许可，对每一项专利申请严格要求无疑是一种浪费。[27]仅仅增加专利审查资金和审查员对于解决"问题专利"并不能真正奏效，反而是一种浪费，因为大多数专利只是像彩票，申请之后可能陷于"沉睡"，从不被关注、实施或许可，用不着在每一个专利上认真。

2. 方案二：改善权利执行体系

一个去执行太多问题专利的专利系统确实值得怀疑，但这并不表明如果专利行政机关授权了一些问题专利就不好。相反，整个专利系统，从申请、授权、谈判许可、无效之提起、执行应当是一个整体。[28]因此，出现了问题专利，专利体系的其他环节能否弥补系统的该缺陷并消除这些问题专利的消极影响，进而起到安全阀的作用？最有效的环节有赖于无效之提起或诉讼，因为它直接针对授权专利过宽的保护范围或者创造性高度等。而且提起无效或者在诉讼中通过无效来抗辩的一方当事人多为竞争对手，对相关领域的现有技术以及涉案专利的商业价值有更准确的认识。

但不幸的是，无效程序或诉讼都不是评估专利有效性的可靠工具。一方面，诉讼需要大量的花费，而专利是否有效取决于诉讼结果的胜负，而诉讼结果的胜负与诉讼的花费、证据的准备、双方律师的技巧等均有关系，这为结果带来了诸多不确定的因素，由此，讼争中的专利得以维持也并不表明具有很好的强健性而值得维持其有效性。[29] 虽然司法审查是纠正不当授权专利的传统方法，但是，公司和个人都尽量避免专利诉讼或将专利诉讼的数量降至最低，因为相关成本很高。事实上，即使专利应当无效，与专利权人通过反向支付而达成私人协议的方式相比，通过法院解决往往支付更高的成本。[30]

事实上，我们也可以发现专利无效对清除问题专利"失灵"的进一步原因。首先，专利无效活动是一项公共物品，具有正外部性。假设在一国市场上有八个所谓的侵权者，而专利权人针对其中一方提起了侵权诉讼，该被告以专利无效相抗辩并启动无效程序，尔后成功地将该专利的权利要求全部或部分无效，那么该结果对其他的七位市场侵权者来说，意味着可以不用赔偿而继续经营或者等待比预期更少的赔偿。由此，其他七位就成了"搭便车者"。[31] 其次就是通道问题（Pass-Through Problem），当多个侵权者在一个产品市场上竞争，就会产生特许费向下游的消费者转移的问题。

3. 方案三：改变有效性推定以重构专利权

专利制度的有效运行依赖于两个渠道：审查授权体系和权利执行体系。既然从授权和执行角度出发的两种方案对于解决问题专利都不能起到实质性作用，为了完成改革目标，最后的办法就是釜底抽薪——重构专利权的效力。改革的基点是专利权的有效性推定。鉴于现有技术和非显而易见性问题在某种程度上具有内在主观性，故专利局在审查过程中对授权标准采用的实际是"优势证据"。而美国现行法规定，质疑已授权专利的任何人都必须用"清晰和令人信服的证据"证明专利无效。[32] 这两个偏向专利权人的有利标准，使得在有效性争论中的法律赛场偏向支持专利权人，也让受到问题专利威胁的一方处境更为不利。

因此，莱姆利（Lemley）教授认为，现在"专利有效性的假定"过于容易，它植根于一个削足适履的专利体制而每一个申请都被给予同样严重不足的审查。结果就是一个达不到预期目的的体系：专利被错误授权而照常执行。改革目标不是提高专利行政机关审查的总体质量，而是改变专利有效性的推定以更准确地反映目前的专利实践。[33]

四、专利权效力重构之展开

（一）降低有效性推定

与专利相伴的有效性假定有着明确的法定基础，但是它只是根据行政法原理[34]简单推出来的。我们知道，专利授予的过程与其他行政决策有着根本性的差异。所有利益各方都非常明确地没有被邀请参与到审查过程中。因此，专利法向所授专利提供的有效性假定从根本上来说，是一种逻辑性很弱的情况。实际上，专利局放弃专利权的强假定有利于其工作开展，这样可以从根本上遏制申请人及问题专利持有人的策略性行为，使审查资源更加集中。

这意味着法院在专利的有效性争议案件中应放弃对专利挑战者的"清晰和令人信服的"证据标准。具体可操作性的建议是，要么通过法律修改，要么通过司法对现有条例和相关判例的重新解释来实现目标，因为该规则很大程度上是一项司法创造的规则。后者看起来似乎更可行。[35]在改革法案中，异议程序已经取消"专利有效推定"。在原来的程序中，法院在受理无效诉讼时，所有权利要求都被推定是有效的，证明专利无效的举证责任在原告，专利权人不需要提供证据证明自己专利的有效性，原告则要提供"清楚而有说服力"的证据证明专利被错误地授予。而在异议程序中取消这一推定，增加专利的不确定性，权利人仍然要举证证明专利的有效性问题，而且在该程序中，所采取的是相对于法院诉讼证据要求弱的"优势证据"判定，权利人的权利被削弱，其负担会进一步加重。

如果降低了这种推定有效性，与此相关的问题就是，专利法中故意侵权存在的意义。不少学者提议删除"故意侵权"，因为根据该原则一个侵权者将支付更多赔偿，如果他故意侵害一项专利。根据现行法，"故意侵权"发生在仅仅当一位侵权者知道专利并且相信专利是有效的同时知道其行为侵权。改革建议由于专利范围和有效性的不确定性，故意侵权的原则应当被废除或者至少将它放在一个更客观的位置。[36]

（二）建立双重效力体系

有人提议建立专利权双重效力体系：通过审查授权的专利只能获得有效性的弱假定，可以设立附加的更严格的审查程序使专利获得强的有效性推定，而该附加审查程序是自愿的，审查费用也主要由当事人支付，通过该附加程序就可以获得"镀金专利"。[37]专利体系依据自我选择有鲜明的特色，即他们不需要专利商标局去决定哪些技术在商业上可能最重要。的确，我们可以想象无数种可能性，如果他从设计制度的角度考虑授予专利的过程，依据研发过程和选择不同的专利申请可以产生不同层面的强度的一系列财产权。

以上改革思想在2007年美国众议院通过的专利法改革方案中得以体现，

这次改革在很大程度上降低了专利保护的力度，将为制定专利挑战的策略提供更多的方式和灵活性，也使所谓的"侵权"成本降低。然而由于改革对不同利益集团的影响不同，在激烈的争吵与妥协中，改革方案的最终通过尚须时日。

（三）充分利用授权后异议等对抗程序

一种可以替代的方式就是在特定的专利上给予关注，对提起专利异议的当事人给予激励和信息。例如，专利申请需要对现有技术进行全面检索。新程序可以促使第三方对专利提出挑战而无须介入正式的专利诉讼。[38] 欧洲和日本已经设置了异议程序，而第三方可以用改进的方式对授权专利提出挑战。根据《欧洲专利条约》第 99 条："在刊载授予欧洲专利之日起算的九个月内，任何人均可向欧洲专利局对所授予的专利提出异议通知。"

目前美国挑战问题专利的有效性通常有两种途径：诉讼和授权后复审。诉讼昂贵耗时，授权后复审相对经济、结案较快，而复审分为单方复审（Ex parte Reexamination）和双方复审（Inter partes Reexamination）两种形式。单方复审制度于 1981 年 7 月 1 日生效，但由于申请复审人对专利权人的对抗性程序权利受到极大限制，仅能提起复审请求，却不能参与案件的实质审理，由此并未收到预期的立法效果。于是国会通过《美国发明人保护法》，新增双方复审程序，提起复审的第三人可有限参与实质审理。该程序自 2000 年 11 月 29 日生效，并于 2002 年 11 月 2 日修订。但该程序中有对第三人极其不利的两个法定禁止反悔。由于缺乏交叉询问、披露等程序机制，加上对第三人苛刻的禁止反悔，使得该程序用的很少。[39] 根据 PTO 公布的官方报告，2006 年提起的单方复审请求达 5537 件，双方复审只有 7件，单方复审请求 90% 以上都得到了受理，但是达到目的导致某些专利权被宣告无效的非常罕见，只占总数的 7%。所以，无论是单方复审，还是双方复审，都没有提供相对经济快捷的否定专利权效力的有效途径。

PTO 授予的问题专利的不断增多及问题专利的危害使 PTO 遭到了各方面的严厉批评。一些政府部门、学术机构、产业界及专家学者进行了认真的分析，提出了诸多建议，其中设立授权后异议程序得到广泛认同。在美国参议院通过的《2007 年专利改革法案》中，专利法中原来的"复审程序"被"授权后审核程序（post-grant review）"取代。根据该授予后的异议程序，专利权利人外的申请人可以在专利被授予后的 12 个月内请求专利商标局启动该程序，以确定该专利的有效性，而无须再向法院起诉来解决有效性问题，异议程序须以有利益关系的当事人的真实名义进行。其理由主要为：当前的专利法对专利提出异议的途径局限于复审程序或高额的诉讼，而新设立异议程序据称可以在诉讼成为必需之前就提供相对经济及迅速的确定专利有效性的专利异议途径。

新增加的授权后异议程序有望提高专利质量，这种直接向专利商标局提出异议的方式使对专利的挑战变得更加容易，第三人可以更容易地挑战已获得授权的专利。但这一新增加的程序也可能带来诸多不利的影响，由于请求人的举证责任相对较轻，因此该程序极有可能被滥用，一旦这一程序被竞争者利用，权利人再针对专利商标局的决定向法院提出诉讼，无疑会导致时间和费用的增加，很可能给权利人带来重大损失，不利于发明的开发和实施。[40]

五、结语

历史经验与现实改革告诉我们，专利制度利弊兼备，专利制度对社会发展的巨大促进作用不是当然产生的，并不是所有建立专利制度的国家都能实现技术的发展和经济的繁荣，因此改革是经常的和必须的。但专利系统的变革过程就像是一个钟摆，"修改专利法产生的问题与解决的问题一样多"，问题的恶化通常会导致专利政策的显著变换，这种变换通常会在另一个方向走得过远，产生出它自身的一系列新问题，专利政策真正是一个不可预料的领域。也许这正说明知识产权自制度产生之日，就是一种不可避免之恶（Intellectual Property is a necessary evil）。[41]

注释

[1] ［澳］布拉德·谢尔曼、［英］莱昂内尔·本特利著：《现代知识产权法的演进》，金海军译，北京大学出版社 2006 年版，第 96、156 页。

[2] 资料来源：To Promote Innovation：The Proper Balance of Competition and Patent Law and Policy，www. ftc. gov/os/2003/10/innovationrpt. pdf，访问时间：2008 年 11 月 21 日。

[3] "坏专利"主要指那些低质量的、不当授权的、价值可疑的甚至可笑的专利。参见 Mark A. Lemley，Doug Lichtman，Bhaven Sampat，What to Do about Bad Patents? Regulation，Winter 2005－2006，at 10. 又参见 Eric Williams，Remembering the Public's Interest in the Patent System，2006 B. C. Intell. Prop. & Tech. F. 520.

[4] 田力普：《"问题专利"不等于"垃圾专利"》，资料来源：http：// news. xinhuanet. com/fortune/2006—07/31/content_ 4897433. htm，访问时间：2008 年 10 月 19 日。

［5］［美］亚当·杰夫、乔西·勒纳：《创新及其不满》，罗建平等译，中国人民大学出版社 2007 年版，第 18 页。

［6］Mark A. Lemley & Carl Shapiro, Probabilistic Patents, 19 J. Econ. Persp. 75（2005）.

［7］改革法案全文（The Patent Reform Act of 2007）可在美国国会图书馆网站 http：//thomas. loc. gov 查阅。

［8］关于知识产权自然权利观念与法定主义观念的论争，请参见易继明《知识产权的观念：类型化及法律适用》，载《法学研究》2005 年第 3 期；李扬《知识产权法定主义及其适用》，载《法学研究》2006 年第 2 期。

［9］为了更好地理解这种推定有效性，可以与有形财产的所有权进行对比。一般来说，有形财产没有这种有效性推定，例如人们对土地、房屋的所有权，在财产的流转和使用中不存在权利无效的情形，至多是随着物的灭失而财产权自然终止，或者财产被征用而权利属性改变。

［10］［美］罗伯特·诺齐克：《无政府、国家与乌托邦》，何怀宏等译，中国社会科学出版社 1991 年版，第 179 页。

［11］35 U. S. C. § 282（2000）. The Act provides that "the burden of establishing invalidity of a patent or any claim thereof shall rest on the party asserting such invalidity."

［12］谢铭洋：《智慧财产权基本问题研究》，翰芦图书出版有限公司 1999 年版，第 211、212 页。

［13］Ian Ayres & Paul Klemperer, Limiting Patentees´Market Power Without Reducing Innovation Incentives：The Perverse Benefits of Uncertainty and Non-Injunctive Remedies, 97 Mich. L. Rev. 985（1999）.

［14］Mark A. Lemley & Carl Shapiro, Probabilistic Patents, 19 J. Econ. Persp. 75（2005）.

［15］Mark A. Lemley & Carl Shapiro, Probabilistic Patents, 19 J. Econ. Persp. 75（2005）.

［16］F. Scott Kieff, The Case for Registering Patents and the Law and Economics of Present Patent – Obtaining Rules, 45 B. C. L. REV. 55（2003）.

［17］Stuart J. H. Graham et al., Prospects for Improving U. S. Patent Quality Via Post – Grant Opposition（Nat'l Bureau of Econ. Research, Working Paper No. 9731, 2003）, available at http：//www. nber. org/papers.

［18］John R. Allison et al., Valuable Patents, 92 GEO. L. J. 435, 437（2004）.

［19］Mark A. Lemley, Rational Ignorance at the Patent Office, 95 NW. U. L. REV. 1495, 1497（2001）.

［20］一些学者甚至建议增加专利的不确定性。艾尔斯（Ayres）和克勒姆佩霍尔（Klemperer）发现边际利润与无谓损失的比例增大了，因为价格趋向垄断价格，他们争论道，不确定性或者专利权利的概率也可以因此给予一项确定权利的大多数私人利润。他们的解释总的来说是使用一个模型：专利持有人将没有权利让竞争者停止侵权，但仍可以在专利过期后寻求一些补偿性救济；即使这些赔偿仅仅以概率的形式出现。而我们

承认站在他们讨论的角度传统的专利政策是"在边际上无效率"，对我们来说其提议如何操作还不明确。

［21］Jay P. Kesan & Andres A. Gallo, Why "bad" Patents Survive in the Market and How Should we Change? —the Private and Social Costs of Patents, 55 Emory L. J. 61（2006）.

［22］很显然，与欧盟、日本专利局相比，美国专利局对专利审查更为宽松。

［23］Michael H. Davis, Patent Politics, 56 S. C. L. REV. 337（2004），该文解释了美国专利体系中的政治表征。

［24］Gallini, Nancy T, The Economics of Patents：Lessons From Recent U. S. Patent Reform. " Journal of Economic Perspectives（2002）.

［25］Robert P. Merges, As Many as Six Impossible Patents Before Breakfast：Property Rights for Business Concepts and Patent System Reform, 14 BERKELEY TECH. L. J. 577（1999）.

［26］徐棣枫：《问题专利探析》，载《东南大学学报》2007年第4期。

［27］Mark A. Lemley, Rational Ignorance at the Patent Office, 95 NW. U. L. REV. 1495, 1497（2001）.

［28］Joseph Farrell & Robert P. Merges, Incentives to Challenge and Defend Patents：Why Litigation Won't Reliably Fix Patent Office Errors and Why Administrative Patent Review Might Help, 19 Berkeley Tech. L. J. 943,（2004）.

［29］当然，这多少有点"司法怀疑主义"的意思。有些情况下，一项专利被宣告无效的确是为专利体系"去污"。

［30］Jay P. Kesan & Andres A. Gallo, Why "bad" Patents Survive in the Market and How Should we Change? —the Private and Social Costs of Patents, 55 Emory L. J. 61（2006）.

［31］Joseph Scott Miller, Building a Better Bounty：Litigation – Stage Rewards for Defeating Patents, 19 Berkeley Tech. L. J. 667, 687—688（2004）.

［32］［澳］布拉德·谢尔曼、［英］莱昂内尔·本特利著：《现代知识产权法的演进》，金海军译，北京大学出版社2006年版，第96、156页。

［33］Doug Lichtman & Mark A. Lemley, Rethinking Patent Law's Presumption of Validity, Stan. L. Rev. 45（2007）。

［34］根据行政法的公定力，在有资格的决策机构面前，已经适当审查的问题应该假设为正确决定。请参考 Stuart Minor Benjamin & Arti K. Rai, Who's Afraid of the APA? What the Patent System Can Learn from Administrative Law, 95 Geo. L. J. 269（2007）。

［35］Doug Lichtman & Mark A. Lemley, Rethinking Patent Law's Presumption of Validity, Stan. L. Rev. 45（2007）。

［36］Mark A. Lemley and Ragesh K. Tangri, "Ending Patent Law's Willfulness Game. " 18 Berkeley Tech L. J. 1085（2003）. 另参见 Mark A. Lemley & Carl Shapiro, Probabilistic Patents, 19 J. Econ. Persp. 75（2005）。

〔37〕 Doug Lichtman & Mark A. Lemley, Rethinking Patent Law's Presumption of Validi-ty, Stan. L. REW. 45 （2007）.

〔38〕 Jaffe, Adam B. and Josh Lerner, Innovation and Its Discontents: How Our Broken Patent System is Endangering Innovation and Progress, and What to Do About It. Princeton, N. J. : PrincetonUniversity Press. 2004.

〔39〕 杨为国、程良友:《美国专利改革法案中的授权后异议程序》, 载《电子知识产权》2005 年第 11 期。

〔40〕 程永顺、林俐:《美国 50 年来最大规模的专利体制变革》, 载《中国知识产权报》2007 年 11 月 7 日第 4 版。

〔41〕 Mark A. Lemley, Ex Ante versus Ex Post Justifications for Intellectual Property, U. Chi. L. Rev. 129 （2004）.

神话传媒公司诉夜空彩虹公司滥用专利权案

——滥用问题专利及其司法规制

朱　理[*]

内容提要：滥用问题专利的主观状态不仅包括故意，也包括重大过失。在法律属性上，滥用问题专利不仅是对抗侵权指控的抗辩，也是一种独立的侵权行为。滥用问题专利造成他人损失的，受害人可以援引关于侵权行为的规定要求滥用人赔偿损失。对于滥用问题专利的案件，如果专利权存在重大瑕疵，法院不必等待该专利效力确定，可以直接对是否构成滥用做出裁决。

关键词：问题专利；滥用；司法规制

Abstract：The misuse of questionable patents comes from not only subjective intention, but gross negligence. In law, misuse of questionable patents is a defense against accusation of infringement, and also an individual infringement. When the misuse causes other's loss, the victim can claim the compensation in accordance with legal regulations of infringement. If the patent right has critical flaws, the court can give a direct judgment on whether it makes misuse, without waiting for confirmation of the patent validity.

Key Words：Questionable Patent；Misuse；Legal Regulation

【案情简介】

1996 年 8 月 22 日，严某向国家专利局申请了"灯饰广告"实用新型专利，专利权人和设计人都是严某。其权利要求书记载：一种灯饰广告，其特征在于：包括悬浮物、柔性材料、发光体和电源，发光体按所需的文字或图

---

* 最高人民法院知识产权庭。

案形状固定在柔性材料上，将柔性材料固定在悬浮物上，发光体与电源相连接。说明书记载：发光体可采用小白炽灯、圣诞灯、二极管或塑料霓虹灯，按所需的文字或图案形状粘固、捆绑或嵌接在柔性材料上；柔性材料可选用布、丝织物或各种金属网、塑料网，然后将柔性材料悬挂在空中悬浮物上，也可直接悬挂在建筑物的外表面，使柔性材料自然垂直，再接通电源，使发光体发亮。1997 年严某与其他股东成立夜空彩虹公司，严某任公司董事长，从事广告经营。2003 年 12 月 10 日，严某和案外人雷某又申请了"灯饰画"实用新型专利，专利权人为严某和雷某，设计人为严某。严某和雷某许可夜空彩虹公司独占使用该专利。"灯饰画"专利的权利要求书记载：（1）一种灯饰画，其特征在于：该灯饰画包括塑料霓虹灯带、柔性塑料灯饰网和固定件，塑料霓虹灯带按照一定图案通过固定件固定在柔性塑料灯饰网上；（2）根据权利要求 1 所述的灯饰画，其特征在于：该塑料霓虹灯带包括一连串小灯泡；3. 根据权利要求 1 所述的灯饰画，其特征在于：该灯饰画还包括电源，其与霓虹灯电线连接。根据说明书的记载，灯饰画专利所要解决的技术问题是：现有的灯饰画均为刚性结构，体积与重量大，包装运输困难。灯饰画专利的发明目的在于提供一种使用安全、安装和运输方便、可悬挂的灯饰画。该说明书还载明，与现有技术相比，该实用新型灯饰画采用柔性塑料灯饰网，使其重量减轻，安装方便，可卷曲折叠。2004 年 9 月 8 日，严某的灯饰广告专利被专利复审委员会宣告无效。夜空彩虹公司认为神话传媒公司侵犯其灯饰画专利权，向神话传媒公司发出侵权警告函。2007 年 9 月 24 日，夜空彩虹公司向某市知识产权局指控神话传媒公司未经许可，非法使用其灯饰画专利技术，要求某市知识产权局责令神话传媒公司立即停止侵权，并赔偿经济损失 300 万元。神话传媒公司认为，严某和夜空彩虹公司在明知灯饰画实用新型专利本身是已有技术，以该不当获取的专利权妨碍其他同业竞争者正常经营，构成滥用专利权，请求法院确认神话传媒公司不构成对灯饰画实用新型专利的侵犯，被告夜空彩虹公司和严某构成滥用灯饰画专利权和构成不正当竞争，并要求两被告连带赔偿因滥用专利权和不正当竞争给原告造成的损失并支付合理费用共计 30 万元。

专利滥用问题已经成为我国知识产权界讨论的热点问题之一。理论界和实务界对于专利滥用的法律属性、判断标准及其与其他法律制度（例如反垄断和反不正当竞争）的关系等问题存在严重分歧，[1] 甚至对于专利滥用本身都有疑问。[2] 本文将从上述案例入手，试图通过对滥用问题专利的分析来推进对专利滥用的探讨，着重分析由该案例所引发的思考，包括滥用问题专利的判断标准、法律属性、法律责任及其与其他法律制度的关联。

一、滥用问题专利的判断标准

本案中，原告主张被告的灯饰画专利属于已有技术，因而该专利权存在重大瑕疵。这类很可能无效的或者权利要求很可能过宽的专利，一般被称为"问题专利"（questionable patent）。[3] 由行使问题专利所引发的专利滥用行为被称为滥用问题专利。滥用问题专利与涉及许可的专利滥用行为相比，有其特征：专利权人完全在专利权的权利范围内行事，其行为并未超出法律授予专利权人的权利范围，只是专利权人对其权利的获得和行使可能会违背专利法所要实现的政策目标（例如激励创新、促进利用、利益平衡）。正如被告在本案中所表现的那样，其行为仅仅在于向原告发出侵权警告函并且向知识产权局投诉原告涉嫌侵权的行为，被告既没有向被控侵权人之外的其他人（例如原告的客户）恶意散布侵权消息，也没有不正当地扩张其专利权的行为，因而是一种典型的与问题专利有关的滥用行为。

（一）问题专利的存在及其原因

滥用问题专利，当然要以问题专利的存在为前提。问题专利大体表现为两类：明显属于现有技术的专利和保护范围过宽以至于把现有技术也划入其保护范围的专利。前者在形式上表现为专利的所有权利要求明显不具有新颖性或创造性，属于现有技术；后者则表现为专利的某些权利要求尤其是独立权利要求范围过宽，不具有创造性，把现有技术也包含在内，而其他权利要求仍具有新颖性和创造性，符合专利授权条件。

在任何一个实行专利制度的国家，问题专利都是不可避免的。问题专利的存在有着复杂的原因：（1）从专利授权制度来看，对于实用新型和外观设计专利，多数国家都实行形式审查制度，不进行实质审查，因此许多问题专利得以获得授权；[4]（2）即使进行实质审查，在审查过程中，由于受到专利审查员的素质、专利审查的时间、专利文献的有限性等诸多因素的限制，许多质量不高的专利也得以通过审查，它们有的明显无效，有的保护范围过宽，有的甚至只是把公有领域的技术改头换面而已。可以说，问题专利与专利制度如影随形。

（二）滥用问题专利的客观方面

对于问题专利，构成滥用需要符合什么条件？由于这类问题专利的权利存在重大瑕疵，具有明显的无效理由，本来就不应该获得授权，故专利权人利用其获取垄断利益违背了专利制度设置的初衷，不符合专利制度所欲实现的公共政策目标。从这个角度来说，在客观上，利用问题专利获取法律授予的垄断利益的任何行为都可能构成滥用。因此，判断利用问题专利的行为是否构成滥用专利，主要争议在于问题专利权人的主观方面。

（三）滥用问题专利的主观方面

多数学者认为，滥用专利权源于民法上的权利滥用原则，行为人主观上必须有滥用专利的故意或者损害他人或社会公益的故意，过失不构成滥用专利。[5]这种观点并不足取，理由在于：（1）在司法过程中，由于认定主观故意存在难以克服的困难，权利滥用要件理论存在客观化的趋势；[6]（2）一味坚持主观故意这一要求将使许多问题专利权人逍遥法外，问题专利得以发挥其效力，获得不正当利益，妨碍了技术的进步和利用。相反，如果在滥用问题专利领域适用客观学说，则有理论和实践上的支持。在理论上，在滥用问题专利方面实行过错的客观化与专利契约论恰相呼应。专利契约论认为，专利是专利申请人与代表国家的专利局缔结的契约。在这个契约中，专利申请人以专利内容的公开为对价，换取国家对专利权给予一定期限的垄断保护。为此，专利申请人应该保证自己的专利不是现有技术，而是自己的独创性产物。因此，出现问题专利则说明专利申请人违反了自己的保证。在实践上，国外司法判例上已有坚持客观主义的先例，例如 2000 年日本最高裁判所在 Kilby 第 275 号专利上告审判决中，并没有将权利人的主观故意纳入适用权利滥用的成立要件之中，而是采用了权利滥用学说中的客观学说的观点。[7]因此，滥用问题专利的构成应该不限于故意，过失也应包括在内。

这种过失是指一般过失还是重大过失？对此，我国理论界和实务界目前未作探讨。笔者认为，判断专利权是否存在瑕疵是一个具有难度的专业问题，不能对专利权人要求过高。尤其对发明专利而言，其通过实质审查才能获得授权，发明专利权的授予能够使专利权人产生对其专利权效力的合理确信。因此，专利权人的过失应该限制为重大过失。具体而言，这里的重大过失应当理解为，专利权人明知或者应知自己的专利权存在重大瑕疵，仍以该专利权为工具来获得不正当利益或者制止他人的正当实施行为。

如何理解"专利权人明知或者应知专利权存在重大瑕疵"？专利权的重大瑕疵是指该专利权所保护的技术方案具有明显的无效理由，主要表现为该技术方案明显不具有新颖性或创造性。技术方案明显不具备新颖性，是指该技术方案属于现有技术；技术方案不具有创造性，是指对所属技术领域的技术人员来说，该技术方案相对于现有技术是显而易见的。在新颖性的审查过程中，适用单独对比的审查原则，[8]因此判断起来相对容易，对于专利权人而言，要求其根据自己知晓的一份现有技术来判断其发明是否与之不同，这种要求并非苛刻。但对于创造性而言却有所不同，在创造性审查的过程中，适用组合对比的审查原则，将一份或者多份现有技术中的不同的技术内容组合在一起对要求保护的发明进行评价。[9]创造性的判断是一个复杂的专业问题，即便对于专利审查员而言也是一道难题，因此对于创造性而言不能对专利权人要求过高。所以，在判断专利权人是否明知或应知其专利的创造性存在重大瑕疵时，不应该要求其根据自己知晓的多份现有技术进行综合判断，而应同新颖性的判断一样，适用单独对比原则，要求专利权人根据其知晓的一份现有技术来看其发明是否明显属于显而易见的技术方案。[10]如果专利权人根据其知晓的一项现有技术明显可以判断自己的发明不具有新颖性或创造性，则可以认为专利权人明知或应知该专利权存在重大瑕疵。

司法实践中如何认定"专利权人明知或者应知专利权存在重大瑕疵"？不论明知还是应知，都应通过客观化的方法以明确的客观标准来认定，需要综合考虑多种因素，例如专利审查过程、专利权人的职业特点、技术背景等。在司法过程中，在如下情况下，可以推定专利权人明知或者应知专利权存在重大瑕疵。

1. 发明人或设计人在申请发明的过程中故意隐瞒或不如实陈述其知晓的某项现有技术，而该项现有技术明显会影响其专利权的获得。我国专利法虽未明文规定专利申请人有披露其知晓的现有技术的义务，但是《专利法实施细则》第18条规定专利说明书应该写明对发明或者实用新型的理解、检索、审查有用的背景技术，故意隐瞒或虚假陈述这些技术，可以推定其故意欺诈专利局，明知或应知其专利权存在重大瑕疵。美国众议院通过的《2007专利法修正案》即规定，只要有明确和有说服力的证据证明，负有披露义务的人，以误导或者欺诈专利审查员为目的，在审查员进行专利审查的过程中，不如实陈述或者没有披露实质性信息，则该专利权不得强制执行。[11]本案中，严某作为前后两个专利的发明人，明知两个专利之间存在关联性，可能影响后者专利的授权，却在后一专利即灯饰画专利说明书中予以隐瞒。而且，严某明知灯饰广告专利已经采用了柔性材料，却在灯饰画专利说明书中虚假申述"已有技术均为刚性结构"，欺骗审查员和公众，可以认定其明知或应知灯饰画专利存在重大瑕疵。

2. 专利权人的专利技术方案已被专利申请日前的相关技术标准所披露。如果专利权人长期在自己专利所属领域内生产和经营，则可以推定其知晓该领域相关产品的技术标准，尤其是国家强制性标准、国家推荐性标准、行业标准等。如果专利权人的技术方案包含了这些标准所披露的技术方案，则可以推定专利权人明知或应知其专利权存在重大瑕疵。[12]

3. 专利权人将自己以前的发明或者已经无效的发明改头换面重新申请获得专利。为了得到更长的保护期，获取独占某项技术的不当利益，有些专利权人会通过改头换面的方式把自己以前的发明或者已经无效的发明重新申请专利，这种情况下，可以认定其明知或应知其专利权存在重大瑕疵。本案中，严某仅仅将塑料霓虹灯替换为塑料霓虹灯带就重新申请了专利。由于灯饰广告专利已经被专利复审委员会以不具备创造性为依据而宣布全部无效，严某作为无效宣告请求的被请求人，理应知晓灯饰广告专利权被宣告全部无效的事实和被宣告无效的根据，也应知晓灯饰广告专利技术被宣告无效后，该技术就成为自由公知技术而进入公有领域。由于灯饰广告和灯饰画两个专利之间的关联性和极其类似性，在灯饰广告专利权被宣告全部无效后，严某应知晓其灯饰画专利存在明显无效的理由。

二、滥用问题专利的法律属性——是矛还是盾

本案中，原告要求确认被告构成滥用专利权，并要求赔偿因被告滥用专利权给其造成的损害。由于原告不仅把滥用专利权作为一个独立的确认之诉提出，而且要求损害赔偿，它实际上使得滥用专利权成为一件进攻性武器。这一请求是否应该得到法院支持？

对于这一问题，学界存在两种对立的观点，一种观点认为滥用专利权是盾而不是矛，只能作为侵权或违约的抗辩事由；[13]另一种观点则认为滥用专利权既可以是盾也可以是矛，即专利权滥用不应当仅是消极的抗辩事由，还应当是积极的起诉诉由。[14]哪一种观点更合理？

罗马法的"狞恶不容宽恕"、"欺诈毁灭一切"，[15]英国衡平法的"洁净之手"，[16]都是专利权滥用的源头。欲获得法律救济者，必须自己清洁正直。因此，滥用专利权作为一种抗辩，对抗不当行使的专利权，这是其基本属性，是"盾"论的合理之处。但是这并不能证明此观点的正确性，理由在于：（1）持这一观点的学者完全从美国的法律理论立论，视野狭窄。美国法律理论认为专利权滥用原理是一种防御性的理论，其不能被主动提起，只有在专利权人起诉被告时，被告才可以援引该原则作为抗辩理由。[17]单纯从美国的法律理论出发，不考虑我国的法律传统和司法实践，显然不具有说服力。权利不得滥用在民法法系中具有悠久的历史，[18]并根据具体情形被纳入侵权行为类型来提供救济。[19]我国立法具有民法法系的传统，我国的《民法

通则》第4条和第7条就是权利不得滥用原则的体现，不仅如此，权利不得滥用原则还写入了宪法。[20]因此，在我国法上，把某些滥用专利权的行为作为侵权行为之一而给予救济，不仅有历史传统，也有法律依据。（2）持这种观点的学者没有真正理解美国的专利权滥用制度。美国法律理论和实践把专利滥用的核心理解为专利权人是否已经不被允许地扩展了专利授权的"空间范围和时间范围"，[21]因此美国法律理论中所谓的专利滥用是以专利权有效为前提的，把专利滥用行为限制在许可领域。[22]在这一领域中，专利滥用作为一种肯定性抗辩存在。但是对于问题专利，尤其是那些专利权人使用欺骗或者不正当手段获得的专利，被控侵权人不仅可以主张"专利权人以不正当手段获得专利"的抗辩，而且可以要求专利权人赔偿专利侵权案件被告的律师费。[23]这正是本文所论述的专利滥用类型——滥用问题专利。对于滥用问题专利，美国司法实践不仅把其作为一种抗辩对待，也允许其作为一种诉请提出，甚至给予损害赔偿。[24]此时滥用问题专利不仅是盾，也是矛。如果不把滥用问题专利与其他类型的滥用专利行为区分开来，就会犯以偏概全的错误。

对于滥用专利权既可以是盾也可以是矛的观点，笔者也不敢苟同。滥用专利权作为一种防御武器已经成为其基本属性，这一点已无多大争议。但是滥用专利权是否任何情况下都同时既是盾又是矛？如果不是这样的话，那么盾何时可以转换为攻击性的矛？矛盾二重论的学者含糊其辞。个中原因可能与他们没有将不同类型的专利滥用行为分别考虑有关。认识到滥用专利权可以成为攻击性的矛固然重要，但是更重要的问题在于何时以及怎样把盾转换成矛。这就涉及滥用专利权与侵权法、反不正当竞争法、反垄断法等的关系，笔者将在下文中阐述。这里需要指出的是，滥用问题专利的行为表面上完全是依法行使专利权，从形式上看并不对竞争产生影响，因此不宜通过反不正当竞争法和反垄断法加以规范，[25]最好通过专利法或者侵权法来解决。由于滥用问题专利的行为不仅严重背离了专利法所欲实现的公共政策——激励创新、促进技术传播、实现利益平衡，同时也侵害了相关主体的合法利益，应该把其作为一种单独的侵权行为在专利法中加以规范，明确其作为一种攻击性武器的地位。

因此，对于滥用问题专利而言，它既是盾，也是矛。

三、滥用问题专利的法律后果

前文已述，滥用问题专利既是盾又是矛。作为盾，它可以对抗专利权人的指控，否定专利权人的诉讼主张；作为矛，它可以指控专利权人侵犯其合法权益。在这两个不同类型上，滥用专利权应该产生不同的法律后果。由于我国法律目前尚未有明确规定，因此下文仅做理论上的探讨，希望能对未来的立法提供借鉴。

作为一种抗辩，被告可以利用滥用问题专利对抗专利权人的指控，这里的指控包括侵权和违约指控。在美国法上，一旦专利权人被认定为滥用专利权，则其法律后果是该专利权不得强制实施，直到专利权人停止滥用并清除有害后果为止；[26] 在许可的背景下，专利权人也不能要求强制实施其许可协议，被许可人无须支付许可费，直至专利权人停止滥用。[27] 这一制度设计值得我们借鉴。

作为一种侵权诉由，受到专利权人滥用问题专利侵害的当事人，可以向法院起诉，要求专利权人赔偿因其滥用专利权给当事人造成的损失。

前文已述，滥用问题专利的主观要件应采客观学说，即"明知或应知其专利权存在重大瑕疵"。根据专利权人主观恶性的不同，不妨根据明知和应知而赋予不同的法律后果。如果明知，则可以作为一种侵权诉由，造成他人损失时应承担赔偿责任；如果应知，则法律后果为对专利权丧失强制执行力。在美国，就区分了一般的滥用专利和以不正当手段获得的专利。对于后者，不仅专利不得对抗侵权人，而且法庭可以要求专利权人赔偿专利侵权诉讼的律师费，在专利权人欺骗专利局情况严重时，法院可以要求专利权人退赔专利使用费。[28]

需要注意的问题是，滥用问题专利作为对抗侵权指控的一种抗辩，被控侵权人的这种抗辩与现有技术抗辩有何关系？现有技术抗辩作为我国专利司法实践早已承认的侵权抗辩之一，在我国司法运用中日渐成熟。[29] 现有技术抗辩的根据在于，任何人都不得把公有领域内的技术据为己有，也不得把他人的已有技术纳入自己的权利范围之内，独占其利益。[30] 问题专利是那些专利权存在明显无效理由，显然不具有新颖性或创造性的专利，即明显属于现有技术的专利。因此，滥用问题专利抗辩与现有技术抗辩在一定程度上重合了。不过，两者的区别在于：（1）运用不同的抗辩，当事人承担的证明责任及其内容不同。运用现有技术抗辩时，当事人只需证明自己使用的是某项现有技术即可；而运用滥用问题专利抗辩，当事人不仅需要证明专利权人的专利实际上属于现有技术，缺乏新颖性或创造性，而且需要证明专利权人对此明知或应知。因此，运用滥用问题专利抗辩的难度更大一些。（2）现有技术抗辩只能是一种抗辩，滥用问题专利不仅可以作为一种抗辩，还可以成为一种侵权诉由，要求专利权人就其滥用问题专利的行为造成的损失给予赔偿。

四、滥用问题专利与其他法律制度之间的关系

原告在本案中还指控被告夜空彩虹公司和被告严某构成不正当竞争。它实际上提出了这样一个问题，如何看待滥用问题专利与其他法律制度之间的关系？如何处理这种关系？这里的其他法律制度包括反不正当竞争法和反垄断法。

许可领域中的滥用专利权行为可能具有排除、限制竞争的效果，因此与反垄断法有着密切的关系。不过，专利权滥用和反垄断法有着不同的理论基础。专利权滥用理论源于罗马法上的"狞恶不容宽恕"、"欺诈毁灭一切"，普通法上的"洁净之手"原则以及专利法本身的公共政策理论。[31]尽管限制竞争也是属于违反公共政策的典型，但不是公共政策的全部，因此专利权滥用原理的适用范围远比反垄断法要广。所以，应该承认滥用专利原则的独立性。[32]就滥用问题专利而言，其独立性则更加明显。滥用问题专利仅仅违反了专利法激励创新和促进技术传播的公共政策，通常并不具有限制竞争的效果，因此应该优先适用专利法解决。

如果将不正当竞争行为理解为经营者采取不正当手段争取交易机会的行为，[33]那么滥用问题专利与之有着明显差别。由于滥用问题专利的行为在表面上完全是合法的行为，是专利权人对其专利权的形式上合法的运用，它并不直接涉及以不正当手段谋取交易机会。即使专利权人有通过滥用问题专利来打击竞争对手的动机，那也是滥用问题专利可能造成的间接后果。因此，滥用问题专利完全独立于反不正当竞争法，是一种独立的侵权行为。

五、滥用问题专利的审理程序

滥用问题专利以专利权人明知或应知其专利权存在重大权利瑕疵为条件，因此法院在审理滥用问题专利时必然要审查所涉专利权的新颖性和创造性是否有明显的无效理由。在我国，宣告专利无效的职权属于专利复审委员会，当无效请求人或被请求人对专利复审委员会所作出的无效宣告决定不服时，可以向北京市第一中级人民法院提起行政诉讼，对第一审判决不服时还可以向北京市高级人民法院提起上诉。[34]审理一般专利侵权案件的法院通常不能审查专利权的有效性。那么，在审理滥用问题专利的侵权案件时，法院是否应该等待该专利权的效力被确定后才能做出裁决？

从诉讼经济的角度讲，等待专利权效力确定后再做裁判显然是不合适的。一个专利从无效宣告到行政诉讼，再到上诉审，要经过一个漫长的过程才能最终确定其效力。如果把当事人羁束于这种旷日持久的专利战争中，无法及时开展与所涉专利有关的商业行为，显然造成社会成本的增加和资源的浪费。从公平的角度来看，如果专利权人的专利明显具有重大瑕疵，很可能无效，仍要等待其效力最终确定再做裁决，专利权人实质上就获得了专利权效力确定期间内的独占利益，这是极不公平的。[35] 因此，对于滥用问题专利的情形，如果专利权存在重大瑕疵，与某项现有技术相比明显缺乏新颖性或创造性，可以不必等待该专利效力确定，法院可以直接对是否构成滥用问题专利做出裁决。[36]

六、关于本案的处理

本案中，根据涉案灯饰画实用新型专利的权利要求书，该灯饰画专利的独立权利要求 1 的必要技术特征是：（1）塑料霓虹灯带；（2）柔性塑料灯饰网；（3）固定件；（4）塑料霓虹灯带按照一定图案通过固定件固定在柔性塑料灯饰网上。权利要求 2 则在权利要求 1 的技术特征的基础上增加了"塑料霓虹灯带包括一连串小灯泡"这一技术特征，权利要求 3 则在权利要求 1 的技术特征的基础上增加了"电源与霓虹灯电线连接"这一技术特征。

灯饰广告专利的申请日早于涉案灯饰画专利的申请日，属于灯饰画专利申请日前的已有技术。根据灯饰广告专利的权利要求书，其权利要求的必要技术特征是：（1）悬浮物；（2）柔性材料；（3）发光体；（4）电源；（5）发光体按所需的文字或图案形状固定在柔性材料上；（6）柔性材料固定在悬浮物上；（7）发光体与电源相连接。该专利的说明书进一步披露，发光体可以采用塑料霓虹灯，柔性材料可以选用塑料网，悬浮物可以不用，而是直接把柔性材料悬挂在建筑物的表面。因此，灯饰广告专利的权利要求书和说明书相结合，披露了一种具有如下技术特征的灯饰广告技术方案：（1）塑料网；（2）塑料霓虹灯；（3）电源；（4）塑料霓虹灯按所需的文字或图案形状固定在塑料网上；（5）塑料霓虹灯与电源相连接。

对比灯饰广告的技术方案与灯饰画专利权利要求 3 的技术方案，其主要区别在于：（1）前者使用的是塑料霓虹灯，后者使用的是塑料霓虹灯带；（2）前者没有直接体现出固定件这一技术特征，后者则要求有固定件。对于第一个区别，由于塑料霓虹灯带在灯饰广告领域早已是公知技术，用塑料霓虹灯带代替塑料霓虹灯是等同手段的简单替换，本领域的普通技术人员无须付出创造性劳动就非常容易想到，两者之间并没有实质性差别，不具有创造性。对于第二个区别，既然塑料霓虹灯按所需的文字或图案形状固定在塑料网上，就需要有固定件，因此"塑料霓虹灯按所需的文字或图案形状固定在塑料网上"这一技术特征就隐含着"固定件"这一技术特征，所以第二个区别实质并不存在。因此，灯饰广告技术方案与灯饰画专利权利要求3的技术方案基本相同。

对比灯饰广告技术方案与灯饰画专利权利要求2的技术方案，其主要区别在于：（1）前者使用的是塑料霓虹灯，后者使用的是由一连串灯泡组成的塑料霓虹灯带；（2）前者要求塑料霓虹灯与电源电线连接，后者则没有要求这一特征。如前所述，由一连串灯泡组成的塑料霓虹灯带在灯饰广告领域早已是公知技术，用由一连串灯泡组成的塑料霓虹灯带代替塑料霓虹灯是本领域的普通技术人员非常容易想到的，两者也没有实质性差别。对于第二个区别，在实施过程中，灯饰画要在夜晚发挥发光、美化效果，必须把霓虹灯与电源连接，因此第二个区别实际上不存在。所以，灯饰广告技术方案与灯饰画专利权利要求2的技术方案也基本相同。

对比灯饰广告技术方案与灯饰画专利独立要求1的技术方案，其主要区别在于：（1）前者使用的是塑料霓虹灯，后者使用的是塑料霓虹灯带；（2）前者要求塑料霓虹灯与电源电线连接，后者则没有要求这一特征。如前所述，第一个差别并不具有实质性，第二个区别实际上不存在。所以，上述灯饰广告技术方案与灯饰画独立权利要求1的技术方案基本相同。

由于灯饰画专利的独立权利要求与从属权利要求的技术方案都与已有技术极其相似，其独立权利要求和从属权利要求都存在明显的无效理由，该专利权存在重大瑕疵。因此，涉案灯饰画专利属于问题专利之典型。

严某作为前后两个专利的发明人，明知两个专利之间存在关联性，可能影响在后专利的授权，却在后一专利即灯饰画专利说明书中予以隐瞒，并进行虚假陈述，欺骗审查员和公众，可以认定其明知或应知灯饰画专利存在重大瑕疵。同时，由于灯饰广告和灯饰画两个专利之间的关联性和极其类似性，在灯饰广告专利权被宣告全部无效后，严某也应知晓其灯饰画专利存在明显无效的理由。严某作为灯饰画专利的发明人和夜空彩虹公司的法定代理人，明知灯饰画专利存在重大瑕疵，依然以此为根据，向知识产权局投诉神话传媒公司侵犯其专利权，以便取得独占使用现有技术所带来的不当利益，严某和夜空彩虹公司构成滥用问题专利，原告不构成侵犯灯饰画专利权。

滥用问题专利应该作为一种独立的侵权行为。即使严某及夜空彩虹公司有打击竞争对手的动机，但是其行为并没有直接表现为以不正当手段争取交易机会，因此不能认定其行为构成不正当竞争。在我国《专利法》没有明确规定滥用问题专利侵权的情况下，法院可以利用《民法通则》第 106 条第 2 款关于侵权行为的规定判决被告承担赔偿责任。

注释

[1] 有关这一问题的文章，可以参见国家知识产权局条法司编《〈专利法〉及〈专利法实施细则〉第三次修改专题研究报告》，知识产权出版社 2006 年版，第 1161—1284 页（针对专利权滥用这一主题发表了三个研究报告）；又参见许春明、单晓光《专利权滥用抗辩原则——由 ITC 飞利浦光盘案引出》，载《知识产权》2006 年第 3 期；又参见陈丽苹《论专利权滥用行为的法律规制》，载《法学论坛》，2005 年第 2 期等。

[2] 李明德：《知识产权滥用是一个模糊命题》，载《电子知识产权》2007 年第 10 期。

[3] See To Promote Innovation: The Proper Balance of Competition and Patent Law and Policy, A Report by the Federal Trade Commission, Oct. 2003, p. 5.

[4] 从这一角度而言，部分问题专利源于申请人利用实用新型和外观设计专利不进行实质审查的特点而取得有瑕疵的专利权，因此有学者称滥用问题专利为滥用专利制度。但是，就第二类问题专利而言，由于它是由于专利制度的内在机制所决定的，与该制度是否被滥用无关。故把滥用问题专利的实质一概归结为滥用专利制度并不确切。参见张伟君、单晓光《滥用专利权与滥用专利制度之辨析———从日本"专利滥用"的理论与实践谈起》，载《知识产权》2006 年第 6 期（该文认为滥用专利权的实质在于滥用专利制度）。

[5] 参见陈丽苹《论专利权滥用行为的法律规制》，载《法学论坛》2005 年第 2 期；又参见郭禾主持《专利权滥用的法律规制》，载国家知识产权局条法司编《〈专利法〉及〈专利法实施细则〉第三次修改专题研究报告》，知识产权出版社 2006 年版，第 1170 页。上述学者皆持故意说。

[6] 参见王泽鉴《举轻明重、衡平原则和类推适用》，载王泽鉴《民法学说与判例研究》第 8 册，中国政法大学出版社 1998 年版，第 5 页；陶鑫良先生支持这种观点，参见陶鑫良主持《专利权滥用的法律规制》，载国家知识产权局条法司编《〈专利法〉及〈专利法实施细则〉第三次修改专题研究报告》，知识产权出版社 2006 年版，第 1219 页。

[7] 参见梁熙艳《权利之限：侵权审理法院能否直接裁决专利权的有效性——析日本最高裁判所的"Kilby 第 275 号专利上告审判决"及影响》，载《知识产权》2005 年第 4 期。

[8] 参见国家知识产权局《专利审查指南》第二部分第三章第 3.1 节。

[9] 参见国家知识产权局《专利审查指南》第二部分第四章第 3.1 节。

[10] 在 Kilby 第 275 号专利上告审判决中，日本最高裁判所将"当认为专利所存在的无效理由为明显时作为适用权利滥用的成立要件"，日本司法实践的主流观点将明显

的程度解释成"并不是被要求的极高而是更具操作性，只要具有一定程度上的明显性即可"，笔者认为这种解释不具操作性，因而提出了上述以单独对比为基础的判断明显程度的标准。关于日本最高裁判所对 Kilby 第 275 号专利上告审判决的内容，可参见梁熙艳《权利之限：侵权审理法院能否直接裁决专利权的有效性——析日本最高裁判所的"Kilby 第 275 号专利上告审判决"及影响》，载《知识产权》2005 年第 4 期。

[11] See HR 1908 PCS, Sec. 12（b）（c）（1）.（该法案目前正在参议院进行审议）

[12] 有关判例可以参见江苏省南京市中级人民法院在（2003）宁民三初字第 188 号判决书（该判例即涉及把国家标准披露的技术方案申请为专利）。

[13] 许春明、单晓光：《专利权滥用抗辩原则——由 ITC 飞利浦光盘案引出》，载《知识产权》2006 年第 3 期。

[14] 参见陶鑫良主持《专利权滥用的法律规制》，载国家知识产权局条法司编《〈专利法〉及〈专利法实施细则〉第三次修改专题研究报告》，知识产权出版社 2006 年版，第 1234 页。

[15] [法] 路易·若斯兰：《权利相对论》，王伯琦译，中国法制出版社 2006 年版，第 230 页。

[16] See Morton Salt Co. v. G. S. Suppiger Co.，314 U. S. at 490.

[17] See e. g.，Robin C. Feldman，The Insufficiency of Antitrust Analysis for Patent Misuse，55 Hastings Law Journal 1，10（2003）.

[18] 参见徐国栋《民法基本原则解释——成文法局限性之克服》，中国政法大学出版社 1992 年版，第 90—98 页。

[19] 关于民法上滥用权利的基本类型及其救济手段，可以参见 [法] 路易·若斯兰《权利相对论》，王伯琦译，中国法制出版社 2006 年版，特别是第十二章和第十四章。认为滥用专利权是个模糊命题的学者当读此书。

[20] 见《中华人民共和国宪法》第 51 条。

[21] B. Braun Medical，Inc. v. Abbott Laboratories，Inc.，124 F. 3d 1426（Fed. Cir. 1997），（quoting Windsurfing Int1，Inc. v. AMF，Inc.，782 F. 2d 995 1001—1002（Fed. Cir. 1986））.

[22] 正是由于专利滥用的领域与反垄断法的领域存在重合，美国法学界才会在专利滥用和反垄断之间的关系上发生了严重分歧。See generally，Joe Potenza，Phillip Bennett，and Christopher Roth，Patent Misuse – the Critical Balance，A Patent Lawyer's View，the Federal Circuit Bar Journal 2005/2006，15 Fed，Cir. B. J. 69.

[23] 中文材料，可以参见程永顺、罗李华《专利侵权判定——中美法条与案例比较研究》，专利文献出版社 1998 年版，第 318—321 页；美国判例，可以参见 Bruno Independent Living Aids，Inc. v. Acorn Mobility Services，Ltd.，394 F. 3d 1348，1352（Fed. Cir. 2005）.

[24] Bruno Independent Living Aids，Inc. v. Acorn Mobility Services，Ltd.，394 F. 3d 1348，1352（Fed. Cir. 2005）（被告反诉原告在申请专利中对联邦专利和商标局故意隐瞒自己明知的现有技术，法院判决原告方负担被告的诉讼费）。

〔25〕我国《反垄断法》第 55 条规定：经营者依照有关知识产权的法律、行政法规规定行使知识产权的行为，不适用本法。

〔26〕See D. CHISUM, PATENTS 4, § 19. 04〔4〕(1990).

〔27〕See Morton Salt v. G. S. Suppiger Co. , 314 U. S. 488 (1942); D. CHISUM, PAT-ENTS 2, § 19. 04 (1990).

〔28〕参见程永顺、罗李华《专利侵权判定——中美法条与案例比较研究》，专利文献出版社 1998 年版，第 319 页。

〔29〕关于现有技术抗辩及其运用，可以参考尹新天《专利权的保护》，知识产权出版社 2005 年版，第 486—508 页。

〔30〕现有技术是指专利侵权指控所涉及的专利权的申请日前已经为公众所能得知的技术，包括自由公知技术和他人在先的专利技术。

〔31〕参见〔法〕路易·若斯兰《权利相对论》，王伯琦译，中国法制出版社 2006 年版，第 230 页；See Morton Salt Co. v. G. S. Suppiger Co. , 314 U. S. at 490。

〔32〕See generally, Joe Potenza, Phillip Bennett, and Christopher Roth, Patent Misuse-the Critical Balance, A Patent Lawyer's View, the Federal Circuit Bar Journal 2005/2006, 15 Fed, Cir. B. J. 69. 文中指出，近来，此前反对专利滥用原则之独立性的波斯纳法官简明扼要地归纳了莫顿盐案中最高法院的指示，认为专利权滥用并不限于反托拉斯违法，法院的裁判义务要求它们处理新形式的专利权滥用。See Id, at 70. Also See Katherine E. Whit, A RULE FOR DETERMINING WHEN PATENT MISUSE SHOULD BE APPLIED, Fordham Intellectual Property, Media and Entertainment Law Journal Spring 2001, p. 671.

〔33〕这是权威学者的见解，参见孔祥俊《反不正当竞争法的适用与完善》，法律出版社 1998 年版，第 50 页。

〔34〕参见我国《专利法》第 45 条和第 46 条。

〔35〕在 Kilby 第 275 号专利上告审判决中，日本最高裁判所正是以诉讼经济和公平理念为主要根据，认为在侵权诉讼中侵权裁判可以判断专利的有效性。从而促进了侵权诉讼的迅速审理，扭转了日本专利侵权诉讼审期过长的局面。参见梁熙艳《权利之限：侵权审理法院能否直接裁决专利权的有效性——析日本最高裁判所的"Kilby 第 275 号专利上告审判决"及影响》，载《知识产权》2005 年第 4 期。

〔36〕最高法院在《关于审理专利纠纷案件适用法律问题的若干规定》中，也坚持在某些情况下不中止诉讼。参见该规定第 9 条。

《知识产权法政策学论丛》编辑规范

一、正文、空格和空行均以 5 号字、宋体为基准。

二、目次序号渐次为：一；（一）；1；（1）；①。如果文章较长，作者以"节"为第一级序号，则在每节之后，再以上列目次序号为顺序标号。

三、标题、目次和排版的格式与字体遵循以下规则：

1. 标题：2 号字，小 2 号小标宋，居中排列（前空两行）；

2. 如果有副标题，则副标题：破折号，3 号字，仿宋体，居中排列（后空一行）；

3. 著、译和校者：4 号楷体，居中排列（后空两行）；

4. 中文内容提要和关键词："内容提要"和"关键词"起始词用 5 号字，黑体；具体内容用 5 号字，楷体（后空一行）；

5. 英文内容提要和关键词："Abstract"和"Key Word"起始词用 5 号字，Times New Roman，加黑；具体内容用 5 号字，Times New Roman（后空三行）。

四、正文引文较多或者重点阐述部分，前后空一行，左右缩格并变换为楷体排列。

五、采用篇后注方式，并且：

1. 以小 5 号字为基准，一般采用宋体；

2. 起始空两格，然后标注注释顺序号；

3. 对标题和著、译或校者的说明，采用自定义插入编码，依次为：＊；＊＊；＊＊＊；＊＊＊＊；

4. 每篇论文连续编码，使用自动编码顺序标号为：1；2；3；4……；

5. 引征内容的注释方式，参见每卷《知识产权法政策学论丛》后"注释体例"；

6. 其他格式、字体或标示，参照正文形式适用。

《知识产权法政策学论丛》注释体例

一、文章采用脚注，每篇论文连续编码；编号序号依次为：1，2，3，……

二、统一基本规格（包括标点符号）

◆［国籍］主要责任者【两人以上用顿号隔开；以下译者、校订者同】（编或主编）：《文献名称》，译者，校订者，出版地：出版社与出版年月及版次，第××页。

三、注释例

（一）著作类

● ［英］F. H. 劳森、B. 拉登：《财产法》（第2版），施天涛、梅慎实、孔祥俊译，中国大百科全书出版社1998年4月第1版，第××页。

● 魏振瀛主编：《民法》，北京大学出版社、高等教育出版社2000年9月第1版，第××—××页。

（二）论文类

● 易继明：《评财产权劳动学说》，载《法学研究》2000年第3期。

● 梁慧星：《制定中国物权法的若干问题》，载梁慧星（主编）：《民商法论丛》2000年第1号/总第16卷，香港：金桥文化出版（香港）有限公司2000年8月第1版，第××页以下。

● 饶明辉：《当代西方知识产权理论的哲学反思》，吉林大学2006年博士学位论文

● 尹新天：《美国对其专利政策的重新审视》，未刊稿。

（三）报纸类

● 沈宗灵：《评"法律全球化"理论》，载《人民日报》，1999年12月11日第6版。

（四）文集和选集类

● 王泽鉴：《物之瑕疵与不当得利》，载王泽鉴：《民法学说与判例研究》（第3册），台北三民书局1996年11月版，第××—××页。

● ［美］哈罗德·拉斯韦尔：《政策分析研究：情报与评价功能》，载［美］格林斯坦、波尔斯比编：《政治学手册精选》（上卷），竺干威、周琪、胡君芳译，王泸宁校，商务印书馆 1996 年 4 月第 1 版，第××页。

●《马克思恩格斯选集》（第 4 卷），人民出版社 1995 年 6 月第 2 版，第××页。

（五）古籍、辞书类

●《管子·牧民第一》卷一。

● ［清］沈家本：《沈寄簃先生遗书》甲编，第 43 卷。

●《辞海》，上海辞书出版社 1979 年第 4 版，第××页。

（六）网络资料

● 顾昂然：《关于〈中华人民共和国民法（草案）〉的说明——2002 年 12 月 23 日在第 9 届全国人民代表大会常务委员会第 31 次会议上》，资料来源：http：//law-thinker. com/detail. asp？ id＝1501；更新时间：2002 年 12 月 26 日 08：28：35；访问时间：2003 年 4 月 1 日。

四、外文类

从该文种注释体例或习惯。

五、其他说明

（一）非引用原文，注释前加"参见"；如同时参见其他著述，则再加"又参见"。

（二）引用资料非原始出处，注明"转引自"。